Français / Maths / Anglais / Biologie
Histoire-Géographie / Sciences physiques

L'ANNÉE DE LA 3e

Cet ouvrage a été conçu par une équipe de professeurs

Brigitte Albert-Barbier
Sylvie Bordner
Géraud Chaumeil
Jacques Dequin
Patricia Hennequin
Lyliane Lajoinie
Sophie Pailloux-Riggi
Fabienne Pegoraro
Philippe Romain

BORDAS

Édition : A. M. Bellavary
Fabrication : J. Nicole
Conception de la maquette : Jean-Louis Couturier
Mise en pages : Graphodi, Jehanne-Marie Husson
Illustrations : Nono, Claude Prothée, Bénédicte Gayet, Dominique Roussel, Catherine Beaumont, René Cannella, François Dimberton
(les illustrateurs sont cités dans l'ordre des matières traitées)
Schémas, cartes : Fractale

CRÉDITS PHOTOGRAPHIQUES

p. 171 **1.** ph. © Dr. Gordin/T
2. ph. © Archives Photeb/T
3. ph. © Dr. Gordin/T
p. 172 **1. 2. 3.** ph. © Biophoto Associates/T
p. 186 ph. © Pr. J.-M. Orgogozo/CNRI/T
p. 187 **1. 2. 3. 4.** ph. © Pr. J.-M. Orgogozo/CNRI
p. 199 **1.** ph. © J.-C. Révy/T
2. ph. © Dr. J. Burgess-SPL/Cosmos/T
3. ph. © CNRI/T
p. 205 ph. © E.R.L./SIPA
p. 240 ph. © CNRS-Toulouse/T

I.S.B.N. 2-04-020997-2

Mode d'emploi

Voici en un seul livre, toutes les matières de la classe de 3ᵉ, caractérisées par une couleur dominante :

FRANÇAIS — MATHS — ANGLAIS

GÉOLOGIE-BIOLOGIE — HISTOIRE-GÉOGRAPHIE

PHYSIQUE - CHIMIE

Chaque thème est présenté sur une double page. Cette organisation simple vous permettra d'utiliser ce livre avec facilité.

- **En page de gauche, deux rubriques :**

Savoir

Les notions principales à retenir. Il s'agit de l'essentiel, par conséquent tout est à apprendre et à mémoriser.

Savoir faire

L'important c'est de bien savoir utiliser ses connaissances. Pour chaque objectif, des méthodes concrètes sont présentées pour vous aider à savoir faire ce que l'on vous demande en classe.

- **En page de droite, une rubrique :**

Faire

Toute une série d'exercices variés. Certains sont très simples (exercices à trous, Vrai-Faux, mots croisés…). D'autres sont plus difficiles afin de tester vos progrès.

À la fin du livre sont regroupés les **corrigés** des exercices pour vérifier vos résultats.

Avec l'ANNÉE DE LA 3ᵉ, travailler c'est presque un plaisir !
Ce livre sera votre compagnon tout au long de l'année et vous pourrez le garder pendant toute votre scolarité au collège.

BONNE CHANCE !

TIENS ISABELLE?..
ELLE A L'AIR D'AVOIR LA PÊCHE!..
...elle a dû trouver les 2 derniers C.D. de Madonna!?..
L'ANNÉE DE LA 4e
L'ANNÉE DE LA 3e

Français

OBJECTIFS

Français

1 LIRE UN SUJET

Savoir

- Les sujets de rédaction se divisent en deux groupes : sujets d'**imagination** et sujets de **réflexion**.

- Le sujet indique toujours :

– **le thème** : ce dont il faut parler,
– **le type de rédaction** : la façon dont le thème doit être traité (description-dialogue-récit-argumentation). En 3e, un sujet mélange toujours plusieurs types de rédaction.
– **la personne grammaticale** (**je** ou **il**).

Savoir faire

Comment procéder pour lire un sujet

- **Lire** plusieurs fois le sujet.
- **Repérer les mots clés** indiquant le thème (ils peuvent être disséminés).

Ex. : Raconter une promenade nocturne *à la* campagne *en évoquant le* plaisir *que vous y avez trouvé.*

- **Repérer les tournures impératives** : elles indiquent souvent le type de rédaction.

Ex. : Raconter… – Faire le portrait… – Rapporter la conversation. – Expliquer…

- **Identifier la personne grammaticale** à laquelle le devoir devra être rédigé.

JE si le sujet vous invite à : – vous mettre dans la peau d'un personnage ;
Ex. : Vous êtes élève en l'an 2347.
– évoquer une expérience personnelle ou une expérience dont vous avec été témoin ;
Ex. : La solitude est-elle pour vous une souffrance ou un plaisir ?

IL s'il faut raconter les faits et gestes de quelqu'un.

Mélanger imagination et réflexion

Il est très fréquent que l'imagination soit le tremplin de la réflexion.
Ex. : Vous avez été témoin d'une scène de racisme. Raconter en expliquant vos sentiments.
Pour traiter ce sujet, il faut bien sûr rédiger un **récit** mêlé de **dialogue** mais il faut aussi prendre position, **argumenter**, faire part de ses **réflexions**.

Deviner les types de rédaction

Il arrive qu'un sujet n'impose pas clairement les types de rédaction.
Ex. : Il vous est déjà arrivé de visiter un musée et de découvrir un tableau ou une sculpture qui vous a ému.
Pour traiter ce sujet, il faudra :

- raconter (une visite se déroule dans le temps),
- décrire (le tableau ou la sculpture),
- argumenter (expliquer l'émotion ressentie, et convaincre, c'est-à-dire faire partager votre sentiment).

Faire

1 Sujets incomplets

Dans les sujets suivants, on a omis de préciser ce que l'on attend de l'élève. À vous de retrouver le type de rédaction que ces sujets sous-entendent. (Ne pas oublier que les types peuvent être multiples pour un même sujet.)

Préciser également la personne grammaticale.

1. Vous avez été témoin d'une scène de racisme.

☐ Raconter ☐ Décrire ☐ Argumenter
☐ Exprimer des sentiments ☐ Faire un portrait
☐ Rédiger un dialogue ☐ Je ☐ Il

2. Marc, campagnard heureux, est persuadé que son mode de vie est préférable à celui de Paul, citadin comblé.

☐ Raconter ☐ Décrire ☐ Argumenter
☐ Exprimer des sentiments ☐ Faire un portrait
☐ Rédiger un dialogue ☐ Je ☐ Il

3. Marcher seul(e) dans la nuit vous apaise.

☐ Raconter ☐ Décrire ☐ Argumenter
☐ Exprimer des sentiments ☐ Faire un portrait
☐ Rédiger un dialogue ☐ Je ☐ Il

4. Votre meilleur(e) ami(e) vous annonce qu'il (elle) a décidé de devenir prêtre (religieuse).

☐ Raconter ☐ Décrire ☐ Argumenter
☐ Exprimer des sentiments ☐ Faire un portrait
☐ Rédiger un dialogue ☐ Je ☐ Il

5. Il est minuit ; Marie et sa sœur quittent leurs amis et doivent marcher dans la nuit pour rejoindre leur demeure située à l'écart de l'agglomération.

☐ Raconter ☐ Décrire ☐ Argumenter
☐ Exprimer des sentiments ☐ Faire un portrait
☐ Rédiger un dialogue ☐ Je ☐ Il

2 Chercher les indices Trouver le sujet

Voici un extrait de rédaction.

a. Cocher les cases de sorte à dresser la liste des types de rédaction que ce texte utilise, et à déterminer la personne grammaticale.

b. Formuler le sujet de rédaction qui correspond à cet extrait et qui rend compte de tous les éléments.

Antoine et Luc marchaient en silence dans la forêt. Ils s'enivraient de bruits : ils écoutaient les arbres frémir, les feuilles et les brindilles craquer sous leurs pas, les oiseaux chanter, le ruisseau gazouiller. Ils atteignirent l'étang et s'installèrent sur un tronc d'arbre. Une brume légère s'effilochait au-dessus de l'eau, les roseaux vert foncé ondulaient au moindre souffle de vent. Une colonie de canards était installée là.
Soudain, le bruit d'une arme à feu jeta la berge opposée de l'étang dans un remue-ménage d'ailes et de cris. Antoine sourit et leva les yeux, l'air intéressé, vers le ciel ; Luc, lui, bondit sur ses pieds et jura :
– Comment peut-on, bon Dieu, saccager ce lieu splendide par une pratique aussi barbare ! La chasse est un sport ignoble !
– Je ne suis pas d'accord, répliqua Antoine, la chasse enrichit le chasseur puisqu'elle permet de mieux connaître la nature, de découvrir la patience. De plus elle ne saccage rien du tout : elle favorise même souvent l'équilibre entre les espèces.

a. ☐ Raconter ☐ Décrire ☐ Argumenter
☐ Exprimer des sentiments ☐ Faire un portrait
☐ Rédiger un dialogue ☐ Je ☐ Il

2 LES TYPES DE TEXTES

Savoir

Le type d'un texte varie selon les intentions de l'auteur. Celui-ci ne choisira pas les mêmes sujets, ne s'exprimera pas de la même façon selon qu'il a décidé de **distraire** son lecteur, de l'**instruire**, de le **convaincre** ou de lui **donner** un **ordre** ou un **conseil**.

Savoir faire

Reconnaître les types de textes

	Contenu	Intention de l'auteur	Temps	Support matériel
Texte narratif	Il raconte une suite d'événements selon un déroulement chronologique.	Distraire	Passé simple et imparfait ou présent	Romans
Texte descriptif	Il montre un lieu, un objet, une personne.	Distraire ou informer	Imparfait ou présent	Romans, catalogues, dépliants, revues
Texte scénique	Il fait dialoguer des personnages.	Distraire	Présent	Théâtre, cinéma, compte rendu d'interview
Texte informatif	Il apporte des connaissances.	Instruire	Présent de vérité générale	Manuels scolaires, revues scientifiques
Texte argumentatif	Il présente des arguments pour défendre une thèse.	Convaincre	Présent	Journaux, tracts, discours politiques
Texte injonctif	Il présente un règlement, des interdictions ou propose une action.	Faire agir	Présent (impératif et infinitif)	Modes d'emploi, règlements, recettes de cuisine, textes d'engagement
Texte explicatif	Il analyse une idée ou un phénomène.	Faire comprendre	Présent de vérité générale	Articles de journaux, revues scientifiques

Analyser

Un texte appartient rarement à un seul type.

- Un texte descriptif peut être informatif (description de plantes ou d'animaux dans les livres de botanique ou zoologie).
- Un texte narratif peut être informatif (romans historiques).

Faire

1 À chaque texte, son type

Indiquer à quel type appartient chaque texte :

1. Sur le port, près de la yole du capitaine, ils trouvèrent un grand jeune homme vêtu d'une redingote bleue boutonnée jusqu'au menton, le teint basané, les yeux noirs, vifs, bien fendus, l'air franc et spirituel.

Mérimée, *Colomba.*

2. Le carnaval est né en Europe. Jusqu'au Moyen Âge, il reste un phénomène propre aux peuples latins, germaniques et nordiques. Ce n'est que plus tard, au moment des conquêtes, qu'il gagnera le continent américain par l'intermédiaire des colons.

D'après Shaïtane, *Carnaval.*

3. Il est à l'église avec grand-père… Il s'ennuie, il n'est pas très à son aise. On lui défend de remuer […] Il a un peu peur. Puis, il s'habitue et il cherche à se désennuyer.

Romain Rolland, *Jean-Christophe.*

4. En cas d'incendie, rejoindre le plus rapidement possible les issues de secours après avoir fermé portes et fenêtres.

5. En France, un foyer sur deux abrite un chien ou un chat. […] Dans le décor de béton […] les chiens, les chats, les oiseaux, les poissons représentent une présence ou une survivance de la nature vivante. D'autre part, l'individu, perdu dans une grande agglomération, se sent un peu anonyme. L'amitié et la fidélité d'un animal sont pour lui un ancrage en une réalité solide, un gage d'identité.

Jean Cazeneuve,
La Vie dans la société moderne.

6. Attention, ne mets pas les mains sur la porte. Tu risques de te faire pincer très fort.

Métro de Paris.

7. Selon les études faites par le CEO (Centre d'études et d'opinions de la radio TV française), les enfants, en France, passent en moyenne chaque semaine, seize heures en hiver et une douzaine d'heures au printemps devant la télévision.

Jean Cazeneuve,
La vie dans la société moderne.

8. VALENTIN : – Seigneur, mon Dieu ! Qu'est-ce que vous dites ?
VAN BUCK : – Donne-moi à boire. Je dis que tu prends de l'âge et que tu devrais te marier.

Musset, *Il ne faut jurer de rien.*

2 Des intentions multiples

Les textes suivants sont tous descriptifs mais les intentions des auteurs sont différentes. Les exprimer en une courte phrase à la suite de chaque description.

1. Acapulco, c'est d'abord un site : une baie magnifique entourée de collines, de montagnes et de falaises.

Jacques Tiano.

→ ....

2. Deux hommes s'affrontent, le corps courbé en avant, les poings fermés, tendus comme deux arcs prêts à claquer. […] Autour la foule fait cercle. Trois Noirs rythment la bataille […]. L'un frappe un tambourin, l'autre un haut tam-tam, le troisième joue du bérimbau un étrange instrument à cordes qui donne un son grave et court. […] Ils s'attaquent maintenant, les coups partent à la vitesse de l'éclair, ne touchent jamais. [… C'est] la danse guerrière des Noirs désarmés par l'esclavage.

Anne-France Dautheville, *La Piste de l'or.*

→ ....

3. Les escadrons énormes s'ébranlèrent. Alors on vit un spectacle formidable. […] Il semblait que cette masse était devenue monstre et n'eût qu'une seule âme. Chaque escadron se gonflait et ondulait.

V. Hugo, *Les Misérables.*

→ ....

3 À vous de jouer

Choisir une ville. En faire le sujet :
– d'un texte descriptif figurant dans un dépliant touristique ; ou,
– d'un texte informatif ; ou,
– d'un texte descriptif poétique.

3 LA PONCTUATION

Savoir

- La ponctuation délimite la phrase et les groupes de mots à l'intérieur de la phrase. → C'est le cas du **point**, du **point-virgule** et de la **virgule**.
- Elle permet de différencier le dialogue du récit. → C'est le rôle des **deux points**, des **guillemets**, du **tiret**.
- Elle est porteuse de sens. → – Les **deux points** soulignent un rapport entre deux éléments.
– Les **points de suspension** introduisent un sous-entendu ou signifient qu'une phrase est inachevée.
– Les **parenthèses** mettent en retrait, sur un second plan, un élément.
– Les **points d'interrogation** et **d'exclamation**, comme leurs noms l'indiquent, traduisent l'interrogation et l'exclamation directes.

Savoir faire

Utiliser les parenthèses (ou les tirets)

- Elles encadrent une précision d'importance secondaire.

Ex. : Un petit garçon (de sept ou huit ans) portait la traîne de la mariée.

- Elles permettent d'introduire un commentaire, une réflexion du narrateur dans son récit.

Ex. : L'enfant (la jeunesse ne connaît pas la pitié) regarda froidement l'animal pris au piège.

Utiliser les points de suspension

- Ils indiquent qu'une phrase est inachevée.

Ex. : – Je vais t'aider à…
– À quoi ? Tu n'es bon à rien.

- Ils signalent un sous-entendu.

Ex. : – La nuit était noire. → C'est une simple information.
La nuit était noire… → Installation d'une atmosphère d'angoisse.
– Elle est allée chez Eugène. → Information.
Elle est allée chez Eugène… → Nuance ironique et soupçonneuse.

Utiliser les deux points

- Ils introduisent un terme annoncé (ou une énumération).

Ex. : Il retrouva sa famille : Maria, Paolo, la vieille tante Marguerite, les neveux turbulents.

- Ils indiquent un rapport de cause (*Ex. : Il obtient de bons résultats : il travaille.*), de conséquence (*Ex. : Il travaille : il obtient de bons résultats.*).

Faire

1 L'imprimeur fou !

Rétablir ponctuation, majuscules et paragraphes.

Grandet pâlit trépigna jura trouvant enfin des paroles il cria maudit serpent de fille ah mauvaise graine tu sais bien que je t'aime et tu en abuses elle égorge son père pardieu tu auras jeté notre fortune aux pieds de ce va-nu-pieds qui a des bottes de maroquin par la serpette de mon père je ne peux pas te déshériter nom d'un tonneau mais je te maudis toi ton cousin et tes enfants tu ne verras rien arriver de bon de tout cela entends-tu si c'était à Charles que mais non ce n'est pas possible quoi ce méchant mirliflore m'aurait dévalisé il regarda sa fille qui restait muette et froide elle ne bougera pas elle ne sourcillera pas elle est plus Grandet que je ne suis Grandet. Balzac, *Eugénie Grandet.*

2 Une virgule qui change tout

Expliquer la différence de sens et de construction entre les phrases suivantes :

1. J'ai vu le petit garçon tomber de la fenêtre.
   J'ai vu le petit garçon tomber, de la fenêtre.
2. J'ai rencontré son frère qui rentre du Sénégal.
   J'ai rencontré son frère, qui rentre du Sénégal.
3. Il portait un manteau gris sale.
   Il portait un manteau gris, sale.
4. Elle a salué un voyageur du train.
   Elle a salué un voyageur, du train.

3 À chacun son rôle !

Indiquer le rôle que jouent les parenthèses dans chacune des phrases suivantes.

1. Je me retranche derrière son lit ; il m'allonge à travers le lit des coups de férule. Je m'entortille dans la couverture et m'animant au combat, je m'écrie :
Macte animo, generose puer !
(Courage, noble enfant !)

Chateaubriand, *Mémoires d'outre-tombe.*

2. La peur (et les hommes les plus hardis peuvent avoir peur) c'est quelque chose d'effroyable, une sensation atroce.

Maupassant, *La Peur.*

3. Un jour vers midi du côté du parc Monceau, sur la plate-forme arrière d'un autobus à peu près complet de la ligne 5 (aujourd'hui 84), j'aperçus une personne.

Queneau, *Exercices de style.*

4. Sa dépression était totale, le moindre geste de la vie quotidienne (se laver, faire les courses et la vaisselle, répondre au courrier...) était devenu insurmontable.

5. Pour le pilote, cette nuit était sans rivage puisqu'elle ne conduisait ni vers un port (ils semblaient tous inaccessibles) ni vers l'aube.

Saint-Exupéry, *Vol de nuit.*

4 Rôle des deux points...

Indiquer le rôle que jouent les deux points dans chacune des phrases suivantes.

1. Le lendemain quand j'ouvris ma porte, le monde avait pris une teinte uniforme de terre cuite : les arbres, la pelouse, l'allée, tout, aussi loin que je voyais, était recouvert d'une croûte ocre. [...] Les sauterelles s'étaient installées.

2. [...] Quelques minutes plus tard, l'atmosphère fourmillait d'ailes : les sauterelles s'en allaient.

Karen Blixen, *La Ferme africaine.*

3. J'ai honte, je sens mon ignorance : je suis révolté.

Benigno Cacérès, *La Rencontre des hommes.*

4. Un mouvement de sa main me rassura : il n'y avait rien à craindre.

Hector Malot, *Sans famille.*

5. Elle criait : « Dépêchez-vous ! Dépêchez-vous ! »

Flaubert, *Un cœur simple.*

5 ... et des points de suspension

Indiquer le rôle que jouent les points de suspension dans chacune des phrases.

1. C'est en les rouvrant que je pris conscience de tout notre malheur. Nous étions plongés dans la nuit absolue et pour toujours...

Claude Avine, *Le Point du jour.*

2. Nous poussâmes de toutes nos forces comme des fous... La plaque n'eut pas un mouvement.

Claude Avine, *Le Point du jour.*

3. Ah ça, est-ce que vous n'allez pas me f...tre la paix !

Alphonse Allais.

4. « Eh ! Eh ! Effectivement, une petite erreur s'est glissée... une légère divergence... [...] Il se peut... je dirais que... heu... »

Dino Buzzati, *Le K.*

5. À l'oral, je suis tombé très bien sur un homme corpulent, qu'avait des verrues plein son nez. Il portait une grande lavallière, un peu dans le genre de l'oncle Arthur, c'était pourtant pas un artiste... Pharmacien qu'il avait été.

Céline, *Mort à crédit.*

4 RÉUSSIR LA DICTÉE

Savoir

Les fautes les plus fréquentes concernent :
- **le verbe** → fautes de conjugaison ; accords sujet-verbe ; accord du participe passé,
- **le GN** → accords en genre et en nombre des adjectifs et des participes employés comme adjectifs,
- **l'infinitif** et **le participe passé,**
- **les homophones** (se-ce-ceux ; où-ou ; c'est-s'est-ces…).

Savoir faire

Tirer profit de la lecture faite par le professeur

- Être attentif dès la première lecture : une parfaite **compréhension** est importante.
- Être attentif aux **liaisons** faites par le professeur : elles indiquent la présence de certaines lettres muettes.

Relire la dictée

- Lors de la relecture, il faut retrouver les constituants de chaque phrase :
  – identifier le sujet de chaque verbe conjugué,
  – délimiter les GN,
  – remplacer par un verbe du 3e groupe les formes verbales en [é] pour éviter de confondre infinitif et participe passé.
- Il faut faire preuve de cohérence et orthographier de la même façon les mots qui reviennent plusieurs fois.

Faire

1 Vous êtes le professeur

Corriger les fautes contenues dans le texte suivant. (Les fautes sont soulignées.)

C'était une grande ville de cent milles habitant qui s'étender de par et d'autres d'un large et beau fleuve.
Comme dans toute les villes coloniale, il y avaient deux ville dans cette ville ; la blanche et l'autre. Et dans la ville blanche, il y avait encore des différence. La périferie du haut-quartié, construite de villa, de maisons d'habitation, était la plus large, la plus aérer, mais garder quelque chose de profane. Le centre, prenait de tout les côtés par la masse de la ville, éjectaient des buildings chaques années plus haut. Là ne se trouvait pas les palais des Gouverneurs, le pouvoir officiel, mais le pouvoir profond, les prêtre de cette Mecque les financiers.
Les quartiers blanc de toute les villes coloniale du monde été toujours dans ses années-là, d'une impecable propretée. Il n'y avait pas que les villes. Les blancs aussi était très propre. Dès qu'ils arrivait, ils apprenaient à se baignés tous les jours, comme ont fait des petits enfants et à s'habillés de l'uniforme coloniale, du costume blanc, couleure d'immunitée et d'innocence. Dès lor, le premier pas était fait. La distance augmenter d'autan, la différence première était multiplier, blanc sur blanc, entre eux et les autres, qui se nettoyer avec la pluie du ciel et les eau limoneuse des fleuves et des rivière. Le blanc est en effet extrêmemment sallissants.

Marguerite Duras, *L'Amant*, éd. de Minuit.

2 Encore plus difficile

Les fautes ne sont pas soulignées.

Ma plus grandes passion était le dressage des escargot. Beppino, le fils de Pasquale, notre fermier m'avait montrer comment on les tiens éveillé en leurs chatouillants le ventre avec la pointe d'un cure-dent. On n'en ramassaient partout, des grands, des petits, des brun, des blancs, des jaune, d'autre dont la coquille est comme du corail mouchetée et d'autre encore transparent et fragile, liseré de bleue, de noir ou dont le sillon médian est dure comme de la nacre, et d'autre, coller par couple, bavants, écumants. Pendant qu'Elena, armé du cure-dent, les chatouillaient consciencieusement sous le ventre, je tendai des ficelles en l'air, d'une branchette à l'autres en ligne droite, en diagonales, en zigzag, en ronds, en étoiles ; et quand les escargots étaient bien éveiller, on les plaçaient à la queue-leu-leu sur ses ficelles, des centaines à la queue-leu-leu, et leur lentes et amusantes procession se déroulaient dans tous les sens, à différent étages superposé, comme des pénitents, chaques bestioles dans sa cagoule et chacune portant en guise de sierge allumer ses yeux monté sur tentacules et qui ce télescope si drôlement et son tactile.

Blaise Cendrars, *Jeunes années*, éd. Denoël.

5 LES CONSTITUANTS DE LA PHRASE

Savoir

- **Le verbe** (V) ou **groupe verbal** (GV) exprime l'action ou l'état.
- **Le sujet** (S) accomplit ou subit l'action.
- **Les compléments d'objet** : ils font partie du GV.

– Le COD complète le verbe transitif direct (*il embrasse sa sœur*).
– Le COI complète le verbe transitif indirect (*il s'adresse à moi*).
– Le COS complète le verbe admettant une double construction (*il tend la main à son voisin*).

- **L'attribut**

– du sujet exprime une qualité ou un aspect du sujet par l'intermédiaire d'un **verbe d'état**. (*il devient sage*)
– du COD exprime une qualité ou un aspect du COD par l'intermédiaire d'un verbe (élire, estimer, considérer, croire, nommer…).
(*La classe a élu Mohammed délégué*)
COD (Mohammed) — attribut du COD (délégué)

- **Les compléments circonstanciels** (CC) expriment les circonstances de l'action (temps, lieu, manière) ou indiquent la cause, le but, la conséquence de l'action. Ils sont le plus souvent facultatifs et déplaçables.

Savoir faire

Ne pas confondre

adjectif épithète	attribut du COD
Ex. : *J'ai trouvé un livre intéressant à la bibliothèque.* (un livre intéressant : GN COD ; intéressant : adj. épithète) → *Je l'ai trouvé à la bibliothèque.* (= découvert)	*J'ai trouvé ce livre intéressant.* (ce livre : COD ; intéressant : attribut du COD) → *Je l'ai trouvé intéressant.* (= jugé)

sujet inversé	COD	CC	attribut du sujet
Ex. : *Enfin vint le grand jour.*	*Il vit enfin le jour.*	*Il dort le jour.*	*Cette heure nous sembla un jour entier.*

Fonction et classes grammaticales

Une même fonction peut être occupée par des mots appartenant à des classes grammaticales différentes.
Un **sujet**, un **COD** peut être : – un GN,
– un infinitif,
– un pronom,
– une proposition subordonnée conjonctive.

Faire

1 À chacun sa fonction

Indiquer la fonction des mots soulignés.

1. Ils ont élu délégué un garçon sympathique.
2. Papa me trouve trop jeune pour partir en vacances avec des amis.
3. Le tribunal juge ce matin un homme soupçonné de meurtre.
4. Le Premier ministre a nommé monsieur Delacroix ministre de l'Intérieur.
5. Le Premier ministre a nommé monsieur Delacroix, ministre de l'Intérieur, à un autre ministère.
6. Je trouve Paul sympathique.

2 À chacun sa place

Classer les mots soulignés dans le tableau.

1. Soudain, dans l'encadrement de la fenêtre, apparut un visage grimaçant.

2. Depuis plus de dix ans, mon père travaille la nuit.

3. La danseuse enchaîna des arabesques.

4. Cette toile rend superbement le jour gris des villes industrielles.

5. Malgré notre altercation, Jérôme reste mon meilleur ami.

6. À la lisière du bois se tenait un cerf dont les bois avaient une taille impressionnante.

Sujet inversé	COD	CC	Attribut du sujet

3 Reconnaître l'attribut

Souligner les attributs du sujet.

1. Cet homme passe pour excentrique.
2. La peinture semble craquelée.
3. Les élèves restent au milieu de la cour.
4. Je passe pour emprunter quelques livres.
5. Ces fruits ont l'air trop mûrs.
6. Il est resté immobile pendant toute la conversation.
7. Il reste un peu de thé.
8. Elle demeure bien faible.
9. J'ai appris qu'elle demeurait près de chez moi.

4 À vous de jouer !

Utiliser chacun des verbes suivants dans une phrase comportant un COD et un attribut du COD.

estimer : ....
élire : ....
croire : ....
nommer : ....
trouver : ....

5 Reconnaître COI et COS

Souligner de deux couleurs différentes les COI et les COS.

Paul m'a rappelé que je devais être à huit heures à la gare.
Fatima a adressé ses meilleurs vœux à son supérieur.
Le fauve obéissait aux coups de fouet de son maître.
J'ai découvert qu'il me ment depuis plus de quinze jours.
Il leur a révélé le secret concernant la naissance de la benjamine.

6 L'ORIGINE DES MOTS

Savoir

- Le français est une langue **indo-européenne**. L'indo-européen (qui n'a laissé aucune trace écrite) était vraisemblablement parlé dès le IVe millénaire avant J.-C. dans un vaste territoire situé au centre de l'ex-Union soviétique. L'indo-européen a donné naissance à de nombreuses langues qui souvent ont, elles aussi, donné naissance à d'autres langues avant de s'éteindre.

- indo-européen
  - germanique
    - gothique
    - allemand, anglais
  - latin — français, espagnol, portugais, italien, roumain …
  - grec — grec moderne
  - hittite
  - scandinave — danois, suédois, norvégien …
  - slave — russe, polonais, tchèque …
  - indien — hindi, bengali …
    - sanskrit
  - iranien — persan, afghan …

(Ce tableau n'est pas exhaustif.)
En Europe, les langues qui ne sont pas d'origine indo-européennes sont rares : finois, hongrois, basque ; et leurs origines sont souvent encore mystérieuses.

- Le français s'est enrichi au cours des siècles par des emprunts à d'autres langues.

Savoir faire

Étudier l'origine des mots

La science chargée d'étudier l'origine et l'histoire des mots est l'**étymologie**.

- Elle identifie les langues dont sont issus les mots (ex. : *aqua* est l'origine latine de *eau ; plinthos* est l'origine grecque de *plinthe*).

- Elle étudie l'évolution du sens des mots.
Au cours des siècles certains mots ont disparu, d'autres ont changé de sens.

latin	*français*
uxor	*femme-épouse*
femina	*femme (≠ homme)*
femina	*femelle*

Ce tableau nous indique que *uxor* a disparu et que *femina* a changé de sens puisqu'aujourd'hui il ne convient qu'au genre humain.

Orthographier

Connaître l'étymologie d'un mot permet d'éviter des fautes d'orthographe.
Ex. : bellum signifie guerre en latin d'où belliqueux - belligérant - belliciste.

Faire

1 L'étymologie au secours de la compréhension

Donner (sans consulter le dictionnaire !) une définition des mots suivants à l'aide des étymons grecs proposés.

Anthropos ou andros (homme) - morphé (forme) – philein (aimer) – logos (langue ou étude) – gyne (femme) – isos (égal) – misein (haïr) – phagein (manger) – sophia (sagesse) – nekros (mort)

1. philanthrope : ....
2. isomorphe : ....
3. androgyne : ....
4. philosophie : ....
5. anthropologie : ....
6. misogyne : ....
7. anthropophage : ....
8. nécrophage : ....
9. anthropomorphe : ....
10. philologue : ....
11. misanthrope : ....

3 Traduction : trahison ?

Voici des mots étrangers accompagnés de leur traduction.

a. Indiquer l'orthographe française.

b. Expliquer le rapport entre le sens d'origine et le sens actuel.

sifr (arabe = vide) → ....
was ist das ? (allemand = qu'est-ce que c'est ?) → ....
tbib (arabe = sorcier) → ....
az samt (arabe = chemin) → ....
all'erta (italien = sur la hauteur) → ....
shah (persan = roi) → ....
scrupulum (latin = petit caillou) → ....
serbend (arabe = danse) → ....
krokos (grec = safran) → ....
tibia (latin = flûte) → ....

2 Du monde entier

Classer les mots suivants en fonction de leur origine.

baldaquin – aubergine – douane – talc – cacao – paréo – scarabée – gouache – savate – ballon – azur – céréale – opium – coton – pastèque – parapet – taffetas – assassin – tabou – sceptre – balustrade – abricot – chocolat – cratère – céramique – alarme – agonie – cacahuète.

polynésien	italien	arabe ou persan	aztèque	grec

7 FAMILLES ÉTYMOLOGIQUES

Savoir

- Une famille **étymologique** (ou famille de mots) est constituée par l'ensemble des mots ayant le même **radical**.

Au radical (appelé aussi racine) s'ajoutent **préfixe**(s) et **suffixe**(s).
Les mots obtenus sont des **dérivés** (on dit qu'ils sont formés par **dérivation**).

- Le préfixe est l'élément qui se place devant le radical.

Il est porteur d'un sens. *Ex. : anti = contre.*
Il ne change pas la nature grammaticale du mot.
Ex. : alcoolique (adj.) → *antialcoolique (adj.)*

- Le suffixe est l'élément qui se place derrière le radical.

Il permet à un mot de changer de nature grammaticale.
Ex. : confort (nom) → *conforter (verbe)* → *confortable (adj.)* → *confortablement (adv.)*
Il peut de plus être porteur de sens. Comparer : *respectu**eux*** et *respect**able***.

Savoir faire

Décomposer un mot

Un mot peut comporter plusieurs préfixes ou plusieurs suffixes :
*Ex. : sur/é/**lev**/ation* ***froid**/e/ment*

Composer une famille

Une même famille peut avoir plusieurs radicaux :

- parce qu'un même mot latin a pu donner deux mots différents (appelés doublets), l'un de formation populaire, l'autre de formation savante.

Ex. : cantare (chanter) → *chanter* (formation populaire)
cantate (formation savante)

- parce que la famille est formée à partir de plusieurs mots de même sens.

Ex. : polemos (grec) → polémique…
bellum (latin) } = *guerre* → belliqueux…
werra (francique) → guerre…

Faire

1 La formation des mots

Préciser quels sont les préfixes, radicaux et suffixes des mots suivants :

indéchiffrable – pommette – ménage – déverrouillage – inconditionnellement – dévastation – ininflammable – rallumer – attaque – atypique.

2 À chaque verbe son adjectif

A partir de chacun des verbes suivants former, par dérivation, l'adjectif signifiant la notion de possibilité.
Ex. : lire → lisible.

dire – rire – submerger – admettre – dissoudre – pouvoir – convenir – comprendre – voir – concilier – pourrir – fendre – corrompre.

3 Trois sens pour un même préfixe

Classer les termes suivants dans le tableau en fonction du sens du préfixe *RE-*:

redire – réclusion – réapparaître – retour – réanimer – recouvrir – réélire – rechercher – reconduire – remplir.

re = répétition	*re* = inversion	*re* = complètement

4 Même exercice (ou presque...)

Classer les termes suivants dans le tableau en fonction du sens du préfixe *-EN*. Les trois sens n'étant pas indiqués, il faudra les trouver.

enterrer – engraisser – engourdir – enlever – engouffrer – endimancher – enlaidir – emporter – envoyer – emprisonner – s'enfuir – emmurer.

en = ...	en = ...	en = ...

5 À chaque nom, un adjectif

Indiquer l'adjectif correspondant à chaque nom.

printemps – été – automne – hiver – mois – semaine – dimanche – livre – vertige – ville – main – pied – enfer – paradis – chien.

6 Un radical changeant

a) Compléter les trois GN avec trois adjectifs dérivés du nom **cœur**. Ces adjectifs permettent de trouver les trois formes possibles du radical.
b) Former, à partir de ces trois formes du radical, la famille du mot **cœur**.

– une maladie ....
– une poignée de main ....
– un pompier ....

7 Une famille à origine multiple

La famille du mot **cheval** connaît quatre radicaux différents issus de trois mots (grecs ou latins) signifiant **cheval**.
a) Compléter les quatre GN pour retrouver les quatre radicaux.
b) Former, à partir de ces quatre radicaux, la famille du mot **cheval**.

– une statue ....
– une boucherie ....
– un concours ....
– un régiment de ....

8 LE DICTIONNAIRE

Savoir

Le dictionnaire est un outil dont il faut se servir régulièrement pour vérifier l'orthographe d'un mot, connaître son étymologie, enrichir son vocabulaire.
Le dictionnaire de la langue est celui dont on se sert le plus souvent, mais il ne faut pas oublier de faire appel à d'autres dictionnaires : dictionnaires des noms propres, des synonymes, dictionnaire étymologique, encyclopédies…

Savoir faire

Connaître la composition d'un article de dictionnaire

CLAIREMENT [klɛʀmɑ̃]. adv. (clerement XIIe; de clair) ◆ 1° D'une manière claire. v. **distinctement**, **nettement**. *Distinguer clairement les virages de la route.* ◆ 2° Fig. D'une manière claire à l'esprit. v. **explicitement**, **intelligiblement**, **nettement**, **simplement**. *Expliciter clairement une histoire. Clairement et simplement. « Il me les avait racontés clairement, naïvement. »* (SAND). ◆ ANT. Confusément. Obscurément.

Petit Robert.

Écriture phonétique. Classe grammaticale . Étymologie

◆ 1° ◆ 2° Les numéros correspondent aux **différents sens** (ou emplois) d'un même mot. Ils permettent au lecteur de se repérer dans les très longs articles.
Caractères normaux : définitions.
Caractères gras : synonymes.
Italiques : Exemples ou citations d'auteur.

Connaître les abréviations

Il faut :
– consulter la liste des abréviations données au début de chaque dictionnaire ;
– ouvrir quotidiennement le dictionnaire afin que celui-ci devienne familier.

Faire

1 Consulter le dictionnaire

Répondre aux questions suivantes à l'aide du dictionnaire.

1. Comment se nomme l'arbre sur lequel poussent les coings ?
2. Un cheval – des chevaux ; un vitrail – des vitraux ; de l'ail – des… ?
3. Qu'est-ce qu'un pataquès ?
4. Quand un fléau n'est pas une catastrophe, à quoi sert-il ?
5. Est-il préférable de faire preuve de persévérance ou de perversité ?
6. Quelle est la différence entre un oculiste et un ophtalmologiste ?
7. Si je baille ostensiblement en cours, suis-je poli ou impoli ?
8. « Tire la chevillette et la bobinette cherra », dit la grand-mère au Chaperon Rouge. Oui, mais qu'est-ce qu'une chevillette, qu'est-ce qu'une bobinette et qu'arrive-t-il à cette bobinette ?
9. Le chat miaule, le chien aboie. Et la cigogne, le cerf, le chameau, l'éléphant, quel est leur cri ?
10. Que peut-on voir dans une pinacothèque ?
11. Quelle est la femelle du daim ? et le mâle de l'oie ?
12. Tous les lecteurs d'Astérix savent ce qu'est un barde, mais savent-ils ce qu'est une barde ?

2 Des mots qui changent de genre

Les mots suivants existent au masculin et au féminin. Employer chaque mot dans deux phrases mettant en évidence la différence de sens entre les deux genres.

livre (m) ....
livre (f) ....

moule (m) ....
moule (f) ....

ombre (m) ....
ombre (f) ....

vase (m) ....
vase (f) ....

3 Casse-tête

Les mots suivants sont-ils masculins ou féminins ?
Ajouter l'article qui convient (*un – une*).

.... armistice	.... obélisque
.... hécatombe	.... cerne
.... viscère	.... épithète
.... écritoire	.... arabesque
.... haltère	.... acné
.... hémisphère	.... tentacule.

4 Les abréviations du dictionnaire

Indiquer le sens des abréviations suivantes :

adv. :	arg. :	conj. : ....
ANT. :	fam. :	fig. : ....
tr. dir. :	intr. :	it. : ....
néol. :	VX :	péj. : ....
pop. :	PROV. :	qqn. : ....
qqch. :	p.p. :	lat. : ....
V. :	all. ;	HOM. : ....

5 Le dictionnaire des noms propres

Répondre aux questions suivantes à l'aide du dictionnaire des noms propres.

1. Quelle est la capitale de la Hongrie, de l'Éthiopie, du Cambodge, du Danemark, de la Libye ?
2. Qui a écrit *Roméo et Juliette* ?

3. Citer trois œuvres de Jean-Paul Sartre, de Jean Racine, d'Émile Zola.
4. Dans quelle pièce de Beaumarchais rencontre-t-on Chérubin ?
5. En quelle année est né Christophe Colomb ?
6. Comment s'appellent les trois caravelles qui traversèrent l'Atlantique ?
7. Ushuaia. Quand ce mot ne désigne pas une émission de télévision, de quoi s'agit-il ?
8. Qui est Cerbère ?
9. À quel âge est mort Victor Hugo ?
10. Citer quatre fleuves du continent asiatique.

9 EXPLIQUER UN MOT

Savoir

Pour expliquer un mot, il faut connaître les notions suivantes :

- **Synonyme** : mot de même nature grammaticale et qui a un sens équivalent ou proche du mot à expliquer.
- **Antonyme** : mot de même nature grammaticale et qui a un sens contraire.
- **Sens propre** : sens littéral et premier du mot.
- **Sens dérivé** : sens qui s'est développé à partir du sens premier par analogie ou par extension.
- **Sens figuré** : emploi détourné, imagé du mot.

Savoir faire

Comment procéder pour expliquer un mot

Ex. : « Le baron de Haute-Feuille avait fait graver son ***chiffre*** *sur toutes les pièces de son argenterie. »*

1. Indiquer le sens du mot en contexte, c'est-à-dire le sens que lui donne le texte.
ici : ***chiffre*** *représente les initiales du baron.*

2. Indiquer l'étymologie du mot.
ici : sifr (arabe) qui signifie vide et par extension zéro.

3. Indiquer les autres sens du mot par :
- une définition,
- l'emploi de synonymes,
- l'emploi du mot dans une phrase exemple,
- la formation de la famille étymologique.

ici : • *sens premier – Caractère permettant de former les nombres. On trouve 10 chiffres : 0, 1, 2, 3, 4, 5, 6, 7, 8, 9.*
Ex. : J'ai écrit les nombres en chiffres alors qu'il fallait les écrire en lettres.

• *sens dérivés – Signe servant à une écriture secrète.*
syn. : code, cryptographie.
Ex. : Il a envoyé un message chiffré.
Famille : déchiffrer.
– Initiale, monogramme (= sens du texte).

4. Préciser s'il s'agit du sens premier, d'un sens dérivé ou du sens figuré.
ici : il s'agit d'un sens dérivé du mot chiffre.

5. Donner des antonymes (si le terme s'y prête).
ici : sens 2 – écrire en chiffres ≠ écrire en clair.

Faire

1 À chacun son antonyme

Relier par une flèche chaque mot à son antonyme.

téméraire ●	● intègre
spontané ●	● pimenter
certain ●	● abnégation
amical ●	● copieux
affairé ●	● calculateur
frugal ●	● aléatoire
affadir ●	● hostile
émancipation ●	● timoré
malhonnête ●	● assujettissement
égoïsme ●	● oisif

2 Synonymes en vrac

Classer les mots suivants dans le tableau en regroupant les synonymes par colonne.

audacieux – prévoyant – asservissement – esclavage – réfléchi – abondance – servitude – avisé – imprudent – soumission – fortune – circonspect – joug – aventureux – aisance – prudent – présomptueux – assujettissement – opulence – sujétion – richesse – sage.

3 À vous de jouer

Compléter le tableau, en trouvant pour chaque mot deux synonymes et deux antonymes.

	Synonymes	Antonymes
parcimonie		
novice		
enthousiasme		
continu		

4 Mots en contexte

Expliquer les mots soulignés en suivant la méthode exposée dans la rubrique SAVOIR FAIRE.

1. « L'ironie pimente agréablement la tisane morale. » (Gourmont).

2. « Jean se sentait dissoudre dans ce milieu non acide. Rien pour se faire les dents. Rien qui vous cogne au cœur. » (Courcha).

3. « [Il] manipulait des tubes, des fioles et des seringues. » (Duhamel).

4. « Je n'avais plus la puissance de bouger… j'avais pris racine dans le sol. » (Baudelaire).

5 Sens propre – sens figuré

Utiliser les mots suivants dans deux phrases, dans l'une au sens propre, dans l'autre au sens figuré.

puiser < ………………………………………… / …………………………………………

palier < ………………………………………… / …………………………………………

noyau < ………………………………………… / …………………………………………

froid < ………………………………………… / …………………………………………

10 LES TEMPS DE L'INDICATIF

Savoir

1 Les temps simples

- **Le présent** exprime – une action qui se déroule au moment où on en parle (*Ex. : Je t'entends mal.*),
  – un futur proche (*Ex. : Je déménage après-demain.*),
  – un fait qui se répète (*Ex. : Je prends le train tous les jours.*),
  – une vérité générale (*Ex. : La terre tourne autour du soleil.*),
- **L'imparfait** exprime
  – la répétition, l'habitude (*Ex. : Je le rencontrais souvent.*),
  – la durée : c'est le temps de la description (*Ex. : Le soleil brillait.*),
  – la condition dans les propositions subordonnées introduites par **si** (*Ex. : Si j'étais fils unique, je m'ennuierais.*).
- **Le passé simple** exprime des actions brèves ou dont la durée n'est pas l'aspect principal (*Ex. : Il se leva tôt et se promena.*).
- **Le futur** exprime une action à venir ou un ordre. (*Ex. : Tu ne tueras point*).

2 Les temps composés

Les temps composés expriment une action achevée et antérieure à l'action exprimée par le verbe conjugué au temps simple.

- **Le passé composé** exprime l'antériorité par rapport au présent.
- **Le plus-que-parfait** exprime l'antériorité par rapport au passé simple, au passé composé ou à l'imparfait.
- **Le passé antérieur** exprime l'antériorité par rapport au passé simple.
- **Le futur antérieur** exprime l'antériorité par rapport au futur.

Savoir faire

Employer les temps dans le récit

- Pour rendre un récit plus vivant, on peut employer le présent de narration.

Ex. : Un agneau se désaltérait [...]
Un loup ***survient*** *à jeun.* La Fontaine

- Dans un récit au passé, il faut veiller à différencier passé simple et imparfait.

– Les mots exprimant la durée ou la répétition indiquent qu'il faut employer l'imparfait.
– Les mots exprimant la brièveté d'une action ou sa soudaineté indiquent qu'il faut employer le passé simple.

Faire

1 À chaque présent, sa valeur

Indiquer la valeur du présent dans les phrases suivantes :

1. Le 21 janvier 1793, Louis XVI est décapité, place de la Révolution.
2. Je t'appelle de la cabine située près du square, je te retrouve au « Café des peupliers », d'accord ?
3. Les hommes naissent libres et égaux en droits.
4. Chaque jour, le vieux monsieur Duraquin épie ses voisins.
5. Pierre qui roule n'amasse pas mousse.
6. Une partie de la population vit dans une pauvreté extrême.

2 Transposition

Transposer le texte suivant au passé

Antoine déclare, d'un air rechigné, qu'il accepte. Il sent qu'il n'obtiendra pas davantage. Il est convenu qu'on lui enverra l'argent et le vêtement le lendemain […]. En se retirant, l'ivrogne qui accompagne le jeune homme est aussi respectueux qu'il vient d'être insolent ; il salue plus de dix fois la compagnie, d'un air humble et gauche […]. Une semaine plus tard, Antoine occupe une grande chambre du vieux quartier dans laquelle Félicité […] a fait mettre un lit, une table, des chaises. Adélaïde voit sans aucun regret partir son fils ; elle est condamnée à plus de trois mois de pain et d'eau par le court séjour qu'il a fait chez elle.

D'après *Les Rougon-Macquart* d'É. Zola.

3 Compléter

Conjuguer, au temps composé qui convient, les verbes entre parenthèses.

1. Quand les bagages (*enregistrer*) .... par les agents de la compagnie et que les passagers (*s'installer*) ...., l'avion décolla.
2. Comme les manifestants (*se disperser*) .... avant l'arrivée des forces de l'ordre, la confrontation tant redoutée n'eut pas lieu.
3. Tu ne rejoindras tes amis que quand tu (*débarrasser*) .... la table et que tu (*se brosser*) .... les dents.
4. Après qu'elle (*poser*) .... le pied sur son île natale, elle se sentait revivre.

4 Au présent

Conjuguer au présent les verbes entre parenthèses.

1. Tu (*résoudre*) .... tes problèmes familiaux avec diplomatie. Je t'(*envier*) ....
2. Elle (*coudre*) .... ses vêtements elle-même.
3. Je te (*rejoindre*) .... dès que je le (*pouvoir*) ....
4. Tu (*combattre*) .... avec pugnacité.
5. Voilà un raisonnement qui me (*convaincre*) ....

5 À l'imparfait

Conjuguer à l'imparfait les verbes entre parenthèses.

1. Nous (*se plaindre*) .... d'avoir à la supporter.
2. Je me souviens : tous les soirs vous (*noyer*) .... votre chagrin au bar de la Plage.
3. Si vous (*crier*) .... moins fort, on s'entendrait peut-être.

6 Au futur

Conjuguer au futur les verbes entre parenthèses.

1. Il (*mourir*) .... s'il n'est pas secouru rapidement.
2. Tu (*pouvoir*) .... me joindre ce soir.
3. Je (*venir*) .... demain, si je le peux.
4. Il (*accourir*) .... si tu l'appelles.

7 Au passé simple

Conjuguer au passé simple les verbes entre parenthèses.

1. Ils (*résoudre*) .... rapidement l'équation.
2. Il (*nager*) .... et (*atteindre*) .... la rive.
3. Je (*courir*) ...., (*grimper*) .... dans le bus et (*s'installer*) ....

11 LE TON D'UN TEXTE

Savoir

Le ton d'un texte a pour but de provoquer, chez le lecteur, un certain sentiment (tristesse, amusement, angoisse…).

- Le **ton comique** provoque le rire ou le sourire.
- Le **ton pathétique** engendre un sentiment de compassion en décrivant les souffrances de l'homme.
- Le **ton lyrique** permet de faire partager un sentiment d'exaltation, d'enthousiasme.
- Le **ton fantastique** provoque un sentiment d'angoisse.

Savoir faire

Analyser les procédés

- Il faut repérer les **champs lexicaux** :
Un texte pathétique présentera un champ lexical de la souffrance, un texte fantastique, un champ lexical de la peur ou de l'étrangeté.
- Il faut être attentif à la **ponctuation**.
Le ton lyrique d'un texte peut être souligné par des points d'exclamation, des points de suspension peuvent signaler un sous-entendu comique ou inquiétant.
- Il faut repérer les **figures de rhétorique** :
Ex. : une hyperbole peut avoir un effet comique (« Je meurs, je suis mort, je suis enterré ! » *Molière*) *ou bien caractériser un texte lyrique* (« Les maux que j'ai soufferts égalent le nombre des étoiles. » *Ovide*).

Faire

1 À chaque texte, sa tonalité

Indiquer le ton de chacun des textes suivants :

1. As-tu donc oublié que ton libérateur,
C'est le livre ? Le livre est là, sur la hauteur ;
Il luit ; parce qu'il brille et qu'il les illumine,
Il détruit l'échafaud, la guerre, la famine ;
Il parle, plus d'esclave et plus de paria.

Hugo, *L'Année terrible.*

2. Près du lit où gisait la mère de famille
Deux tout petits enfants, le garçon et la fille,
Dans le même berceau souriaient endormis.
La mère se sentant mourir, leur avait mis
Sa mante sur les pieds et sur le corps sa robe
Afin que dans cette ombre où la mort [nous dérobe,
Ils ne sentissent plus la tiédeur qui décroît,
Et pour qu'ils eussent chaud pendant [qu'elle aurait froid.

Hugo, *La Légende des siècles.*

3. Hélas ! je ne connaissais plus la béatitude du repos, ni le jour ni la nuit ! Durant le jour, la créature ne me laissait pas seul un moment ; et, pendant la nuit, à chaque instant, quand je sortais de mes rêves pleins d'une intraduisible angoisse, c'était pour sentir la tiède haleine de *la chose* sur mon visage, et son immense poids, – incarnation d'un cauchemar que j'étais impuissant à secouer, – éternellement posé sur mon cœur !

Poe, *Le Chat noir.*

4. Partout où l'on jetait les yeux, on n'entendait que deuil et gémissements, et tout offrait [...] le tableau de funérailles où la douleur ne reste pas muette. Femmes, hommes, enfants aussi, déplorent ma perte et il n'est pas un coin de la demeure qui ne soit arrosé de larmes.

Ovide, *Tristes.*

5. À la terrasse du café, des couples pratiquaient le bouche à bouche, et la salive dégoulinait le long de leurs mentons amoureux ; parmi les plus acharnés à faire la ventouse se trouvaient Lamélie et un ératépiste [...] Lamélie fermait les yeux et se consacrait religieusement à la languistique.

Queneau, *Les Fleurs bleues.*

2 À vous de jouer

Un homme tombe dans un puits.
Raconter cet incident de deux façons différentes en utilisant un ton comique puis un ton pathétique.

12 LA SUITE DE TEXTE

Savoir

Pour rédiger une suite de texte, il faut toujours mettre son imagination au service d'un texte, c'est-à-dire respecter :

- **le contenu du texte**

– la situation,
– les personnages (leur caractère, leur origine sociale…)
– le décor et la présence éventuelle d'objets, d'animaux,
– l'époque.

- **les éléments techniques**

– la personne grammaticale et l'identité du narrateur,
– le temps grammatical,
– le ton (comique, mélancolique, fantastique…),
– le registre de langue,
– les procédés d'écriture (mélange récit dialogue, mélange récit et flash-back…).

Savoir faire

Comment rédiger une suite de texte

- **Lire** attentivement le texte **plusieurs fois** afin de repérer les éléments à respecter.
- **Ne pas rédiger d'introduction** : recopier la dernière phrase du texte pour débuter le devoir.
- **Déterminer la date du texte** en consultant un dictionnaire des noms propres ou un dictionnaire des œuvres afin d'éviter les anachronismes, *(Ex. : Faire retentir un téléphone alors que le texte se situe au XVIIe siècle.)*
- **Rédiger une conclusion.**
- **Mettre son imagination au service du texte.**

– **Limiter le récit dans la durée** : la suite de texte doit simplement achever un épisode. Il ne faut surtout pas (sauf si le texte vous y invite) prolonger le récit jusqu'à la mort des personnages.

– **Respecter le lieu**.

Ex. : Si le texte évoque une altercation entre deux automobilistes à un feu rouge, la rédaction devra respecter ce décor.

– **Tirer parti du thème d'un texte**.

Ex. : Si le texte met en présence un enfant riche et un enfant pauvre, la rédaction devra développer le problème de la différence sociale.

Faire

1 Tableau

Lire attentivement le texte suivant et remplir le tableau.

J'aimais apercevoir papa lorsqu'il rentrait. Découvrir, à travers les vitres du car, son profil abrupt me tirait des larmes et, plus encore sur ce visage redoutablement expressif, cette douceur à fleur de peau qui animait son teint dès qu'il nous reconnaissait.
Ce jour-là, il enjamba le marchepied avec un grand rire qui fit sursauter les passagers. Sa vieille valise cabossée lui étirait l'épaule gauche. Un mystérieux colis ficelé dans un papier rouge à la main droite.
Son pantalon de velours froissé et terni aux genoux, ses souliers mal cirés, férocement, magistralement beau, il leva le bras droit à l'extrémité duquel le paquet suspendu se balançait comme un lampion ventru de fête foraine et prononça solennellement :
« Je vous salue Amigos… » […]
Les voyageurs ébahis tendaient dans notre direction un cou démesuré, des yeux globuleux. Nous les regardâmes avec une sorte de hauteur, car nul ne savait, comme papa, éclabousser le silence d'une voix aussi forte, ni s'adresser aux siens avec un tel panache. Il posa à terre ses deux fardeaux, nous empoigna les uns après les autres pour nous embrasser. […] Maman, au milieu de nous, un peu raide, un peu pâle, attendait sans rien dire. D'habitude, c'est toujours vers elle qu'il allait d'abord. L'ayant enfin regardée en face avec une taquinerie terrible, il nous demanda : « Amigos, qui est donc cette belle dame qui est là, avec vous ? »

Catherine Paysan, *Nous autres les Sanchez*, éd. Denoël.

2 Si on commençait par la fin

Imaginer le récit pouvant s'achever par ce texte de Stephan Zweig.
Avant de rédiger ce récit, souligner tous les éléments qui devront trouver une place et un éclaircissement dans le récit.

Les mains tremblantes de l'écrivain lâchèrent la lettre. Puis il réfléchit longuement. Confusément montait en lui le souvenir quelconque d'une enfant du voisinage et d'une jeune fille, d'une femme rencontrée dans un établissement de nuit, mais ce souvenir restait vague et indistinct, comme une pierre qui brille et qui tremble au fond de l'eau sans qu'on puisse discerner sa forme. Il remuait en lui de tendres souvenirs mais rien ne devenait précis. Il lui semblait avoir rêvé de toutes ces figures, rêvé souvent et profondément, mais seulement rêvé. Son regard tomba alors sur le vase bleu qui se trouvait devant lui sur la table de travail. Il était vide, vide pour la première fois le jour de son anniversaire. Il eut un tressaillement de frayeur. Ce fut pour lui comme si, soudain, une porte invisible s'était ouverte et qu'un courant d'air glacé, sorti de l'autre monde, eût pénétré dans la quiétude de sa chambre. Il sentit que quelqu'un venait de mourir ; il sentit qu'il y avait eu là un immortel amour : au plus profond de son âme quelque chose s'épanouit, et il pensa à l'amante invisible aussi immatériellement et aussi passionnément qu'à une musique lointaine.

Stephan Zweig, *Lettre d'une inconnue*, éd. Stock.

Situation	
Personnages (caractère, origine sociale)	
Décor (lieu – présence d'objets, d'animaux)	
Époque	
Personne grammaticale identité du narrateur	
Temps grammatical	
Ton	
Registre de langue	
Procédé d'écriture	

13 LA CONSTRUCTION DU VERBE

Savoir

- Un verbe **attributif** se construit avec un **attribut**.
Ex. : Il reste mon meilleur ami.
- Un verbe **transitif** est construit avec un **complément d'objet** :
– un verbe **transitif direct** avec un **COD**,
– un verbe **transitif indirect** avec un **COI**,
– certains verbes admettent une double construction (COD + COS).
Ex. : Il demande l'autorisation à son père.
- Un verbe **intransitif** est construit **sans complément d'objet**.
- **Tournure pronominale** : le verbe est construit avec le **pronom personnel réfléchi** (voir chapitre suivant).
- **Tournure impersonnelle** : le verbe est construit à la 3ᵉ personne du singulier. Le sujet **il** ne représente ni une personne, ni une chose (*Ex. : Il pleut*).
- **Voix active** : le sujet grammatical agit.
Voix passive : le sujet grammatical subit, l'action est accomplie par le complément d'agent.

Savoir faire

Reconnaître la voix

- **Être** s'emploie pour former
– les temps composés de certains verbes à la voix active,
– tous les temps de la voix passive.
- **Ne pas confondre** : *je suis tombé* (actif, passé composé)
je suis battu (passif, présent).

Reconnaître le temps de la voix passive

Pour identifier le temps d'un verbe à la voix passive, il suffit d'identifier le temps de l'auxiliaire.

Ex. : il *est battu* (est : présent) → présent passif

il *avait été battu* (avait été : plus-que-parfait) → plus-que-parfait passif

Différencier verbe impersonnel et construction impersonnelle

- Le verbe impersonnel n'existe qu'à la 3ᵉ personne du singulier.
Ex. : Il pleut.
- La construction impersonnelle
– concerne des verbes qui peuvent être conjugués à une autre personne,
– comprend un **sujet grammatical** (**il**) et un **sujet logique** (ou **sujet réel**),
– peut être transformée en tournure personnelle.
Ex. : Il est interdit de fumer. → Fumer est interdit. (fumer : s. logique)

Faire

1 À chacun sa construction

Classer les infinitifs des verbes employés dans les phrases suivantes selon leur construction.

1. Le malfaiteur que les gendarmes arrêtèrent à Poissy passait pour particulièrement dangereux.
2. Augustin me montra un dessin superbe.
3. Il partit à la plage de bonne heure.
4. Nous sursautâmes en entendant le coup de feu.
5. Il demanda s'il pouvait passer la nuit chez nous.
6. Il écrivit une longue lettre à son correspondant polonais.
7. Elle s'adressa à l'agent de police pour demander son chemin.
8. J'appelai mon frère à Londres.
9. J'ai profité de ce séjour à la montagne pour faire de l'escalade.
10. Le directeur m'a renvoyé de l'école.

Verbes	Infinitifs
Attributifs	
Transitifs directs	
Transitifs indirects	
Double construction	
Intransitifs	

2 Voix et temps

Remplir le tableau (en indiquant la voix et le temps auxquels chaque verbe est conjugué).

	V. active ou passive	Temps
Ils ont été massacrés.		
Tu seras employé.		
Tu seras venu.		
J'étais obligé.		
Ils furent décapités.		
Elle aura été blessée.		
Elle est partie.		
Nous avions été nourris.		

3 De l'actif au passif

Réécrire les phrases suivantes à la voix passive.
Attention aux accords et aux temps !

1. Les spectateurs enthousiasmés applaudirent longuement le spectacle.
2. Jean avait entièrement repeint la maison.
3. Un éclair blanc que Marc aperçut de sa fenêtre illumina la nuit.
4. La tempête avait arraché des arbres, emporté des tuiles, dévasté le jardin.
5. Papa viendra et me soulèvera de terre !

4 Du passif à l'actif

Réécrire les phrases suivantes à la voix active.

1. La bijouterie avait déjà été cambriolée quatre fois.
2. Bien qu'il ait été chaleureusement accueilli par ses amis, il les quitte sans un mot de remerciement.
3. Ces médicaments lui auront été prescrits par le médecin.
4. Le dîner fut rapidement dévoré par la petite troupe.
5. Cette institutrice est aimée de ses élèves.

5 Reconnaître

a. Relier par une flèche chacune des phrases suivantes à l'une des cases de droite.
b. Réécrire toutes les phrases dont la flèche aboutit à la deuxième case en utilisant une tournure personnelle.

1. Il faut partir. •
2. Il n'a pas plu depuis huit mois. •
3. Il manque trois élèves ce matin. •
4. Il fait bon vivre dans ce village. •
5. Il est impossible de sortir. •
6. Il m'est arrivé un grand malheur. •
7. Il est trois heures moins cinq. •
8. Il est dangereux de se pencher par la fenêtre. •

• verbes impersonnels

• constructions impersonnelles

14 LES VERBES PRONOMINAUX

Savoir

Les verbes pronominaux se construisent avec un pronom personnel réfléchi (je **me**… tu **te**… il **se**… nous **nous**… vous **vous**… ils **se**…).

- Les verbes **essentiellement pronominaux** n'existent qu'à la forme pronominale. Le pronom personnel ne s'analyse pas.
Ex. : L'oiseau s'envole.

- Les autres verbes sont **occasionnellement pronominaux**.
Ils peuvent avoir trois sens :

– **sens réfléchi** → l'action est faite par le sujet lui-même.
Ex. : Il se lave les cheveux.

– **sens réciproque** → le sujet est toujours au pluriel. Chacun fait subir une action à l'autre (ou aux autres).

– **sens passif** → le verbe peut être remplacé par un verbe à la voix passive.
Ex. : Les brioches se sont toutes vendues.
→ *Elles ont été toutes vendues.*

Savoir faire

Analyser le pronom personnel

Seul le pronom personnel des verbes à sens réfléchi et réciproque est analysable.
Il peut être :

- COD *Ex. : Il **se** couche. (**coucher** est transitif direct).*
- COI *Ex. : Ils **se** nuisent (**nuire** est transitif indirect).*
- COS *Ex. : Il **se** prépare un gâteau (**préparer** admet une double construction).*

Accorder le participe passé (*voir chapitre 15*)

Faire

1 À chacun sa place

Pour chacune des phrases suivantes, cocher une case.

1. Les adolescents de la ville se sont agglutinés au concert de Madonna.
2. Les deux ivrognes se soutenaient pour ne pas tomber.
3. Ils se sont adressés des cartes postales.
4. Rome ne s'est pas construite en un jour.
5. Ils s'enfuirent en hurlant.
6. Je me souviens de mes vacances avec émotion.
7. Ces deux romans se lisent agréablement.
8. Papa et maman se sont rencontrés sur les bancs de l'école.
9. Le château, bâti au sommet de la montagne, se voit de loin.
10. Les amoureux se nourrissent d'amour et d'eau fraîche.

	1	2	3	4	5	6	7	8	9	10
Verbes essentiellement pronominaux										
Verbes pronominaux à sens réfléchi										
Verbes pronominaux à sens réciproque										
Verbes pronominaux à sens passif										

2 Transformation

Remplacer la tournure pronominale par la voix passive. (Attention aux temps, et aux accords !)

Ex. : Les chapeaux à voilette ne se portent plus → Ils ne sont plus portés.

1. Le stade de Furiani s'est construit trop rapidement.
2. Les places pour le spectacle s'étaient vendues en un clin d'œil.
3. Une rumeur se propage rapidement.
4. Les jupes se porteront longues cet hiver.
5. Ce plat se mange froid.

3 Exercice inverse

Remplacer les verbes à la voix passive des phrases suivantes par des verbes pronominaux à sens passif.

1. Ce médicament était pris dans un verre d'eau.
2. Les étoiles sont facilement observées cette nuit.
3. L'immeuble a été terminé le mois dernier.
4. La salle était lentement vidée.
5. Les pièces de cet avion sont assemblées ici.

4 À vous de jouer

Employer chaque verbe dans deux phrases : dans la première il aura un sens réfléchi, dans la seconde un sens réciproque.

se jeter – s'asperger
se tenir – se voir
se parler.

5 Analyser un pronom personnel

Indiquer la fonction du pronom personnel souligné :

1. Les orages se sont succédé.
2. Il se regarda dans le miroir.
3. Pierre et sa femme se téléphonaient tous les soirs.
4. Nous nous lançâmes des taquineries durant toute la soirée.
5. Il respira profondément et se lança dans le vide.
6. Ce peuple se nourrit essentiellement de racines.
7. J'ai écouté les reproches qu'ils s'adressaient.
8. Il se précipita dans sa voiture.
9. Ils se sourirent.
10. De loin, les deux jeunes filles se firent des signes.

15 L'ACCORD DU PARTICIPE PASSÉ

Savoir

1 Avec l'auxiliaire être

Le participe passé s'accorde avec le sujet.
*Ex. : **Paul et Agathe** sont venus.*

2 Avec l'auxiliaire avoir

Le participe passé s'accorde avec le COD quand celui-ci est placé avant le verbe.

*Ex. : **Quels tableaux** avez-vous vus?*
*Les monuments **que** j'ai visités étaient splendides.*

- Si le COD est **en** :
le participe passé ne s'accorde pas.
*Ex. : Les BD, j'**en** ai lu dans ma jeunesse.*

- Si le participe passé est suivi d'un verbe à l'infinitif : il s'accorde si le COD complète le verbe conjugué.
*Ex. : Les musiciens **que** j'ai entendus jouer…*

Il ne s'accorde pas si le COD complète l'infinitif.
*Ex. : La sonate **que** j'ai entendu jouer.*

3 Verbes pronominaux

- Verbes essentiellement pronominaux.
Le participe passé s'accorde avec le sujet.
Ex. : Les oiseaux se sont envolés.

- Verbes pronominaux à sens réfléchi ou réciproque, mêmes règles d'accord que pour le participe passé employé avec avoir.
Ex. : Ils se sont lavés.
COD (se)
Ils se sont lavé les cheveux.
COD (les cheveux)

Savoir faire

Ne pas confondre voix active et voix passive

Ex. : Ils ont été battus. ≠ Ils ont battu.
(ont été : auxiliaire être) (ont : auxiliaire avoir)

Faire

1 Reconnaître et justifier

Souligner tous les participes passés et justifier leur accord.

Ex. : arrivée → auxiliaire être donc accord avec le sujet Sophie

Sophie est *arrivée* chez elle.
Elle s'est brusquement retournée avant d'introduire sa clef dans la serrure de la porte d'entrée, elle a scruté l'obscurité. Deux hommes sont sortis de l'ombre et se sont immobilisés. Ils portaient des chapeaux qui jetaient des ombres sur leurs traits mais la jeune fille était sûre de les avoir déjà vus : ils rôdaient autour d'elle depuis le meurtre et ce soir ils l'avaient suivie jusque chez elle, les ruses qu'elle avait déployées pour les semer avaient visiblement échoué. Elle était terrifiée. Les deux ombres se sont regardées et se sont adressé un signe de tête ; un des deux hommes a levé lentement la main et l'a plongée dans sa poche.
Alors Sophie s'est mise à hurler.

2 À chacun sa place

Compléter les phrases suivantes en utilisant les participes passés de la liste.

- **photographiées – visités – vue – admiré**

Les ruines que Marc et Paul ont .... durant leur voyage en Grèce étaient splendides. Ils ont .... les temples qu'ils ont .... La plus belle statue qu'ils ont .... était celle de Vénus.

- **brûlées – brûlée – blessé – blessés**

La main qu'il s'est .... a vite guéri : il s'était .... en manipulant son réchaud à gaz. Au service des urgences, il a croisé des enfants qui s'étaient gravement .... en jouant avec des explosifs et deux adolescentes qui s'étaient .... en bricolant un vélomoteur.

3 Le pronom COD

Remplacer le GN-COD par un pronom. Attention aux accords !

Ex. : Ils ont écouté leur chanteuse préférée. → Ils l'ont écoutée.

1. Franck a entendu un bruit étrange. → ....
2. J'ai emprunté l'autoroute A1. → ....
3. Ils ont dérobé les bijoux de grand-mère. → ....
4. Qui m'a envoyé cette lettre injurieuse ? → .....
5. Paul lui a soudain tendu la main. → ....

4 Transformation

Transformer les phrases suivantes à la voix passive. Attention aux accords et aux temps !

1. Un violent orage a arraché un poteau électrique.
2. Grand-père nous racontera des histoires fabuleuses tous les soirs.
3. La mer efface sur le sable les pas des amants désunis.
4. La police avait saisi plusieurs kilos d'héroïne à l'aéroport.

5 Compléter

Accorder, le cas échéant, les participes passés

1. La robe que tu as repassé… et plié… a été rangé… .
2. Je l'ai aperçu… qui avançait péniblement : elle était chargé… de lourdes valises. Son fils, un parfait goujat, s'est contenté… de l'observer.
3. Ils ne t'ont pas montré… les photographies car ils les ont toutes raté… .
4. Elle s'est enivré… et a roulé… sous la table.
5. Elles se sont adressé… au commissariat après avoir été agressé… .
6. Elle s'est demandé… s'ils viendraient la voir ; elle les a attendu… longtemps. Ils sont arrivé… très tard et se sont excusé…
7. Les livres que tu m'as prêté… sont intéressants, je les ai tous lu…
8. Ils se sont loué… une superbe villa sur la Côte d'Azur.
9. Les orateurs se sont succédé… sans dissiper l'ennui de cette soirée.
10. Yasmina s'est brossé… les dents, s'est douché… et s'est couché… avec un roman d'Agatha Christie.

16 LE NARRATEUR

Savoir

Le narrateur est celui qui raconte. Il peut être :

- un personnage de l'histoire,
- un simple témoin n'intervenant pas dans l'histoire,
- une personne extérieure au récit.

Il peut s'exprimer :

- à la première personne (je),
- à la troisième personne (il).

Savoir faire

Ne pas confondre narrateur et auteur

L'auteur est l'écrivain qui signe le livre.
L'identité du narrateur et celle de l'auteur peuvent être totalement séparées (dans *le Chat noir* d'Edgar Poe, le narrateur est un criminel condamné à mort. Or Poe n'a jamais tué personne !) ou beaucoup plus proches (dans des récits autobiographiques, des journaux intimes, des mémoires).

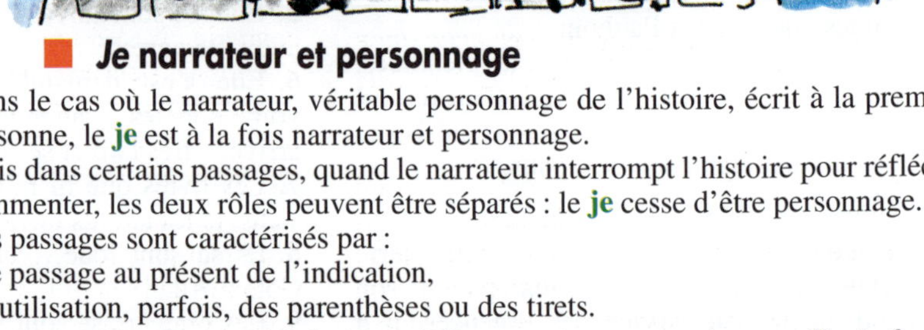

Je narrateur et personnage

Dans le cas où le narrateur, véritable personnage de l'histoire, écrit à la première personne, le **je** est à la fois narrateur et personnage.
Mais dans certains passages, quand le narrateur interrompt l'histoire pour réfléchir, commenter, les deux rôles peuvent être séparés : le **je** cesse d'être personnage.
Ces passages sont caractérisés par :
– le passage au présent de l'indication,
– l'utilisation, parfois, des parenthèses ou des tirets.

Ex. : Dans la nuit qui suivit le jour où fut commise cette action cruelle, je fus tiré de mon sommeil par le cri : Au feu ! [...] *Toute la maison flambait* [...] *Je ne cherche pas à établir une liaison de cause à effet entre l'atrocité et le désastre* [...] *Je rends compte d'une chaîne de faits et ne veux pas négliger un seul anneau. – Le jour qui suivit l'incendie, je visitai les ruines.* Edgar Poe, *Le Chat noir.*

Faire

1 À la recherche du narrateur

Identifier le narrateur de chacun des textes suivants en cochant les cases du tableau.

1. Il y a des choses dont je n'ai jamais aimé parler. Quand je suis entré en prison, j'ai compris au bout de quelques jours que je n'aimerais pas parler de cette partie de ma vie.

Camus, *L'Étranger*.

2. Ce fut une singulière maison.
Pendant près d'une vingtaine d'années, chacun y vécut à son caprice, les enfants comme la mère. Tout y poussa librement. En devenant femme, Adélaïde était restée la grande fille étrange qui passait à quinze ans pour une sauvage.

Zola, *La Fortune des Rougon*.

3. La baronne laissa tomber la lettre sans l'achever, elle s'agenouilla sur une chaise et fit à Dieu une oraison mentale en lui demandant de conserver à son fils l'entendement, d'écarter de lui toute folie, toute erreur, de le retirer de la voie où elle le voyait.

Balzac, *Béatrix*.

4. « C'est singulier ! – fit le comte de Brassard, comme s'il se parlait à lui-même – on dirait que c'est toujours le même rideau ! »
Je me retournai vers lui, comme si j'avais pu le voir dans notre obscur compartiment. [...]
« Je ne passe pas par ici souvent, – continua [...] le vicomte de Brassard –, et même j'évite d'y passer. Mais il est des choses qu'on n'oublie point. Il n'y en a pas beaucoup mais il y en a. J'en connais trois : le premier uniforme qu'on a mis, la première bataille où l'on a donné, et la première femme qu'on a eue. Eh bien ! pour moi, cette fenêtre est la quatrième chose que je ne puisse pas oublier. »

Barbey d'Aurevilly, *Le Rideau cramoisi*.

5. Longtemps, je me suis couché de bonne heure. Parfois, à peine ma bougie éteinte, mes yeux se fermaient si vite que je n'avais pas le temps de me dire : « Je m'endors. » Et, une demi-heure après, la pensée qu'il était temps de chercher le sommeil m'éveillait.

Marcel Proust, *À la recherche du temps perdu*.

		1	2	3	4	5
Le narrateur est	un personnage de l'histoire					
	un simple témoin					
	extérieur au récit					
Le narrateur s'exprime	à la première personne					
	à la troisième personne					

2 *Je* : narrateur et personnage

Dans les extraits suivants du *Chat noir* d'Edgar A. Poe, souligner les passages où le **je** cesse d'être personnage pour n'être que narrateur.

1. Pour ma part, je sentis bientôt s'élever en moi une antipathie contre [ce chat]. C'était justement le contraire de ce que j'avais espéré ; mais – je ne sais ni comment ni pourquoi cela eut lieu –, son évidente tendresse pour moi me dégoûtait presque et me fatiguait. Par de lents degrés, ces sentiments de dégoût et d'ennui s'élevèrent jusqu'à l'amertume de la haine.

2. Néanmoins l'affection du chat pour moi paraissait s'accroître en raison de mon aversion contre lui. [...] Quoique je désirasse le tuer d'un bon coup, j'en étais empêché en partie par le souvenir de mon premier crime, mais principalement – je dois le confesser tout de suite –, par une véritable terreur de la bête.

Cette terreur n'était pas positivement la terreur d'un mal physique – et cependant je serais fort en peine de le définir autrement, je suis presque honteux d'avouer –, oui même dans cette cellule de malfaiteur, je suis presque honteux d'avouer que la terreur et l'horreur que m'inspirait l'animal avaient été accrues par une des plus parfaites chimères qu'il fût possible de concevoir.

17 LA FOCALISATION

Savoir

La focalisation désigne le point de vue à partir duquel est racontée une scène.
Elle concerne :
- l'identité du narrateur,
- sa position par rapport à l'histoire et au récit,
- ce que le narrateur sait des faits,
- sa connaissance, ou son ignorance, des pensées des personnages.

Savoir faire

Reconnaître les focalisations

- **Focalisation interne**

L'histoire est racontée par un personnage de l'histoire.
Les personnages, les événements sont présentés tels que les perçoit et les comprend le personnage qui ignore ce que pensent les autres personnages quand ils ne s'expriment pas. (Écrire un récit en focalisation interne équivaut à mettre une caméra « à la place » des yeux et du cerveau d'un personnage.)

- **Focalisation externe**

L'histoire est racontée par un observateur extérieur qui n'intervient pas dans l'histoire. Il ne sait que ce qu'il peut observer et ignore ce que pensent les personnages quand ils ne s'expriment pas.

- **Focalisation zéro**

L'histoire est racontée par un narrateur extérieur au récit. Il sait tout, à tout moment, des faits et gestes des personnages et connaît les pensées des personnages même quand elles ne sont pas exprimées.
On dit que le narrateur est **omniscient**.

Faire

1 À chaque texte, sa focalisation

Indiquer, pour chacun des textes suivants, s'il est écrit en focalisation interne, externe ou zéro :

1. Deux hommes débouchèrent du sentier. [...] Le premier homme s'arrêta net dans la clairière et son compagnon manqua de lui tomber dessus. Il enleva son chapeau, [...] son camarade laissa tomber des couvertures et, se jetant à plat ventre, se mit à boire à la surface de l'eau verte. Il buvait à grands coups, en renâclant dans l'eau comme un cheval. Le petit homme s'approcha de lui nerveusement.
– Lennie, dit-il sèchement, Lennie, nom de Dieu, ne bois pas tant que ça.
Lennie continuait à renâcler dans l'eau dormante.

Steinbeck, *Des souris et des hommes*.

2. À travers la barrière, entre les vrilles des fleurs, je pouvais les voir frapper. Ils s'avançaient vers le drapeau, et je les suivais le long de la barrière. Luster cherchait quelque chose dans l'herbe, près de l'arbre à fleurs. Ils ont enlevé le drapeau et ils ont frappé. Et puis ils ont remis le drapeau et ils sont allés vers le terre-plein, et puis il a frappé et l'autre a frappé aussi. Et puis ils se sont éloignés et j'ai longé la barrière. [...]
– Ici caddie. Il a frappé. Ils ont traversé la prairie. Cramponné à la barrière, je les ai regardés s'éloigner.
– Écoutez-moi ça, dit Lester. A-t-on idée de se comporter comme ça, à trente-trois ans !

Faulkner, *Le Bruit et la Fureur*.

3. Aujourd'hui, maman est morte. [...] J'ai demandé deux jours de congé à mon patron et il ne pouvait pas me les refuser avec une excuse pareille. Mais il n'avait pas l'air content. Je lui ai même dit : « Ce n'est pas ma faute. » Il n'a pas répondu. J'ai pensé alors que je n'aurais pas dû lui dire cela.

Camus, *L'Étranger*.

4. [Saccard] prit les pincettes, se mit à tisonner. Cette manie de fouiller les cendres, pendant qu'il causait d'affaires, était chez lui un calcul qui avait fini par devenir une habitude. Quand il arrivait à un chiffre, à une phrase difficile à prononcer, il produisait quelque éboulement qu'il réparait ensuite laborieusement. [...]
Renée souffrait, le regardait faire un grand trou dans la cendre.

Zola, *La Curée*.

2 À vous de jouer

Le récit suivant est écrit en focalisation externe. Réécrire ce récit
– en focalisation zéro,
– en focalisation interne à partir du point de vue du jeune homme ou de la jeune fille.

La voiture décapotable freina brutalement et s'immobilisa au feu rouge. À l'intérieur étaient installés un homme et une femme, jeunes, dont l'expression contrastait avec l'allure fringante, pimpante de la voiture. Le visage du jeune homme était sombre, il se tourna plusieurs fois vers sa voisine pour lui adresser quelques mots. Celle-ci regardait droit devant elle, silencieuse, lointaine.
Lorsque le feu passa au vert, le jeune homme qui tardait à démarrer fut rappelé à l'ordre par un avertisseur. Il lança alors sa voiture dans un hurlement de pneus. La route, sinueuse à la sortie du village, longeait un précipice. Au premier virage, la voiture défonça la barrière de protection et dévala la pente en bondissant sur les rochers.

18 LE CHANGEMENT DE POINT DE VUE

Savoir

Changer le point de vue d'un texte consiste à raconter la même scène à partir d'un autre regard, d'une autre conscience.

Savoir faire

Changer la focalisation

Si le texte de départ est écrit en focalisation zéro ou en focalisation externe pour passer en focalisation interne, il faut :

- introduire le pronom personnel **je**,
- conserver tous les éléments visibles et audibles par le personnage,
- imaginer ses pensées mais supprimer celles des autres.

Passer d'une focalisation interne à une autre

C'est le cas le plus fréquent.
Pour passer du point de vue d'un personnage à un autre, il faut :

- analyser le caractère du personnage à partir du point de vue duquel la scène sera racontée,
- analyser les rapports entre les différents personnages,
- conserver tous les éléments audibles et visibles par le nouveau narrateur,
- transformer le personnage-narrateur du texte original en simple personnage en éliminant toutes ses pensées,
- transformer un personnage en personnage-narrateur en lui attribuant des pensées,
- veiller à la modification des pronoms personnels et des adjectifs possessifs.

*Ex. : « **Je lui** interdisais de sortir s'**il** n'avait pas appris **ses** leçons » devient du point de vue du fils : « **Il m**'interdisait de sortir si **je** n'avais pas appris **mes** leçons. »*

Faire

1 D'un narrateur à l'autre

Réécrire les passages suivants extraits de *L'Étranger* de Camus (le narrateur étant à chaque fois Meursault).
Faire les transformations nécessaires.

1. Confier la narration à Salamano.

J'étais accroupi sur mon lit et Salamano s'était assis sur une chaise devant la table. Il me faisait face et il avait ses deux mains sur les genoux. Il avait gardé son vieux feutre. Il mâchonnait des bouts de phrases sous sa moustache jaunie. Il m'ennuyait un peu mais je n'avais rien à faire et

je l'ai interrogé sur son chien. Il m'a dit qu'il l'avait eu à la mort de sa femme.

2. Confier la narration au concierge.

Le concierge a tourné le commutateur et j'ai été aveuglé par l'éclaboussement soudain de la lumière. Il m'a invité à me rendre au réfectoire pour dîner. Mais je n'avais pas faim. Il m'a offert alors d'apporter une tasse de café au lait. Comme j'aime beaucoup le café au lait, j'ai accepté et il est venu un moment après avec le plateau.

2 Un fou vu par un policier

Raconter la scène suivante du point de vue d'un des policiers.
Avant de rédiger, souligner

- en bleu les éléments visibles et audibles par le policier,
- en rouge les pensées et tout ce qui n'appartient qu'à l'univers mental du narrateur.

(*Le narrateur, fou, vient de tuer l'homme qui le logeait et de cacher le cadavre sous le plancher.*)
Quand j'eus fini tous ces travaux, il était quatre heures. [...] On frappa à la porte de la rue. Je descendis pour ouvrir avec un cœur léger – car qu'avais-je à craindre *maintenant* ? Trois hommes entrèrent qui se présentèrent, avec une parfaite suavité, comme officiers de police. Un cri avait été entendu par un voisin pendant la nuit. [...] Je souris – car qu'avais-je à craindre ? Je souhaitai la bienvenue à ces gentlemen. – Le cri, dis-je, c'était moi qui l'avais poussé pendant un rêve. Le vieux bonhomme, ajoutai-je, était en voyage dans le pays. Je promenai mes visiteurs par toute la maison. Je les invitai à chercher, et à *bien* chercher [puis] j'apportai des sièges dans la chambre [...] tandis que moi-même, avec la folle audace d'un triomphe parfait, j'installai ma propre chaise sur l'endroit même qui recouvrait le corps. [...] Ils s'assirent et ils causèrent de choses familières auxquelles je répondis gaiement. Mais, au bout de peu de temps, je sentis que je devenais pâle, et je souhaitai leur départ. [...] Il me semblait que mes oreilles me tintaient. [...] Je bavardai plus abondamment pour me débarrasser de cette sensation. [...] *C'était un bruit sourd, étouffé, fréquent, ressemblant beaucoup à celui que ferait une montre enveloppée dans du coton.* Je respirai laborieusement.[...] Je causai plus vite [...] mais le bruit croissait incessamment. Je me levai. [...] J'arpentai çà et là le plancher lourdement à grands pas. [...] J'agitais la chaise sur laquelle j'étais assis et je la faisais crier sur le parquet ; mais le bruit dominait toujours. [...] Et toujours les hommes causaient, plaisantaient et souriaient. [...] Je ne pouvais plus supporter longtemps ces hypocrites sourires ! Je sentis qu'il fallait crier ou mourir. [...]
– Misérables ! – m'écriai-je, – Ne dissimulez pas plus longtemps ! J'avoue la chose ! – Arrachez les planches ! C'est là, c'est là ! – C'est le battement de son affreux cœur !

Poe, *Le Cœur révélateur*.

19 LE CONDITIONNEL

Savoir

- **Conditionnel présent**

Il se forme sur le radical du futur auquel on ajoute les terminaisons : **–ais**, **–ais**, **–ait**, **–ions**, **–iez**, **–aient**.

- **Conditionnel passé 1re forme**

Auxiliaire **être** ou **avoir** au conditionnel présent + participe passé.

- **Conditionnel passé 2e forme**

Il est **identique au plus-que-parfait du subjonctif**.
Auxiliaire **être** ou **avoir** au subjonctif imparfait + participe passé.
Ex. : Je fusse arrivé – J'eusse vu.
Il appartient à la langue soutenue.

Savoir faire

Connaître la concordance des temps

- Le conditionnel présent exprime **le futur dans le passé**.

*Ex. : Le médecin déclare (**présent**) qu'il repassera (**futur**) demain.*

*Le médecin déclara (**passé**) qu'il repasserait (**cond. présent**) le lendemain.*

- Le conditionnel passé 1re forme exprime **le futur antérieur dans le passé**.

*Ex. : Le médecin déclare (**présent**) qu'il repassera (**futur**) dès qu'on l'aura appelé (**futur antérieur**).*

*Le médecin déclara (**passé**) qu'il repasserait (**cond. présent**) dès qu'on l'aurait appelé (**cond. passé**).*

Employer le conditionnel dans une phrase comportant une proposition subordonnée circonstancielle de condition

Le conditionnel exprime (dans la principale) une action soumise à une condition (exprimée dans la proposition circonstancielle).

- Le conditionnel présent exprime :

– **le potentiel** (action réalisable dans l'avenir).
Ex. : S'il faisait beau demain, nous irions nous promener.
– **l'irréel du présent** (action non réalisée dans le présent).
Ex. : S'il faisait beau aujourd'hui, nous irions nous promener.

- le conditionnel passé (1re et 2e forme) exprime :

– **l'irréel du passé** (action non réalisée dans le passé).
Ex. : S'il avait fait beau hier,
nous serions allés nous promener.
nous fussions allés nous promener.

Employer le conditionnel...

... pour exprimer :

- **le souhait ou le rêve** — *Ex. : Plus tard, je voudrais être aviateur.*
- **l'incertitude** — *Ex. : Le terroriste aurait été arrêté.*
- **l'atténuation** — *Ex. : Pourriez-vous me prêter votre journal ?* (demande polie).

Faire

1 Conjugaison

Conjuguer à la 1re personne du singulier et du pluriel du condit. prés. et passé 1re forme les verbes suivants :

conquérir – projeter – essuyer – plier – accourir – nourrir – venir – mourir – jouer – prévoir – se noyer – pouvoir – lever.

2 Reconnaître

Compléter le tableau suivant.

	Voix	Mode	Temps
Je parcourais			
Il serait blessé			
Nous aurons été battus			
Ils eussent mangé			
J'aurai voulu			
Nous logerions			
Il eut fini			
Tu serais tombé			

3 La concordance des temps

Réécrire les phrases suivantes en conjuguant le verbe de la principale au passé simple. Effectuer les modifications nécessaires dans les propositions subordonnées.

1. Elle m'annonce qu'elle sera présente au mariage de Paul.
2. L'institut météorologique pense que le soleil brillera dans toute la France aussitôt que la perturbation se sera éloignée.
3. J'espère que cette mésaventure lui aura donné l'occasion de réfléchir et l'empêchera de se conduire avec tant de désinvolture.
4. Le rallye Paris-Moscou-Pékin commence sur la place de la Concorde et n'atteindra la capitale de la Chine qu'après que le convoi sera passé par la place Rouge.
5. Nous nous demandons si nous pourrons arriver à l'heure.

4 Transposition

Réécrire les phrases suivantes en remplaçant le complément circonstanciel de condition par une proposition subordonnée circonstancielle de même sens.

1. Avec plus de travail et de sérieux, tu réussirais certainement.
2. Tu obtiendrais des renseignements supplémentaires en t'adressant au syndicat d'initiative.
3. Elle aurait eu du mal à surmonter son chagrin sans un entourage compréhensif et chaleureux.
4. En prenant la route dès le lever du jour, nous pourrions être à Marseille avant la tombée de la nuit.

5 À chacun son sens

Indiquer par une flèche si les phrases suivantes expriment un potentiel ou un irréel du présent.

1. Si tu étais moins grognon, tu aurais plus d'amis •
2. Si la marée était haute avant la nuit, nous pourrions aller voir les vagues claquer contre la jetée •
3. Si Paul nous rejoignait assez tôt, nous finirions la soirée au cinéma •
4. En partant ce soir, tu profiterais de la fraîcheur de la nuit pour effectuer ton trajet •
5. Si Marc faisait un peu de sport, il serait plus dynamique •
6. Si j'étais riche, je passerais mon temps à voyager •

• potentiel

• irréel du présent

6 Rêvons un peu...

Rédigez au conditionnel un texte présentant un monde tel que vous le rêvez.

20 LES COMPLÉMENTS CIRCONSTANCIELS

Savoir

- Le complément circonstanciel exprime les circonstances de l'action.
On trouve des compléments circonstanciels exprimant le **temps**, la **cause**, la **manière**, le **but**, la **conséquence**, l'**hypothèse**, la **condition**, l'**opposition**, la **concession**, la **comparaison**, le **moyen**.

- Le complément circonstanciel peut être :

– un GN (avec ou sans préposition),	*Ex. : Il va vers le square.*
– un infinitif (ou groupe infinitif) prépositionnel,	*Ex. : Il court sans s'arrêter.*
– un gérondif ou un participe,	*Ex. : Il est arrivé en courant.*
– un adverbe,	*Ex. : Il est entré bruyamment.*
– une proposition subordonnée conjonctive circonstancielle,	*Ex. : Il pleure parce qu'il est découragé.*
– un pronom adverbial : **en** (cause), **y** (lieu),	*Ex. : Il en rit.* *Il y court.*
– une proposition participiale (*voir chapitre 30*).	

Savoir faire

Ne pas confondre complément circonstanciel et COD

Complément circonstanciel	COD
Ex. : Il sort la nuit.	*Il aime la nuit.*
• Le CC est **déplaçable :** *La nuit, il sort.* et **supprimable :** *Il sort.*	• Le COD ne peut être supprimé ou déplacé.
• Le CC ne peut être remplacé par un pronom personnel.	• Le COD peut être **remplacé par un pronom personnel :** *Il l'aime.*

Ne pas confondre complément circonstanciel et complément d'agent

Complément circonstanciel	Complément d'agent
Ex. : Il part de bonne heure. *Il est tombé par la fenêtre.*	*Il est aimé de ses parents.* *Il est surpris par la nuit.*
• Transposition impossible.	• Le complément d'agent devient sujet à la voix active : *Ses parents l'aiment.* *La nuit le surprend.*

Faire

1 À chacun sa fonction

Indiquer la fonction des groupes soulignés.

1. Il est heureux de sa réussite professionnelle.
2. Pour traverser la ville, il est passé par le parc.
3. Paul a été assommé par un pot de fleurs tombé d'une fenêtre.
4. Ils sont tombés par hasard sur l'institutrice de leur enfance.
5. L'enfant est impatient de retrouver ses parents.
6. Il est accueilli par des cris de joie.
7. Vous disposerez d'un grand jardin très agréable.
8. Ils sont accompagnés d'un garde du corps.

2

Indiquer la fonction des groupes soulignés.

1. Mon père travaille la nuit.
2. Cet artisan travaille admirablement le cuir.
3. Dans le ciel volent les oiseaux revenus d'Afrique.
4. Le mouvement du voilier devient une danse gracieuse.
5. Mon chat dort le jour.
6. Ce peintre a reproduit le jour blafard sur sa toile.

3 À chaque CC sa nature

Cocher les cases et préciser de quel CC il s'agit.

1. Cet élève travaille vite.
2. Il s'est cassé la jambe en glissant sur une feuille morte.
3. Il s'est installé près de la baie vitrée.
4. Il étudie pour devenir médecin.
5. Malgré son chagrin, il se montre souriant.
6. Tous ses amis se moquent de lui, il en rougit.
7. Si tu viens à Paris, je t'accueillerai de bon cœur.

	GN	Infinitif	Gérondif	Adv.	Prop. sub.	Pronom adv.	CC de…
1							
2							
3							
4							
5							
6							
7							

21 LES PROPOSITIONS SUBORDONNÉES

Savoir

- **Propositions subordonnées conjonctives** introduites par la conjonction de subordination **que**.
Elles sont le plus souvent COD.
Ex. : Je veux que tu viennes.
- **Propositions subordonnées conjonctives circonstancielles.**
Elles expriment le temps *Ex. : Lorsqu'il pleut, je lis* ; la cause *Ex. : Je lis parce que je ne peux pas sortir* ; etc.
- **Propositions subordonnées relatives.**
Elles sont introduites par un pronom relatif (*voir chapitre 22*).
Elles sont précédées d'un antécédent (nom ou pronom).
- **Propositions subordonnées interrogatives.**
Elles sont introduites par un pronom, un adjectif ou un adverbe interrogatif.
Elles sont toujours COD.
- **Propositions subordonnées infinitives** (*voir chapitre 29*).
- **Propositions subordonnées participiales** (*voir chapitre 30*).

Savoir faire

Ne pas confondre conjonctives, relatives, interrogatives

Conjonctives	Relatives	Interrogatives
Je crois que je suis malade. **que :** conjonction de subordination, ne représente rien. Il relie PP et PS.	*Le fruit que tu manges est bon.* **que :** pronom relatif, peut être remplacé par son antécédent. → *Tu manges un fruit.*	*Je ne sais que faire.* **que :** est pronom. Transformation en interrogation directe. → *Que faire ?*
	*Le fruit qui est tombé est mûr.* Même méthode. → *Le fruit est tombé.* *Le pays où je vais est beau.* Même méthode. → *Je vais dans un pays.*	*Je me demande qui vient.* Même méthode. → *Qui vient ?* *Il ignore où il va.* Même méthode. → *Où va-t-il ?*
Je viendrai si tu le veux. La proposition principale peut être déplacée. → *Si tu le veux, je viendrai.*		*Je me demande si Paul viendra.* Même méthode. → *Paul viendra-t-il ?*

Faire

1 Fonctions

Indiquer la fonction des propositions conjonctive.

1. Je pense que cet enfant est trop capricieux.
2. Il est ravi que le soleil se lève enfin.
3. Regarde, on peut voir que ces traces mènent à la colline.
4. Qu'il ne soit pas encore arrivé m'inquiète.
5. J'exige que tu m'écoutes quand je te parle.
6. Il est incroyable qu'il soit parti sans dire un mot.
7. La vérité est que je m'ennuie.
8. Je suis désolée que tu aies raté ton train.

2 Transformation

Transformer les GN compléments circonstanciels en propositions subordonnées circonstancielles.

1. Dès le lever du jour, Nicolas se lève.
2. Malgré son jeune âge, il est mûr.
3. Je ne sors pas à cause de la pluie.
4. Sans son travail, il s'ennuierait.
5. J'ai horreur de prendre mes vacances sur la Côte d'Azur en plein été.
6. À la fin du concert, les spectateurs applaudissent pour une chanson supplémentaire.

3 Transformation

Transformer les indépendantes interrogatives directes en propositions subordonnées interrogatives. Utiliser un verbe introducteur.

1. Dois-je attendre pour dîner ce soir ?
2. Où as-tu rangé les ciseaux, Jean ?
3. Qui sonne à l'entrée si tard ?
4. Combien de poissons Antoine et Luc ont-ils pêchés ?
5. Quelle route faut-il prendre pour rejoindre la nationale ?
6. Que mange-t-on ce soir ?

4 Qui

Indiquer si la proposition subordonnée est relative ou interrogative (I ou R).

1. Je ne sais pas qui est venu ce matin. …
2. Je ne connais pas celui qui est venu ce matin. …
3. Le chat qui se réveille réclame sa pâtée. …
4. L'entends-tu qui miaule dans l'escalier ? …
5. Ne me dis pas que tu ignores qui s'est chargé du pique-nique ! …
6. J'aime qui m'aime. …

5 Où

Indiquer si la proposition subordonnée est interrogative ou relative (I ou R).

1. Le pays où j'ai passé mon enfance me manque parfois. …
2. Je me demande où le chat s'est caché. …
3. Sais-tu où papa range ses outils ? …
4. C'est un pays où il fait bon vivre. …
5. Connais-tu un bel endroit où pique-niquer ? …

6 Si

Indiquer si la proposition subordonnée est interrogative ou circonstancielle (I ou C).

1. Je me demande si Kate viendra ce soir. …
2. Il risque d'avoir un accident s'il ne se montre pas plus prudent. …
3. Peux-tu me dire si tu seras présent au mariage de Yasmina ? …
4. Crois-tu que papa se fâchera si j'emprunte sa voiture ? …
5. Viendras-tu si Kate que tu détestes est présente ? …

7 Que

Indiquer si la proposition subordonnée introduite est conjonctive, relative ou interrogative (C, R ou I).

1. Sais-tu que Paul sera présent au mariage de Yasmina ? …
2. Je suis heureux que mon fils ait réussi ses examens. …
3. Le roman que mon père a publié a reçu un prix. …
4. Je ne sais que faire. Démissionner ou poursuivre une carrière qui m'ennuie ? …
5. Celui que tu vois de la fenêtre du salon est l'arbre planté par grand-père. …
6. Le livre que tu lis est-il intéressant ? …
7. Je me demande que répondre à une telle stupidité. …

22 LE PRONOM RELATIF

Savoir

- **Formes simples** :

Sujet	COD	COI	Complément du nom ou de l'adjectif	CC
qui	que – quoi	dont – à qui – à quoi de qui – de quoi	dont de qui de quoi	dont – où – avec – sans – vers... + qui – quoi

- **Formes composées** : elles varient selon le genre et le nombre de l'antécédent (**lequel** — **laquelle** — **lesquels** — **lesquelles**) et peuvent fusionner avec une préposition (**duquel** — **desquelles** — **auquel** — **auxquel(le)s**)…

- **Rôle**

Le pronom relatif a un triple rôle :
– C'est un mot **subordonnant** : il relie la proposition subordonnée à l'antécédent.
– C'est un **pronom** : il remplace son antécédent.
– Il a une **fonction** dans la subordonnée.

Savoir faire

Repérer un antécédent séparé du pronom relatif

Le pronom relatif est séparé de son antécédent.

- Quand l'antécédent est un pronom personnel ou un pronom indéfini.

Ex. : Je l'ai vu *qui* *pleurait.* *Tel est pris* *qui* *croyait prendre.*

- Quand le pronom relatif est complément d'un GN prépositionnel.

Ex. : Le fusil, avec la crosse *duquel* *on a assommé le gardien, a été retrouvé.*

- Dans la langue littéraire, parfois.

Ex. : Toutes mes langueurs rêvassent,
Que berce l'air monotone. Verlaine.

Employer la forme composée du pronom

Elle permet d'éviter certaines ambiguïtés.
Ex. : La femme du maire avec qui j'ai dîné… → La femme du maire avec lequel j'ai dîné… → La femme du maire avec laquelle j'ai dîné…

Reconnaître la fonction de *dont*

Dont peut occuper différentes fonctions grammaticales. Pour l'analyser, il suffit de le remplacer par son antécédent, sa fonction sera celle que l'antécédent occupe dans la proposition relative.
Ex. : La maison dont le portail grince… → Le portail de la maison grince.
Complément du nom portail.

Faire

1 Transformation

Réunir les deux indépendantes dans une phrase complexe en transformant la **deuxième** indépendante en proposition subordonnée relative.

1. Le village de mon enfance m'a paru triste. Je suis allé récemment dans le village de mon enfance.
2. Les peintures de Dimitri me plaisent beaucoup. J'ai pu admirer les peintures de Dimitri en visitant son atelier.
3. Lucie ne se remet pas d'avoir été abandonnée. Sophie a refait sa vie avec le mari de Lucie.
4. Les branches de l'arbre ont besoin d'être étayées. L'arbre a été planté par grand-père au début du siècle.
5. L'attentat a fait de nombreuses victimes. Le ministre a échappé par miracle à l'attentat.
6. Yasmina s'est installée à New York. J'ai fait la connaissance de Yasmina à l'université.

2 Phrases incomplètes

Compléter les phrases suivantes par un GN pouvant être l'antécédent du pronom relatif.

1. .... que j'ai dévorées avaient été préparées par .... qui est une excellente cuisinière.
2. J'ai acheté .... que j'ai découvert au marché aux puces.
3. J'ai pu admirer .... dont on m'a dit tant de bien.
4. Je connais bien .... auxquels il s'est adressé.
5. .... que j'ai entendu jouer était exécutée au piano.

3 Des phrases à double sens

Les phrases suivantes sont ambiguës. Réécrire les deux versions possibles en utilisant des pronoms relatifs composés.

1. Marc a rencontré par hasard la nièce de Michel dont il avait perdu l'adresse. → ...
2. Je te présente la fille du médecin avec qui j'ai voyagé en Argentine l'été dernier. → ...
3. Les jardins du musée où j'ai déambulé durant toute une journée vont être réaménagés. → ...
4. Devant notre immeuble, j'ai rencontré le fils de la voisine qui a passé six mois à l'hôpital. → ...

4 Les fonctions de *dont*

Remplir le tableau en cochant, pour chaque phrase, la case correspondant à la fonction de **dont** (pour les CC, préciser).

1. L'ami dont je t'ai parlé est étudiant aux Beaux-Arts.
2. J'ai visité des églises dont j'ai admiré les vitraux.
3. Le bois dont il fait des objets vient des quatre coins du monde.
4. Philippe m'a montré le seul tableau dont il soit vraiment fier.
5. Les plats servis dans le restaurant dont nous sortons sont délicieux.
6. La femme dont il est aimé a quitté son pays pour vivre avec lui.
7. Marie dont j'ai eu récemment des nouvelles enseigne le français en Inde.
8. Il cassa trois œufs dont il fit une omelette.

	COT	Complément du nom	Complément de l'adj.	Compl. d'agent	CC	Précision pour le CC
1						
2						
3						
4						
5						
6						
7						
8						

23 IDÉE ET EXEMPLE

Savoir

Pour traiter un sujet de réflexion, il faut présenter ses idées, ses arguments sans oublier d'illustrer chacune par un exemple.
Celui-ci pourra être tiré : — de votre expérience personnelle,
— de votre entourage,
— de l'actualité,
— de l'histoire,
— de votre culture (lectures, films…).
La rédaction doit donc comporter une série de couples réunissant toujours une idée et son exemple.

Savoir faire

Reconnaître idée et exemple

- **L'idée**

Présenter une idée, argumenter, c'est donner des raisons pour ou contre une opinion.
— La rédaction peut **justifier** une opinion c'est-à-dire se limiter aux idées, aux arguments favorables.
— Elle peut **s'opposer** à une opinion et ne présenter que des idées, des arguments défavorables.
— Elle peut **discuter** une opinion c'est-à-dire peser le pour ou le contre.
L'idée est toujours formulée de façon **abstraite**, générale, au présent de l'indicatif qui a alors valeur de présent de vérité générale.

- **L'exemple**

Il présente un **fait concret** qui illustre, développe l'idée, prouve sa validité. Il peut être exposé au présent (exemple personnel, actualité) ou au passé (souvenir d'enfance, exemple historique…).

Quel ordre choisir ?

Les deux cas de figure sont possibles.

- **L'idée précédant l'exemple** :

Ex. : [*Le manque de communication asphyxie les grandes villes*] [*comme le prouvent les faits divers présentant la découverte dans un appartement d'un cadavre en putréfaction depuis plusieurs mois, la multiplication de clubs de rencontre, l'utilisation frénétique du Minitel*].

- **L'exemple précédant l'idée** :

Ex. : [*Les faits divers présentant la découverte dans un appartement d'un cadavre en putréfaction depuis plusieurs mois, la multiplication des clubs de rencontre, l'utilisation frénétique du Minitel*] [*sont autant d'exemples du manque de communication dont souffrent les grandes villes*].

Relier l'idée et l'exemple

Quel que soit l'ordre choisi, les deux éléments doivent être reliés :
— par une articulation logique, en effet, ainsi, c'est ainsi que, comme nous le montre, comme nous le prouve…
— ou encore par deux points.

Faire

1 À chaque idée, son illustration

Sujet : Quels sont les bienfaits de la lecture ?

a. Reporter le numéro de chaque phrase dans le tableau ci-dessous selon que la phrase présente une idée ou introduit un exemple (il y aura 4 chiffres dans chaque colonne).

b. Relier chaque idée à son exemple par une flèche.

1. Certains livres nous apportent une consolation quand nous vivons des moments difficiles et nous aident à supporter une situation ou à nous accepter tels que nous sommes.

2. Se plonger dans une encyclopédie, un dictionnaire, un atlas, un livre d'histoire permet de découvrir des civilisations différentes.

3. La lecture peut nous aider à réfléchir sur nos problèmes.

4. La lecture apporte l'évasion et la détente.

5. La lecture d'un roman évoquant et analysant les rapports entre parents et adolescents peut nous permettre de voir plus clair dans les conflits qui nous opposent à nos parents.

6. Les BD, les romans policiers, les livres d'aventure, les récits de science-fiction sont autant de portes ouvertes contre l'ennui.

7. Julien Green s'est senti libéré de la souffrance que lui causaient ses instincts homosexuels lorsqu'il a découvert que la littérature était pleine de personnages connaissant les mêmes attirances que lui : grâce à la lecture, il a compris qu'il n'était pas un monstre.

8. La lecture enrichit une culture, ouvre des horizons.

Idées	Exemples
....	....
....	....
....	....
....	....

2 Reconnaître

a. Distinguer l'idée de l'exemple en soulignant la première en rouge, le second en bleu.

b. Encadrer en bleu l'outil qui introduit l'exemple.

(Les mots soulignés sont les mots de liaison permettant de passer d'un couple idée-exemple au suivant. Voir chapitre suivant.)

Sujet traité : Analyser à partir d'exemples la place que le jeu individuel ou collectif tient dans la vie d'un enfant ou d'un adolescent, et ce qu'il peut apporter à son éducation.

Certains sports permettent à l'enfant de canaliser son agressivité : les sports de combat individuels (arts martiaux, boxe, lutte…) parce qu'ils imposent des règles, interdisent certains gestes et exigent le respect de l'adversaire que l'on salue, donnent à l'enfant l'occasion de maîtriser sa violence. D'autres sports initient l'enfant à la vie en groupe et à la solidarité. C'est le cas des sports collectifs qui obligent le participant à se fondre dans une équipe, à partager la balle en comptant sur ses coéquipiers.

Le jeu apprend également au joueur à adopter une attitude positive devant l'échec. C'est ainsi que j'ai moi-même peu à peu appris, grâce aux sports et aux jeux de société, à ne plus être mauvais perdant, à analyser une défaite pour en tirer des leçons au lieu de bouder.

De plus, je me souviens avoir passé des heures à élaborer, seul, des constructions fabuleuses avec mon Meccano ou mes Lego et les avoir fait entrer dans des scénarios extraordinaires. On peut donc affirmer que le jeu développe imagination et créativité.

3 Compléter

Sujet : La solitude peut représenter la plus grande richesse ou la plus grande douleur. Dire comment vous comprenez cette phrase.

Illustrer chacune des idées suivantes par un exemple.

La solitude représente parfois un moment privilégié, c'est ainsi que ....

Elle peut même devenir le compagnon indispensable de certaines activités : ....

Mais quand elle est subie, elle devient douloureuse comme le montre ....

24 LES MOTS DE LIAISON

Savoir

Une rédaction traitant un sujet de réflexion doit exposer des arguments articulés les uns aux autres.
Il ne faut en aucun cas se contenter de juxtaposer au hasard des idées. Il faut, au contraire, **composer** c'est-à-dire relier les idées par un mot de liaison indiquant clairement quel rapport deux idées entretiennent.
Une idée peut venir en **renforcer** une autre, ou bien la **nuancer** ou encore **indiquer ses causes**, **ses conséquences**...

Savoir faire

Choisir le mot de liaison

Pour développer une idée	aussi – également – d'autre part – de plus – en outre – de même – encore – par ailleurs – en effet
Pour indiquer les causes	car – parce que – puisque – en effet
Pour indiquer les conséquences	ainsi – c'est pourquoi – dès lors – donc – d'où – par conséquent
Pour contredire ou nuancer	mais – cependant – toutefois – néanmoins – cela dit – pourtant – en revanche
Pour présenter une conclusion	ainsi – donc – en bref – en définitive – en résumé – finalement – en conclusion – pour conclure
Pour introduire un exemple	en effet – ainsi – c'est ainsi que – c'est-à-dire – notamment

Faire

1 Texte puzzle

Les phrases du texte suivant sont dans le désordre.

a. Souligner les mots de liaison (il n'y en a pas forcément dans toutes les phrases).

b. À l'aide des mots de liaison, rétablir l'ordre du texte.

c. Indiquer, dans le tableau, le rôle de chaque phrase.

1. La pollution, le bruit, le manque d'espaces verts donnent aux citadins le besoin impérieux de changer d'air.
2. En effet, la majeure partie des Parisiens part au moins une fois dans l'année.
3. Les habitants de la campagne en revanche profitent plus facilement tout au long de l'année de la proximité de la nature.
4. Paris compte le pourcentage le plus élevé d'habitants qui prennent des vacances.
5. En résumé, on peut dire que le nombre d'habitants qui partent en vacances dépend largement de la densité du tissu urbain.
6. Ils ont par conséquent une approche des vacances très différente de celle des citadins.

Ordre initial	Rôle de la phrase
	Phase d'introduction

2 Compléter

Lire attentivement les phrases suivantes. Les compléter en proposant deux mots de liaison qui expriment le rapport existant entre les deux parties de la phrase.

1. La fréquentation des cinémas a diminué { .... / .... } les gens passent de nombreuses soirées devant la télévision.

2. Les gens passent de nombreuses soirées devant la télévision { .... / .... } la fréquentation des cinémas a diminué.

3. La fréquentation des cinémas a diminué { .... / .... } quand on interroge les gens, tous affirment préférer voir un film au cinéma plutôt qu'à la télévision.

4. Les gens passent souvent leurs soirées devant la télévision, { .... / .... } ils disposent d'un choix de loisirs plus important que par le passé, par conséquent la fréquentation des cinémas a diminué.

3 Choix multiples

Compléter ce texte en choisissant parmi les trois mots de liaison proposés celui qui convient.

Tous les chefs de ces expéditions scientifiques sont partis avec des instructions sans équivoque. (*de plus – ainsi – pourtant*) .... Place s'est-il vu enjoindre de recueillir dans les fouilles qu'il pratiquerait […] la plus grande quantité possible de sculptures, vases, bijoux. (*de même – en effet – par conséquent*) .... Layard est soucieux de ne pas déplaire aux administrations du British Museum qui commanditent son expédition, une seule pensée l'anime : il veut (*en outre – en revanche – en effet*) .... rentabiliser ses fouilles. Les ruines sont (*également – donc – toutefois*) .... considérées comme des mines de bas-reliefs et de bijoux propres à alimenter les musées européens.

Revue Autrement, « Cités disparues ».

4 Même exercice

Un jour, un Japonais a trouvé deux pots avec, à l'intérieur, des fragments de squelette d'un enfant ; il s'agit de la tombe d'un enfant mort il y a 6 000 ans : il a trouvé la tête, la colonne vertébrale, des côtes et une main. Dans cette tombe, ils n'ont pas trouvé de fleurs (*en effet – cela dit – ainsi*) .... dans un site qu'on a découvert en Iraq, on a retrouvé trois squelettes d'hommes sans fleurs dans les tombes (*mais – ainsi – également*) .... avec des pollens de fleurs. On déposait (*également – en outre – donc*) .... peut-être déjà des fleurs dans les tombes. Les enfants sont mis dans des jarres et enterrés dans les maisons (*par conséquent – car – en revanche*) .... les grandes personnes étaient enterrées à l'extérieur du village.

Revue Autrement, « Cités disparues ».

25 LE PLAN D'UN DEVOIR DE RÉFLEXION

Savoir

Un devoir de réflexion doit toujours comporter :
– une introduction,
– un développement organisé en paragraphes,
– une conclusion.

Savoir faire

Présenter le devoir

Il faut rendre l'organisation du devoir visible en sautant une ligne après l'introduction et avant la conclusion.

Choisir le plan

Selon le sujet, un plan peut être :

- **thématique :** chaque partie traite un thème.
Ex. : Quels sont les bienfaits de la lecture ?
I. La lecture apporte l'évasion.
II. La lecture enrichit une culture générale.
III. La lecture permet une meilleure connaissance de soi.

- **analytique :** les différentes parties analysent les causes, les conséquences.
Ex. : La solitude est souvent considérée comme un des fléaux de la vie moderne. Qu'en pensez-vous ?
I. Présentation des différentes formes de solitude.
II. Analyse des causes de la solitude.
III. Proposition de solutions pour lutter contre la solitude.

- **critique :** les différentes parties analysent les avantages et les inconvénients avant de présenter votre réponse.
Ex. : La ville est un lieu où l'on se perd. Partagez-vous ce sentiment ?
I. Présentation d'arguments en défaveur de la ville.
II. Présentation d'arguments en faveur de la ville.
III. Présentation de votre opinion.

Faire

1 À chaque sujet, son plan

Pour chacun des sujets proposés, indiquer :
– le type de plan choisi (thématique – analytique – critique),
– le titre des différentes parties.

Sujet 1. Le sport, parent pauvre de l'Éducation nationale, mérite une meilleure place. Analyser en quoi le sport est indispensable à l'éducation d'un écolier.

Plan............................ I ....
II ....
III................................

Sujet 2. Les techniques permettant de communiquer avec le reste de la planète, de se déplacer vite et loin ont, en fait, anéanti la communication entre les hommes.
Que pensez-vous de cette vision du monde moderne ?

Plan............................ I ....
II ....
III................................

Sujet 3. Le cinéma n'est-il pour vous qu'un simple délassement ?

Plan............................ I ....
II ....
III................................

Sujet 4. Pensez-vous que la télévision abêtisse le téléspectateur ?

Plan............................ I ....
II ....
III................................

2 Retrouver le sujet

Formuler le sujet correspondant à ce plan.

I. L'école délivre des savoirs.
– L'élève apprend à maîtriser sa langue.
– Il acquiert culture générale et méthode de travail.

II. L'école est une société miniature.
– L'élève doit trouver sa place au sein d'un groupe.
– Il est confronté à un règlement qu'il doit respecter.
– Il apprend à vivre au milieu d'une communauté hiérarchisée.

III. L'école permet la construction d'une personnalité.
– L'élève découvre ses qualités et ses points faibles.
– Il apprend à tirer profit de l'émulation.
– Il peut découvrir l'échec.

26 L'INTRODUCTION

Savoir

L'introduction au sujet de réflexion obéit à une construction stricte en trois étapes :
– une phrase d'amorce amène le sujet,
– une reformulation du sujet montre que les problèmes sont compris,
– une dernière partie annonce la démarche suivie dans le devoir c'est-à-dire le plan.

Savoir faire

Reconnaître les étapes

Sujet : *Le jeu vous paraît-il une activité indispensable dans l'éducation d'un enfant ou d'un adolescent ?*

Nos emplois du temps opposent souvent les plages de travail à celles réservées au jeu.	1re étape
On peut toutefois interroger cette répartition qui oppose le jeu au sérieux, l'improductif au productif et se demander si le jeu ne constitue pas une étape essentielle d'apprentissage, si loin d'être simplement futile il n'est pas aussi formateur.	2e étape
Le jeu, quand il a une dimension collective, socialise l'enfant ; et parce qu'il lui permet d'affronter un adversaire, il lui apprend à mieux se connaître.	3e étape

À éviter dans une introduction

- **1re étape :** Éviter les phrases d'amorce trop générales et passe-partout (*L'homme, de tous temps…*).
Éviter de faire allusion au sujet (*Le problème posé par ce sujet est intéressant…*).
- **2e étape :** Éviter de construire la deuxième étape à grand renfort de phrases interrogatives directes.
- **3e étape :** Éviter les formules claironnantes (*Dans une première partie, j'analyserai…*). L'annonce du plan doit être discrète.

À quel moment rédiger l'introduction ?

Il est impossible de rédiger son introduction avant d'avoir :
– analysé le sujet en repérant les mots clés et les sous-entendus,
– recherché, au brouillon, les arguments et les exemples,
– élaboré le plan.

Faire

1 Analyse d'une introduction

Souligner de trois couleurs différentes les trois étapes de cette introduction.

Sujet : Pensez-vous que l'on puisse réussir sa vie sans avoir suivi d'études ?

Un échec scolaire est souvent considéré comme un handicap sérieux voire insurmontable. Notre société, parce qu'elle souffre du chômage, tend souvent à faire de l'école (et de l'université) à la fois le meilleur refuge contre la société et le remède idéal pour mieux y entrer. L'école serait la panacée qui délivre du chômage en remettant des diplômes et par là même qui aide à réussir sa vie. Reste à savoir si c'est là le seul rôle de l'école et quel sens on attribue au mot « réussir ». Si l'école ouvre à l'individu une carrière professionnelle, il ne faut pas oublier que son rôle n'est pas strictement utilitaire et que la réussite d'une vie doit aussi, pour être réelle, puiser à d'autres sources.

2 À vous de jouer

Pour chacun des sujets suivants, rédiger une phrase d'amorce.

1. Pensez-vous que l'adolescence soit le plus bel âge de la vie ?
2. À l'ère du satellite, de l'information et des communications, l'individu n'a jamais été aussi livré à lui-même. Partagez-vous cette vision de l'homme moderne ?
3. Aller au cinéma. N'est-ce à vos yeux qu'un délassement ?

3 À chaque sujet, sa phrase d'amorce

Pour chacun des sujets proposés, cocher la seule phrase d'amorce qui convienne et expliquer pourquoi les deux autres ne sont pas satisfaisantes.

Sujet n° 1 : Quels sont, à votre avis, les bienfaits de la lecture ?

a ☐ J'ai toujours détesté la lecture mais je reconnais qu'elle peut apporter certaines choses.

b ☐ Dans notre société, la lecture est de plus en plus concurrencée par l'image.

c ☐ Un écrivain a affirmé que la lecture est une fenêtre ouverte sur le monde.

Sujet n° 2 : La solitude peut représenter la plus grande richesse ou la plus grande douleur. Comment comprenez-vous cette phrase ?

a ☐ Depuis toujours, certains hommes ont voulu vivre seuls, retirés loin de leur contemporains.

b ☐ N'ayant jamais eu à souffrir de la solitude (je vis au sein de ma famille et j'ai la chance d'être entouré d'amis), j'ai du mal à imaginer ce qu'elle peut apporter ou comment elle peut détruire.

c ☐ La solitude est un sujet d'actualité dans la mesure où elle représente un mode de vie qui s'étend.

4 Retrouver le plan

Relire les introductions proposées (SAVOIR FAIRE et exercice n° 1). Le plan est annoncé dans la troisième étape.
Trouver un titre pour chaque partie du plan.

Introduction (SAVOIR FAIRE) I ....
II ....

Introduction (FAIRE 1) I ....
II ....
III ....

27 CONJUGAISON DU SUBJONCTIF

Savoir

Le subjonctif est composé de quatre temps :
– deux temps simples → présent – imparfait
– deux temps composés → passé – plus-que-parfait.

- **Présent** – terminaisons : **e – es – e – ions – iez – ent**
  – radical : • verbes du 1er groupe → radical du présent de l'indicatif
  Ex. : marcher → que je marche.
  • verbes du 2e groupe → radical du participe présent.
  Ex. : finir → que je finisse.
  • verbes du 3e groupe → radical souvent irrégulier.
  Ex. : savoir → que je sache.
- **Imparfait** – terminaisons : **sse – sses – ^t – ssions – ssiez – ssent**.
  – radical : pour tous les groupes le radical est celui du passé simple de l'indicatif.
  Ex. : parler → que je parlasse.
- **Passé** – auxiliaire **être** ou **avoir** conjugué au présent du subjonctif + participe passé.
  Ex. : manger → que j'aie mangé.
  tomber → que je sois tombé.
- **Plus-que-parfait** – auxiliaire **être** ou **avoir** conjugué à l'imparfait du subjonctif + participe passé.
  Ex. : manger → que j'eusse mangé
  tomber → que je fusse tombé.

ÊTRE		AVOIR	
Présent	Imparfait	Présent	Imparfait
que je sois que tu sois qu'il soit que nous soyons que vous soyez qu'ils soient	que je fusse que tu fusses qu'il fût que nous fussions que vous fussiez qu'ils fussent	que j'aie que tu aies qu'il ait que nous ayons que vous ayez qu'ils aient	que j'eusse que tu eusses qu'il eût que nous eussions que vous eussiez qu'ils eussent

Savoir faire

Conjuguer les verbes en *-ier, -yer, -iller, -illir*

Ne pas oublier au présent le **– i –** de la terminaison des 1re et 2e personnes du pluriel qui n'est presque pas audible.
Ex. : crier → que nous criions, que vous criiez

Retrouver les formes irrégulières

Ne pas oublier que le subjonctif présent est un temps familier, que l'on emploie quotidiennement. En cas d'hésitation, il suffit de faire précéder le verbe par la formule « il faut que ».
Ex. : aller → il faut que j'aille à la gare.

Faire

1 Mots croisés

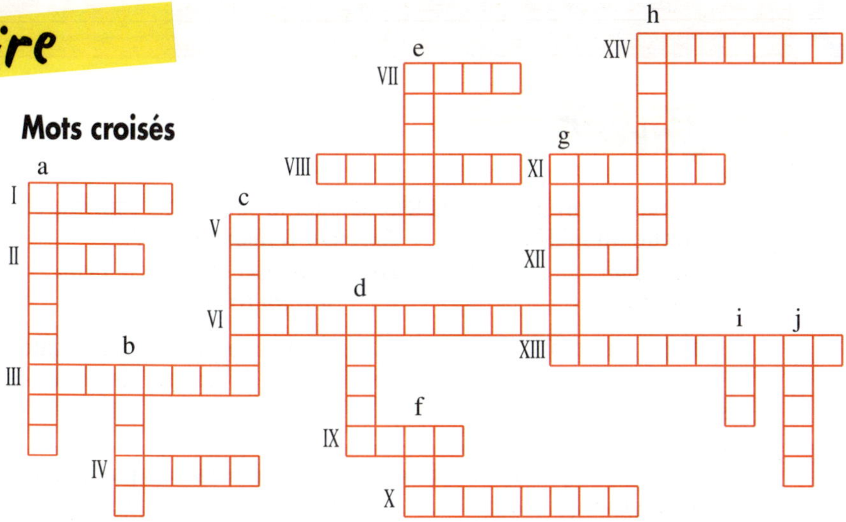

Horizontalement
I. Avoir – Prst – 1re pers. sg.
II. Rire – Prst – 2e pers. sg.
III. Organiser – Prst – 3e pers. sg.
IV. Lire – Prst – 2e pers. sg.
V. Faire – Prst – 2e pers. pl.
VI. Libérer – Impf – 1re pers. pl.
VII. Vivre – Prst – 3e pers. sg.
VIII. Crier – Prst – 1re pers. pl.
IX. Tenir – Impft – 3e pers. sg.
X. Éprouver – Impft – 3e pers. sg.
XI. Taire – Impft – 2e pers. sg.
XII. Avoir – Prst – 1re pers. sg.
XIII. Éprouver – Impft – 1re pers. sg.
XIV. Vouloir – Prst – 1re pers. sg.

Verticalement
a. Arriver – Prst – 1re pers. pl.
b. Aller – Prst – 3e pers. sg.
c. Falloir – Prst – 3e pers. sg.
d. Raser – Impft – 3e pers. sg.
e. Venir – Prst – 2e pers. pl.
f. Nier – Prst – 1re pers sg.
g. Tirer – Impft – 1re pers. sg.
h. Venir – Impft – 2e pers. sg.
i. Avoir – Prst – 3e pers. sing.
j. Savoir – Impft – 1re pers. sg.

2 Le présent du subjonctif

Conjuguer au présent du subjonctif les verbes entre pa

1. Pourvu qu'on (*pouvoir*) .... agir vite.
2. J'exige qu'on (*dire*) .... la vérité et qu'on (*savoir*) .... tout !
3. Je doute que tu (*avoir*) .... mal.
4. Il arrive que je (*être*) .... seul.
5. Il faut absolument que tu me (*croire*) ....
6. Je ne pense pas qu'il (*falloir*) .... partir très
7. Bien que nous (*payer*) .... régulièrement nos factures, le téléphone a été coupé : il faut que tu (*aller*) .... protester.
8. Je ferai le clown jusqu'à ce que tu (*sourire*) ....

3 Chasser l'intrus

Repérer les intrus dans chaque série de subjonctifs.

- je marche – je fasse – je crois – je nie – je vienne – je salue.
- nous marchions – nous crions – nous appelions – nous essuyions – nous accueillions – nous plions.
- je voulusse – je suce – je pusse – je laisse – je lavasse – je passe – je visse – je glisse – je hisse – je finisse.

28 EMPLOIS DU SUBJONCTIF

Savoir

- Dans une proposition indépendante, le subjonctif exprime :

– l'ordre ou la défense — *Ex. : Qu'il disparaisse !*
– le souhait — *Ex. : (Pourvu) qu'il fasse beau !*
– la supposition — *Ex. : Soit un triangle ABC.*

- Dans une proposition subordonnée, le subjonctif est obligatoire,

– dans les complétives exprimant l'ordre, la défense, le doute, la crainte, le sentiment.
Ex. : Je veux qu'il vienne.
– dans les conjonctives circonstancielles introduites par avant que, jusqu'à ce que, pour que, afin que, sans que, bien que, quoique…
Ex. : Bien qu'il pleuve, il sort sans parapluie.

- Concordance des temps

Certains temps du subjonctif ont disparu de la langue moderne ; la lange littéraire, elle, utilise toujours les quatre temps du subjonctif selon les règles de concordance suivantes :

Temps de la principale	Temps de la subordonnée
Présent et futur de l'indicatif	• Fait simultané ou postérieur au fait exprimé dans la principale → subjonctif présent *Ex. : Je doute qu'il obéisse.* • Fait antérieur au fait exprimé dans la principale → subjonctif passé. *Ex. : Je doute qu'il ait obéi.*
Passé de l'indicatif ou conditionnel	• Fait simultané ou postérieur au fait exprimé dans la principale → subjonctif imparfait. *Ex. : Je doutais qu'il obéît.* • Fait antérieur au fait exprimé dans la principale → subjonctif plus-que-parfait. *Ex. : Je doutais qu'il eût obéi.*

Savoir faire

Ne pas confondre subjonctif et indicatif

Subjonctif

- Bien qu'il coure vite, il sera en retard.
→ Bien qu'il soit rapide…

- Je souhaite qu'il travaille.
→ Je souhaite qu'il soit sérieux.

Indicatif

- Je sais qu'il court vite.
→ Je sais qu'il est rapide.

- Je me demande s'il travaille.
→ Je me demande s'il est sérieux.

Pour déterminer s'il s'agit de l'indicatif ou du subjonctif, on peut remplacer le verbe par **être** (dont la forme est différente aux deux modes).

Faire

1 À chacun sa place

Reporter le numéro de chaque phrase dans le tableau suivant de façon à préciser les valeurs du subjonctif.

1. Pourvu que papa conduise prudemment.
2. Soient trois points *A*, *B*, *C*…
3. Qu'il pleuve ou qu'il vente, je ferai cette promenade.
4. Que le diable l'emporte !
5. Que tout le monde sache la vérité !
6. Qu'il sorte immédiatement !

Ordre ou défense	Souhait	Supposition
....	....	....

2 Choix multiple

Barrer le verbe qui ne peut être employé dans les phrases suivantes. Attention, dans certains cas, les deux solutions sont correctes !

1. Bien que je { suis / sois } petit, je suis extrêmement fort.
2. Les souris ne dansent qu'après que le chat { est parti. / soit parti. }
3. Croyez-vous qu'il { sait / sache } où se trouve le trésor ?
4. Je ne pense pas qu'il { dit / dise } la vérité.

3 Concordance des temps

Barrer le ou les verbes de sorte que la phrase obtenue soit correcte. Utiliser le tableau des concordances des temps. Attention ! Deux possibilités pour certaines phrases !

1. J'aurais voulu qu'il { vienne. / vînt. }
2. Il exigea qu'il { disparaisse. / disparût. }
3. Nous étions tous malheureux qu'il { ait échoué. / eut échoué. / eût échoué. }
4. J'espérais qu'il { me remarque. / me remarquât. / m'eût remarqué. }

4 Reconnaître

Indiquer si le verbe souligné est conjugué au subjonctif (subj.) ou à l'indicatif (ind.).

1. Il faut que tu te lèves (......................) tôt demain.
2. Ils sont rentrés avant que le soleil se couche (......................) .
3. Je voudrais que tu t'arrêtes (......................) de fumer.

4. J'apprends que tu paresses (......................) au lieu de travailler.
5. Bien qu'il parle (......................) fort, la vieille dame ne l'entend pas.

6. J'exige que tu changes (......................) d'attitude.
7. Il est ravi que son gazon pousse (......................).
8. Il me semble qu'elle parle (......................) dans son sommeil.

5 À vous de jouer !

Conjuguer les verbes entre parenthèses au présent de l'indicatif ou du subjonctif selon le cas.

1. Il paraît que tu (*aller*) .... bien.
2. Je souhaite qu'il me (*croire*) .... mais je constate qu'il ne me (*croire*) .... pas.
3. Bien qu'il (*courir*) .... il sera en retard.
4. Je voudrais tant qu'il me (*sourire*) .... quelquefois !
5. J'apprends qu'il (*mourir*) .... dans de grandes souffrances alors que je souhaite qu'il (*mourir*) .... paisiblement.

29 L'INFINITIF

Savoir

Infinitif	Voix active	Voix passive	Forme pronominale
Présent	laver tomber	être lavé	se laver
Passé	avoir lavé être tombé	avoir été lavé	s'être lavé

1 L'infinitif à valeur nominale

Dans la phrase, il se comporte comme **un nom** : il peut être remplacé par un nom et en a les fonctions.

Ex. : Marcher est agréable. (= La marche est agréable.)
S

Dans un groupe dont il est le noyau, il garde son rôle de **verbe** : il admet des compléments.

Ex. : S'adresser avec grossièreté à ses parents est inacceptable.

C. C. de manière (avec grossièreté) — **COI** (à ses parents)

GROUPE INFINITIF SUJET

2 L'infinitif à valeur verbale

L'infinitif peut être le noyau :

- d'une proposition indépendante pour former une phrase **impérative** (*Ex. : Faire revenir les oignons.*), **interrogative** (*Que dire ?*), **exclamative** (*Moi, travailler !*) ou **déclarative** (*Et Paul de rire aux éclats.*),
- d'une proposition subordonnée interrogative ou relative (voir chapitre 2),
- d'une proposition infinitive : dans ce cas le sujet de l'infinitif est **exprimé** et **différent** de celui de la principale. La proposition subordonnée infinitive est toujours COD.

Ex. : Je vois la voiture démarrer.
S (la voiture)

Savoir faire

Ne pas confondre groupe infinitif et proposition subordonnée infinitive

Groupe infinitif	Proposition subordonnée infinitive
Ex. : Je veux acheter cette maison. **COD** (cette maison)	Je vois travailler les ouvriers. **S inversé** (les ouvriers)

Faire

1 Voix et temps

Cocher les cases correspondant à la voix et au temps des infinitifs suivants.

	Actif	Passif	Présent	Passé
Être revenu				
Avoir marché				
Finir				
Être déguisé				
Avoir été volé				
Être mordu				
Se laver				
Être devenu				

2 À chacun sa fonction

Indiquer la fonction des infinitifs soulignés.

1. L'important est de participer.
2. Rêvasser l'aidait à supporter l'ennui du cours.
3. Il est heureux de voyager.
4. Il est interdit de fumer.
5. Il lit pour s'évader.
6. Le chien empêche les moutons de s'échapper.
7. Je souhaite te revoir bientôt.
8. Le droit de penser librement n'est pas respecté partout.
9. Il faut que je pense à acheter des légumes.

3 Transformation

Réécrire les phrases suivantes en remplaçant les GN soulignés par un groupe infinitif. (Apporter les modifications nécessaires.)

1. Sa nouvelle passion est la photographie des oiseaux.
2. Le moment du départ est proche.
3. Mon fils adore la lecture et les mathématiques.
4. Tu regretteras plus tard la perte de cet ami.
5. La pensée de sa venue prochaine me réjouit.
6. Ton erreur récente sur le compte de cet homme et le mépris manifesté à son égard te coûteront cher dans ta future carrière.

4 Transformation

Réécrire les phrases suivantes en remplaçant les propositions subordonnées soulignées par un groupe infinitif.

1. Il me semble que je n'ai rien d'urgent à faire aujourd'hui.
2. Je ne me souviens pas où je suis allé lundi dernier.
3. Avant qu'il fasse sa déclaration, il réunit ses collaborateurs.
4. Paul est détesté de tous ses amis parce qu'il les a trahis.
5. Au moment où il allait ouvrir la porte, Marc s'aperçut qu'il avait oublié ses clefs chez son amie.

5 Groupe infinitif ou proposition infinitive ?

Souligner le sujet de l'infinitif et relier chacune des phrases à une des deux cases.

1. J'entends le vent siffler dans les arbres. •
2. Il sentit soudain rouler du sang le long de sa jambe. •
3. Au moment de sonner à la porte, il se rendit compte qu'il s'était trompé d'étage. •
4. J'aime jouer les préludes de Chopin. •
5. J'ai entendu chanter un air de Mozart en passant dans la rue. •
6. Je souhaite découvrir ce pays. •

• phrase contenant un groupe infinitif

• phrase contenant une proposition infinitive

30 LE PARTICIPE

Savoir

Participe	Voix active	Voix passive	Forme pronominale
Présent	lavant tombant	étant lavé	se lavant
Passé	ayant lavé étant tombé	ayant été lavé	s'étant lavé

Le participe présent est invariable.

- **Dans la phrase**, il a les fonctions de l'**adjectif**.

Dans son groupe, il admet, comme le verbe, des compléments.

Ex. : Adressant des sourires à tout le monde, il pénétra sur scène.

COD

groupe participe apposé au sujet

- Le **participe noyau** d'une proposition subordonnée **participiale** : dans ce cas, le participe a un sujet **exprimé**, **différent** de celui de la principale.

Ex. : La nuit tombant, nous rentrâmes.

S

proposition participiale

La proposition participiale est toujours complément circonstanciel.

- **Le gérondif**

On appelle gérondif le participe présent précédé de **en**.

Le gérondif a le même sujet que le verbe de la principale. Il est toujours complément circonstanciel.

Ex. : Il s'est cassé la jambe en skiant trop rapidement.

gérondif CC de cause

- **L'adjectif verbal**

Le participe se comporte comme un adjectif (accords-fonctions).

Ex. : Des livres intéressants. – Des hommes épuisés.

Parfois l'orthographe est différente :

Ex. : provoquant – provocant, provocante.

Savoir faire

Ne pas confondre adjectif verbal et participe présent

Il est important de différencier adjectif verbal et participe présent car le second est invariable.

Il faut transposer la phrase au féminin et repérer les compléments.

Adjectif verbal	Participe présent
Ex. : Deux hommes souriants entrèrent. → *Une jeune fille souriante entra.*	*Ils entrèrent, souriant à tout le monde.* → *Elle entra, souriant à tout le monde.*

Faire

1 Le groupe participe

a. Encadrer le (ou les) groupe(s) participe(s) contenu(s) dans les phrases suivantes.
b. Souligner les compléments du participe et indiquer leur fonction.

1. Éveillé tous les matins par le roucoulement des pigeons, il rêvait secrètement de leur tordre le cou.
2. Les touristes cherchaient un guide connaissant parfaitement la région et parlant le japonais.
3. Voilà un panneau nous indiquant la route à suivre.
4. Je vis une truite se faufilant à toute vitesse entre les pierres.
5. Appuyé à la balustrade de son balcon, Paul observait la rue longeant le canal.
6. La vieille dame, distribuant du pain aux pigeons, avançait à petits pas.

2 Transformation

Réécrire les phrases suivantes en remplaçant les propositions subordonnées relatives par un groupe participe.

1. Pierre, qui a été reçu premier au concours du conservatoire, a organisé une fête somptueuse qui réunit tous ses amis.
2. Il a épousé une Italienne qu'il a rencontrée lors d'un séjour à Rome.
3. Le metteur en scène cherche une comédienne qui sait danser.
4. Le livre que Marc lit est un roman de Dostoïevski.
5. J'ai vu une voiture qui zigzaguait sur la route.
6. Ils ont repêché un cadavre qui avait longtemps séjourné dans l'eau.

3 Casse-tête

Indiquer
1. Le participe présent
2. Le participe passé des verbes suivants.

mouvoir	**1.**	résoudre	**1.** ....
	2.		**2.** ....
bénir	**1.**	acquérir	**1.** ....
	2.		**2.** ....
absoudre	**1.**	échoir	**1.** ....
	2.		**2.** ....
inclure	**1.**	joindre	**1.** ....
	2.		**2.** ....

4 Adjectif verbal et participe

Distinguer les adjectifs verbaux et les participes.

1. Son discours était extrêmement convaincant.
2. Fatigués par leur longue marche, ils s'allongèrent dans l'herbe sous des arbres frémissant au vent.
3. Les pompiers sauvèrent l'enfant étouffant dans la fumée.
4. Le jour suivant notre arrivée, une tempête arracha la toiture.
5. Nous dévorâmes l'excellent gâteau de grand-mère.
6. À leur arrivée, les marathoniens étaient épuisés.
7. C'est un élève bruyant et agaçant, gênant souvent ses camarades.

Adjectifs verbaux	Participes

5 À vous de jouer

L'orthographe de l'adjectif verbal (1) et du participe présent (2) correspondant aux infinitifs suivants est différente.
1. Indiquer les deux formes.
2. Les employer dans une phrase mettant en évidence leur nature.

suffoquer	**1.**	négliger	**1.** ....
	2.		**2.** ....
fatiguer	**1.**	précéder	**1.** ....
	2.		**2.** ....

31 L'ADVERBE

Savoir

Les adverbes et locutions adverbiales sont invariables et ont des rôles variés.

- **Adverbes circonstanciels :** ils expriment la **manière** (bien, mal, vite, exprès, volontiers, ainsi que de nombreux adverbes en –ment : bruyamment, doucement…), le **temps** (aujourd'hui, hier, demain, longtemps, souvent, parfois…), le **lieu** (partout, en haut, en bas, ici, là-bas…).

- **Adverbes de liaison :** d'abord, puis, ensuite, enfin, de plus, en effet, aussi, toutefois, néanmoins, cependant…

- **Adverbes d'interrogation** (où, quand, comment, pourquoi, combien…) et d'**exclamation** (que, comme, combien).

- **Adverbes d'affirmation** (oui, si, assurément, certes…), de **doute** (peut-être, probablement…), de **négation** (ne… pas, ne… jamais, ne… guère, ne… que).

- **Adverbes d'intensité** (très, trop, beaucoup, assez, peu, tellement…).

Savoir faire

Orthographier les adverbes en -ment

Ils sont tous composés à partir d'un adjectif qualificatif.

- Si l'adjectif se termine, au masculin, par une voyelle, l'adverbe est formé par simple adjonction de la syllabe –ment.
Ex. : vrai → vraiment ; ridicule → ridiculement.

- Si l'adjectif se termine, au masculin, par une consonne, l'adverbe se forme sur le féminin de l'adjectif.
Ex. : dur → dure → durement.

- Si l'adjectif se termine par –ant, –ent, l'adverbe se forme par l'adjonction de –mment à la voyelle –a – ou –e –.
Ex. : abondant → abondamment
fréquent → fréquemment.

Reconnaître

Certains adjectifs qualificatifs peuvent être employés comme adverbes : ils sont alors invariables.
Pour distinguer l'adverbe de l'adjectif, il faut mettre le nom au féminin.

Ex. : Ces arbres, je les imagine hauts.
Ces tours, je les imagine hautes. } adjectifs

Ces animaux sautent haut.
Ces gazelles sautent haut. } adverbe

Faire

1 De l'adjectif à l'adverbe

Écrire les adverbes correspondant aux adjectifs suivants :

constant	→	essentiel	→ ....
fou	→	instant	→ ....
habile	→	hardi	→ ....
abondant	→	évident	→ ....
harmonieux	→	vaillant	→ ....
suffisant	→	ancien	→ ....
conforme	→	sévère	→ ....
annuel	→	horizontal	→ ....
imprudent	→	conscient	→ ....
constant	→	solennel	→ ....

2 Exercice inverse

Écrire l'adjectif masculin correspondant aux adverbes suivants :

brièvement	→	méchamment	→ ....
mollement	→	habituellement	→ ....
amèrement	→	gentiment	→ ....
fréquemment	→	apparemment	→ ....
verticalement	→	actuellement	→ ....
heureusement	→	futilement	→ ....
docilement	→		

3 Reconnaître

Souligner tous les adverbes du texte.

Soudain Pablo parut. Il respirait fort car il avait couru ici et là pour prévenir tout le monde : il avait rapidement dévalé les escaliers du quartier, avait vite sonné à toutes les portes abritant ses amis. Partout, les portes ne s'étaient ouvertes que prudemment ; souvent elles étaient restées fermées. Depuis que la milice multipliait les violences pour retrouver ceux qui osaient imprimer clandestinement un journal hostile au régime totalitaire, le quartier vivait constamment dans la terreur. Toutefois, le groupe qui imprimait le journal refusait obstinément de renoncer à la lutte bien qu'elle fût dangereuse. Pablo et ses amis aspiraient trop à la liberté d'expression pour se laisser intimider, ils réclamaient haut et fort la démission immédiate du dictateur et étaient décidés à se battre encore longtemps.

4 Choix multiples

Barrer un des termes afin d'obtenir une phrase correcte.

1. Cette montre ne coûte pas très { cher. / chère. }

2. Celle-ci, en revanche, me paraît beaucoup trop { cher. / chère. }

3. Tu ne serres pas les nœuds assez { fort. / forts. }

4. Je crois savoir que ces deux frères sont tous deux très { fort / forts } en mathématiques.

5. Des cris { soudain / soudains } retentissent.

6. Des projecteurs sont { soudain / soudains } venus trouer l'obscurité.

7. Ne bronzez pas { idiot. / idiots. }

8. Ils revendiquèrent { haut / hauts } et { fort / forts } leurs droits.

9. L'herbe, souvent arrosée, poussait { dru. / drue. }

10. Ses propos ne me paraissaient pas très { clair. / clairs. }

11. Va chercher une lampe : nous ne voyons pas très { clair / clairs } dans cette cave.

32 LE THÉÂTRE

Savoir

- Un texte de théâtre est composé de deux parties :
– **le dialogue** (les paroles prononcées par les personnages),
– **les didascalies** (les indications de mise en scène : description du décor, des costumes, déplacements, humeur des personnages...).

- Une pièce de théâtre est divisée en **actes**, eux-mêmes divisés en **scènes**.
– Le nombre d'actes varie : les pièces de théâtre classique du XVIIe siècle (Molière, Racine, Corneille) comportent cinq actes. Mais on trouve des pièces en trois ou quatre actes et même de courtes pièces en un acte.
– Une scène est délimitée par l'entrée ou la sortie d'un ou de plusieurs personnages. Au début de chaque scène, on peut lire la liste des personnages présents.

Savoir faire

Analyser le dialogue

Le dialogue est composé de **répliques**.
Une réplique très longue est appelée **tirade**.
Quand un personnage parle seul en scène, il prononce un **monologue**.
Quand un personnage prononce des paroles que les autres personnages sont censés ne pas entendre, il s'agit d'un **aparté** (« à part » dans les didascalies).

Analyser la composition d'une pièce

- Les premières scènes (ou le premier acte) d'une pièce ont pour but de présenter les personnages, les liens qui les unissent et la situation. On les appelle **scènes** (ou **actes**) **d'exposition**.
- Les dernières scènes (ou le dernier acte) proposent toujours un **dénouement**.

Connaître la règle des trois unités

Le théâtre classique obéit à la règle dite des trois unités.
- **Unité d'action** : toutes les péripéties doivent être liées et concerner un seul problème.
- **Unité de temps** : le déroulement de l'action ne doit pas excéder 24 heures.
- **Unité de lieu** : la totalité de la pièce se déroule dans un seul et même lieu (une antichambre, la place d'une ville, par exemple, parce que ce sont des lieux de passage où les personnages peuvent se croiser).

Les événements qui ont lieu ailleurs sont racontés.

Faire

1 Dialogue et didascalies

Souligner de deux couleurs différentes le dialogue et les didascalies de cet extrait de *En attendant Godot* de Samuel Beckett.

Route à la campagne, avec arbre.
Soir.
Estragon, assis sur une pierre, essaie d'enlever sa chaussure. Il s'y acharne des deux mains en ahanant. Il s'arrête, à bout de forces, se repose en haletant, recommence. Même jeu.
Entre Vladimir.
Estragon, renonçant à nouveau. Rien à faire.
Vladimir s'approchant à petits pas raides, les jambes écartées. Je commence à le croire. Il s'immobilise. J'ai longtemps résisté à cette pensée, en me disant, Vladimir sois raisonnable, tu n'as pas encore tout essayé. Et je reprenais le combat. Il se recueille, songeant au combat.
À Estragon. Alors, te revoilà, toi.

2 À chaque mot, son sens

Indiquer la définition des mots suivants :

dramaturge : ....
tragédie : ....
tragi-comédie : ....
stances : ....

3 À chacun, ses œuvres

Relier par une flèche les œuvres à leur auteur.

	• *Bérénice*
Racine •	• *Horace*
	• *L'École des femmes*
	• *Iphigénie*
Corneille •	• *Andromaque*
	• *L'Illusion comique*
	• *Le Misanthrope*
Molière •	• *Polyeucte*

4 D'un genre à l'autre

Transformer le texte suivant en texte de théâtre : respecter la règle du découpage des scènes ; introduire des didascalies.

C'était un soir. j'attendais tranquillement, sous mon parapluie, que le temps s'éclaircisse, quand je fus brutalement abordé par derrière. Je n'avais rien entendu. [...] Une main me fit me retourner. C'était un gros fermier rubicond. Il portait un ciré, un chapeau melon et des bottes. [...] On se regarda avec haine. C'était peut-être le même qui avait proposé si poliment de ramener mon fils et moi dans sa voiture. Je ne crois pas. Son visage m'était pourtant familier. [...] Il portait une lanterne à la main, [...] dans l'autre, il tenait une bêche. De quoi m'enterrer. Il me prit par le veston, au revers. [...] Il m'injuriait. [...] Je cherchai ce que j'avais pu faire, pour le mettre dans un tel état. [...] Je finis par comprendre que je n'étais pas chez moi. J'étais sur ses terres. Qu'est-ce que je faisais sur ses terres ? [...] Je ne perdis pas mon sang-froid. C'est un vœu, dis-je. J'ai une voix assez distinguée quand je veux. Elle dut l'impressionner. Il me lâcha. Un pèlerinage, dis-je, poursuivant mon avantage. Il me demanda où. La partie était gagnée.

Samuel Beckett, *Molloy*, éd. de Minuit.

33 LA POÉSIE

Savoir

- **Le vers** peut être pair (**alexandrin** – 12 syllabes –, **décasyllabe** – 10 – et **octosyllabe** – 8 – sont les plus courants) ou impair.
L'alexandrin classique est divisé en deux **hémistiches** de 6 syllabes par une coupe appelée **césure**. (*Oui prince je languis* | *je brûle pour Thésée*.)

- **La strophe**. Les plus courantes sont : le **distique** (2 vers), le **tercet** (3), le **quatrain** (4), le **quintil** (5), le **sizain** (6), le **dizain** (10).

- **La rime**. Elle est dite **féminine**, quand elle se termine par un **–e** muet ; elle est dite **masculine** dans tous les autres cas. Selon leur disposition, elles sont :

plates (a a b b), **croisées** (a b a b) ou **embrassées** (a b b a).

Selon la qualité, une rime est **pauvre** (seule la voyelle finale est commune aux deux vers. *Ex. : rond-bond*), **suffisante** (voyelle finale + un autre son. *Ex. : cœur-douceur*), **riche** (voyelle finale + 2 sons. *Ex. : automne-monotone*).
Quand deux syllabes ou plus sont communes, la rime est dite millionnaire.

- **L'enjambement** oblige le lecteur à enchaîner la lecture de deux vers sans s'arrêter à la fin du premier.
Le **rejet** est l'élément de syntaxe placé au début du vers suivant.

Ex. : *Petit-poucet rêveur, j'égrenais dans ma course* ⟩ enjambement
Des rimes. Mon auberge était à la Grande-Ourse (Rimbaud)
(**rejet** : *Des rimes.*)

Le **contre-rejet** est le phénomène inverse.

Ex. : *Hélas ! qu'as-tu donc fait aux nations ? Tu vins* ⟩ enjambement
vers celles qui pleuraient, avec des mots divins. (Hugo)
(**contre-rejet** : *Tu vins*)

Savoir faire

Lire le e muet

- Il s'élide en fin de vers, et à l'intérieur du vers quand la syllabe suivante commence par une voyelle.

- Il compte lorsque la syllabe suivante commence par une consonne.

Ex. : *Le temps, qui sur tout(e) ombr(e) en vers(e) une plus noir(e)*
Sur le sombr(e) océan jette le sombr(e) oubli. (Hugo)

Lire la diérèse

- La diérèse divise en deux syllabes un groupe de voyelles que l'on prononce, habituellement, en une seule syllabe.

Ex. : *Les* | *san*|*glots* | *longs* |
Des | *vi*|*o*|*lons* (Verlaine)

Faire

1 Poème en vrac

Retrouver, grâce aux rimes et au rythme, la forme originelle de ce poème de Verlaine – en sachant que les strophes sont des quintils.

Léandre le sot, Pierrot qui d'un saut de puce franchit le buisson, Cassandre sous son capuce, Arlequin aussi, cet aigrefin si fantasque aux costumes fous, ses yeux luisants sous son masque, do, mi, sol, mi, fa, tout ce monde va, rit, chante et danse devant une belle enfant méchante dont les yeux pervers comme les yeux verts des chattes gardent ses appas et disent : « à bas les pattes ! » Eux ils vont toujours ! fatidique cours des astres, Oh dis-moi vers quels mornes ou cruels désastres l'implacable enfant, preste et relevant ses jupes, la rose au chapeau, conduit son troupeau de dupes.

2 Le décompte des syllabes

Faire le décompte des syllabes en les isolant par un trait vertical.

Hermione

Qu'ont-ils fait !

Oreste

Pardonnez à leur impatience :
Ils ont, je le vois bien, trahi votre vengeance.
Vous vouliez que ma main portât les premiers [coups,
Qu'il sentît en mourant qu'il expirait pour vous ;
[…]

Oreste

Non, non, c'est Hermione, amis, que [je veux suivre.
À son dernier arrêt je ne puis plus survivre.
Partez : j'ai fait le crime, et je vais l'expier.

Pylade

Hermione, Seigneur ? Il la faut oublier. […]
Et parce qu'elle meurt faut-il que vous mouriez ?
(Racine)

3 Rimes millionnaires

Indiquer, pour chacune de ces rimes millionnaires, le nombre de sonorités communes aux vers du couple.

Bref, c'est pitié d'entre nous rithmailleurs
Car vous trouvez assez de rithmes ailleurs,
Et quand vous plaît, mieux que moi rithmassez.
De biens avez et de la rithme assez. (Marot)

Plus doulx asses, que Sucre de Madère,
Je creuz, et croy encore tes diffameurs,
Tant me tient sien l'espoir, qui trop m'adhère.
(Maurice Scève)

Étonnamment monotone et lasse
Est ton âme en mon automne, hélas !
(Vilmorin)

4 À vous de jouer

L'exercice précédent donne un exemple de vers holorimes (vers qui riment du début à la fin).
Orthographier le deuxième vers de façon à retrouver les vers holorimes de :

1. Charles Cros. Dans ces meubles laqués, rideaux et dais moroses
   ....
2. Alphonse Allais. Par les bois du Djinn, où s'entasse de l'effroi
   ....

34 VOCABULAIRE RHÉTORIQUE

Savoir

Le **style** est la façon originale dont un écrivain (poète, dramaturge, romancier…) utilise la langue. Le **vocabulaire rhétorique**, répertoriant les **figures de style** (appelées aussi **figures rhétoriques**) permet d'analyser le style d'un texte.

Savoir faire

Reconnaître les figures rhétoriques

Antithèse	Mise en relief d'une idée en l'opposant à l'idée contraire.	*Ton bras est invaincu mais non pas invincible.* (Corneille)
Antiphrase	Procédé ironique visant à faire comprendre le contraire de ce qui est dit.	*Ne te gêne surtout pas !*
Allégorie	Présentation concrète, souvent par personnification, d'une idée.	*La Mort* représentée par un squelette muni d'une faux.
Anaphore	Répétition du même mot en tête de phrase (ou de membre de phrase).	*C'est le beau lys que tous nous cultivons,* *C'est la torche aux cheveux roux que n'éteint pas le vent…* (Apollinaire)
Chiasme	Présentation symétrique en miroir (abba) de mots de même nature grammaticale.	*Univers nouveau ; ô nouvelle solitude.*
Comparaison	Rapport de ressemblance entre deux éléments grâce à un outil comparatif.	*Dormir nonchalamment à l'ombre de ses seins* *Comme un hameau paisible au pied d'une montagne.* (Baudelaire)
Énumération	Juxtaposition de plusieurs termes.	*… au-dessus des vallées,* *Des montagnes, des bois, des nuages, des mers.* (Baudelaire)
Euphémisme	Présentation atténuée d'une réalité désagréable.	*Il n'est plus très jeune* (il est vieux).
Hyperbole	Présentation d'une idée, d'un sentiment, d'un fait avec exagération.	*Je me meurs, je suis mort, je suis enterré.* (Molière)
Litote	Expression qui consiste à dire peu pour suggérer plus.	*Va, je ne te hais point* (= je t'aime). (Corneille)
Métaphore	Comparaison dans laquelle on a supprimé l'outil de comparaison, et parfois le premier terme.	*… la cloche au gosier vigoureux* […] *Jette fidèlement son cri religieux.* (Baudelaire)
Métonymie	Désignation d'un objet par une de ses parties.	*Et ce fer que mon bras ne peut plus soutenir.* *Je le remets au tien pour venger et punir.* (Corneille)
Personnification	Action d'attribuer à un objet ou un animal un comportement humain.	*Autrefois le rat des villes* *Invita le rat des champs* *D'une façon fort civile.* (La Fontaine)
Oxymore	Alliance de mots dont le sens est apparemment inconciliable.	*Cette obscure clarté qui tombe des étoiles.* (Corneille)
Zeugma	Construction d'un mot avec deux compléments n'appartenant pas aux mêmes catégories d'emploi (concret + abstrait ; sens propre + sens figuré…).	*Plus tard, il devint Empereur.* *Alors il prit du ventre et beaucoup de pays.* (Prévert)

Faire

1 Identification

Indiquer, pour chacun des extraits suivants le (ou les) procédé(s) stylistique(s) utilisé(s).

1. Et tu connais la caresse
Qui fait revivre les morts !
(Baudelaire)

2. À défaut de sonnette, ils tirèrent la langue.
(Valéry)

3. Soleil noir de la mélancolie
(Nerval)

4. Moi je buvais, crispé comme un extravagant,
Dans son œil, ciel livide où germe l'ouragan,
La douceur qui fascine et le plaisir qui tue.
(Baudelaire)

5. Rome, l'unique objet de mon ressentiment
Rome à qui vient ton bras d'immoler [mon amant
(Corneille)

6. Je demande sa mort, mais non pas glorieuse,
Non pas dans un éclat qui l'élève si haut,
Non pas au lit d'honneur, mais sur un [échafaud.
(Corneille)

7. Ni les dédains d'une nymphe si belle
Ni le plaisir de me fondre en langueur
Ni la fierté de sa douce rigueur [...]
Ne briseront mon cœur de diamant.
(Ronsard)

8. Pour venger son honneur, il perdit son amour,
Pour venger sa maîtresse, il a quitté le jour,
Préférant, quelque espoir qu'eût son âme [asservie,
Son honneur à Chimène, et Chimène à sa vie.
(Corneille)

9. La mouette
Barque éclatante, drapeau à deux ailes, flèche de neige, nef tranquille dans la tourmente, magnolia de plumes, triangle soutenu par l'air dans l'altitude.
(Pablo Neruda)

10. Anges pleins de gaieté, connaissez-vous [l'angoisse
La honte, les remords, les sanglots, les [ennuis ?
(Baudelaire)

11. Connais-tu, comme moi la douleur [savoureuse
(Baudelaire)

2 Des figures de rhétorique pour rire...

Dans ses *Exercices de style*, Raymon Queneau joue avec les figures de rhétorique. À vous de retrouver celle à partir de laquelle a été élaboré chacun des extraits suivants.

1. Au centre du jour, jeté dans le tas des sardines voyageuses d'un coléoptère à l'abdomen blanchâtre, un poulet au grand cou déplumé harangua soudain l'une, paisible, d'entre elles et son langage se déploya dans les airs, humide d'une protestation. Puis, attiré par un vide, l'oisillon s'y précipita. [...]

2. Ce n'était ni un bateau, ni un avion, mais un moyen de transport terrestre. Ce n'était ni le matin, ni le soir, mais midi. Ce n'était ni un bébé, ni un vieillard, mais un jeune homme. [...]

3. À chaque arrêt, les allées et venues des voyageurs lui donnaient des mouvements latéraux parfois assez prononcés, ce qui finit par le fâcher, lui, le chapeau. [...]

4. La funeste Discorde aux seins de suie vint de sa bouche empestée par un néant de dentifrice, [...] vint souffler son virus malin.

Mathématiques

OBJECTIFS

Mathématiques

1 ÉGALITÉS REMARQUABLES DÉVELOPPEMENTS

Savoir

- **Développer** un produit de facteurs, c'est l'écrire sous forme de **somme**.

- Pour développer un produit, on utilise les résultats suivants :

– Distributivité de la multiplication sur l'addition :

$k(a+b) = ka + kb$; $(a+b)(c+d) = ac + ad + bc + bd$;

$k(a-b) = ka - kb$; $(a+b)(c-d) = ac - ad + bc - bd$.

– Produits remarquables :

(1) $(a+b)^2 = a^2 + 2ab + b^2$ (carré d'une somme) ;

(2) $(a-b)^2 = a^2 - 2ab + b^2$ (carré d'une différence) ;

(3) $(a+b)(a-b) = a^2 - b^2$ (produit de la somme par la différence).

Savoir faire

Utiliser la distributivité pour développer un produit

$A = 2(3x-1) - 9(x-4)$

$A = (2 \times 3x - 2 \times 1) - (9 \times x - 9 \times 4)$ ← on développe chaque produit en conservant les parenthèses,

$A = (6x-2) - (9x-36)$ ← on effectue les produits à l'intérieur des parenthèses,

$A = 6x - 2 - 9x + 36$ ← on supprime les parenthèses (règles vues en 4e),

$A = -3x + 34$ ← on réduit les termes semblables.

Utiliser les produits remarquables

- **pour développer une expression littérale**

Exemple 1

Développer $B = (4x-5)^2$ Il s'agit de développer $(a-b)^2$ avec $a = 4x$ et $b = 5$.

$B = (4x)^2 - 2 \times 4x \times 5 + 5^2$ ← on applique la formule (**2**).

$\quad a^2 - 2 \times a \times b + b^2$

$B = 16x^2 - 40x + 25$ ← on effectue les produits.

Exemple 2

Développer $C = (2x-3)(2x+3)$

Il s'agit de développer $(a-b)(a+b)$ avec $a = 2x$ et $b = 3$.

$C = (2x)^2 - 3^2$ ← on applique la formule (**3**).

$\quad a^2 - b^2$

$C = 4x^2 - 9$ ← on effectue les produits.

Méthode	**1**. On repère de quel produit remarquable il s'agit. **2**. On applique la formule correspondante. **3**. On effectue les produits.

- **pour calculer mentalement**

Calculer 101^2

$101^2 = (100+1)^2 = 100^2 + 2 \times 100 \times 1 + 1^2 = 10\,000 + 200 + 1 = 10\,201$

↑ on applique la formule (1) avec $a = 100$ et $b = 1$.

Faire

1 Développer les expressions :

$A = 2x(3 - x)$; $B = 5x - 2(x + 2)$;
$C = (5x - 1)(2 + x)$; $D = (2 - 3x)(x - 2)$.

2 Développer les produits :

$A = \frac{5}{3}\left(\frac{2x}{9} - 6\right)$; $B = \left(\frac{5}{2} - x\right)\left(\frac{4}{5} - 4x\right)$;

$C = 3(2x + 1) - (2x - 2)(x + 1)$;
$D = 2x(3 + 2x) - 3(3 + 2x)$.

3 Développer :

$A = (5x + 2)^2$; $B = (2 - 3x)^2$;

$C = (2 + x)(2 - x)$; $D = \left(\frac{3}{2} + x\right)^2$;

$E = 5(x - 2)^2$; $F = \left(\frac{x}{3} + 2\right)\left(2 - \frac{x}{3}\right)$.

4 Prouver chaque égalité, en développant le membre de gauche :

a) $(a + b)^2 - (a - b)^2 = 4ab$;
b) $(a + b)^2 - (a + b)(a - b) = 2ab + 2b^2$;
c) $(a + b)(a - b) - (a - b)^2 = 2ab - 2b^2$;
d) $(a + 1)^2 - (a - 1)^2 = 4a$.

5 Plus fort que la calculatrice

Qu'obtient-on, à la calculatrice, pour $100\,001^2$? Calculer « à la main » $(100\,000 + 1)^2$ en utilisant une identité remarquable ; comparer avec le résultat précédent.

6 Calcul mental

Utiliser les identités remarquables afin de calculer mentalement les nombres :

$a = 201^2$; $b = 99^2$; $c = 29 \times 31$;
$d = 220^2$; $e = 2010^2$; $f = 0{,}96^2$.

7 Soit $A = 2x(2x - 1) - 5(2x - 2) - 1$

a) Prouver que $A = 4x^2 - 12x + 9$.
b) Prouver que $A = (2x - 3)^2$.
c) En choisissant l'expression de A la mieux adaptée parmi les trois précédentes, calculer A mentalement pour :
$x = 0$; $x = 2$; $x = 24$; $x = \frac{3}{2}$.

8 Compléter les égalités :

$(x + \ldots)^2 = x^2 + 8x + \ldots$;
$(\ldots - 4)^2 = 4x^2 - \ldots + \ldots$;
$(a - \ldots)^2 = a^2 - a + \ldots$;
$(2 + \ldots)(\ldots - 2) = 9a^2 - 4$.

9 Géométrie et calculs

a) Exprimer l'aire du carré $ABED$ en fonction de x.
b) Prouver que la différence des aires des carrés $ACGF$ et $ABED$ est $2x - 1$.

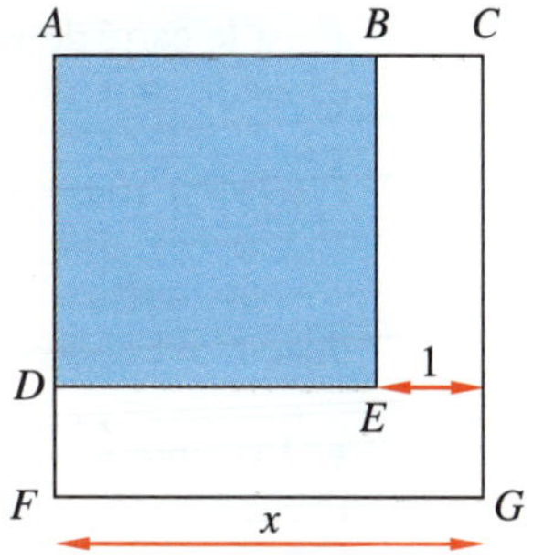

10 Résoudre les équations :

(A) $(3 - 2x)^2 = 4x^2 + 7$;
(B) $(5 - x)(5 + x) = x(3 - x)$;
(C) $(2x + 1)^2 - (3 - 2x)^2 = 5$.

2 ÉGALITÉS REMARQUABLES FACTORISATIONS

Savoir

Factoriser une somme, c'est l'écrire sous forme d'un **produit** de facteurs.

Avec les propriétés de distributivité		Avec les produits remarquables	
sommes	produits	sommes	produits
$ka + kb$	$= k(a+b)$	(**1**) $a^2 + 2ab + b^2$	$= (a+b)^2$
$ka - kb$	$= k(a-b)$	(**2**) $a^2 - 2ab + b^2$	$= (a-b)^2$
$ka - kb + kc$	$= k(a - b + c)$	(**3**) $a^2 - b^2$	$= (a+b)(a-b)$

Savoir faire

Utiliser la distributivité pour factoriser une somme

1 Le facteur commun est en évidence.

Factoriser :

$A = (2x+1)(x+5) - 7(2x+1)$

$A = \mathbf{(2x+1)}(x+5) - 7\mathbf{(2x+1)}$

$A = \mathbf{(2x+1)}((x+5) - 7)$

$A = \mathbf{(2x+1)}(x+5-7)$

$A = \mathbf{(2x+1)}(x-2)$

2 On doit faire apparaître le facteur commun.

Factoriser :

$B = (3x+2)^2 - (3x+2)(x+7)$

$B = \mathbf{(3x+2)}(3x+2) - \mathbf{(3x+2)}(x+7)$

$B = \mathbf{(3x+2)}((3x+2) - (x+7))$

$B = \mathbf{(3x+2)}(3x+2-x-7)$

$B = \mathbf{(3x+2)}(2x-5)$

Utiliser les produits remarquables pour factoriser une somme

- *Exemple 1*

Factoriser $C = x^2 - 10x + 25$.

C « ressemble » à une expression du type (**2**) (trois termes et un signe «–»)

On reconnaît deux carrés :

x^2 est le carré de x
25 est le carré de 5
} C sera une expression du type (**2**) si le terme central $10x$ est de la forme $2ab$.

$C = (x)^2 - 10x + 5^2$ → $a^2 - 2ab + b^2$

$2 \times x \times 5 = 10x$ (avec x → a, 5 → b)

donc $C = (x-5)^2$

- *Exemple 2*

Factoriser $D = (x-3)^2 - 16$.

$D = \underbrace{(x-3)^2}_{a^2} - \underbrace{4^2}_{b^2}$

D est la forme $a^2 - b^2$ avec $a = x - 3$ et $b = 4$, c'est une expression du type (**3**).

$D = \underbrace{((x-3) - 4)}_{(a\ -\ b)}\underbrace{((x-3) + 4)}_{(a\ +\ b)} = (x-3-4)(x-3+4) = (x-7)(x+1).$

Faire

1 Factoriser les expressions :

$A = 3x^3 - 5x^2 + 12x$;

$B = 21x^2 + 15x - 9$;

$C = \frac{7t}{12} - \frac{1}{4}t^2 + \frac{3}{8}t^3$.

2 Factoriser les expressions :

$A = (4 - x)(2x + 1) + (x + 4)(2x + 1)$;
$B = 3(2x + 1)(2x - 1) - 5(2x + 1)$;
$C = 2x(1 - 2x) - (1 - 2x)$.

3 Factoriser les expressions :

$A = 2(2x - 1) - (2x - 1)^2$;
$B = (3 + 2x)^2 + (3 + 2x)$;
$C = 3(2x - 1) - 2x(4x - 2)$;
$D = 2(1 - x^2) - 3(x + 1)(x + 2)$;
$E = (4 + x)^2 - (1 + x)^2$.

4 Factoriser les expressions, en utilisant les égalités remarquables :

$A = 64 - 48b + 9b^2$;
$B = 4x^2 - 49$;
$C = 50 - 8x^2$;
$D = 16x^2 + 81 + 72x$.

5 $A = 6x^3 + 9x^2 + 10x + 15$.

a) Factoriser $6x^3 + 10x$ d'une part ; $9x^2 + 15$ d'autre part.
b) En déduire une factorisation de A.

6 En deux temps

a) Développer $2(x + 1)(x + 2)$.
b) En déduire une factorisation de :
$A = (x + 1)^2 + (x + 2)^2 + 2x^2 + 6x + 4$.

7 Écrire $(x^4 - 1)$ sous la forme d'un produit de trois facteurs.
Indication : $x^4 = (x^2)^2$.

8 **1. a)** Factoriser $4x^2 - \frac{1}{4}$.

b) Factoriser $6x + \frac{3}{2}$.

c) Factoriser $4x^2 + 2x + \frac{1}{4}$.

2. Déduire de la première partie une factorisation de l'expression :

$A = 3\left(4x^2 - \frac{1}{4}\right) + 2x\left(6x + \frac{3}{2}\right) - \left(4x^2 + 2x + \frac{1}{4}\right)$.

9 Calcul rapide

Utiliser le principe de la factorisation pour calculer rapidement les expressions.

$A = 1280 - 1228 + 1278 - 1205$;

$B = \frac{11}{4} - \frac{11}{2} + \frac{11}{8}$;

$C = 12{,}7 \times 10^6 + 128{,}4 \times 10^5 - 1{,}4 \times 10^7$.

10 Sans solution

En factorisant le premier membre, prouver que les équations suivantes n'admettent pas de solution :

(A) $25x^2 + 16 - 40x = -3$;
(B) $12a + 4 + 9a^2 = -5$;
(C) $30t - 9 - 25t^2 = 4$.

3 RACINES CARRÉES

Savoir

1 Définition

a étant un nombre **positif**, la **racine carrée** de a, notée $\sqrt{a}$, est le nombre positif dont le carré est a.

- si a est un nombre positif : $\sqrt{a} \geqslant 0$ et $\left(\sqrt{a}\right)^2 = a$
- si a est un nombre négatif, $\sqrt{a}$ n'a pas de sens.

2 Propriétés

a et b étant des nombres positifs ($b \neq 0$), on a :

$$\sqrt{a \times b} = \sqrt{a} \times \sqrt{b} \qquad \sqrt{\frac{a}{b}} = \frac{\sqrt{a}}{\sqrt{b}} \qquad \sqrt{a^2} = a.$$

Savoir faire

Utiliser la définition

- $\left(\sqrt{5}\right)^2 = 5$; $\sqrt{25} = 5$; $-\sqrt{25} = -5$; $\sqrt{-25}$ n'a pas de sens ;
  $\sqrt{5^2} = 5$; $\sqrt{(-5)^2} = 5$; $\sqrt{1} = 1$; $\sqrt{0} = 0$; $\sqrt{\frac{9}{4}} = \frac{3}{2}$.
- $\left(\sqrt{7}\right)^4 = \left(\sqrt{7}\right)^2 \times \left(\sqrt{7}\right)^2 = 7 \times 7 = 7^2$. **Plus généralement : si $a \geqslant 0$ $\left(\sqrt{a}\right)^4 = a^2$.**

Utiliser les propriétés pour simplifier des écritures

- Simplifier $\sqrt{75} + \sqrt{12}$ puis $(5 - 3\sqrt{2})^2$.

$\sqrt{75} = \sqrt{25 \times 3} = \sqrt{25} \times \sqrt{3} = 5\sqrt{3}$ On fait apparaître le carré d'un entier.

$\sqrt{12} = \sqrt{4 \times 3} = \sqrt{4} \times \sqrt{3} = 2\sqrt{3}$

$\sqrt{75} + \sqrt{12} = 5\sqrt{3} + 2\sqrt{3} = 7\sqrt{3}$

- $(5 - 3\sqrt{2})^2 = 5^2 - 2 \times 5 \times 3\sqrt{2} + (3\sqrt{2})^2$ ← développement de $(a - b)^2$.
  $= 25 - 30\sqrt{2} + 18$
  $= 43 - 30\sqrt{2}$ ← cette expression n'est pas simplifiable.

Éviter les radicaux au dénominateur d'une fraction

$$\frac{1}{\sqrt{5}} = \frac{1 \times \sqrt{5}}{\sqrt{5} \times \sqrt{5}} = \frac{\sqrt{5}}{5} ; \quad \frac{2 + \sqrt{2}}{2\sqrt{2}} = \frac{\left(2 + \sqrt{2}\right)\sqrt{2}}{2\sqrt{2} \times \sqrt{2}} = \frac{2\sqrt{2} + 2}{4} = \frac{\sqrt{2} + 1}{2}.$$

Résoudre l'équation $x^2 = a$

Résoudre $x^2 = 3$. Cette équation a deux solutions : l'une positive $\sqrt{3}$, l'autre négative $-\sqrt{3}$.

Faire

1 Déterminer les entiers égaux aux nombres :

a) $\sqrt{49}$; **b)** $-\sqrt{121}$; **c)** $\dfrac{\sqrt{72}}{\sqrt{18}}$;

d) $\sqrt{48}\times\sqrt{27}$; **e)** $5\sqrt{25}$; **f)** $\dfrac{-3\sqrt{2}}{\sqrt{18}}$.

2 Simplifier les écritures :

$A=\sqrt{75}-\sqrt{48}+\sqrt{147}$;

$B=5\sqrt{80}+2\sqrt{320}+3\sqrt{405}$;

$C=\sqrt{175}-2\sqrt{28}-\sqrt{63}$.

3 Le plus petit

Déterminer, dans chaque cas, l'entier a non nul, le plus petit possible tel que A soit un entier :

1) $A=\sqrt{50a}$; **2)** $A=\sqrt{21+a}$;

3) $A=\sqrt{\dfrac{147}{a}}$; **4)** $A=\sqrt{a-20}$.

4 Somme et différence : attention !

a) • Calculer 9 + 16, en déduire $\sqrt{9+16}$.

• Calculer $\sqrt{9}$ et $\sqrt{16}$; en déduire $\sqrt{9}+\sqrt{16}$.

• Comparer les deux résultats.

b) Comparer de la même manière, $\sqrt{100-64}$ et $\sqrt{100}-\sqrt{64}$.

5 Résoudre les équations :

(A) $x^2=169$; **(D)** $x^2=0{,}09$;

(B) $2x^2=98$; **(E)** $16-x^2=0$.

(C) $x^2=-121$;

6 **1.** $a=2-\sqrt{7}$ et $b=\sqrt{11-4\sqrt{7}}$

a) Quel est le signe de a ? le signe de b ?

b) Déterminer a^2 et b^2.

c) Déduire de ce qui précède que $a=-b$.

2. Prouver, de la même manière, que :

a) si $a=\sqrt{3-2\sqrt{2}}$ et $b=\sqrt{2}-1$, alors $a=b$.

b) si $a=\sqrt{3}-\sqrt{5}$ et $b=\sqrt{8-2\sqrt{15}}$, alors $a=-b$.

7 En plus simple

Réduire les expressions ($b\geqslant 0$) :

$A=\sqrt{\dfrac{175}{484}}\times\dfrac{11}{\sqrt{112}}$; $B=\sqrt{0{,}9}\times\dfrac{3}{\sqrt{0{,}001}}$;

$C=\sqrt{18b^2}\times\dfrac{b}{\sqrt{72}}$; $D=\dfrac{\sqrt{2}}{\sqrt{75}}\times\sqrt{\dfrac{27}{2}}\times\sqrt{28}$.

8 Développer chaque expression suivante, puis simplifier le résultat :

$A=\sqrt{3}\left(\sqrt{48}-\sqrt{3}\right)$;

$B=\left(\sqrt{2}+1\right)\left(2-\sqrt{2}\right)$;

$C=\sqrt{18}\left(\sqrt{\dfrac{9}{2}}-\sqrt{\dfrac{2}{9}}\right)$.

9 Supprimer les radicaux

Écrire les nombres suivants sans radical au dénominateur :

$A=\dfrac{7}{\sqrt{7}}$; $B=\dfrac{3+\sqrt{2}}{3\sqrt{2}}$; $C=\dfrac{\sqrt{5}}{\sqrt{50}}$.

10 On pose $A=2x^2-x+2$.

Calculer A pour $x=\sqrt{3}$ puis pour $x=2-\sqrt{2}$.
Donner la valeur exacte.

4 ÉQUATIONS À UNE INCONNUE

Savoir

1 Rappels

Règle 1
Si on ajoute ou si on retranche un même nombre aux deux membres d'une équation, on obtient une équation ayant les mêmes solutions.
Règle 2
Si on multiplie ou si on divise par un même nombre non nul les deux membres d'une équation, on obtient une équation ayant les mêmes solutions.

2 Propriété

Si un produit de facteurs est nul, alors l'un au moins des facteurs est nul.

Savoir faire

Résoudre une équation avec dénominateur

Résoudre l'équation : $3+\frac{x}{5}=6+\frac{x}{2}\cdot$

- On supprime les dénominateurs en multipliant les deux membres par 10 (*Règle 2*) → $10\left(3+\frac{x}{5}\right)=10\left(6+\frac{x}{2}\right)\cdot$

  (10 : dénominateur commun à 5 et 2)

- On développe et on réduit : → $30+2x=60+5x.$
- On **retranche 5*x*** et on **retranche 30** aux deux membres (*Règle 1*) → $30+2x-\mathbf{5x}-\mathbf{30}=60+5x-\mathbf{5x}-\mathbf{30}.$
- On réduit : → $-3x=30.$
- On divise par – 3 les deux membres → $\frac{-\cancel{3}x}{\cancel{-3}}=\frac{30}{-3}$ soit $x=-10.$

L'équation $3+\frac{x}{5}=6+\frac{x}{2}$ admet une seule solution : $-10.$

Résoudre une équation produit

Résoudre l'équation : $(x-1)(2x+3)=0.$
Le produit des facteurs $(x-1)$ et $(2x+3)$ est nul donc, (*propriété du* SAVOIR) :

$x-1=0$ ce qui donne $x=1$ **ou** $2x+3=0$ ce qui donne $x=\frac{-3}{2}\cdot$

L'équation $(x-1)(2x+3)=0$ admet deux solutions : 1 et $\frac{-3}{2}.$

Se ramener à une équation produit

Résoudre l'équation : $(3x+1)(x-5)-4(x-5)=0.$
- On met $(x-5)$ en facteur : $(x-5)[(3x+1)-4]=0.$
- On réduit et on obtient l'équation produit : $(x-5)(3x-3)=0$ donc

$x-5=0$ soit $x=5$ **ou** $3x-3=0$ soit $x=1.$
L'équation $(3x+1)(x-5)-4(x-5)=0$ admet deux solutions : 5 et 1.

Faire

1 Résoudre les équations :

(A) $2x - \frac{x}{3} = 3x - \frac{x}{2}$;

(B) $x + \frac{x}{2} + \frac{x}{3} = 1 + \frac{1}{2} + \frac{1}{3}$;

(C) $7x - 0,5 = 0,3x + 1,5$.

2 Résoudre les équations :

(A) $2x - 3(5 - 2x) = 8 - 5(2x + 1)$;

(B) $\frac{x}{3}(2 - 3x) = 1 + x - x^2$;

(C) $\frac{3 - x}{2} - \frac{x + 1}{3} = \frac{8x + 5}{6}$.

3 Équations produits

Résoudre les équations :

(A) $(6 - x)(2 - 2x) = 0$;

(B) $3x^2(x + 4) = 0$;

(C) $(x + 1)(x - 2)(x + 3) = 0$.

4 En deux temps

1. Développer l'expression :

$A = (4x + 1)(x - 3)$.

2. En déduire les solutions des équations :

a) $A = 4x^2$; **b)** $A = -11x$; **c)** $A = -3$.

5 Après avoir factorisé le membre de gauche, résoudre les équations proposées :

(A) $(3 - 2x)(x + 2) + (2x + 1)(3 - 2x) = 0$;

(B) $(7x + 1)(x - 3) - (3 - x)(2x + 2) = 0$;

(C) $50x^2 - 8 = 0$.

6 On pose $A = -3x^3 - 5x^2 + 21x + 35$.

a) Factoriser $-3x^3 - 5x^2$.

b) Factoriser $21x + 35$.

c) Déduire de **a)** et de **b)** une factorisation de A.

d) Résoudre l'équation $A = 0$.

7 Quel entier faut-il ajouter au numérateur et au dénominateur de $\frac{2}{3}$ pour obtenir le double de cette fraction ?

8 Devinette

Je suis un entier. Enlever 1 à mon carré revient à prendre le carré de mon suivant. Qui suis-je ?

(Le suivant de l'entier n est l'entier $n + 1$.)

9 Déterminer la valeur de x non nulle pour laquelle l'aire coloriée est égale à l'aire non coloriée.

(La figure ne comporte que des angles droits.)

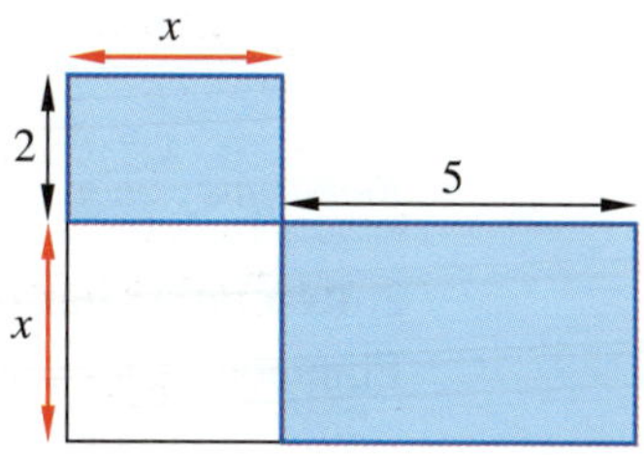

10 On augmente d'1 cm la longueur d'un carré donné : son aire augmente alors de 5 cm².

Quelle était la longueur initiale d'un côté du carré ?

5 SYSTÈMES D'ÉQUATIONS À DEUX INCONNUES

Savoir

$\begin{cases} 2x - 3y = 7 \ (\mathbf{1}) \\ 5x + 4y = 6 \ (\mathbf{2}) \end{cases}$ est un système de **deux** équations à **deux** inconnues x et y.

Résoudre ce système, c'est trouver tous les couples de valeurs $(x\,;\,y)$ pour lesquels les deux égalités sont vraies simultanément. C'est donc trouver les solutions communes aux équations (**1**) et (**2**).

Savoir faire

Résoudre un système de deux équations

Résoudre $\begin{cases} 2x - 3y = 7 & (\mathbf{1}) \\ 5x + 4y = 6 & (\mathbf{2}) \end{cases}$

Il faut revenir à ce que l'on connaît : résoudre une équation à une inconnue.

*on peut choisir l'équation (**2**)*

1. Résolution par substitution

- On exprime y en fonction de x à l'aide de l'équation (**1**) → $y = \dfrac{2x - 7}{3}$
- On remplace y par $\dfrac{2x-7}{3}$ dans l'équation (**2**) → $5x + 4\,\dfrac{2x-7}{3} = 6$
- On résout l'équation à **une** inconnue ainsi obtenue :

$15x + 4\,(2x - 7) = 18$
$15x + 8x - 28 = 18$
$23x = 46$, d'où $x = \dfrac{46}{23} = 2.$

→ on a supprimé le dénominateur en multipliant les deux membres par 3

- On remplace x par 2 dans $y = \dfrac{2x-7}{3}$ → on trouve :

$$y = \frac{2 \times 2 - 7}{3} = \frac{4-7}{3} = \frac{-3}{3} = -1$$

- On vérifie et on conclut $\begin{cases} 2 \times 2 - 3 \times (-1) = 7 \\ 5 \times 2 + 4 \times (-1) = 6 \end{cases}$ Le couple $(2\,;\,-1)$ est **la** solution du système proposé.

Remarque : on aurait pu exprimer x en fonction de y... au travail !

2. Résolution par combinaison ou élimination d'une inconnue

Éliminons, par exemple, x.

$\begin{cases} \mathbf{2}x - 3y = 7 \\ \mathbf{5}x + 4y = 6 \end{cases}$ → (on multiplie les deux membres par **5** ; on multiplie les deux membres par **2**) → $\begin{cases} 10x - 15y = 35 \\ 10x + 8y = 12 \end{cases}$ → (on soustrait membre à membre pour éliminer x) → $\boxed{-23y = 23}$ → $\boxed{y = -1}$

On remplace ensuite y par -1 dans l'équation (1) :
on obtient $2x - 3 \times (-1) = 7$ soit $2x + 3 = 7$ d'où : $\boxed{x = 2}$
Puis, comme dans la méthode précédente, on vérifie et on conclut.

Faire

1 Substitution

Résoudre par substitution les systèmes :

(A) $\begin{cases} 2x - y = 5 \\ 3x + 4y = 2 \end{cases}$ (B) $\begin{cases} 3x + \dfrac{y}{2} = 4 \\ x - 2y = 5 \end{cases}$

(C) $\begin{cases} x + y = -1 \\ 2x + 4y = 22 \end{cases}$

2 Combinaison

Résoudre par combinaison les systèmes :

(A) $\begin{cases} 3x + 2y = 8 \\ 6x - 3y = 4 \end{cases}$ (B) $\begin{cases} 2x - 3y = 1{,}5 \\ \dfrac{x}{2} - \dfrac{y}{3} = 3 \end{cases}$

(C) $\begin{cases} 3x + 7y - 1 = 0 \\ 2x + 5y = 5 \end{cases}$

3 Substitution ou combinaison ?

Résoudre les systèmes en choisissant judicieusement la méthode :

(A) $\begin{cases} x = 2 - 2y \\ 2x + y = 5 \end{cases}$ (B) $\begin{cases} x + y = 3 \\ y - x = -5 \end{cases}$

(C) $\begin{cases} x + 2y = -3 \\ 2x + y = -3 \end{cases}$

4 Résoudre les systèmes après avoir simplifié chaque équation :

(A) $\begin{cases} 3(2x + 1) - 4y = 2x - 3 \\ 5y - 2x(1 - y) = y(3 + 2x) \end{cases}$

(B) $\begin{cases} \dfrac{4x}{3} - \dfrac{y}{2} = 5 \\ \dfrac{3x}{2} + \dfrac{5y}{3} = -2 \end{cases}$

5 Qui suis-je ?

Je suis une fraction supérieure à 1 dont la somme du numérateur et du dénominateur est égale à 38 et la différence du numérateur et du dénominateur est égale à 4.
Qui suis-je ?

6 Je suis un rectangle. Si vous doublez ma longueur, mon périmètre mesurera 80 mètres mais si vous triplez ma largeur, mon périmètre mesurera 60 mètres. Quelles sont mes dimensions initiales ?

7 À la ferme

Dans une cour de ferme ou ne se balladent que des poules et des lapins, on peut compter 140 pattes et 44 têtes.
Soit x le nombre de poules et y le nombre de lapins.

a) Écrire en fonction de x et de y le nombre de pattes ; puis le nombre de têtes.

b) Résoudre le système formé par les deux équations trouvées en **a)**, afin d'obtenir le nombre de poules et le nombre de lapins.

6 RÉSOLUTIONS DE PROBLÈMES

Savoir faire

Mettre en équations un problème

Exemple
Le périmètre d'un rectangle mesure 34 cm. Si on augmente la longueur de 3 cm et si on diminue la largeur de 2 cm, l'aire ne change pas. Calculer les dimensions du rectangle.

- **Choix des inconnues**

Soit x la longueur du rectangle et y sa largeur, exprimées en centimètres.

- **Mise en équations**

Le périmètre de ce rectangle mesure 34 cm → $2(x + y) = 34$
« Si on augmente la longueur de 3 cm → $x + 3$
… et si on diminue la largeur de 2 cm → $y - 2$
… l'aire ne change pas » → $\underbrace{(x + 3)(y - 2)}_{\text{nouvelle aire}} = \underbrace{xy}_{\text{ancienne aire}}$

(↑ les deux aires sont égales)

On obtient donc le système $\begin{cases} 2(x + y) = 34 \\ (x + 3)(y - 2) = xy \end{cases}$

- **Résolution du système**

En développant et en simplifiant, on obtient :

$$\begin{cases} x + y = 17 \\ xy - 2x + 3y - 6 = xy \end{cases} \quad \text{soit} \quad \begin{cases} x + y = 17 & \textbf{(1)} \\ -2x + 3y = 6 & \textbf{(2)} \end{cases}$$

Il est facile d'exprimer x en fonction de y ou y en fonction de x à l'aide de l'équation **(1)** : on utilise la méthode de résolution par **substitution**.
À l'aide de **(1)**, on exprime x en fonction de y : $x = 17 - y$.

On reporte le résultat dans **(2)** : $-2(17 - y) + 3y = 6$
d'où $-34 + 2y + 3y = 6$
soit $5y = 40$, d'où $y = 8$.
En remplaçant y par 8 dans $x = 17 - y$, on trouve $x = 17 - 8 = 9$.

- **Conclusion et vérification**

La longueur de ce rectangle est 9 cm, sa largeur 8 cm.
Ce sont des résultats plausibles (il serait aberrant ici de trouver un résultat négatif).

Vérifions : $\begin{cases} 2 \times (8 + 9) = 34 \\ (9 + 3) \times (8 - 2) = 72 = 9 \times 8 \end{cases}$ … eurêka, ça marche…

Faire

1 Partage

Romain et Laura se partagent 230 F de la manière suivante : Laura aura 40 F de plus que Romain.

Quelles seront les parts de chacun ?

2 Dans ma bourse

J'ai 1,40 F en pièces de 20 centimes et 10 centimes. De plus, j'ai une pièce de 20 centimes de plus que de pièces de 10 centimes.

Combien ai-je de pièces de chaque sorte ?

3 La radio

Entendu à la radio (France-Inter ; mercredi 30 sept. 92 ; 8 h) :

« Il y a plus de femmes que d'hommes en Russie : sur 1 000 personnes, il y a 32 femmes de plus que d'hommes. »

Pour 1000 Russes, combien y a-t-il d'hommes ? de femmes ?

4 Géométrie

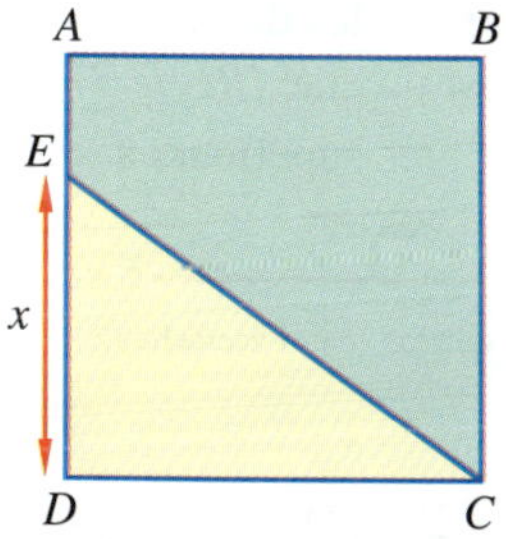

ABCD est un carré de 5 cm de côté ;
E est un point de [*AD*].
On note $x = DE$.

Pour quelle valeur de x l'aire du polygone *ABCE* mesure-t-elle le triple de l'aire du triangle *DEC* ?

5 Question de pommes de terre...

En deux heures, Bernard et Patricia ont épluché 9 kg de pommes de terre... mais Bernard épluche deux fois plus vite que Patricia !

Quelle masse de pommes de terre a donc épluché Patricia ?

6 Une pesée

Ces deux balances sont équilibrées :

Combien pèse une  pomme ?

Combien pèse une  poire ?

7 Aire et périmètre

Cette figure ne comporte que des angles droits.

Déterminer x et y pour que l'aire de la partie coloriée soit égale à l'aire de la partie blanche et le périmètre de la partie coloriée soit égal à une fois et demie le périmètre de la partie blanche.

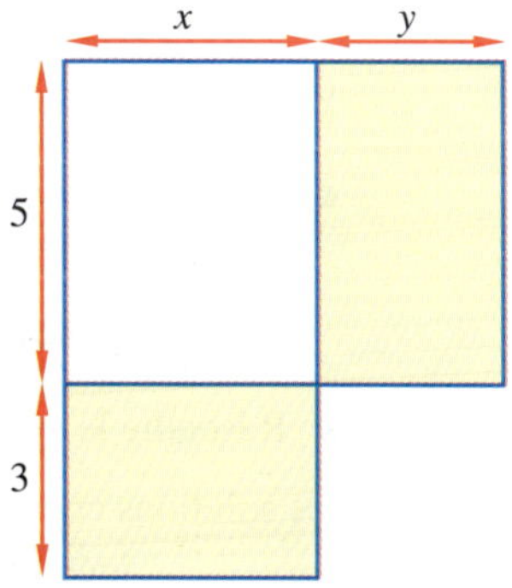

8 Automobiles

Si Romain donnait deux de ses voitures à Laura, il en aurait autant qu'elle. Mais si Laura lui en donnait deux, il en aurait deux fois plus qu'elle !

Combien Laura a-t-elle de voitures ?

7 INÉQUATIONS ET SYSTÈMES D'INÉQUATIONS À UNE INCONNUE

Savoir

a, b, c sont des nombres.

Règle 1 Si $a \leqslant b$ alors $a + c \leqslant b + c$ et $a - c \leqslant b - c$.

Règle 2 Si $a \leqslant b$ **et** $c > 0$ alors $ac \leqslant bc$ et $\frac{a}{c} \leqslant \frac{b}{c}$.

Règle 3 Si $a \leqslant b$ **et** $\boldsymbol{c < 0}$ alors $ac \geqslant bc$ et $\frac{a}{c} \geqslant \frac{b}{c}$.

Attention ! Changement de sens.

Savoir faire

Résoudre une inéquation

• Résoudre l'inéquation $x - 5 \leqslant 3x + 1$ c'est trouver toutes les valeurs de x pour lesquelles l'inégalité est vérifiée.

$x - 5 \leqslant 3x + 1$

$x - 5 \mathbf{- 3x} \leqslant 3x + 1 \mathbf{- 3x}$ → On **retranche 3x** aux **deux** membres de l'inéquation *(Règle 1)* pour regrouper les termes en x.

$-2x - 5 \leqslant 1$ → On réduit.

$-2x - 5 + 5 \leqslant 1 + 5$ → On **ajoute 5** aux **deux** membres de l'inéquation *(Règle 1)* pour regrouper les nombres.

$-2x \leqslant 6$ → On réduit.

$\frac{-2x}{\mathbf{-2}} \geqslant \frac{6}{\mathbf{-2}}$ → On isole x en **divisant par – 2** les **deux** membres de l'inéquation : l'ordre est inversé *(Règle 3)*.

d'où $x \geqslant -3$: les solutions de l'inéquation sont les nombres supérieurs à – 3.

• **Représentation graphique :**

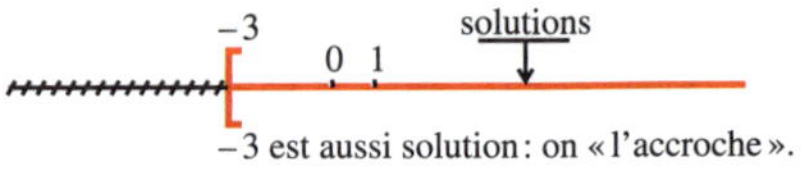

Résoudre un système d'inéquations

• Résoudre le système d'inéquations $\begin{cases} x - 5 \leqslant 3x + 1 & \textbf{(1)} \\ x - 8 < -2x + 4 & \textbf{(2)} \end{cases}$ c'est trouver les solutions communes aux deux inéquations.

inéquation **(1)**	inéquation **(2)**
On trouve $x \geqslant -3$ (voir ci-dessus)	On trouve $x < 4$

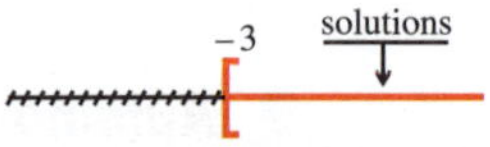

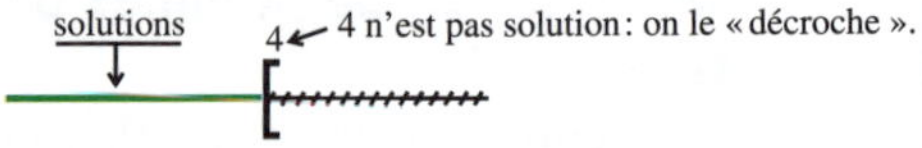

On résout donc chaque inéquation :
Les solutions du système sont les nombres x tels que $x \geqslant -3$ **et** $x < -4$ ou encore tels que $-3 \leqslant x < 4$.

• **Représentation graphique :**

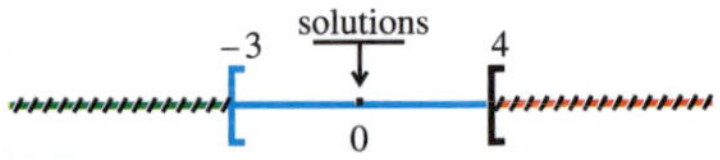

Faire

1 On donne :

$a \geqslant 0$; $b \geqslant 2$; $c \geqslant 5$; $d \leqslant -4$.

En précisant les règles utilisées, prouver les affirmations.

1. $c + d \leqslant c + b$;
2. $bd \leqslant 0$;
3. $b + 5 \geqslant 7$;
4. $-ad \geqslant -ab$.

2 Résoudre les inéquations suivantes ; donner les solutions sur un axe gradué.

a) $5x - 3 \leqslant 5 + x$;
b) $7 - 2x > 8x + 2$;
c) $\frac{1}{2} + \frac{x}{3} \leqslant \frac{x}{2} + \frac{1}{3}$;
d) $3(2 - x) + 2x > 5x - 2(x + 1)$;
e) $2x + 3(5 - 2x) < \frac{x}{2} + 1{,}5$.

3 Relier chaque inéquation à la représentation graphique de son ensemble de solutions :

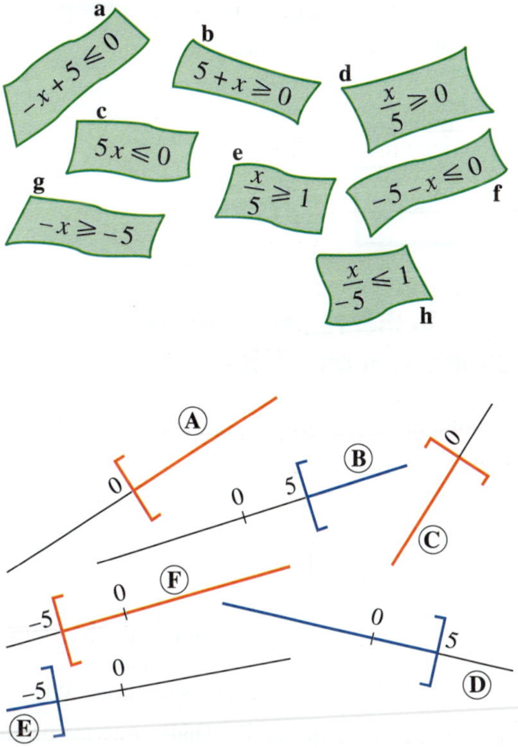

4 Résoudre les systèmes d'inéquations :

(A) $\begin{cases} 2x - 2 \geqslant x + 4 \\ 3x - 1 \geqslant 5x - 19 \end{cases}$

(B) $\begin{cases} \frac{x}{2} + 2x \geqslant 5 \\ 3x - 7 \leqslant 2x - 2 \end{cases}$

Représenter leurs solutions graphiquement.

5 **a**) Résoudre l'inéquation :

A $-3 + 2x \leqslant x - 4$.

b) Résoudre l'inéquation :

B $-2 + 3x \leqslant 5x$.

c) Quel est l'ensemble des solutions du système formé par les inéquations ***A*** et ***B*** ?

d) Reprendre les questions **a**) **b**) **c**) en remplaçant « $\leqslant$ » par « $<$ » dans ***A*** et ***B***.

e) Reprendre les questions **a**) **b**) **c**) avec :

A $5x + 7 \geqslant 11 + 3x$
et ***B*** $4x + 7 \leqslant x + 1$.

6 Ma bibliothèque

a) Si je doublais mon stock de livres de poche, j'en aurais plus de 50 ; mais si j'en donnais la moitié, j'en aurais moins de 15. Peux-tu me dire combien j'ai de livres de poche ?

b) Ceux que tu viens de choisir représentent un septième de ma collection ! Maintenant, tu dois pouvoir me donner le nombre de mes livres de poche !…

8 THÉORÈME DE THALÈS DANS LE TRIANGLE

Savoir

1 Théorème de Thalès

Soient ABC un triangle, B' un point de la droite (AB) et C' un point de la droite (AC). On considère les trois cas de figures suivants :

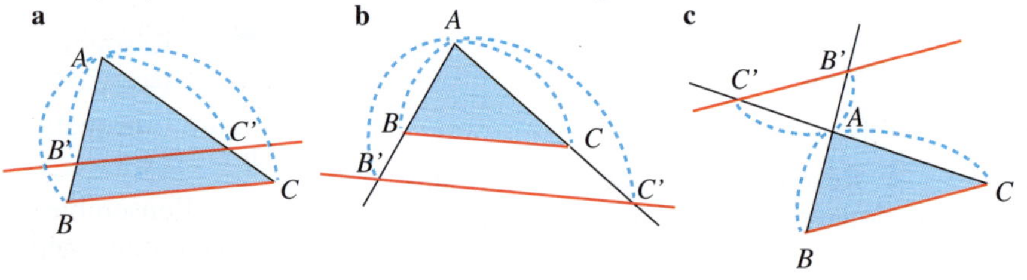

Si les droites (BC) et $(B'C')$ sont parallèles, **alors** $\dfrac{AB'}{AB} = \dfrac{AC'}{AC} = \dfrac{B'C'}{BC}$.

2 Réciproque du théorème de Thalès

Dans chacun des cas de figures ci-dessus :

si $\dfrac{AB'}{AB} = \dfrac{AC'}{AC}$, **alors** les droites $(B'C')$ et (BC) sont parallèles.

Savoir faire

Utiliser le théorème de Thalès pour calculer des longueurs

On sait que les segments rouges sont parallèles. Que vaut x ?
On applique le théorème de Thalès :

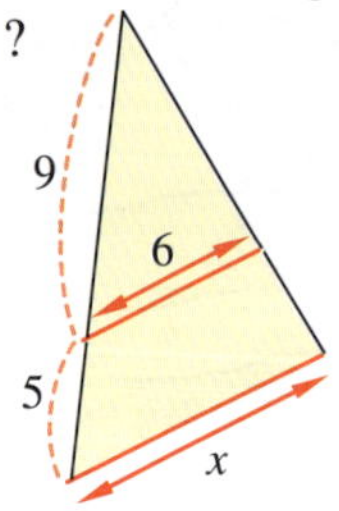

RAPPEL
Si $\dfrac{a}{b} = \dfrac{c}{d}$ alors $ad = bc$

$\dfrac{9}{9+5} = \dfrac{6}{x}$, d'où $\dfrac{9}{14} = \dfrac{6}{x}$, d'où $9 \times x = 6 \times 14$

$x = \dfrac{6 \times 14}{9} = \dfrac{\cancel{3} \times 2 \times 14}{\cancel{3} \times 3} = \dfrac{28}{3}$

$$x = \dfrac{28}{3} \approx 9{,}3$$

Utiliser la réciproque du théorème de Thalès pour démontrer que des droites sont parallèles

Sur le dessin les mesures indiquées sont respectées, $ABCD$ est-il un trapèze ?
Sur le dessin, (AB) et (CD) semblent effectivement parallèles **mais** observer ne suffit pas pour affirmer...

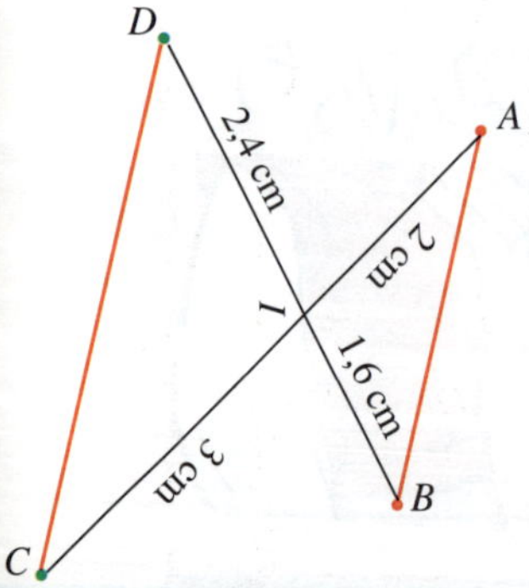

$\dfrac{IA}{IC} = \dfrac{2}{3}$

$\dfrac{IB}{ID} = \dfrac{1,6}{2,4} = \dfrac{16}{24} = \dfrac{8 \times 2}{8 \times 3} = \dfrac{2}{3}$

d'où $\dfrac{IA}{IC} = \dfrac{IB}{ID}$ **donc** $(AB) // (CD)$

↑ Réciproque du théorème de Thalès (cas de figure ©)

On a **démontré**, à l'aide de la réciproque du théorème de Thalès que les droites (AB) et (CD) sont parallèles : $ABCD$ est donc un trapèze.

Faire

1 Déterminer la longueur x dans chacun des cas suivants :

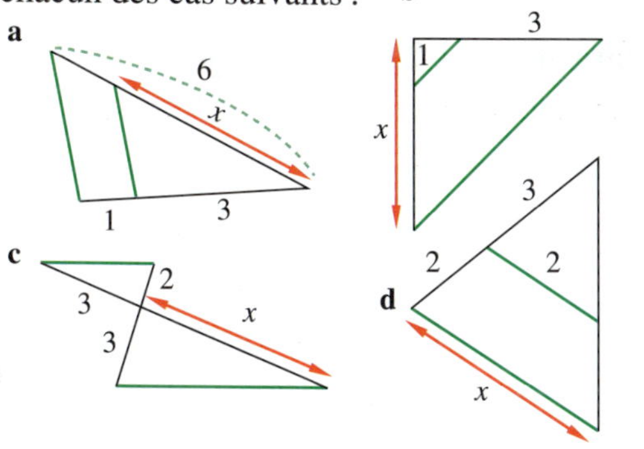

(deux droites de même couleur sont parallèles)

2

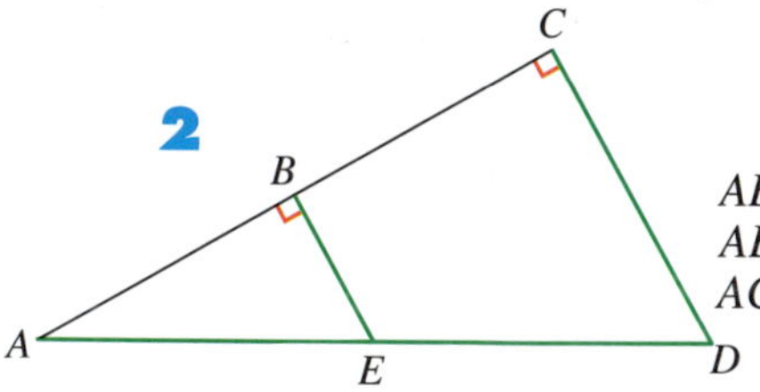

$AB = 4$ cm
$AE = 5$ cm
$AC = 7$ cm

Calculer BE ; CD ; AD.

3 Bernard et Laura

Bernard mesure 1,80 m. Quelle est la taille de Laura ?

4

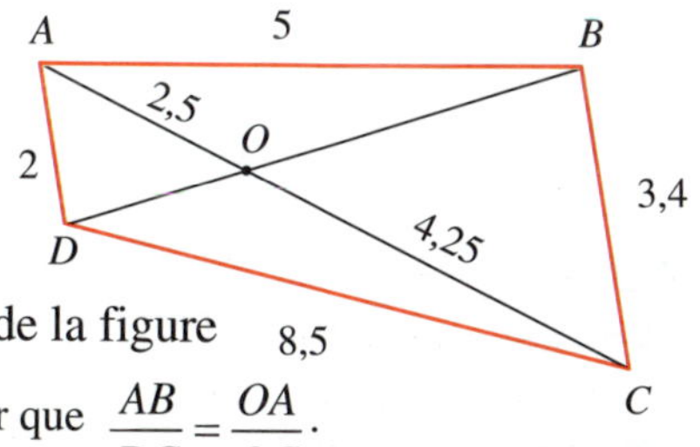

À l'aide de la figure

a) Prouver que $\dfrac{AB}{DC} = \dfrac{OA}{OC}$.

Que peut-on en déduire pour les droites (AB) et (DC) ?

b) Prouver que $\dfrac{AD}{BC} = \dfrac{OA}{OC}$.

Que peut-on en déduire pour les droites (AD) et (BC) ?

c) Que peut-on déduire de ***a***) et ***b***) pour le quadrilatère $ABCD$?

d) Prouver que la figure n'est pas réalisable avec les mesures données.

5 Un puits profond

Romain est à 1 m du puits et mesure 1,30 m. Le puits a un diamètre de 1,2 m. Quelle est sa profondeur ?

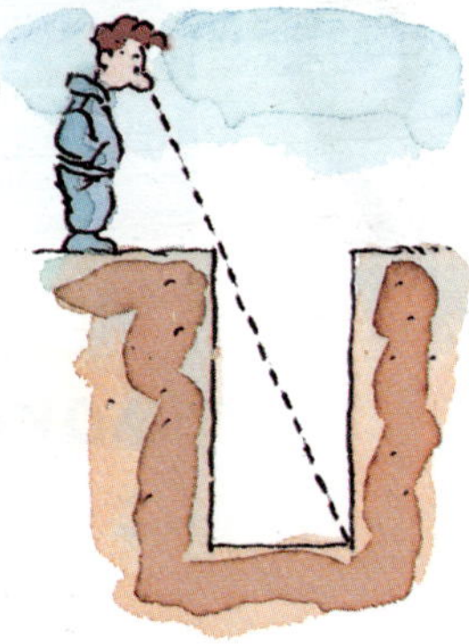

6 Blandine

Les yeux de Blandine sont à 1,35 m du sol.

Blandine mesure 1,35 m ; l'arbuste 2 m ; le mur 2,50 m.
Blandine est à 1 m de l'arbuste ; et l'arbuste à 2 m du mur.
Blandine peut-elle voir le mur au-dessus de l'arbuste ?

7 $ABCD$ est un quadrilatère quelconque ; les points I, J, K et L sont tels que :

$AI = \dfrac{1}{3}AB$;

$BJ = \dfrac{2}{3}BC$;

$CK = \dfrac{1}{3}CD$;

$DL = \dfrac{2}{3}DA$.

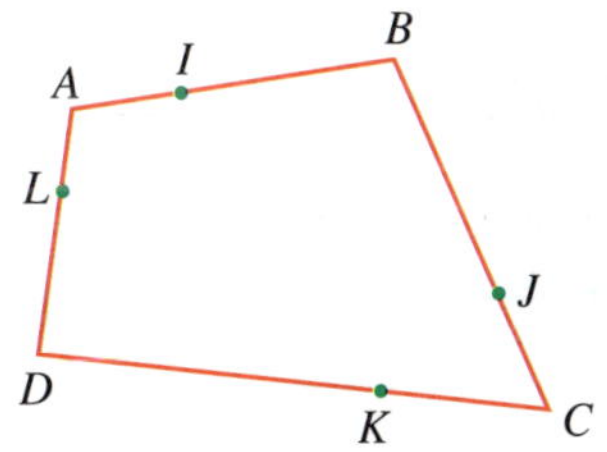

a) Prouver que (IL) // (BD) et (JK) // (BD).
b) Prouver que (IJ) // (AC) et (KL) // (AC).
c) Que peut-on en conclure pour $IJKL$?

8

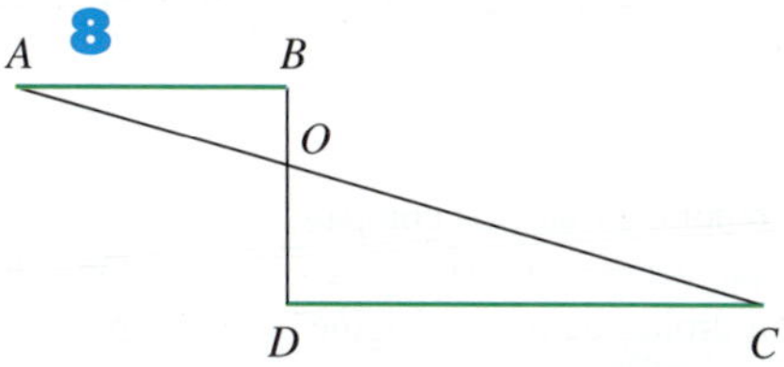

On donne : $OB = 1{,}5$ cm ; $OD = 4{,}5$ cm ; $OA = 5$ cm ; $OC = 17$ cm.
(AB) est-elle parallèle à (DC) ?

9 THÉORÈME DE THALÈS CONSTRUCTIONS

Savoir faire

Construire, sans mesurer, les 2/3 d'un segment

Pour construire les 2/3 d'un segment $[AB]$…

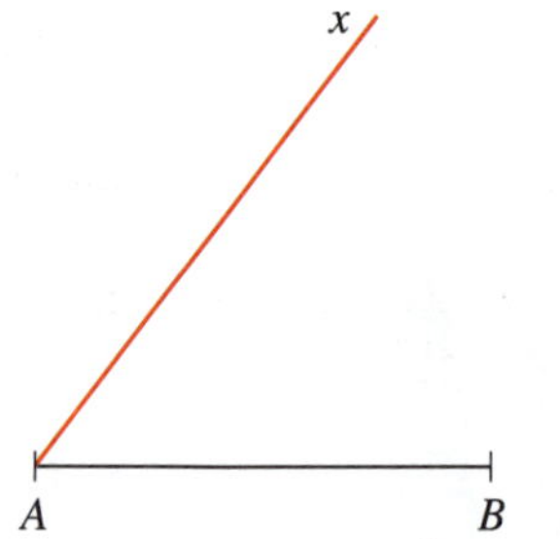

On trace une demi-droite passant par A et pas par B : $[Ax)$.

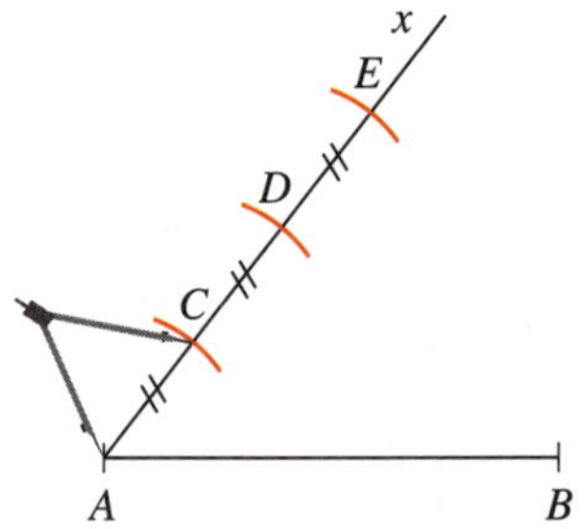

Avec le compas, on place **trois** points C, D, E sur $[Ax)$ tels que : $AC = CD = DE$.

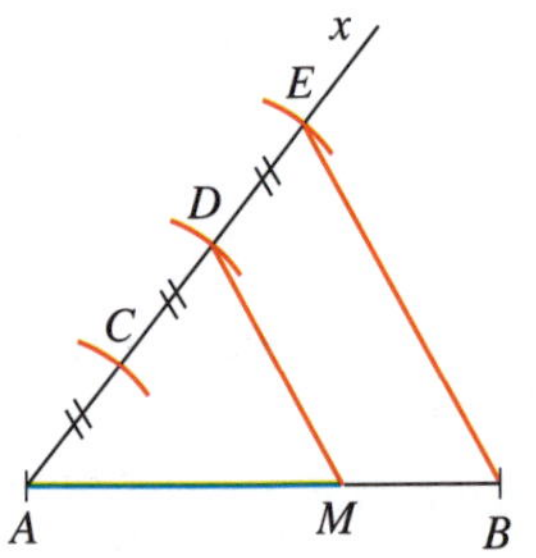

On trace (EB), puis la parallèle à (EB) passant par D : elle coupe $[AB]$ en M tel que : $AM = \frac{2}{3} AB$.

Justification

Les droites (DM) et (EB) étant parallèles, le théorème de Thalès permet d'écrire : $\frac{AM}{AB} = \frac{AD}{AE}$.

Or $\frac{AD}{AE} = \frac{2}{3}$, donc $\frac{AM}{AB} = \frac{2}{3}$ d'où $AM = \frac{2}{3} AB$.

Construire une quatrième proportionnelle

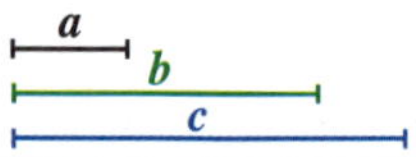

Les longueurs a, b, c étant données, construire un segment de longueur $\boldsymbol{d}$ telle que : $\frac{a}{\boldsymbol{b}} = \frac{c}{\boldsymbol{d}}$.

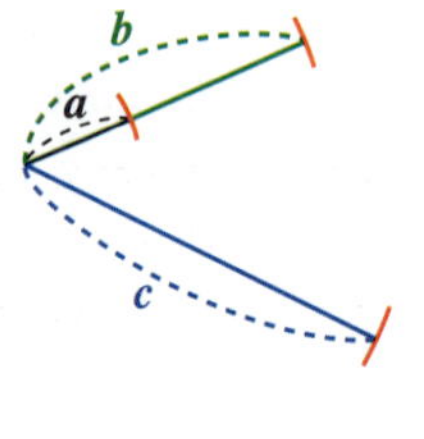

On reporte à l'aide du compas les longueurs a, b, c sur deux demi-droites de même origine.

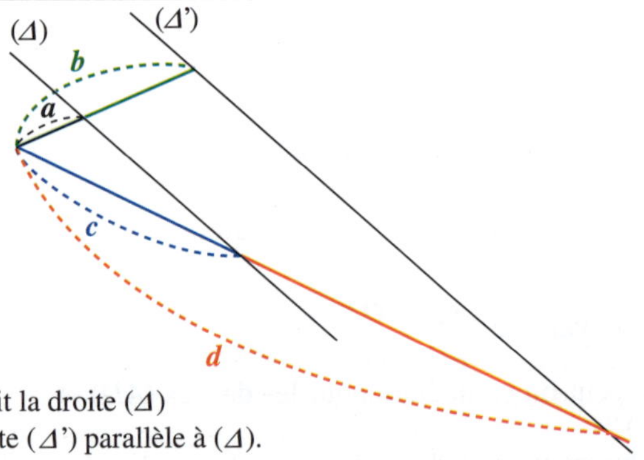

On construit la droite (Δ) puis la droite (Δ') parallèle à (Δ).

Les droites (Δ) et (Δ') étant parallèles, le théorème de Thalès permet d'écrire : $\frac{a}{\boldsymbol{b}} = \frac{c}{\boldsymbol{d}}$.

Faire

1 Tracer un segment [AB] de longueur 5 cm ; puis placer, à la règle non graduée et au compas, les points M, N, P de la droite (AB) définis par :

a) M est entre A et B, et $AM = \frac{2}{3}AB$.

b) N n'est pas entre A et B, et $AN = \frac{2}{3}AB$.

c) P est tel que $BP = \frac{7}{5}BA$.

2 [OI] est un segment de longueur 3 cm.
Placer, à la règle non graduée et au compas, sur l'axe (OI) d'origine O et d'unité I les points :

M d'abscisse $\frac{5}{7}$; N d'abscisse $\frac{5}{3}$;

Q d'abscisse $-\frac{2}{7}$; P d'abscisse $-\frac{7}{3}$.

3 Construire un rectangle $ABCD$ tel que AB = 5 cm et AD = 3 cm. Sur une autre figure, en utilisant uniquement la règle non graduée et le compas, construire un segment dont la longueur représente la quatrième proportionnelle des longueurs AD, AB et AC.

4 ABC est un triangle quelconque ; M_1 est un point quelconque de la droite (AB) distinct de A, de B et du milieu de [AB]. La parallèle à (BC) passant par M_1 coupe (AC) en M_2 ; la parallèle à (AB) passant par M_2 coupe (BC) en M_3 ; la parallèle à (AC) passant par M_3 coupe (AB) en M_4 ; la parallèle à (BC) passant par M_4 coupe (AC) en M_5 ; la parallèle à (AB) passant par M_5 coupe (BC) en M_6 ; enfin la parallèle à (AC) passant par M_6 coupe (AB) en M_7.

1. Faire deux figures distinctes correspondant à l'énoncé :
l'une si M_1 est un point de [AB] et l'autre avec M_1 n'appartenant pas à [AB].
Que constate-t-on ?

2. On se place maintenant dans le cas où M_1 appartient à [AB].

a) Prouver que $\frac{AM_1}{AB} = \frac{AM_2}{AC}$ et $\frac{CM_2}{CA} = \frac{CM_3}{CB}$.

b) En utilisant $CM_2 = CA - AM_2$ et $CM_3 = CB - BM_3$,

prouver que $\frac{AM_2}{AC} = \frac{BM_2}{BC}$.

En déduire que $\frac{AM_1}{AB} = \frac{BM_3}{BC}$.

c) Prouver de la même manière que

$\frac{BM_3}{BC} = \frac{BM_4}{BA} = \frac{CM_5}{CA}$;

puis que

$\frac{CM_5}{CA} = \frac{CM_6}{CB} = \frac{AM_7}{AB}$.

d) Que peut-on en déduire pour les rapports

$\frac{AM_1}{AB}$ et $\frac{AM_7}{AB}$?

pour les points M_1 et M_7 ?

3. Adapter le raisonnement précédent à l'étude du cas où M_1 n'appartient pas à [AB].

4. Que se passe-t-il si l'on choisit M_1 au milieu de [AB] ?

10 TRIGONOMÉTRIE

Savoir

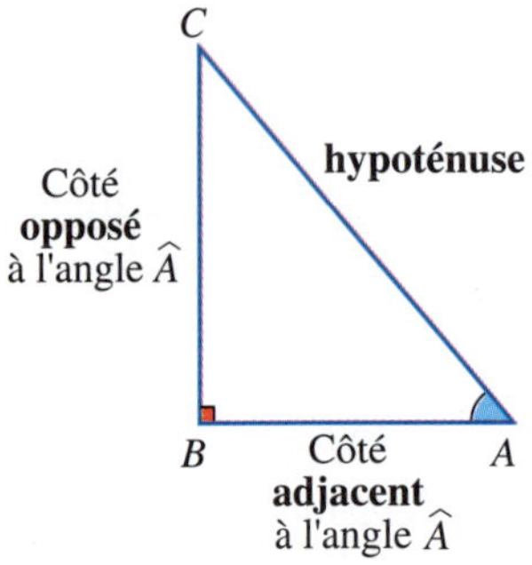

ABC est un triangle rectangle en B.
Le sinus de l'angle $\widehat{A}$, noté sin $\widehat{A}$, et la tangente de l'angle $\widehat{A}$, notée tan $\widehat{A}$, sont des nombres donnés par :

$\sin \widehat{A} = \dfrac{BC}{AC}$ ← côté opposé à $\widehat{A}$ / ← hypoténuse

$\tan \widehat{A} = \dfrac{BC}{BA}$ ← côté opposé à $\widehat{A}$ / ← côté adjacent à $\widehat{A}$

RAPPEL

$\cos \widehat{A} = \dfrac{AB}{AC}$ ← côté adjacent à $\widehat{A}$ / ← hypoténuse

Propriétés

Pour tout angle aigu $\widehat{A}$: $\cos^2 \widehat{A} + \sin^2 \widehat{A} = 1$ et $\tan \widehat{A} = \dfrac{\sin \widehat{A}}{\cos \widehat{A}}$ $(\widehat{A} \neq 90°)$.

Savoir faire

Utiliser une calculatrice

Mettre la calculatrice en mode **degré**.

- Calcul de sin 43°

On tape : [43] [SIN]

On lit : [0.68199836]

On écrit : sin 43° ≈ 0,68

(arrondi au centième)

- Calcul de la mesure de l'angle $\widehat{A}$ sachant tan $\widehat{A}$ = 3

On tape : [3] [2nd] [TAN]

ou [3] [INV] [TAN]

ou [3] [TAN^{-1}]

On lit : [71.56505118]

On écrit $\widehat{A} \approx 72°$ (arrondi à l'unité)

Calculer des longueurs

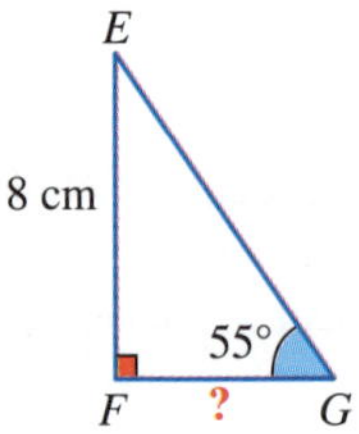

EFG est un triangle rectangle en F tel que $EF = 8$ cm et $\widehat{G} = 55°$. Calculer FG.
On connaît EF côté opposé à G et on cherche FG côté adjacent à $\widehat{G}$. On utilise donc la tangente de l'angle $\widehat{G}$.

$\tan \widehat{G} = \dfrac{EF}{FG}$, d'où $\tan 55° = \dfrac{8}{FG}$, d'où $\tan 55° \times FG = 8$ et $FG = \dfrac{8}{\tan 55°}$.

La calculatrice donne $FG \approx 5{,}6$ cm ([8] [÷] [55] [TAN] [=]).

Calculer des angles

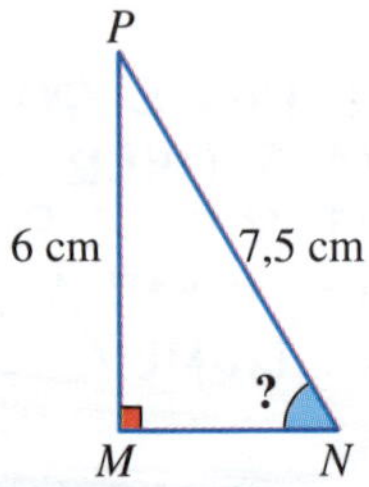

MNP est un triangle rectangle en M tel que $PM = 6$ cm et $PN = 7{,}5$ cm.
Calculer la mesure de l'angle $\widehat{N}$.
On connaît le côté opposé à $\widehat{N}$ et l'hypoténuse : on pense donc au sinus de $\widehat{N}$.

$\sin \widehat{N} = \dfrac{PM}{PN} = \dfrac{6}{7.5}$

La calculatrice donne $\widehat{N} \approx 53°$ ([6] [÷] [7,5] [=] [2nd] [SIN]).

Faire

1 Dans chaque cas, répondre en donnant le résultat sous forme décimale avec deux chiffres après la virgule :

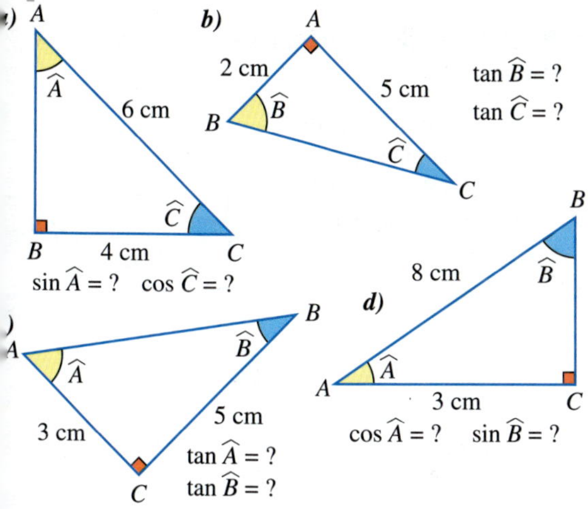

2

a) Déterminer la mesure de l'angle $\widehat{O}$ à 1° près sachant que $\sin \widehat{O} \approx 0{,}643$.
b) En déduire la mesure de la longueur OL (à 1 mm près) sachant que $OB = 7$ cm ; ainsi que la mesure de la longueur BL.
c) Construire le triangle BOL en vraie grandeur et vérifier vos mesures.

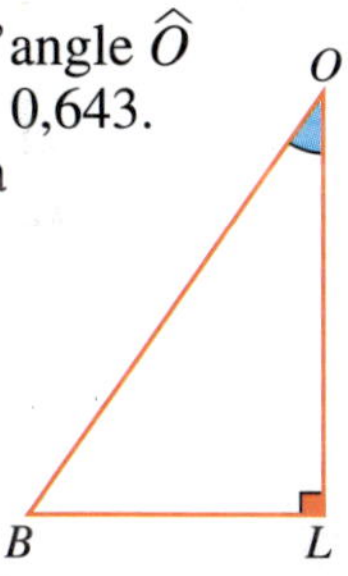

3

a) ASC est un triangle rectangle en S $AC = 8$ cm et $AS = 5$ cm.
Déterminer $\cos \widehat{A}$.
En déduire une valeur approchée de $\widehat{A}$ à 1° près ; en déduire une valeur approchée de $\widehat{C}$; puis de $\cos \widehat{C}$ à la calculatrice (à 1 centième près) ; puis utiliser ce dernier résultat pour obtenir une valeur approchée de la longueur SC.
b) Calculer directement SC à partir de AC et AS en utilisant la propriété de Pythagore. Comparer les résultats obtenus.

4 Chercher les bonnes réponses

Compléter cette démonstration, prouvant une des propriétés contenues dans le SAVOIR.
ABC étant un triangle rectangle en C.

$\sin \widehat{A} = \dfrac{\dots}{\dots}$, donc $\sin^2 \widehat{A} = \left(\dfrac{\dots}{\dots}\right)^2$

$= \dfrac{\dots^2}{\dots^2}$

$\cos \widehat{A} = \dfrac{\dots}{\dots}$, donc $\cos^2 \widehat{A} = \left(\dfrac{\dots}{\dots}\right)^2$

$= \dots$

d'où $\sin^2 \widehat{A} + \cos^2 \widehat{A} = \dfrac{\dots}{\dots} + \dfrac{\dots}{\dots}$

$= \dfrac{\dots + \dots}{\dots}$

or ABC est un triangle rectangle, donc d'après la propriété de Pythagore,

....

donc $\sin^2 \widehat{A} + \cos^2 \widehat{A} = \dfrac{\dots\dots}{\dots\dots}$

$= \dots\dots\dots\dots$

5

a) Combien mesure l'angle aigu $\widehat{A}$ si son cosinus est égal à 0,6 ?
b) Combien mesure le sinus de l'angle aigu $\widehat{B}$ si son cosinus est égal à 0,707 ?
c) Peut-on dessiner un angle $\widehat{C}$ tel que $\cos \widehat{C} = \sin \widehat{C} = \dfrac{1}{2}$?
d) Déterminer la valeur de l'angle aigu $\widehat{D}$ tel que $\cos \widehat{D} = \sin \widehat{DOML}$

6 Aire et périmètre

$BB' = 4$ cm ; $\widehat{b_1} = 20°$ et $\widehat{b_2} = 40°$.
Calculer l'aire et le périmètre, à 0,01 près, du triangle ABC.

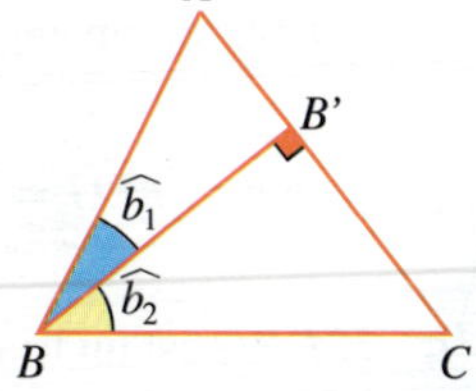

11 ANGLES INSCRITS

Savoir

1 Vocabulaire

Dans le cercle de centre O, $\widehat{AMB}$ est un **angle inscrit** : il est formé par deux cordes issues d'un même point du cercle.

$\widehat{AMB}$ intercepte le petit **arc** $\overset{\frown}{AB}$, **$\widehat{AOB}$** est l'**angle au centre** qui intercepte le même petit arc $\overset{\frown}{AB}$.

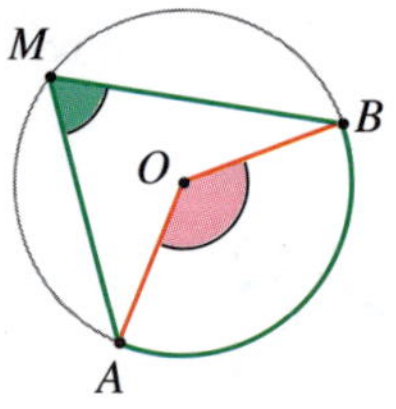

$\widehat{AMB}$ intercepte le grand **arc** $\overset{\frown}{AB}$, **$\widehat{AOB}$** est l'**angle au centre** qui intercepte le même grand arc $\overset{\frown}{AB}$.

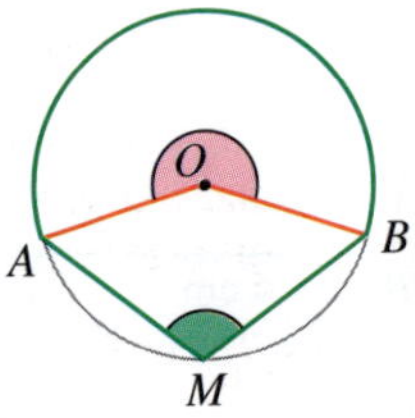

2 Propriétés

- La mesure d'un angle inscrit est égale à la moitié de la mesure de l'angle au centre qui intercepte le **même** arc.

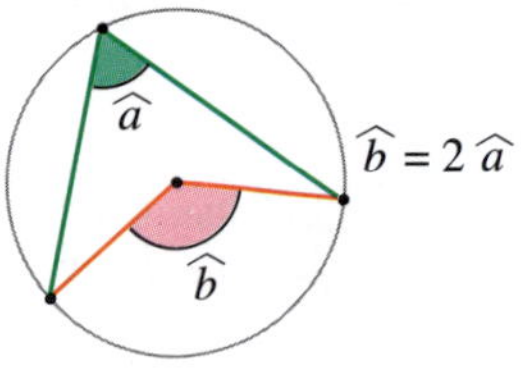

- Deux angles inscrits interceptant le **même** arc ont la même mesure.

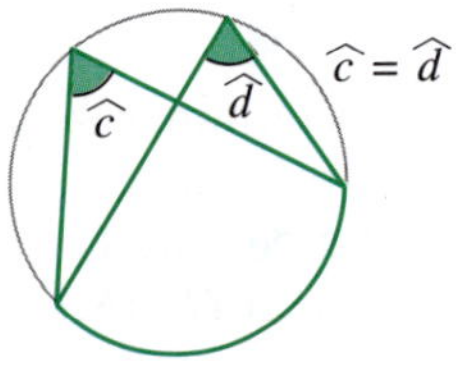

Savoir faire

Comparer les angles

Tracer un cercle $\mathscr{C}$ et un triangle ABC dont les sommets appartiennent à $\mathscr{C}$. La bissectrice de l'angle $\widehat{BAC}$ coupe l'arc $\overset{\frown}{BC}$ en I. Démontrer qui le triangle BIC est isocèle en I.

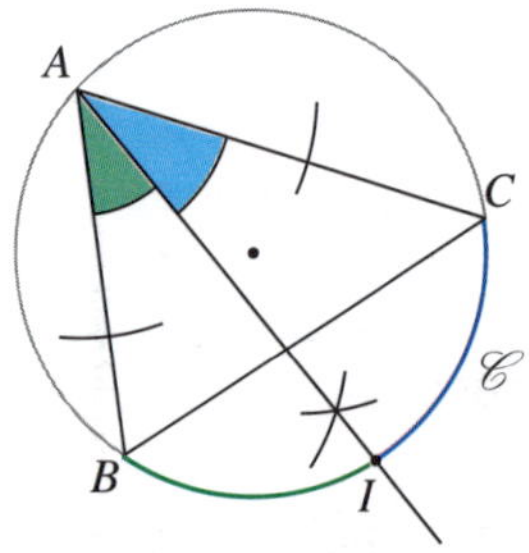

$\widehat{CBI}$ est un angle inscrit dans $\mathscr{C}$ qui intercepte l'arc $\overset{\frown}{IC}$
$\widehat{IAC}$ est un angle inscrit dans $\mathscr{C}$ qui intercepte l'arc $\overset{\frown}{IC}$
} donc $\widehat{CBI} = \widehat{IAC}$ (propriété 2)

De même, les angles inscrits $\widehat{BCI}$ et $\widehat{BAI}$ interceptent le même arc $\overset{\frown}{BI}$, donc $\widehat{BCI} = \widehat{BAI}$

Or la droite (AI) est bissectrice de l'angle $\widehat{BAC}$, donc $\widehat{IAC} = \widehat{BAI}$.
D'où $\widehat{CBI} = \widehat{BCI}$ et le triangle BIC est isocèle de sommet I.

Calculer la mesure d'un angle

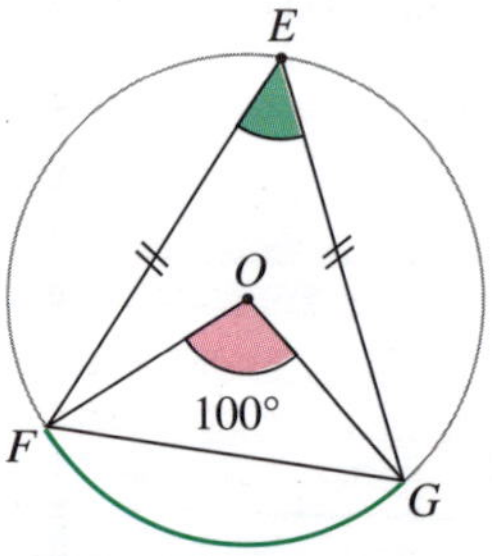

Calculer la mesure des angles du triangle EFG ci-contre :
$\widehat{FEG}$ est un angle inscrit qui intercepte le même arc $\overset{\frown}{FG}$ que l'angle au centre $\widehat{FOG}$,

donc $\widehat{FEG} = \dfrac{\widehat{FOG}}{2} = \dfrac{100°}{2} = 50°$.

> **RAPPEL**
> La somme des angles d'un triangle vaut **180°**.

FEG est un triangle isocèle en E, donc $\widehat{EFG} = \widehat{EGF} = \dfrac{180° - 50°}{2} = 65°$.

Faire

1 ABC est un triangle rectangle isocèle en B.
a) Faire une figure.
b) Soit I le milieu de $[AC]$.
Déterminer une mesure des angles $\widehat{AIB}$ et $\widehat{BIC}$.

2 ABC est un triangle tel que
$\widehat{BAC} = 30°$; $AB = 5$ cm et $\widehat{ABC} = 80°$.
a) Faire une figure.
b) Soit O le centre du cercle circonscrit au triangle ABC.
Déterminer une mesure de l'angle $\widehat{BOC}$. Quelle est la nature du triangle OBC ? Déterminer une mesure des angles $\widehat{AOC}$ et $\widehat{AOB}$.

3 PAT est un triangle équilatéral dont l'intersection des médiatrices est I. M est un point de son cercle circonscrit, situé sur l'arc $\widehat{PT}$ ne contenant pas A.
Calculer les mesures des angles $\widehat{AMT}$, $\widehat{AMC}$ et $\widehat{PMT}$ $\widehat{OML}$

4 $[AB]$ et $[CD]$ sont des diamètres du cercle. Prouver que $\widehat{AMC} = \widehat{BND}$.

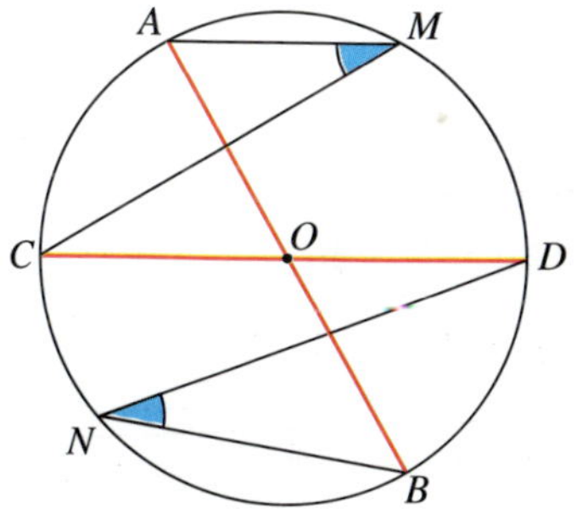

5 Sur un cercle de centre O, placer deux points A et B tels que la droite (OA) soit perpendiculaire à (OB).

Calculer l'angle $\widehat{AMB}$ lorsque M est un point du petit arc $\widehat{AB}$.

6 En justifiant la réponse, prouver que les angles $\widehat{MON}$ et $\widehat{N'O'M'}$ ont même mesure.

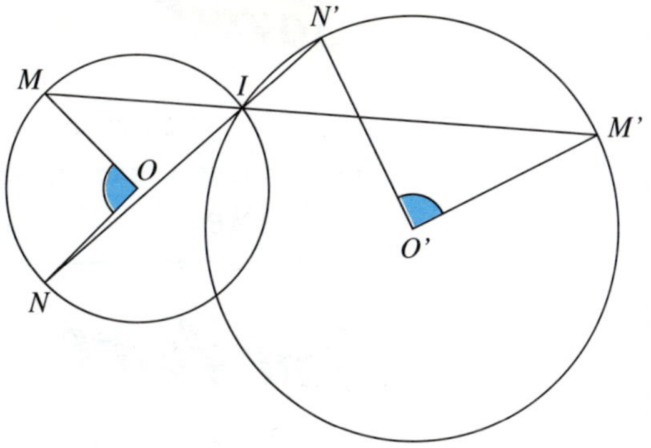

7 La distance AB est égale au rayon du cercle $\mathscr{C}$.
Calculer la mesure en degrés des angles $\widehat{AMB}$ et $\widehat{ANB}$.

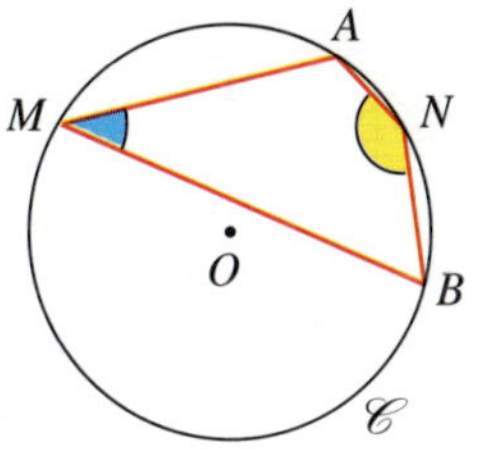

8 Tracer un cercle $\mathscr{C}$ de centre O.
a) Placer les points A, B, C, D sur le cercle $\mathscr{C}$ sachant que $\widehat{ADC} = 70°$; $\widehat{DCB} = 80°$ et que $ADCB$ est un quadrilatère non croisé.
b) Calculer la mesure en degrés des angles $\widehat{DAB}$ et $\widehat{ABC}$.

9 ABC est un triangle équilatéral inscrit dans un cercle de centre O et de rayon 3 cm.
M est un point de l'arc $\widehat{BC}$ ne contenant pas A ; et M est plus près de B que de C. Le point D est tel que les points B, M et D sont alignés dans cet ordre et $MD = MC$.
a) Faire une figure.
b) Déterminer une mesure de l'angle $\widehat{BOC}$ et une mesure de l'angle $\widehat{BMC}$.
c) Prouver que MCD est un triangle équilatéral.

12 DISTANCE DE DEUX POINTS

Savoir

Si $A\ (x_A ; y_A)$ et $B\ (x_B ; y_B)$ sont deux points d'un plan muni d'un repère **orthonormal** (axes perpendiculaires et même unité sur les deux axes), **alors** $AB = \sqrt{(x_B - x_A)^2 + (y_B - y_A)^2}$.

Savoir faire

Rechercher la nature d'un triangle

Le plan est muni d'un repère orthonormal (unité : le demi-centimètre). Placer les points $A\,(6 ; 5)$, $B\,(2 ; -3)$ et $C\,(-4 ; 0)$. Quelle est la nature du triangle ABC ?

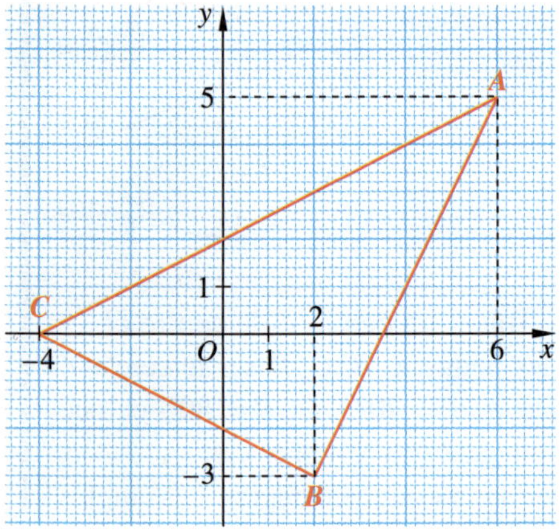

1 On fait une **figure**.
2 On **conjecture** : le triangle ABC semble rectangle en B.
3 On **démontre** :

$AB^2 = (2-6)^2 + (-3-5)^2 = (-4)^2 + (-8)^2 = 16 + 64 = 80$
$BC^2 = (-4-2)^2 + (0+3)^2 = (-6)^2 + 3^2 = 36 + 9 = 45$
$AC^2 = (-4-6)^2 + (0-5)^2 = (-10)^2 + (-5)^2 = 100 + 25 = 125$

On a $AB^2 + BC^2 = 125 = AC^2$, donc d'après la réciproque du théorème de Pythagore, **le triangle *ABC* est rectangle en *B*.**

Remarque : dans ce cas, on s'est servi du **carré** des distances.

Calculer un périmètre, une aire

Calculer le périmètre p et l'aire $\mathscr{A}$ du triangle ci-dessus.

$p = AB + BC + AC$ et $\mathscr{A} = \dfrac{AB \times BC}{2}$

$AB^2 = 80$, donc $AB = \sqrt{80} = \sqrt{16 \times 5} = 4\sqrt{5}$

$BC^2 = 45$, donc $BC = \sqrt{45} = \sqrt{9 \times 5} = 3\sqrt{5}$

$AC^2 = 125$, donc $AC = \sqrt{125} = \sqrt{25 \times 5} = 5\sqrt{5}$.

$p = 4\sqrt{5} + 3\sqrt{5} + 5\sqrt{5}$
$p = 12\sqrt{5}$

$\mathscr{A} = \dfrac{4\sqrt{5} \times 3\sqrt{5}}{2} = 2 \times 3 \times \overbrace{\sqrt{5} \times \sqrt{5}}^{5}$
$\mathscr{A} = 30$

L'unité de longueur est $\dfrac{1}{2}$ cm, d'où $p = 6\sqrt{5}$ cm soit $p \approx 13{,}4$ cm.

L'unité d'aire est $\dfrac{1}{4}\ \text{cm}^2$, d'où $\mathscr{A} = \dfrac{30}{4}\ \text{cm}^2$ soit $\mathscr{A} = 7{,}5\ \text{cm}^2$.

Faire

Dans tous les exercices, l'unité est le 1/2 centimètre

1 Dans un repère orthonormal, placer les points *A*, *B*, *C*, *D* définis par :
$A(1;3)$; $B(3;-1)$; $C(7;1)$; $D(-3;0)$.

a) Déterminer AB^2, BC^2 et AC^2.
ABC est-il rectangle ?
b) *ABD* est-il rectangle ?
c) Quelle est la nature exacte du triangle *ABC* ?
d) *ACBD* est-il un parallèlogramme ? (Justifier la réponse.)

2 Dans un repère orthonormal, placer les points $T(-2;3)$ et $C(1;-2)$.

a) Déterminer l'ordonnée du point *I* d'abscisse 11 tel que *TIC* soit un triangle rectangle en *C*.
b) Déterminer l'abscisse du point *A* d'ordonnée -1 tel que *TAC* soit un triangle rectangle en *T*.

3 Dans un repère orthonormal, placer les points $P(-4;4)$, $L(6;4)$, $O(1;-6)$, $C(-8;-3)$ et $M(-2;0)$.

a) Prouver que *PMC* et *OMC* sont des triangles rectangles. En déduire que les points *P*, *M* et *O* sont alignés.
b) Prouver de la même façon que les points *C*, *M* et *L* sont alignés.
c) En déduire que (*PO*) est perpendiculaire à (*CL*). *PLOC* est-il un losange ? (Justifier la réponsc.)

4 Dans un repère orthonormal, on donne les points $P(2;4)$, $I(6;-2)$, $F(-4;0)$.

Déterminer l'aire et le périmètre du triangle *PIF*. On donnera les valeurs exactes.

5 **a)** Dans un repère orthonormal, placer les points $P(0;4)$, $L(5;3)$, $A(6;-5)$, $F(-4;-3)$.
b) Tracer les segments [*PA*] et [*LF*] ;
lire les coordonnées du point *E* intersection des segments [*PA*] et [*LF*].
c) À l'aide de ces valeurs, montrer que $PE + EA = PA$ et $FE + EL = FL$.
d) Prouver que [*FE*] est une hauteur dans *PFA* et [*EL*] une hauteur dans *PLA*.
e) Calculer l'aire du quadrilatère *PLAF*.

6 Placer dans un repère orthonormal les points suivants $A(-3;1)$, $L(3;3)$, $I(5;1)$, $C(3;-5)$, $E(-1;-5)$.

a) Déterminer les coordonnées du milieu *K* du segment [*LE*].
b) Prouver que les points *A*, *L*, *I*, *C* et *E* sont situés sur un même cercle de centre *K*. Quelle est la mesure du rayon de ce cercle ?

13 ÉQUATIONS DE DROITES

Savoir

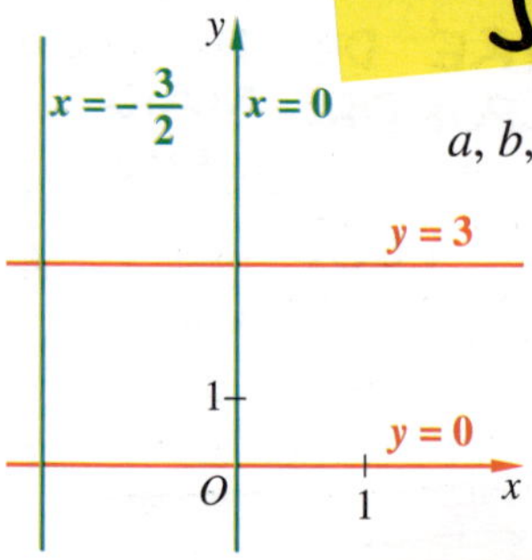

Cas particuliers

a, b, k sont des nombres.

- Toute droite non parallèle à l'axe des ordonnées admet une équation de la forme $\quad \boldsymbol{y = ax + b}$.
a est appelé **coefficient directeur** de la droite.
- Toute droite parallèle à l'axe des ordonnées admet une équation de la forme $\quad \boldsymbol{x = k}$.
Une telle droite n'a pas de coefficient directeur.

Savoir faire

Tracer une droite donnée par son équation

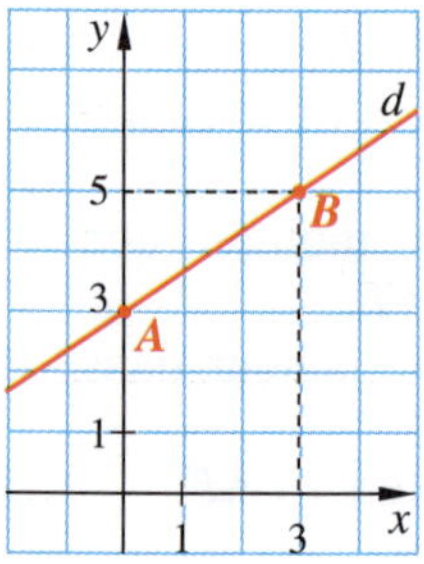

Tracer la droite d d'équation $\quad y = \frac{2}{3}x + 3$.

On détermine deux points de d en choisissant une abscisse (x) et en calculant l'ordonnée (y) correspondante.

si $\quad x = 0$, alors $\quad y = \frac{2}{3} \times 0 + 3 = 3$ donc $A\,(0\,;3)$ est un point de d

si $\quad x = 3$, alors $\quad y = \frac{2}{3} \times 3 + 3 = 5$ donc $B\,(3\,;5)$ est un point de d

d est la droite (AB).

(Ce choix pour x conduit à des calculs simples.)

Tracer une droite donnée par son coefficient directeur et un point

Tracer la droite d de coefficient directeur – 3 et passant par A (0,5 ; 2).

D'abord on place A, puis :

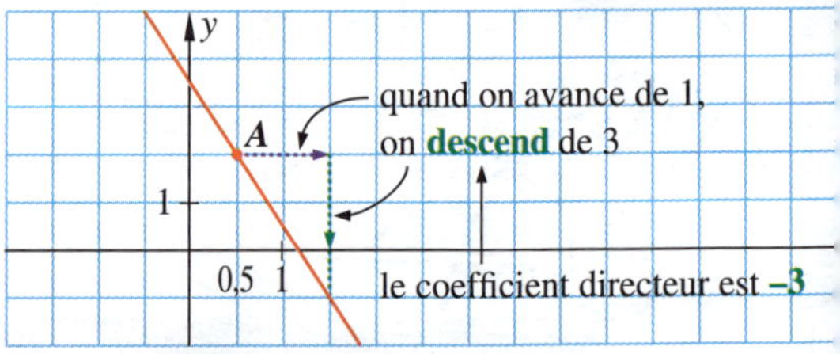

Trouver l'équation d'une droite définie par deux points

1 Trouver l'équation de la droite passant par $\quad A\,(\mathbf{-1}\,;2)$ et $B\,(\mathbf{-1}\,;18)$.
facile ! ... on a $\quad x_A = x_B = -1$: l'équation de la droite (AB) est donc $x = -1$.

2 Trouver l'équation de la droite passant par $C\,(2\,;1)$ et $D\,(-3, 11)$.
$x_C \neq x_D$, donc (CD) n'est pas parallèle à l'axe des ordonnées et admet une équation de la forme $y = ax + b$. Les coordonnées de C et D vérifiant cette équation, on a :

$$\begin{cases} 1 = 2a + b \ \textbf{(1)} \\ 11 = -3a + b \ \textbf{(2)} \end{cases}$$

En soustrayant membre à membre les deux égalités, b disparaît :
$1 - 11 = (2a + b) - (-3a + b)$
on trouve $-10 = 5a$, soit $a = -2$.
En remplaçant a par -2 dans **(1)**, on obtient : $\quad 1 = -4 + b$ soit $b = 5$.
La droite (*CD*) a pour équation $\boldsymbol{y = -2x + 5}$.

Faire

1 Déterminer le coefficient directeur des droites suivantes en réduisant au préalable leur équation :

d_1 $y = 2x - 3(x+1)$;

d_2 $y = x + \frac{x}{2} + \frac{x}{3}$;

d_3 $5x + 2y = 3$;

d_4 $y = 3(x-2) - x$.

2 Les équations suivantes peuvent-elles être des équations de droites ?
Pour répondre à cette question, déterminer si possible les nombres a et b tels que $y = ax + b$; ou le nombre k tel que $x = k$:

a) $5x + 2y = \frac{3x}{2} - y$;

b) $3(x+y) + 2 = y + 2(2x+y) - 1$;

c) $2x(y+2x) = 5$;

d) $5(2+x) = y(2+y)$.

3 Dans un repère orthonormal d'unité 1 cm, tracer les droites (D_1), (D_2), (D_3), et (D_4) d'équations :

(D_1) $y = 2x - 3$;

(D_2) $y = -x + 2$;

(D_3) $x = -3$;

(D_4) $y = 3$.

Quelles sont les coordonnées des points :
A intersection de (D_3) et (D_4), B intersection de (D_3) et (D_1), C intersection de (D_4) et (D_2), D intersection de (D_1) et (D_2) ?
(Justifier les réponses.)

4 Dans un repère orthonormal d'unité 1 cm, et sans déterminer leurs équations, tracer :

- la droite passant par $A(2 ; -2)$ et $C(1 ; 3)$;
- la droite passant par $B(-1 ; 3)$ et de coefficient directeur 2.

5 **a)** Déterminer l'équation de la droite (AB) et l'équation de la droite (AC) sachant que $A(1 ; -3)$, $B(3 ; 0)$ et $C(-1 ; 2)$.

b) Représenter ces droites dans un repère. Placer dans ce repère les points $D(7 ; 6)$ et $E(-2 ; 5)$.

c) Ces points semblent-ils appartenir à l'une ou l'autre des droites précédentes ?
Vérifier cette conjecture par le calcul.

6 En observant le dessin suivant et sans calcul, rendre à chaque droite son équation :

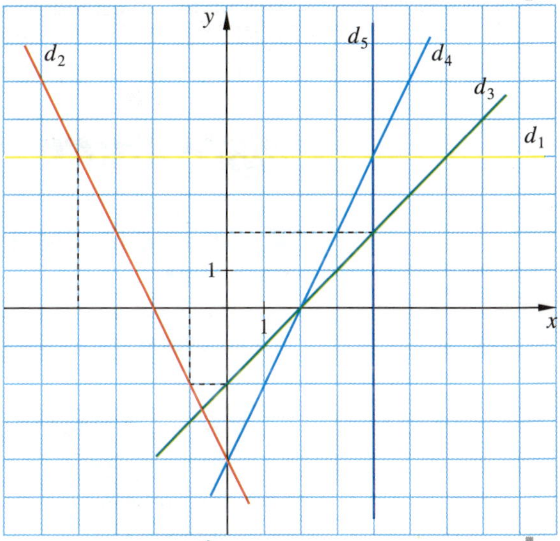

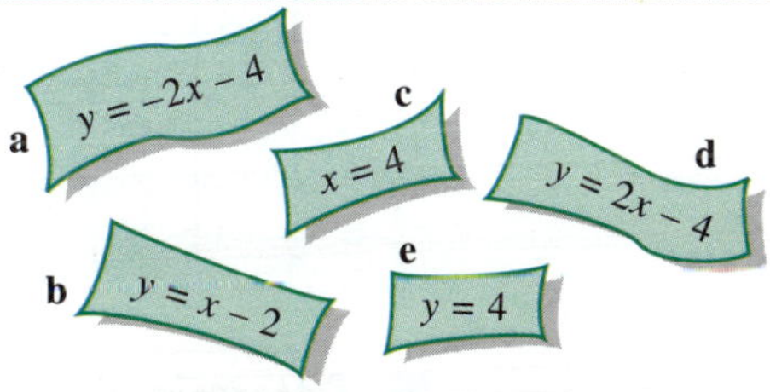

14 PARALLÉLISME ET ORTHOGONALITÉ

Savoir

1 Droites parallèles dans un repère quelconque

d et *d'* sont deux droites d'équations respectives $y = ax + b$ et $y = a'x + b'$.
- **Si** $a = a'$, **alors** *d* et *d'* sont parallèles.
- **Si** *d* et *d'* sont parallèles, **alors** $a = a'$.

2 Droites perpendiculaires dans un repère orthonormal

d et *d'* sont deux droites d'équations respectives $y = ax + b$ et $y = a'x + b'$ dans un repère orthonormal.
- **Si** $aa' = -1$, **alors** *d* et *d'* sont perpendiculaires.
- **Si** *d* et *d'* sont perpendiculaires, **alors** $aa' = -1$.

Savoir faire

Reconnaître des droites parallèles

d et *d'* ont même coefficient directeur 2, donc elles sont parallèles (Prop. 1).

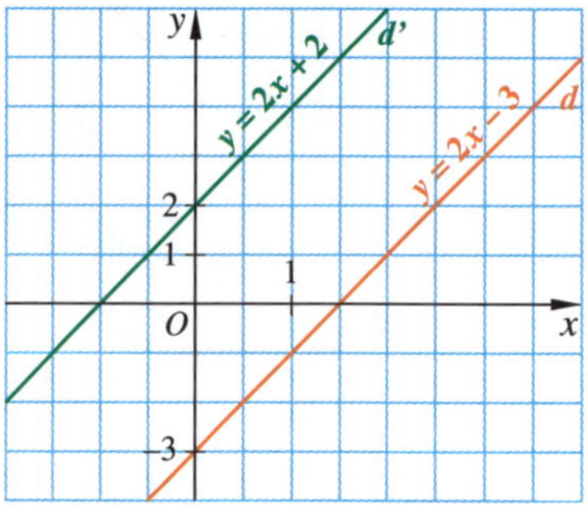

Reconnaître des droites perpendiculaires

Le produit des coefficients directeurs est $-3 \times \frac{1}{3} = -1$, donc *d* et *d'* sont perpendiculaires (Prop. 2).

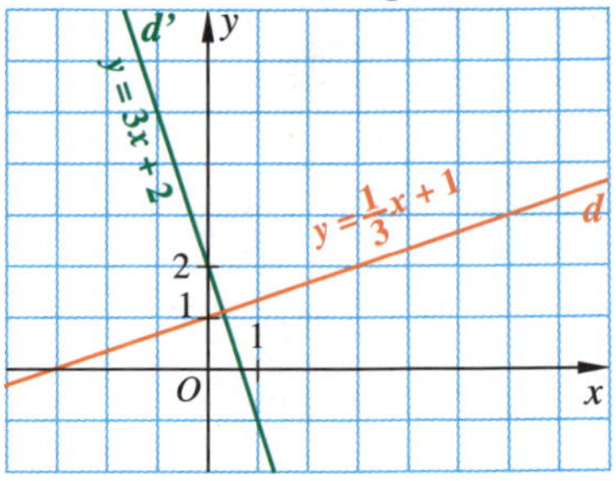

Déterminer des équations de droites

1. Déterminer l'équation de la droite *d* passant par $A\,(-2\,;5)$ et parallèle à la droite *d'* d'équation $y = 3x - 4$.
d étant parallèle à *d'*, son coefficient directeur est 3 (*Propriété 1*), donc son équation est de la forme $y = 3x + b$.
A étant sur *d*, on a $5 = 3 \times (-2) + b$
d'où $5 = -6 + b$ et $b = 11$.

L'équation de *d* est $y = 3x + 11$

2. Déterminer l'équation de la droite *d* passant par $A\,(7\,;2)$ et perpendiculaire à la droite *d'* d'équation $y = -2x + 1$.
Comme *d* est perpendiculaire à *d'*, son coefficient directeur *a* vérifie $a \times (-2) = -1$ (*Propriété 2*) d'où $a = \frac{1}{2}$. L'équation de *d* est de la forme $y = \frac{1}{2}x + b$.
Comme *A* est sur *d*, on a $2 = \frac{1}{2} \times 7 + b$
d'où $b = 2 - \frac{7}{2} = \frac{-3}{2}$.

L'équation de *d* est $y = \frac{1}{2}x - \frac{3}{2}$

Faire

1 Dans un repère orthonormal d'unité 0,5 cm, placer les points :
$A(-6\,;5)$, $B(-3\,;0)$, $C(3\,;0)$, $D(6\,;-5)$, $E(4\,;9)$, $F(8\,;3)$.

a) Les droites (AB), (CD) et (EF) semblent-elles parallèles ?
b) Déterminer les équations de ces trois droites et vérifier cette affirmation.

2 Dans un repère orthonormal d'unité 0,5 cm, placer les points :
$A(0\,;3)$, $B(5\,;0)$, $C(3\,;9)$ et $D(2\,;-5)$.

a) Les droites (AC) et (BD) semblent-elles perpendiculaires à la droite (AB) ?
b) Déterminer les équations de ces trois droites et vérifier cette affirmation.

3 Quelle est la forme générale de l'équation d'une droite parallèle à la droite d'équation $x = 3$? et la forme générale de l'équation d'une droite perpendiculaire à celle-ci ?

4 **a)** Déterminer l'équation de la droite d_1 parallèle à la droite d d'équation $y = 3x - 2$ et passant par le point $A(-4\,;2)$.
b) Déterminer l'équation de la droite d_2 perpendiculaire à la droite d et passant aussi par le point A.

5 d_1 et d_2 sont deux droites perpendiculaires, sécantes au point $K(-3;\ 2)$. d_1 passe par le point $P(2\,;3)$.

Quelle est l'équation de d_2 ?

6 Quelles conditions doivent vérifier les coordonnées $(a\ ;\ b)$ du point P pour que $TUPS$ soit un trapèze de bases $[ST]$ et $[PU]$ sachant que $S(-3\,;-2)$, $T(1\,;-3)$ et $U(2\,;5)$?

7 Dans un repère orthonormal, on considère les points $T(-1\,;1)$ et $U(0\,;-3)$.

a) Sur quelle droite doit-on choisir les points R et C pour que $TRUC$ soit un losange ?

b) Vérifier que le point $R\left(\frac{3}{2}\,;\frac{-1}{2}\right)$ satisfait à cette condition ; puis déterminer les coordonnées du point C correspondant.

8 Rendre à chaque droite sa perpendiculaire :

d_1	$y = -x - 1\,;$	d'_1	$y = -2x - 2\,;$
d_2	$y = 0{,}5x + 4\,;$	d'_2	$y = 2x - 1\,;$
d_3	$y = 2x + 3\,;$	d'_3	$y = x + 2\,;$
d_4	$y = -0{,}5x + 1\,;$	d'_4	$y = -0{,}5x - 4.$

9 On considère le triangle ABC dont les sommets, dans un repère orthonormal, ont pour coordonnées $A(3\,;5)$, $B(-5\,;-5)$, $C(5\,;-5)$.

a) Faire une figure (unité : 1 cm).
b) Déterminer les équations des trois hauteurs h_A, h_B et h_C du triangle ABC et calculer les coordonnées de l'orthocentre H de ce triangle.
c) Déterminer les coordonnées des milieux A' de $[BC]$, B' de $[AC]$ et C' de $[AB]$; puis les équations des trois médiatrices $d_{A'}$, $d_{B'}$ et $d_{C'}$ du triangle ABC ; calculer les coordonnées du centre du cercle circonscrit T de ce triangle
d) Déterminer les équations des trois médianes (AA'), (BB') et (CC') du triangle ABC ; calculer les coordonnées du centre de gravité G de ce triangle.
e) Prouver que les points H, T et G sont alignés.

15 RÉSOLUTIONS GRAPHIQUES

Savoir faire

Résoudre graphiquement un système de deux équations du premier degré à deux inconnues

Pour résoudre graphiquement le système $\begin{cases} -4x + y = 5 & \textbf{(1)} \\ 2x - 3y = 4 & \textbf{(2)} \end{cases}$

1 On écrit, si possible, chacune des deux équations sous la forme $y = \dots x + \dots$ (équations de droites).

(1) est équivalente à $y = 4x + 5$

(2) est équivalente à $3y = 2x - 4$ soit $y = \frac{2}{3}x - \frac{4}{3}$.

2 On trace, dans un même repère, la droite d_1 d'équation $y = 4x + 5$ et la droite d_2 d'équation $y = \frac{2}{3}x - \frac{4}{3}$.

En effet, les couples $(x\,;\,y)$ solutions de l'équation **(1)** sont représentés par la droite d'équation $y = 4x + 5$ et les couples $(x\,;\,y)$ solutions de l'équation **(2)** sont représentés par la droite d'équation $y = \frac{2}{3}x - \frac{4}{3}$.

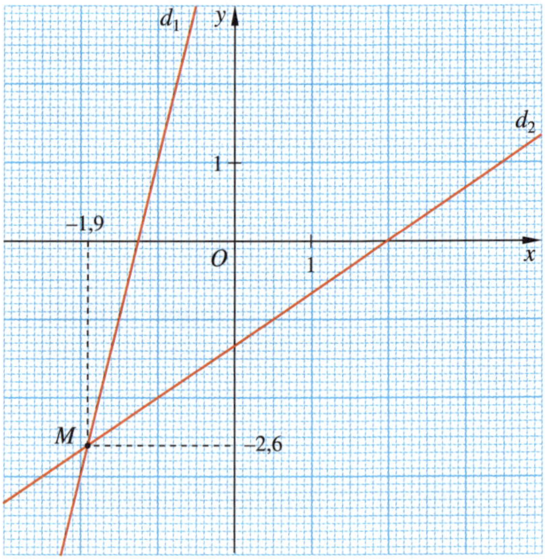

3 On lit sur le graphique les coordonnées du point M intersection des droites d_1 et d_2.

En effet, le couple de coordonnées $(x\,;\,y)$ de ce point M vérifie à la fois les deux équations du système.

Sur le graphique, il **semble** que la solution du système soit le couple $(-1{,}9\,;\,-2{,}6)$.

Attention ! Cette solution lue sur un graphique est souvent une approximation.

4 On vérifie

En remplaçant x par $-1{,}9$ et y par $-2{,}6$ dans les équations **(1)** et **(2)** :

$-4 \times (-1{,}9) + (-2{,}6) = 7{,}6 - 2{,}6 = 5$

$2 \times (-1{,}9) - 3 \times (-2{,}6) = -3{,}8 + 7{,}8 = 4$

Donc le couple $(-1{,}9\,;\,-2{,}6)$ est effectivement solution du système.

Faire

1 Résoudre graphiquement les systèmes et vérifier les solutions par le calcul (repère : unité 1 cm).

(A) $\begin{cases} 3x + 2y = 4 \\ x - y = 2 \end{cases}$

(B) $\begin{cases} 8x - 2y = -3 \\ y = 3 - 2x \end{cases}$

(C) $\begin{cases} 3x + 4y = 25 \\ 7 - x - y = 0. \end{cases}$

2 Tracer les droites d_1 et d_2 dans un repère orthonormal (unité : 1 cm).

d_1 : $y = -2x + 3$ d_2 : $6x + 3y = 7$.

Que peut-on constater ? Vérifier cette conjecture en donnant les coefficients directeurs de d_1 et d_2.
Qu'en détuit-on pour le système d'équations

(S) $\begin{cases} y = -2x + 3 \\ 6x + 3y = 7 \end{cases}$

3 Au cinéma

Le cinéma « Le Palace » propose deux types de tarifs :
Tarif A : 45 F la séance.
Tarif B : achat d'une carte annuelle à 450 F ; puis 30 F la séance.
Soit x le nombre de séances auxquelles Romain compte assister dans l'année ; et y le prix en francs qu'il paiera.

a) Compléter le tableau :

x	12	24	52	70
Tarif A : y				
Tarif B : y				

b) Déterminer le nombre a tel que $y = ax$ avec le tarif A.
c) Déterminer les nombres m et p tels que $y = mx + p$ avec le tarif B.
d) Dans un repère orthonormal (1 cm pour 5 unités sur l'axe des abscisses, 1 cm pour 100 unités sur l'axe des ordonnées), tracer les droites :
d_1: $y = ax$ et d_2: $y = mx + p$.
e) À quoi correspondent les coordonnées du point d'intersection de d_1 et d_2 ? À partir de combien de séances est-il plus intéressant d'acheter la carte annuelle ?

4 **a)** Exprimer en fonction de c le périmètre P_1 d'un carré de côté c.
b) Exprimer, en fonction de a, le périmètre P_2 d'un triangle isocèle dont la base mesure 8 cm et les côtés de même longueur mesurent a cm.
c) Résoudre graphiquement le système :

(S) $\begin{cases} y = 4x \\ y = 2x + 8. \end{cases}$

d) Quelle relation y a-t-il entre la question **c)** et les questions **a)** et **b)** ? À quoi correspond le couple de solutions du système (S) ?

5 Paris-Marseille

Une 2 CV part de Paris à midi sur l'autoroute Paris-Lyon-Marseille. Elle roule à 90 km/h.
Une Ferrari fait le même trajet ; mais part à 14 h de Paris, et roule à 150 km/h (contrairement à la loi en vigueur !).
On note d la distance parcourue par une voiture et t le temps écoulé depuis midi.

a) Exprimer d en fonction de t pour la 2 CV; puis pour la Ferrari.
b) Résoudre graphiquement le système :

(S) $\begin{cases} y = 90x \\ y = 150x - 300. \end{cases}$

c) La Ferrari double la 2 CV 50 km après Lyon. Quelle est la distance Paris-Lyon par autoroute ?

16 VECTEURS

Savoir

1 Égalité vectorielle

Le contenu de chacun des cadres a la même signification.

$\overrightarrow{AB} = \overrightarrow{CD}$	$(AB) // (CD)$ $[AB)$ et $[CD)$ de même sens $AB = CD$	$ABDC$ est un parallélogramme.	D est l'image de C par la translation de vecteur $\overrightarrow{AB}$.

2 Addition vectorielle

- **Relation de Chasles**

Pour tous points A, B, C du plan on a, $\overrightarrow{AB} + \overrightarrow{BC} = \overrightarrow{AC}$.

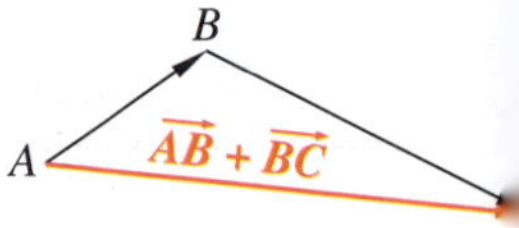

- **Diagonale du parallélogramme**

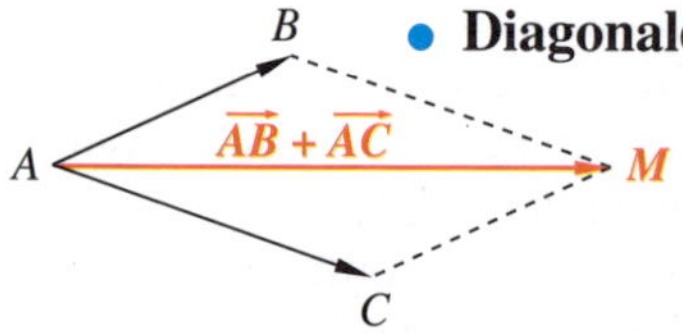

La somme des vecteurs $\overrightarrow{AB}$ et $\overrightarrow{AC}$ est le vecteur $\overrightarrow{AM}$ tel que $ABMC$ est un parallélogramme.

Remarque : pour tout point A, le vecteur $\overrightarrow{AA}$ est le vecteur nul, on le note $\overrightarrow{0}$.

Savoir faire

Construire la somme de deux vecteurs

A, B, C, D et O étant des points, construire le point E tel que $\overrightarrow{OE} = \overrightarrow{AB} + \overrightarrow{CD}$.

1. Avec la relation de Chasles
(on met les vecteurs « bout à bout »)

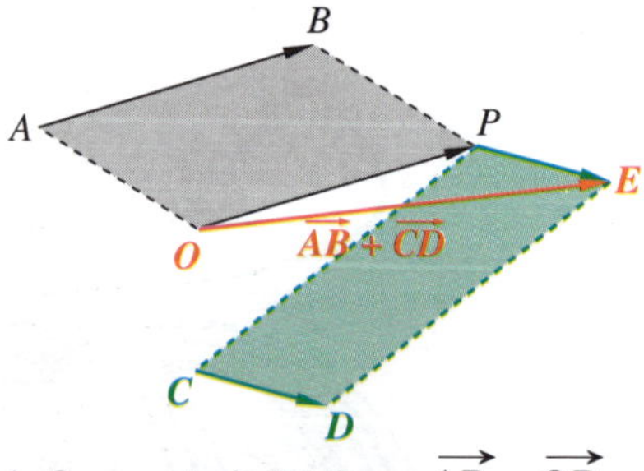

1. On construit P tel que $\overrightarrow{AB} = \overrightarrow{OP}$ ($ABPO$ parallélogramme).

2. On construit $\boldsymbol{E}$ tel que $\overrightarrow{\boldsymbol{CD}} = \overrightarrow{\boldsymbol{PE}}$ (***CDEP*** parallélogramme).

$\overrightarrow{AB} + \overrightarrow{\boldsymbol{CD}} = \overrightarrow{OP} + \overrightarrow{\boldsymbol{PE}} = \overrightarrow{\boldsymbol{OE}}$

2. Avec la diagonale du parallélogramme

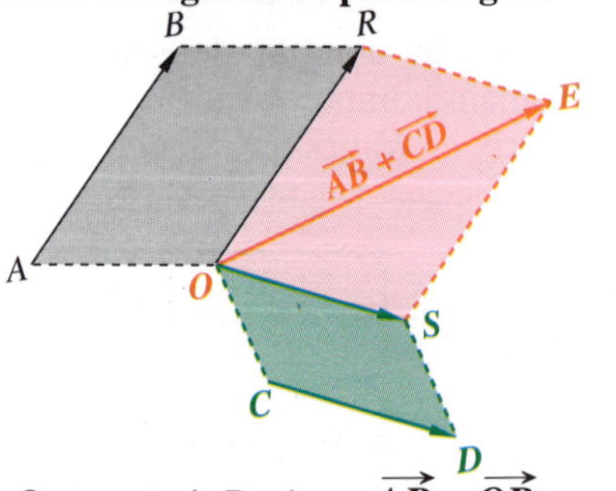

1. On construit $\boldsymbol{R}$ tel que $\overrightarrow{\boldsymbol{AB}} = \overrightarrow{\boldsymbol{OR}}$
2. On construit $\boldsymbol{S}$ tel que $\overrightarrow{\boldsymbol{CD}} = \overrightarrow{\boldsymbol{OS}}$
3. On construit $\boldsymbol{E}$ tel que $\overrightarrow{OE} = \overrightarrow{OR} + \overrightarrow{OS}$.

$\qquad\qquad\qquad\qquad\uparrow\qquad\uparrow$
$\qquad\qquad\qquad\quad\ \overrightarrow{\boldsymbol{AB}}\quad \overrightarrow{\boldsymbol{CD}}$

Traduire une égalité vectorielle

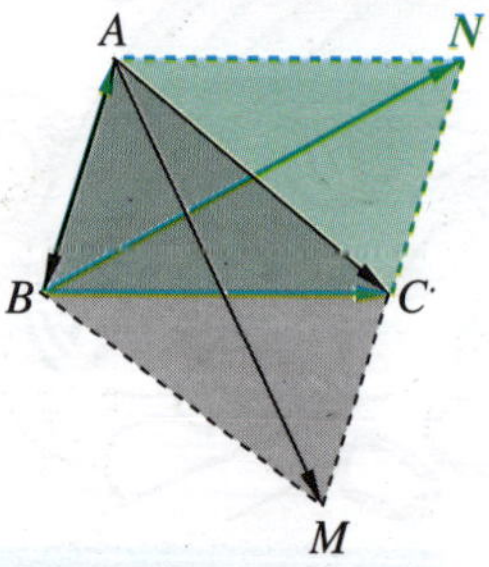

ABC étant un triangle, construire M tel que $\overrightarrow{AB} + \overrightarrow{AC} = \overrightarrow{AM}$ et N tel que $\overrightarrow{BA} + \overrightarrow{BC} = \overrightarrow{BN}$. Démontrer que C est le milieu de $[MN]$.

$\overrightarrow{AB} + \overrightarrow{AC} = \overrightarrow{AM}$ signifie que $ABMC$ est un parallélogramme, donc $\overrightarrow{AB} = \overrightarrow{CM}$.
$\overrightarrow{BA} + \overrightarrow{BC} = \overrightarrow{BN}$ signifie que $BANC$ est un parallélogramme, donc $\overrightarrow{AB} = \overrightarrow{NC}$.
D'où $\overrightarrow{CM} = \overrightarrow{NC}$ ce qui signifie que C est milieu de $[MN]$.

Faire

1 Les lettres A, B, C, ... représentant des points quelconques du plan, compléter les égalités suivantes :

a) $\overrightarrow{AM} + \overrightarrow{\dots P} = \overrightarrow{AP}$;
b) $\overrightarrow{\dots N} + \overrightarrow{\dots K} = \overrightarrow{CK}$;
c) $\overrightarrow{AU} + \overrightarrow{\dots\dots} = \overrightarrow{AT}$;
d) $\overrightarrow{AM} + \overrightarrow{M\dots} + \overrightarrow{P\dots} = \overrightarrow{AK}$;
e) $\overrightarrow{O\dots} + \overrightarrow{E\dots} + \overrightarrow{U\dots} = \overrightarrow{\dots Z}$;
f) $\overrightarrow{M\dots} + \overrightarrow{AM} + \overrightarrow{P\dots} = \overrightarrow{AR}$.

2 Tracer un parallélogramme $DALI$ de centre S. A l'aide de la figure, compléter :

a) $\overrightarrow{DA} + \overrightarrow{DI} = \dots\dots\dots$.
b) $\overrightarrow{DS} + \overrightarrow{SA} = \dots\dots\dots$.
c) $\overrightarrow{LI} + \overrightarrow{DI} = \overrightarrow{\dots D} + \overrightarrow{DI} = \dots\dots\dots$.
d) $\overrightarrow{SD} + \overrightarrow{SA} = \overrightarrow{\dots S} + \overrightarrow{SA} = \dots\dots\dots$.
e) $\overrightarrow{AD} + \overrightarrow{AL} + \overrightarrow{IL} = \dots\dots\dots$.

3 Vrai ou faux?

a) Si $ABCD$ est un parallélogramme, alors $\overrightarrow{AB} = \overrightarrow{DC}$.
b) Si $ABCD$ est un parallélogramme, alors $\overrightarrow{AC} = \overrightarrow{DB}$.
c) Si $ABCD$ est un parallélogramme, alors $\overrightarrow{AD} = \overrightarrow{CB}$.
d) Si $\overrightarrow{SN} = \overrightarrow{FC}$, alors $SNCF$ est un parallélogramme.
e) Si $AB = CD$, alors $\overrightarrow{AB} = \overrightarrow{CD}$.
f) Si $AB = CD$ et $(AB) \parallel (CD)$, alors $\overrightarrow{AB} = \overrightarrow{CD}$.
g) Si $\overrightarrow{AI} = \overrightarrow{IB}$, alors I est le milieu de $[AB]$.
h) Si I est le milieu de $[AB]$, alors $\overrightarrow{AI} = \overrightarrow{IB}$.

4
Construire les points F et G tels que :
$\overrightarrow{QF} = \overrightarrow{BK} + \overrightarrow{CP}$ et $\overrightarrow{MG} = \overrightarrow{AT} + \overrightarrow{BK} + \overrightarrow{CP}$.

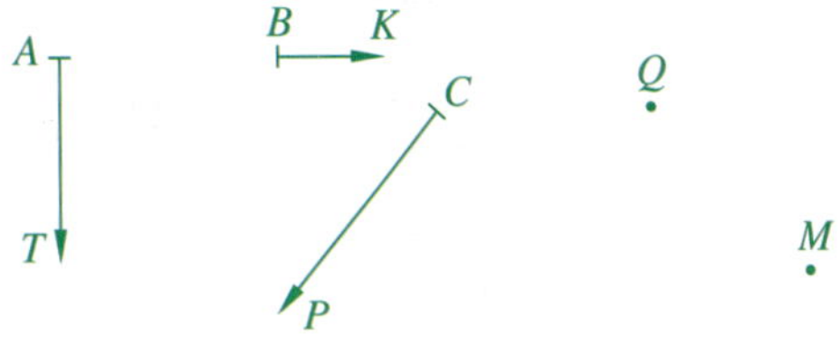

5 Sur la figure, $ROSE$ est un parallélogramme et $TROC$ est un losange.

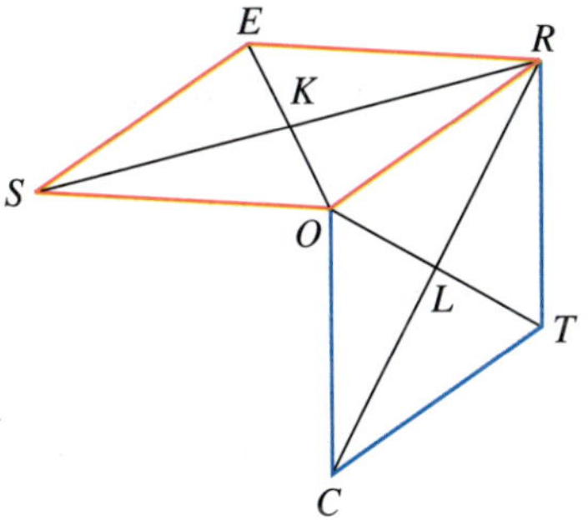

1. En détaillant les étapes, déterminer le vecteur égal à :

a) $\overrightarrow{SE} + \overrightarrow{KO} + \overrightarrow{RT}$; **b)** $\overrightarrow{LC} + \overrightarrow{OR} + \overrightarrow{LR}$;
c) $\overrightarrow{OS} + \overrightarrow{CT} + \overrightarrow{ER}$; **d)** $\overrightarrow{LO} + \overrightarrow{SE} + \overrightarrow{LR}$.

2. Compléter les phrases :

- $ROSE$ est un parallélogramme, donc $\overrightarrow{SE} = \dots\dots\dots\dots\dots\dots$
- $\dots\dots\dots\dots\dots\dots\dots\dots\dots\dots\dots\dots\dots\dots\dots\dots$, donc $\overrightarrow{OR} = \overrightarrow{CT}$.

D'où $\dots\dots\dots\dots\dots = \dots\dots\dots\dots\dots$, ce qui prouve que $TESC$ est un $\dots\dots\dots\dots\dots\dots\dots\dots\dots\dots\dots\dots$.

6 ABC est un triangle quelconque.

a) Faire une figure et construire les points D, E et F tels que :
$\overrightarrow{AD} = \overrightarrow{AB} + \overrightarrow{AC}$, $\overrightarrow{DE} = \overrightarrow{BC}$ et $\overrightarrow{DF} = \overrightarrow{CB}$.
b) Prouver que $\overrightarrow{BD} = \overrightarrow{AC}$ et $\overrightarrow{CD} = \overrightarrow{AB}$.
c) Prouver que $\overrightarrow{BF} = \overrightarrow{CD}$ et $\overrightarrow{CE} = \overrightarrow{BD}$.
En déduire que C est le milieu de $[AE]$ et B le milieu de $[AF]$.

17 COORDONNÉES D'UN VECTEUR

Savoir

Dans le plan muni d'un repère,
si A a pour coordonnées $(x_A\,;\,y_A)$ et **si** B a pour coordonnées $(x_B\,;\,y_B)$, **alors** le vecteur $\overrightarrow{AB}$ a pour coordonnées $(x_B - x_A\,;\,y_B - y_A)$.

Savoir faire

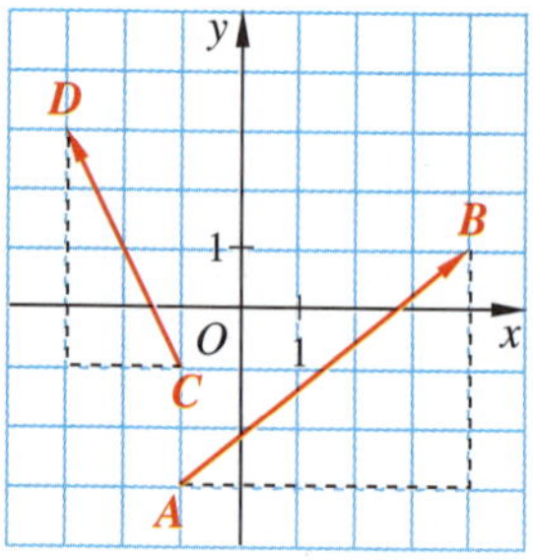

Lire les coordonnées d'un vecteur sur un graphique

$\overrightarrow{AB}$: on passe de l'abscisse de A à celle de B en ajoutant 5.
on passe de l'ordonnée de A à celle de B en ajoutant 4.
Les coordonnées de $\overrightarrow{AB}$ sont donc $(5\,;\,4)$.

$\overrightarrow{CD}$: on passe de l'abscisse de C à celle de D en retranchant 2.
on passe de l'ordonnée de C à celle de D en ajoutant 4.
Les coordonnées de $\overrightarrow{CD}$ sont donc $(-2\,;\,4)$.

Calculer les coordonnées d'un vecteur

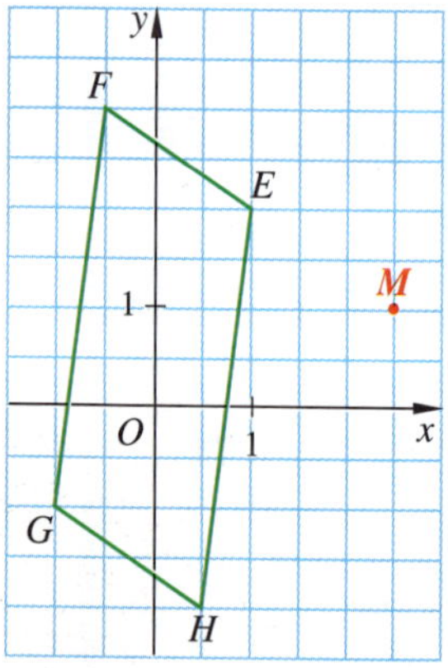

Dans un repère, on donne $E(1\,;\,2)$, $F\left(-\frac{1}{2}\,;\,3\right)$, $G(-1\,;\,-1)$, $H\left(\frac{1}{2}\,;\,-2\right)$.

1. Démontrer que *EFGH* est un parallélogramme

$EFGH$ parallélogramme signifie $\overrightarrow{FE} = \overrightarrow{GH}$.

$\overrightarrow{FE}$ a pour coordonnées $\left(1-\left(-\frac{1}{2}\right);\,2-3\right)$ soit $\left(\frac{3}{2}\,;\,-1\right)$

$\overrightarrow{GH}$ a pour coordonnées $\left(\frac{1}{2}-(-1)\,;\,-2-(-1)\right)$ soit $\left(\frac{3}{2}\,;\,-1\right)$

$\overrightarrow{FE}$ et $\overrightarrow{GH}$ ayant les mêmes coordonnées,
$\overrightarrow{FE} = \overrightarrow{GH}$ et donc $EFGH$ est un parallélogramme.

2. Calculer les coordonnées de *M* symétrique de *F* par rapport à *E*

M symétrique de F par rapport à E signifie que E est milieu de $[FM]$ et donc que $\overrightarrow{FE} = \overrightarrow{EM}$.

Si $(x\,;\,y)$ désignent les coordonnées de M, on a :

$\overrightarrow{EM}(x-1\,;\,y-2)$ et $\overrightarrow{FE}\left(\frac{3}{2}\,;\,-1\right)$ d'où $x - 1 = \frac{3}{2}$ et $y - 2 = -1$

$\downarrow$ $x = \frac{5}{2}$ $\qquad \downarrow$ $y = 1$

Les coordonnées de M sont $\left(\frac{5}{2}\,;\,1\right)$ (c'est vérifié sur le dessin).

1 On considère les points $A\,(-3\,;2)$, $L\,(5\,;4)$, $I\,(3\,;-4)$, $C\,(0\,;-2)$ et $E\,(-4\,;-5)$.

a) Calculer les coordonnées des vecteurs $\overrightarrow{AL}$, $\overrightarrow{LI}$, $\overrightarrow{IC}$, $\overrightarrow{CE}$.

b) Placer les points *A*, *L*, *I*, *C* et *E* dans un repère et vérifier les résultats du **a)** en lisant les coordonnées de ces vecteurs sur le graphique.

2 On considère les points $R\,(-2\,;-2)$, $M\,(-3\,;0)$, $I\,(0\,;4)$.

a) Déterminer par le calcul les coordonnées des points *U*, *A*, *N* tels que $\overrightarrow{RU}\,(5\,;5)$, $\overrightarrow{MA}\,(0\,;4)$ et $\overrightarrow{IN}\,(-3\,;-2)$.

b) Placer les points *R*, *U*, *M*, *A*, *I* et *N* dans un repère et vérifier les résultats de **a)**.

3 Les points *M*, *A*, *R* ont les coordonnées suivantes : $M\,(-2\,;-4)$, $A\,(-1\,;3)$, $R\,(3\,;1)$.

Déterminer les coordonnées des points *E*, *T*, *C* tels que *MARE*, *MATR*, *MCAR* soient des parallélogrammes.

4 **a)** Dans un repère, placer les points $P\,(-3\,;3)$, $L\,(3\,;7)$ et $S\,(1\,;-3)$.

b) Déterminer les coordonnées du point *U* tel que *PLUS* soit un parallèlogramme.

c) Calculer PL^2 et PS^2. Que peut-on en déduire pour *PLUS* ?

d) Prouver que *PLS* est un triangle rectangle en *P*. Que peut-on en déduire pour *PLUS* ?

5 Placer dans un repère les points $A\,(3\,;7)$, $B\,(-1\,;-3)$ et $C\,(7\,;-1)$.

Répondre aux questions suivantes et vérifier graphiquement les résultats.

a) Déterminer les coordonnées des points *A'*, *B'* et *C'* milieux respectifs des segments [*BC*], [*CA*] et [*AB*].

b) Déterminer les équations des droites (*AA'*), (*BB'*) et (*CC'*). Vérifier que le point $G\,(3\,;1)$ appartient à ces trois droites. Que représente *G* pour le triangle *ABC* ?

c) Déterminer les coordonnées des points M, N et *P* définis par $\overrightarrow{A'M} = \overrightarrow{GA'}$; $\overrightarrow{B'N} = \overrightarrow{GB'}$; $\overrightarrow{C'P} = \overrightarrow{GC'}$.

d) Prouver que *G* est le milieu de [*AM*], [*BN*] et [*CP*].

6 **a)** Placer les points $B\,(3\,;4)$, $A\,(5\,;-2)$ et $C\,(-3\,;1)$ dans un repère.

b) Déterminer les coordonnées des points : *B'*, *A'*, *C'* milieux respectifs des segments [*AC*], [*BC*], [*AB*].

c) Calculer les coordonnées des points *P* symétrique de *B* par rapport à *B'*, *U* symétrique de *A* par rapport à *A'* et *L* symétrique de *C* par rapport à *C'*.

d) Prouver que $\overrightarrow{LB} = \overrightarrow{BU}$, $\overrightarrow{UC} = \overrightarrow{CP}$ et $\overrightarrow{PA} = \overrightarrow{AL}$.

18 TRANSFORMATIONS

Savoir

Les symétries axiales Les symétries centrales Les translations Les rotations	conservent →	l'alignement les distances la mesure des angles.

Dans une symétrie centrale ou une translation, l'image d'une droite d est une droite parallèle à d.

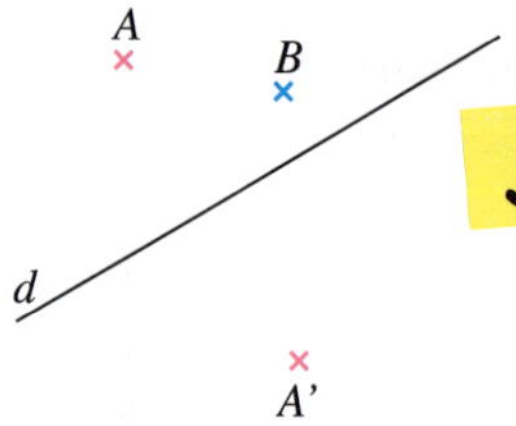

Savoir faire

Utiliser les propriétés des transformations pour construire

A' est le symétrique de A par rapport à d. Construire, en utilisant uniquement une règle non graduée, le symétrique B' de B par rapport à d.

1. On trace la droite (AB) : elle coupe d en O.

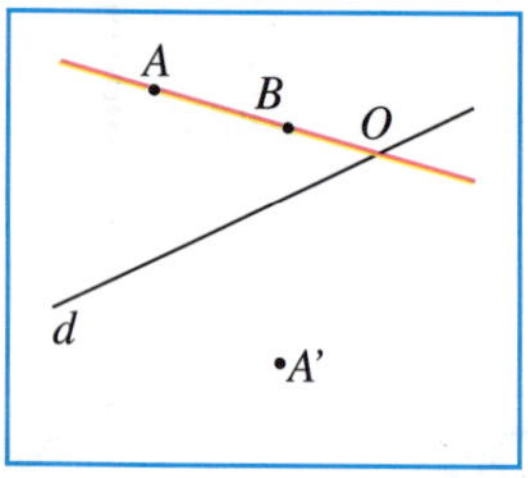

2. On trace la droite $(A'O)$:

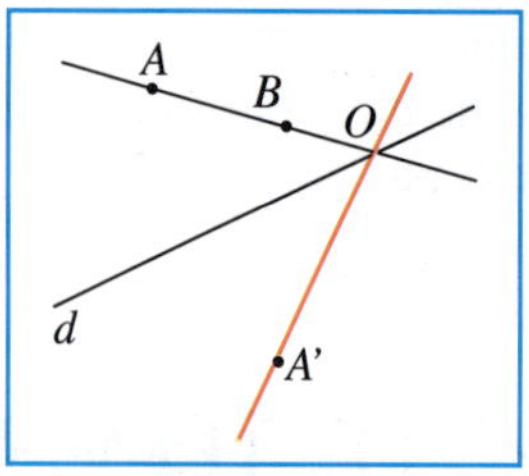

3. On trace la droite (BA') : elle coupe d en I.

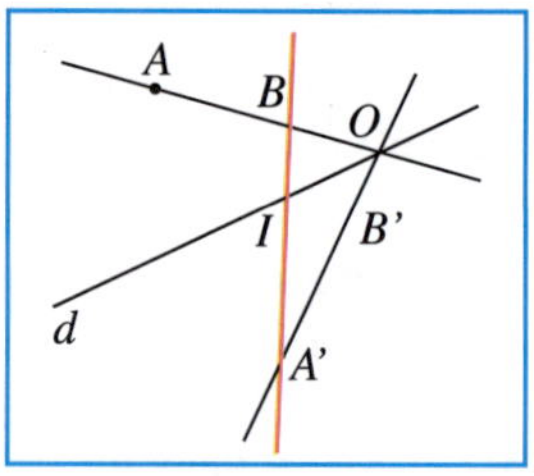

4. On trace la droite (AI) :

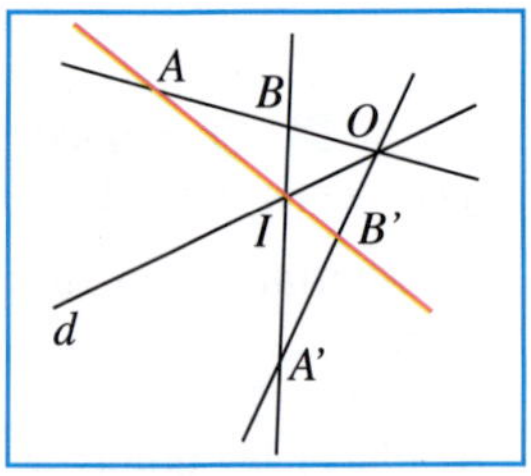

A, B, O sont alignés, donc leurs symétriques respectifs A', B', O le sont aussi, donc **B' est sur la droite $(A'O)$.**

B, I, A' sont alignés, donc leurs symétriques respectifs B', I, A le sont aussi, donc **B' est sur la droite (AI).**

B' est sur $(A'O)$ et sur (AI), donc B' est à l'intersection de ces deux droites.

Composer deux symétries axiales d'axes d et d'...

- perpendiculaires en O :

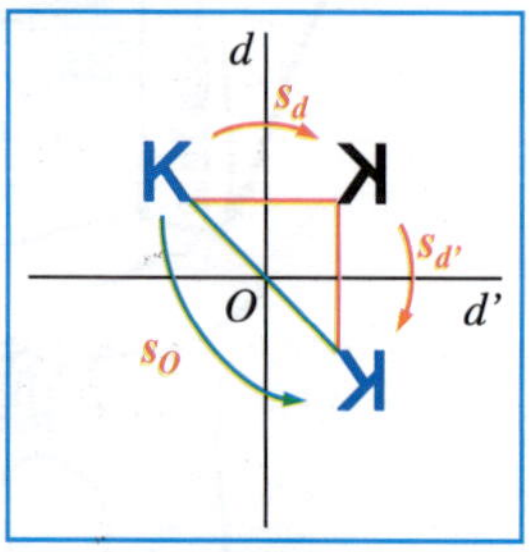

Appliquer la symétrie par rapport à d, puis celle par rapport à d' revient à appliquer la symétrie par rapport à O.

- parallèles :

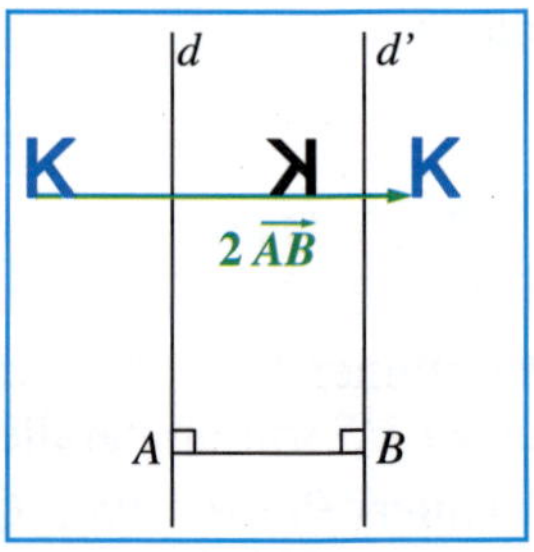

Appliquer la symétrie par rapport à d, puis celle par rapport à d' revient à appliquer la translation de vecteur $2\,\overrightarrow{AB}$.

Faire

1 À partir de la figure suivante, expliquer les constructions faites en ⓐ et ⓑ et justifier le fait que A' est le symétrique de A par rapport à (D) :

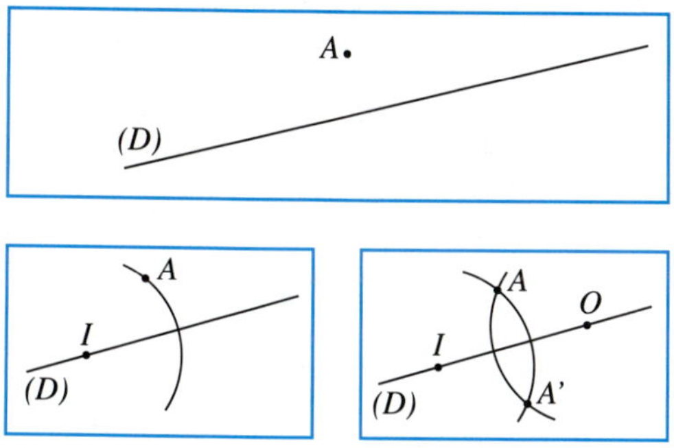

ⓐ : .... ⓑ:....................................
....

2 ABC est un triangle ; A', B' et C' sont les milieux respectifs de $[BC]$, $[CA]$ et $[AB]$.

Reconstituer la figure en détaillant chaque étape :

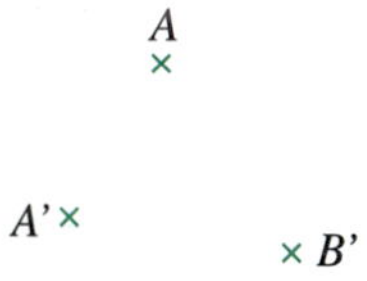

3 Dans la figure, A' est le symétrique de A par rapport à la droite (D).

a) À la règle non graduée et au compas, retrouver la droite (D).

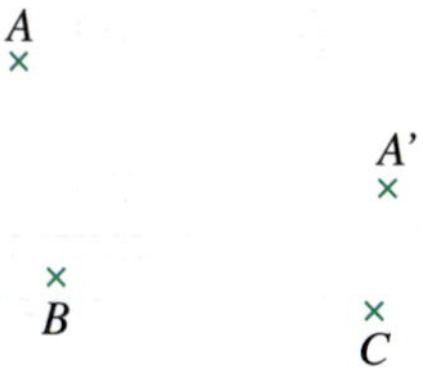

b) À la règle non graduée seule, retrouver les symétriques des points B et C par rapport à la droite (D).

4 **a)** Tracer le symétrique (F_1) de la figure (F) par rapport à la droite d_1 ; puis le symétrique (F_2) de la figure (F_1) par rapport à la droite d_2 ; puis le symétrique (F_3) de la figure (F_2) par rapport à la droite d_3.

b) Par quelle transformation obtient-on directement (F_2) à partir de (F) ? et (F_3) à partir de (F_1) ?

c) (F_4) est le transformé de (F) dans la translation de vecteur $2\,\overrightarrow{AB}$; (F_5) est le transformé de (F) dans la symétrie d'axe d_2.

Construire (F_4) et (F_5).

Par quelle transformation obtient-on (F_4) à partir de (F_3) ? (F_5) à partir de (F_3) ?

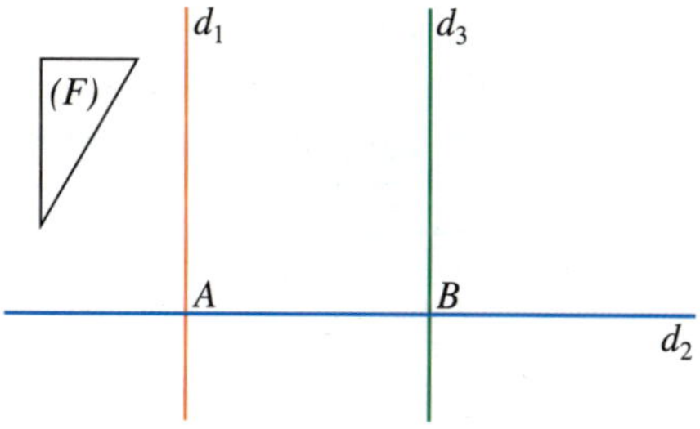

5 On sait que le symétrique de A par rapport à une droite d_1 passant par I est A_1 et que le symétrique de A_1 par rapport à une droite d_2 perpendiculaire à d_1 est A_2.

a) Par quelle transformation obtient-on A_2 à partir de A ?

b) Retrouver le point d'intersection de d_1 et d_2.

c) Tracer d_1 ; puis d_2.

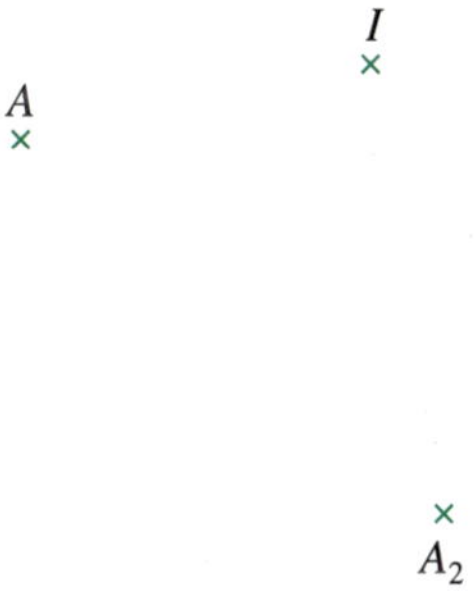

6 **Vrai ou faux?**

Soit un carré $ABCD$

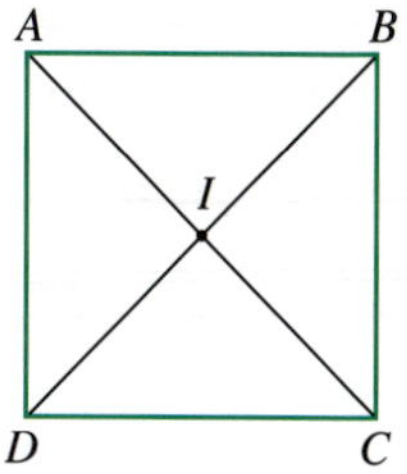

a) Il existe une transformation donnant $[DA]$ à partir de $[BA]$.

b) Il existe une symétrie axiale transformant $[IC]$ en $[IB]$.

c) Il existe une transformation donnant C à partir de A, D à partir de B et I à partir de D.

d) La symétrie d'axe la bissectrice de l'angle $\widehat{IAD}$ transforme $[AD]$ en $[AI]$.

e) Il existe une symétrie axiale et une rotation transformant le triangle ABD en le triangle ABC.

19 PYRAMIDES CÔNES DE RÉVOLUTION

Savoir

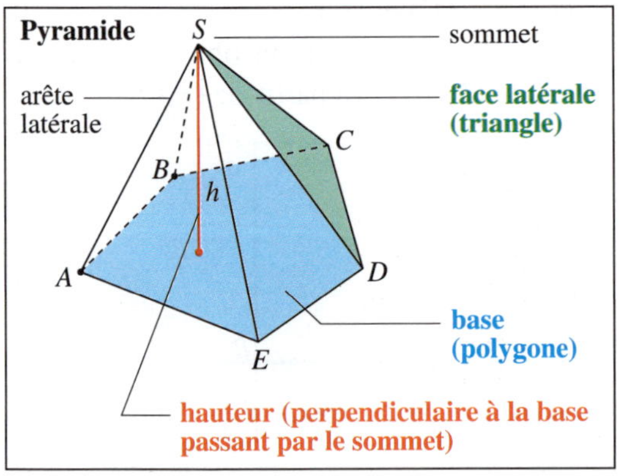

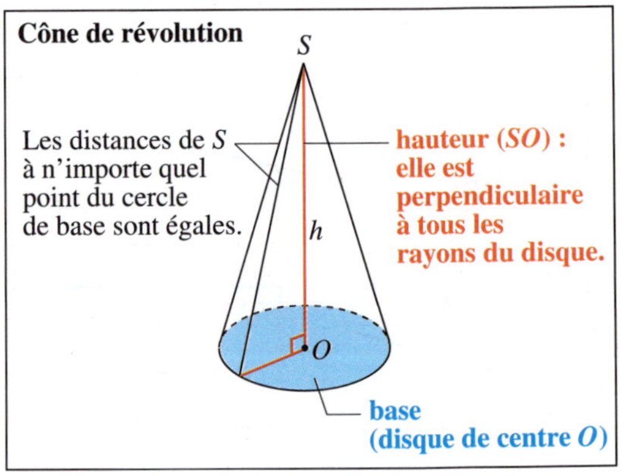

- On dit qu'une pyramide est **régulière** lorsque la base est un **polygone régulier** et que sa hauteur passe par le centre de ce polygone : les arêtes latérales d'une pyramide régulière ont même longueur.
- Le volume V d'une pyramide et d'un cône dont l'aire de base est B et la hauteur est h est donné par $V = \dfrac{1}{3} B\, h$.

Savoir faire

Calculer la hauteur et le volume d'une pyramide régulière

L'arête latérale d'une pyramide **régulière** mesure 15 cm. Sa base est un carré de côté 10 cm. Calculer la hauteur et le volume V de cette pyramide.

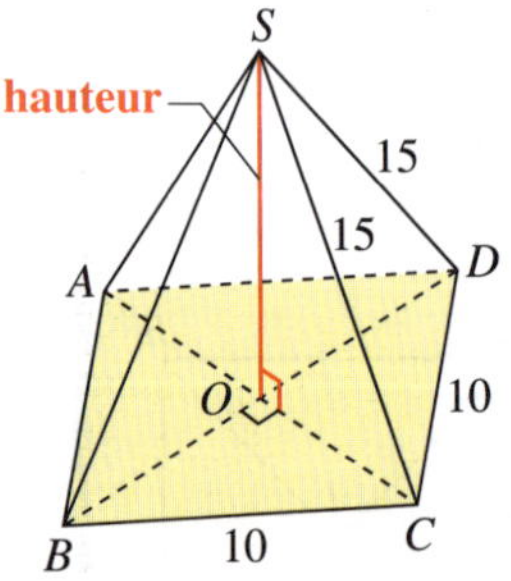

- **Calcul de la hauteur**

La pyramide étant régulière, sa hauteur passe par O, point d'intersection des diagonales du carré de base $ABCD$. Le triangle SOC est donc rectangle en O et on a :
$SO^2 + OC^2 = SC^2$ (théorème de Pythagore).

$$\underset{?}{SO^2} + \underset{?}{OC^2} = \underset{15^2}{SC^2}$$

Calcul de OC^2 : $[OC]$ est la demi-diagonale du carré $ABCD$. On applique le théorème de Pythagore au triangle BOC rectangle isocèle en O :

$BO^2 + OC^2 = BC^2$ et comme $BO = OC$, $OC^2 + OC^2 = BC^2$, d'où $2OC^2 = BC^2$

et donc $OC^2 = \dfrac{BC^2}{2} = \dfrac{10^2}{2} = \dfrac{100}{2} = 50 \longrightarrow$ $\mathbf{OC^2 = 50}$.

Ainsi $SO^2 + 50 = 15^2$ soit $SO^2 + 50 = 225$ et $SO^2 = 175$.

$\mathbf{SO = \sqrt{175} = 5\sqrt{7}}$ **cm.** Avec une calculatrice, on trouve $\mathbf{SO \approx 13{,}2}$ **cm.**

- **Calcul du volume**

Le volume de cette pyramide est $V = \dfrac{1}{3} \times \underbrace{10^2}_{\text{aire de la base}} \times \underbrace{5\sqrt{7}}_{\text{hauteur}} = \dfrac{500\sqrt{7}}{3}\ \text{cm}^3$.

Avec une calculatrice, on trouve $V \approx 441\ \text{cm}^3$.

Faire

1 En Égypte

Les pyramides de Chéops, Chephren et Mykérinos sont des pyramides régulières à base carrée.

a) Le côté de base de Chéops mesure 230 m. La hauteur de cette pyramide est environ 145 m. Quel est son volume ?

b) Les trois pyramides ont la même pente. La hauteur de Chephren est environ 136,5 m et celle de Mykérinos 66 m. Déterminer la pente de Chéops. En déduire les mesures des côtés de base de Chephren et de Mykérinos, ainsi que leurs volumes.

2 L'angle α mesure 20° ; SH mesure 8 cm.

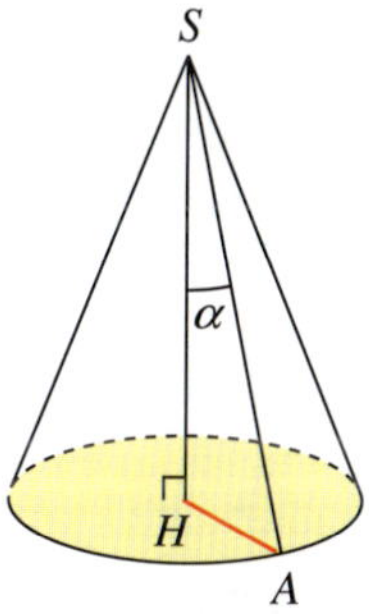

a) Déterminer une valeur approchée à 10^{-1} près de la longueur HA.

b) Déterminer le volume de ce cône.

3 Ces deux pyramides sont régulières et à base carrée. Elles ont le même volume.

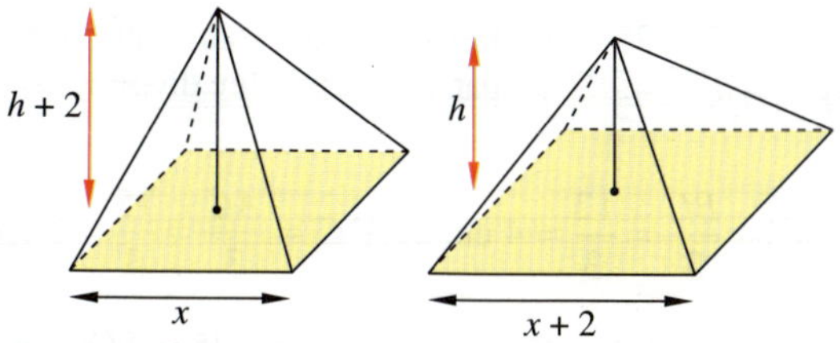

a) Prouver que $x^2 - 2xh - 2h = 0$.

b) Déterminer h lorsque $x = 8$ cm.

4 Une glace à la vanille

La moitié de la boule de glace vanille dépasse le cornet. Le rayon de la boule de glace est 2,5 cm.

Quel est le volume de l'espace libre à l'intérieur du cornet ?

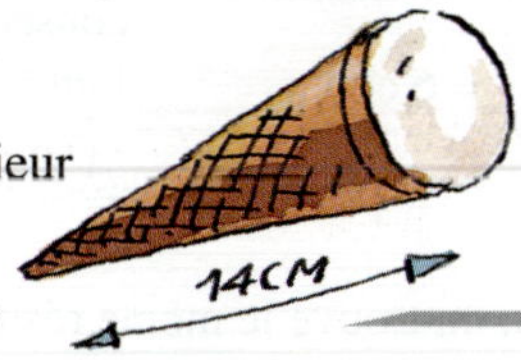

5 La tour prend garde...

Le volume total de cette tour de diamètre de base 10 mètres est d'environ 995 m³. La hauteur du mur est 12 mètres.

Calculer la longueur l.

6 La figure ci-contre représente une pyramide constituée de quatre triangles équilatéraux : c'est un **tétraèdre** régulier.

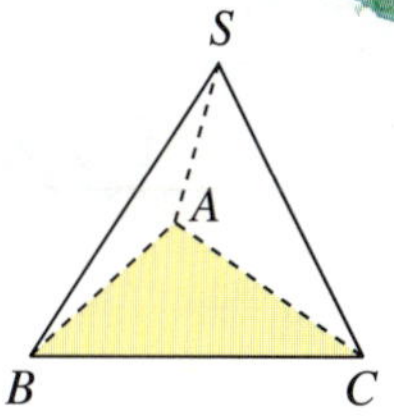

Le pied de la hauteur issue du sommet S est le centre de gravité du triangle de base ABC. Dans le problème suivant, on pose $AB = 6$ cm. On donnera toutes les valeurs exactes et on justifiera les calculs.

a) Dessiner ABC en vraie grandeur. Combien mesure la hauteur $[AH]$ issue de A dans ce triangle ?
Calculer l'aire de ABC.

b) Soit G le centre de gravité de ABC. Calculer AG.

c) En appliquant la propriété de Pythagore dans le triangle SGA, déterminer SG.

d) Calculer le volume de ce tétraèdre régulier.

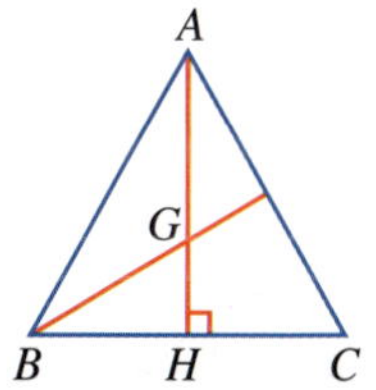

7 Dans chaque cas, calculer le volume de la pyramide de base $CDHG$ et de sommet E :

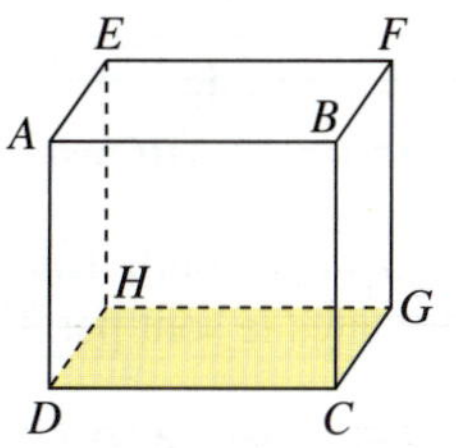

Cube d'arête 5 cm

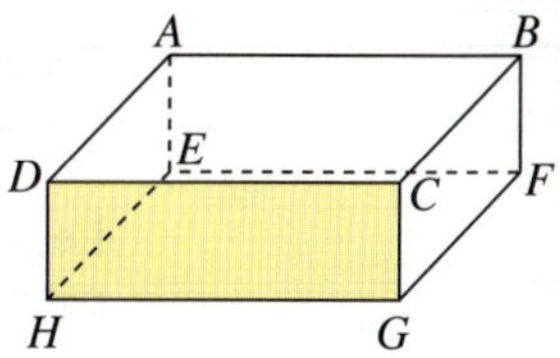

Parallélépipède rectangle avec $AB = 6$ cm, $AE = 2$ cm et $AD = 3$ cm.

20 AGRANDISSEMENT ET RÉDUCTION

Savoir

- Si, lors d'un agrandissement ou d'une réduction d'une figure, les longueurs sont multipliées par un même nombre k strictement positif, alors les aires sont multipliées par k^2, les volumes par k^3 et les angles sont conservés.
- La section d'une pyramide ou d'un cône de révolution par un plan parallèle à la base est une réduction de cette base.

Savoir faire

Calculer des longueurs et des aires après réduction

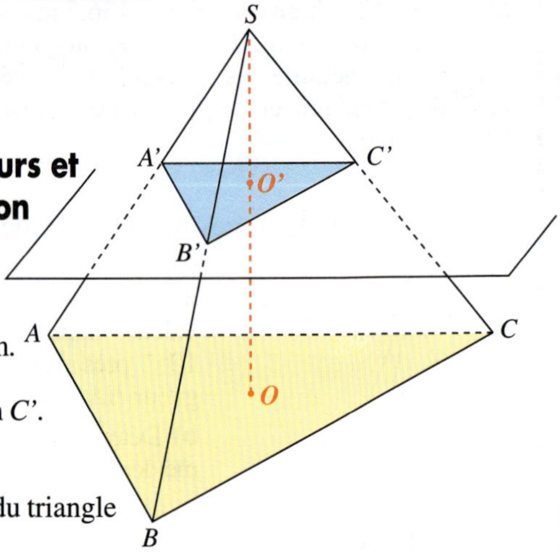

La hauteur [*SO*] de la pyramide *SABC* ci-contre mesure 7,5 cm.
La base est le triangle *ABC* tel que $AB = 9$ cm, $BC = 12$ cm et $AC = 15$ cm.
Un plan parallèle à la base coupe [*SO*] en *O'*, [*SA*] en *A'*, [*SB*] en *B'* et [*SC*] en *C'*.
On sait que **$SO' = 2{,}5$ cm**.

1. Calculer *A'B'*, *B'C'*, *A'C'*.

2. Calculer de deux manières l'aire du triangle *A'B'C'*.

1. Le triangle *A'B'C'* est une réduction du triangle *ABC* : ses côtés sont parallèles à ceux du triangle *ABC*.
D'après Thalès, on a :

$$\frac{SA'}{SA} = \frac{SB'}{SB} = \frac{SC'}{SC} = \frac{A'B'}{AB} = \frac{A'C'}{AC} = \frac{B'C'}{BC} = \frac{SO'}{SO}.$$

SO' ← hauteur de la pyramide réduite
SO ← hauteur de la pyramide

L'échelle de la réduction est : $\dfrac{SO'}{SO} = \dfrac{2{,}5}{7{,}5} = \dfrac{25}{75} = \dfrac{1}{3}$. Les longueurs sont multipliées par 1/3 c'est-à-dire divisées par 3.

D'où $A'B' = \dfrac{AB}{3} = \dfrac{9}{3} = 3$ cm ; $B'C' = \dfrac{BC}{3} = \dfrac{12}{3} = 4$ cm et $A'C' = \dfrac{AC}{3} = \dfrac{15}{3} = 5$ cm.

2. *ABC* est un triangle rectangle en *B* car $AB^2 + BC^2 = 81 + 144 = 225 = AC^2$ (réciproque du théorème de Pythagore)

Première méthode

L'aire du triangle *ABC* est $\dfrac{AB \times BC}{2} = 54\ \text{cm}^2$

Les longueurs étant divisées par 3, les aires le sont par 3^2 et donc :

l'aire du triangle $A'B'C'$ est $\dfrac{54}{9} = 6\ \text{cm}^2$.

Deuxième méthode

A'B'C' est une réduction de *ABC* : le triangle *A'B'C'* est donc rectangle en *B'* car dans une réduction les angles sont conservés.
l'aire du triangle *A'B'C'* est :

$$\frac{A'B' \times B'C'}{2} = \frac{3 \times 4}{2} = 6\ \text{cm}^2.$$

Bien entendu, on trouve le même résultat !

Faire

1

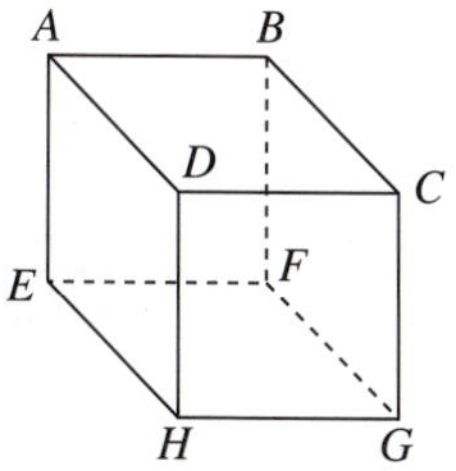

ABCDEFGH est un cube d'arête 9 cm.

a) Déterminer l'aire du rectangle *BEHC* ; puis le volume de la pyramide de sommet *A* et de base *BEHC*.

b) *I*, *J*, *K* et *L* sont les milieux respectifs des segments [*AB*], [*DC*], [*DH*] et [*AE*].
Déterminer, de deux manières différentes, l'aire et le volume de la pyramide de sommet *A* et de base *IJKL*.

2 Silo à grains

Ce silo à grain, conique, a un disque de base de diamètre 8 mètres. Il est rempli aux deux tiers de sa hauteur.

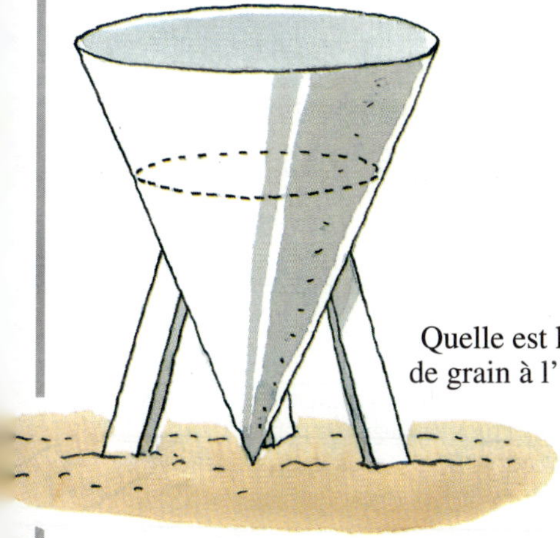

Quelle est la surface de grain à l'air libre ?

3 Tente

Cette tente est pyramidale à base carrée. L'ouverture est un auvent trapézoïdal de bases 3 m et 1,2 m ; et lorsque cet auvent est rabattu, la tente est entièrement close.

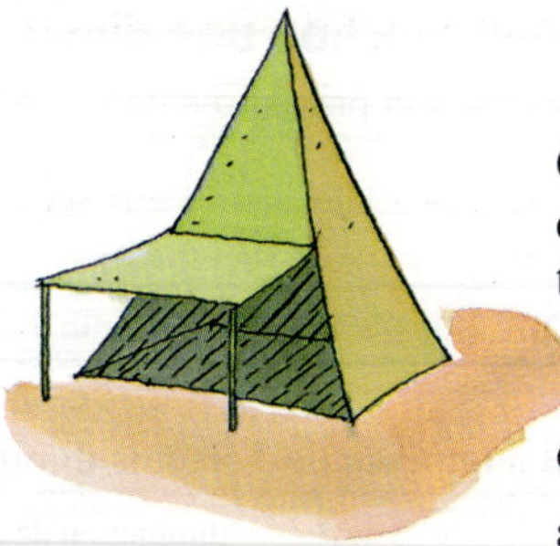

La hauteur de la tente est 2 m.
Quelle est la surface de l'ouverture ?

4 Un aquarium

Ce bocal pyramidal a une base carrée de côté 40 cm et d'arête 60 cm. La hauteur du niveau d'eau est de 40 cm.

Quel est le volume d'eau en litres dans lequel le poisson peut s'ébattre ? (1 dm^3 = 1 l).

5 Tas de sable

Lundi, le tas de sable (conique) avait une surface de base de 78 m^2, la livraison de mardi a multiplié son volume par 8 ! Quelle est la nouvelle surface de base du tas de sable ?
Si la hauteur du tas le mardi est de 4 mètres, quelle était la hauteur du tas le lundi ?

6 Pyramide de Chéops

On veut réaliser une maquette de la pyramide de Chéops (base carrée de côté 230 m, hauteur mesurant 145 m). On ne veut construire que les faces latérales ; et on ne dispose que de 4 feuilles de carton (1 pour chaque face) de dimensions 21 cm et 29,7 cm.

a) Quelle sera l'échelle de la réduction employée ?

b) Quelle sera la hauteur de la maquette ?

21 PROPORTIONNALITÉ

Savoir

Ce tableau est un tableau de proportionnalité.

x	8	2,8	5
y	10	3,5	6,25

- On obtient les nombres de la seconde ligne à partir des nombres de la première ligne en les multipliant par un **même** nombre, appelé **coefficient de proportionnalité**, ici **1,25** :
$10 = \mathbf{1{,}25} \times 8$; $3{,}5 = \mathbf{1{,}25} \times 2{,}8$; $6{,}25 = \mathbf{1{,}25} \times 5$; … $y = \mathbf{1{,}25}\, x$

- Les nombres de la seconde ligne sont les **images** des nombres de la première ligne par **l'application linéaire** f de coefficient **1,25** :
$10 = f(8) = \mathbf{1{,}25} \times 8$; $3{,}5 = f(2{,}8) = \mathbf{1{,}25} \times 2{,}8$; $6{,}25 = f(5) = \mathbf{1{,}25} \times 5$; …
$y = f(x) = \mathbf{1{,}25}\, x$;

- $\frac{10}{8} = \frac{3,5}{2,8} = \frac{6,25}{5} = \ldots\ldots = \frac{y}{x}$. Tous ces quotients sont égaux.

Savoir faire

Traduire par une fonction une augmentation en pourcentage

Un objet coûte x francs. Quel est son prix après une augmentation de 5 % ?

Le nouveau prix est : $x + \frac{5}{100}x = x\left(1 + \frac{5}{100}\right) = 1,05\,x.$

ancien prix (x) — augmentation ($\frac{5}{100}x$) — on a mis x en facteur

Un objet qui coûte x francs avant augmentation coûte $1{,}05x$ francs après une augmentation de 5 % : $x \longmapsto 1{,}05x = y$

prix avant augmentation (x) — prix après augmentation de 5 % (y)

On passe, du prix x avant augmentation au prix y après augmentation de 5 % par l'application linéaire de coefficient 1,05.

> Une augmentation de 5 % fait passer de la valeur x à la valeur $1{,}05x$.

Traduire par une fonction une diminution en pourcentage

Un objet coûte x francs. Quel est son prix après une diminution de 5 % ?

Le nouveau prix est : $x - \frac{5}{100}x = x\left(1 - \frac{5}{100}\right) = 0,95\,x.$

> Une diminution de 5 % fait passer de la valeur x à la valeur $0{,}95x$.

Un objet coûte 120 francs. Il augmente de 5 % puis diminue de 5 %. ALORS ?

120 —(augmentation de 5 %)→ $120 \times 1{,}05 = 126$ —(diminution de 5 %)→ $126 \times 0{,}95 = 119{,}7$

on ne retrouve pas le prix initial

Faire

1 Café

Deux industriels proposent sur le marché du café en poudre à 80 F le kilo. Puis, pour attirer la clientèle, le premier propose une réduction de 20 % sur le prix, le second propose 20 % de café gratuit en plus.

a) Calculer le prix d'un kilo de café de chaque producteur.

b) Quel est celui qui propose le produit le moins cher ?

2 Lessive

Ce paquet est vendu 120 F. Combien vaudrait-il si les 30 % de produit n'étaient pas donnés en plus ? (arrondir au franc le plus proche).

3 Vrai ou faux

a) Ajouter 25 %, c'est multiplier par 4.
b) Diviser par 2, c'est ôter 100 %.
c) Le périmètre d'un carré est proportionnel à la longueur d'un côté.
d) L'aire d'un carré est proportionnelle à la longueur d'un côté.
e) Le volume d'un cylindre est proportionnel à l'aire d'une base de ce cylindre.
f) Multiplier par $\frac{1}{4}$, c'est ôter 75 %.

4 Salaires

Deux employés touchant le même salaire en 1990 ont bénéficié de deux augmentations successives.
Le premier a une augmentation de 5 % en 1991 et de 3 % en 1992.
Le second a une augmentation de 4 % en 1991 et de 4 % en 1992.
Qui gagne le plus en 1993 ?

5 Chacun la sienne ...

Rendre à chaque phrase son application linéaire :
a) Augmenter x de 23 %.
b) Diminuer x de 2,3 %.
c) Augmenter x de 230 %.
d) Diminuer x de 23 %.
e) Augmenter x de 2,3 %.

$f(x) = 1{,}23x$; $g(x) = 1{,}023x$;
$h(x) = 0{,}977x$; $k(x) = 0{,}77x$;
$l(x) = 3{,}3x$.

6 Au tableau

Solder, c'est réduire le prix. Compléter le tableau suivant donnant le nouveau prix si l'on connaît le taux de solde et l'ancien prix :

		ANCIENS PRIX			
		120 F	80 F	… F	300 F
SOLDES	5 %				
	…%		72 F		
	20 %			200 F	
	30 %				

7 Les deux dimensions d'un rectangle sont augmentées de 10 %.
a) Son périmètre augmente alors de…
10 %, 20 %, 30 %, 40 % ?
b) Son aire augmente alors de…
10 %, 20 %, 21 %, 42 %, 55 % ?

8 En voiture

Pour chaque voiture, déterminer :
a) Le temps moyen mis pour parcourir 1 km.
b) La distance parcourue avec 1 ℓ de carburant.
La voiture Ⓐ roule à 60 km/h et consomme en moyenne 6 litres aux 100 km.
La voiture Ⓑ roule à 90 km/h et consomme en moyenne 7 litres aux 100 km.
La voiture Ⓒ roule à 120 km/h et consomme en moyenne 12 litres aux 100 km.

22 APPLICATIONS AFFINES

Savoir

1 Définition, notation

a, b étant deux nombres donnés, lorsqu'à tout nombre x on fait correspondre le nombre $ax + b$, on définit une **application affine.**
On note par une lettre, par exemple f, une application affine et on écrit :

$$f : x \longmapsto ax + b \text{ ou } f(x) = ax + b$$

$f(x)$ est appelée image de x.

2 Représentation graphique dans un repère

La représentation graphique de l'application affine $x \longmapsto ax + b$ est la droite d'équation $y = ax + b$.

Savoir faire

Calculer l'image d'un nombre par une application affine

$f : x \longmapsto -3x + 5$ est une application affine.
L'image de 2 par f est $-3 \times 2 + 5 = -1$ que l'on note $f(2) = -1$. Cela signifie aussi que $A\,(2\,;-1)$ est un point de la droite représentant f.
De même, $f(0) = 5$, donc $B\,(0\,;5)$ est un autre point de la droite représentant f.
La représentation graphique de f est la droite (AB).

Exploiter une représentation graphique et déterminer une application affine

Cette représentation graphique donne la température en degrés Fahrenheit (notés °F) en fonction de la température en degrés Celsius (notés °C).
L'unité est de 1/2 cm pour 10 degrés sur chaque axe.

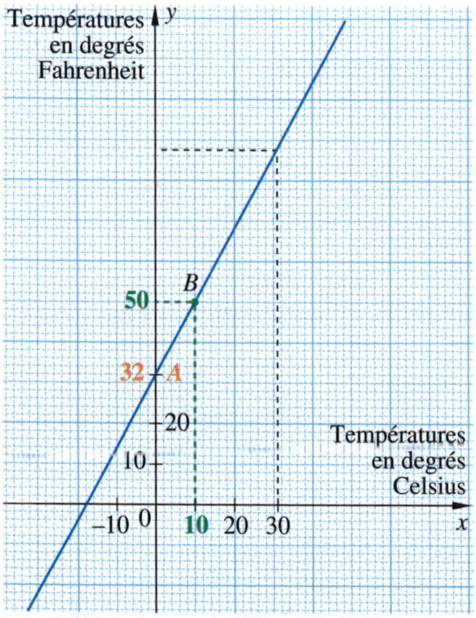

- **Lecture du graphique.**
Le point **A d'abscisse 0** de cette droite a pour **ordonnée 32** ; c'est-à-dire :
« **0 °C** » représente la même température que « **32 °F** » :
Le point **B d'ordonnée 50** de cette droite a pour **abscisse 10** ; c'est-à-dire :
« **50 °F** » représentent la même température que « **10 °C** ».
- La relation donnant la température en degrés Fahrenheit y en fonction de la température en degrés Celsius x est une application affine, donc de la forme $f : x \longmapsto ax + b$ où l'on doit déterminer a et b.
or **$f(0) = 32$, donc $a \times 0 + b = 32$ d'où $b = 32$**
et **$f(10) = 50$, donc $a \times 10 + 32 = 50$**
soit $10a = 18$ et $a = 1{,}8$.

$$y = f(x) = 1{,}8\,x + 32$$

$y = f(x)$: degrés Fahrenheit ; x : degrés Celsius

Ainsi, 30 °C représentent la même température que $1{,}8 \times 30 + 32 = 86$ °F ce qui est à peu près confirmé par le dessin où on lit que le point d'abscisse 30 a pour ordonnée 85.

Faire

1 Les applications suivantes sont-elles affines ?
Dans l'affirmative les écrire sous la forme $\ldots : x \longmapsto ax + b$.

a) $f(x) = 5 - 2x$; **b)** $g(x) = \dfrac{3x+2}{5}$;
c) $h(x) = 3(5x+1)$; **d)** $k(x) = x(3x+5)$;
e) $l(x) = \dfrac{1}{4}$; **f)** $t(x) = 3x$.

2 Soient f et g les applications affines définies par :
$f(x) = -2x + 3$ et $g(x) = x - 3$.
a) Déterminer les images des nombres -3 et 4 par les applications f et g.
b) Dans un repère (unité : 1 cm sur chaque axe), tracer les droites d_1 et d_2, représentations graphiques des fonctions f et g.
c) Résoudre l'équation $f(x) = g(x)$.
À quoi correspond cette solution sur le graphique ?
d) Résoudre l'inéquation $f(x) \geqslant g(x)$. À quoi correspond cette solution sur le graphique ?

3

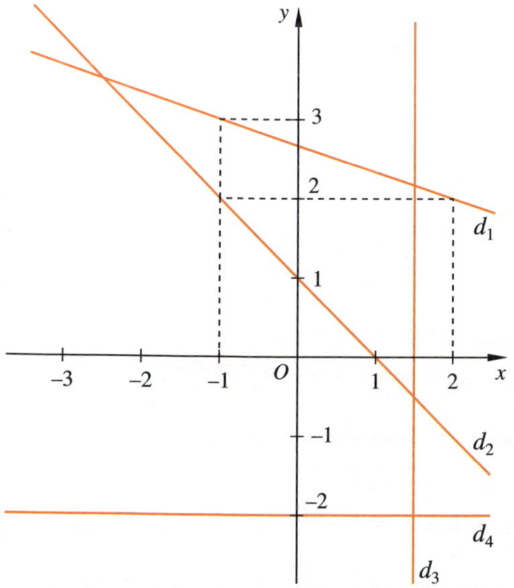

a) Laquelle de ces droites n'est pas la représentation graphique d'une application affine ?
b) Pour chacune des autres droites, déterminer l'application affine correspondante.

4 Géométrie

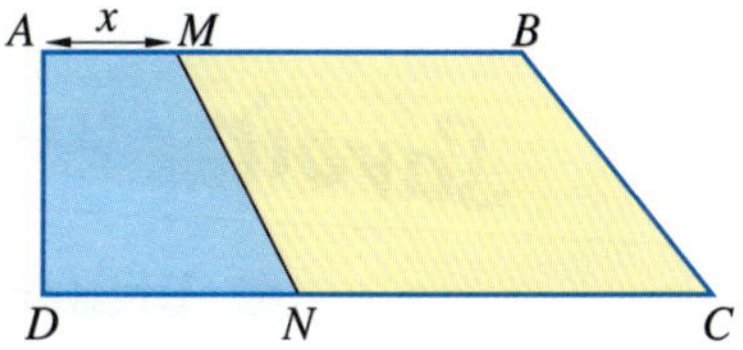

$ABCD$ est un trapèze de bases $AB = 8$ cm et $DC = 11$ cm, et de hauteur $AD = 4$ cm.
On rappelle que l'aire d'un trapèze est donnée par :
$$\mathscr{A} = \frac{\text{grande base} + \text{petite base}}{2} \times \text{hauteur}.$$
M est un point du segment $[AB]$ et N un point du segment $[DC]$ tels que $DN = 2\,AM$.
On pose $AM = x$.

a) Quelle est la plus petite valeur que peut prendre x ? et la plus grande ?
b) Exprimer l'aire $f(x)$ du trapèze $AMND$ en fonction de x ; puis l'aire $g(x)$ du trapèze $MBCN$ en fonction de x.
f et g sont-elles des applications affines ?
c) Représenter graphiquement les fonctions f et g dans un repère.
d) Déterminer graphiquement la valeur de x pour laquelle l'aire de $AMND$ est égale à l'aire de $MBCN$. Retrouver ce résultat par le calcul.

5 Au bowling

L'entrée du bowling de PRATJOËL coûte 50 F ; chaque partie coûte 12 F, quel que soit le nombre de joueurs. Exprimer le prix $p(x)$ payé pour une entrée et x parties.
Exprimer le prix $k(x)$ payé pour deux entrées et x parties.

a) Représenter graphiquement les fonctions p et k.
b) En y allant seul, Fabien aurait pu jouer 12 parties. Il invite son frère Jean-André : combien joueront-ils de parties ?

23 STATISTIQUES

Savoir faire

Utiliser le vocabulaire, calculer des fréquences

Voici, organisées en tableau, les notes obtenues en contrôle de mathématiques par les 30 élèves d'une classe de 3e ainsi que **l'histogramme** correspondant.

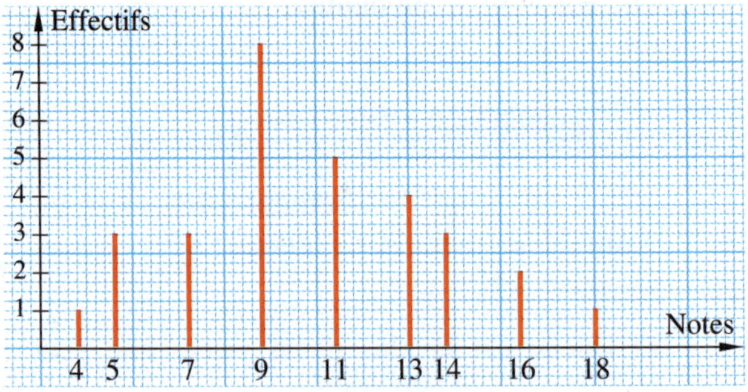

Notes	4	5	7	9	11	13	14	16	18
Effectifs	1	3	3	8	5	4	3	2	1
Fréquence	$\frac{1}{30}$	$\frac{3}{30}$	$\frac{3}{30}$	$\frac{8}{30}$	$\frac{5}{30}$	$\frac{4}{30}$	$\frac{3}{30}$	$\frac{2}{30}$	$\frac{1}{30}$
Fréquence en %	3,3	10	10	26,7	16,7	13,3	10	6,7	3,3

Il s'agit d'une **série statistique** à **caractère quantitatif.**
La **population** étudiée est l'ensemble des élèves de cette classe de 3e, **le caractère** est la note de mathématiques.
L'**effectif total** est 30.
L'**effectif** de la note 9 est 8 signifie que 8 élèves ont obtenu la note 9.

La **fréquence** de la note 9 est $\frac{8}{30}$ ← effectif de la note 9 / ← effectif total

ou encore 26,7 %, qui est la fréquence en pourcentage obtenue en multipliant par 100 la fréquence.
C'est la note la plus fréquente, elle est appelée **mode** de la série.

Calculer une moyenne

La **moyenne** d'une série de valeurs est le quotient de la somme de toutes ces valeurs par l'effectif total.
Il y a deux méthodes de calcul. Avec l'exemple ci-dessus :

1. On additionne les 30 notes et on divise par 30 :

$$\text{Moyenne} = \frac{4+5+5+5+7+\ldots+16+16+18}{30} \approx 10,4$$

Calcul long et fastidieux comportant des risques d'erreurs.

2. On dispose les données dans un tableau du type suivant :

Notes	4	5	7	9	11	13	14	16	18	Totaux	
Effectifs	1	3	3	8	5	4	3	2	1	30	← somme des effectifs
Produits : notes x effectifs	4	15	21	72	55	52	42	32	18	311	← somme des produits

La moyenne est $\frac{311}{30} \approx 10,4$ (arrondi au dixième).

Faire

1 À partir du graphique suivant,

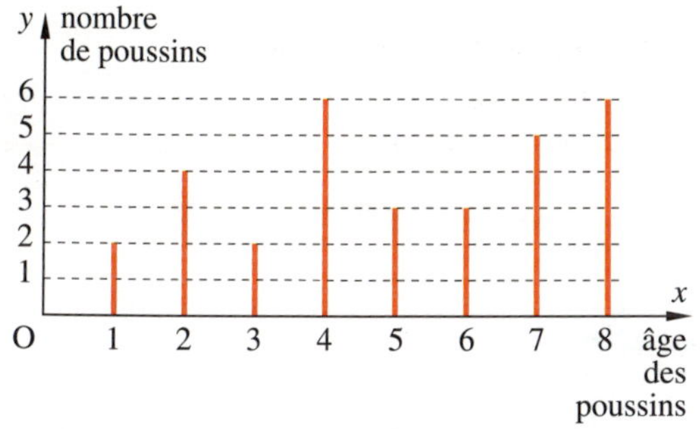

où l'on a porté sur l'axe (Ox) l'âge en jours de poussins et sur l'axe (Oy) le nombre de poussins, recopier et compléter le tableau :

Âge en jours	1	2	…	8	Total
Effectif					
Fréquence					
Fréquence en pourcentage					

Quelle est la durée moyenne de vie, en jours, d'un poussin de cet élevage ?

2 Devoir d'espagnol

À un contrôle d'espagnol, Madame Loaëc a mis les notes suivantes :
9. 11. 13. 7. 8. 4. 12. 16. 16. 12. 8. 12. 13. 7. 5. 10. 11. 13. 12. 6. 9. 14. 9. 6. 12. 15. 3. 7.

a) Gaël est l'élève qui a obtenu tout juste 10. A-t-il la moyenne de la classe ?

b) Quelles sont les fréquences des notes 13, 16 et 12 ?

c) Quelles sont les notes dont la fréquence est inférieure à 6 % ?

d) Quel est le mode de cette série ?

3 Dans une liste de cinq nombres, si l'on augmente le premier de 1, le second de 2, le troisième de 3, le quatrième de 4 et le cinquième de 5, de combien augmente la moyenne ?

4 Jeux de dé

On lance un dé 30 fois de suite ; on obtient les numéros suivants :
2. 3. 5. 1. 2. 6. 4. 4. 5. 3. 1. 1. 6. 5. 4. 2. 4. 3. 1. 4. 3. 5. 3. 2. 2. 1. 6. 4. 2.

a) Quelle est la moyenne des chiffres obtenus sur les 10 premiers lancers ? et sur les 10 suivants ? et sur les 10 derniers ?

b) Calculer la moyenne des trois nombres obtenus en **a)** ; ainsi que la moyenne des chiffres obtenus aux 30 lancers. Comparer ces deux résultats.

5 Tir à l'arc

Une **médiane** est une valeur qui partage l'effectif en deux groupes de même effectif. Par exemple, 12 est une médiane dans l'exercice 2, car il y a autant de notes inférieures à 12 que de notes supérieures (ou égales) à 12.

- Un tireur à l'arc effectue 20 tirs sur une cible graduée de 1 à 5.

Ses 16 premiers tirs ont donné les résultats suivants :
1. 2. 1. 4. 1. 3. 5. 4. 5. 1. 2. 3. 4. 5. 1. 2.

a) Donner une médiane de cette série de tirs ; ainsi que sa moyenne arrondie au dixième.

b) Ses quatre derniers tirs donnent une moyenne pour l'ensemble des tirs de 2,9 ; tandis que la médiane reste identique. Proposer des résultats correspondants à ces tirs.

Anglais

OBJECTIFS

Anglais

1 LE NOM : NOMBRE

Savoir

1 Dénombrables et indénombrables

	noms dénombrables
this, that the a(n) one	dog idea car flower
these, those the two, ten… ∅ (= *rien*)	dogs ideas

	noms indénombrables
this, that the ∅ (= *rien*) *a piece of	hair weather traffic information* furniture* luggage* news* advice* fruit*

Certains noms appartiennent aux deux catégories.

Ex. : *room* la place qu'on a — *a room* une pièce de la maison
coffee le café — *a coffee* un café *(a cup of coffee)*

2 Pluriels irréguliers

singulier	**pluriel**	**singulier**	**pluriel**
child	children	penny	pence
mouse	mice	woman	women
tooth	teeth	man	men
foot	feet	sheep	sheep

Savoir faire

Passage : singulier – pluriel

Pour passer du singulier au pluriel et vice versa, il faut vérifier :

- **Si le nom est dénombrable ou indénombrable**

– S'il est dénombrable, il peut se mettre au pluriel :
Ex. : What a good idea ! Your ideas are interesting.
– S'il est indénombrable, il ne peut pas se mettre au pluriel :
Ex. : Your luggage is heavy. (Vos bagages sont lourds.)
On peut cependant dénombrer avec certains noms indénombrables en utilisant *a piece of.*
Ex. : This really is a nice piece of furniture ! (C'est vraiment un beau meuble !)

- **Si le pluriel est régulier ou irrégulier**

Ex. : a book, ten books — *a baby, babies*
one sheep, two sheep — *one penny, twenty pence*

Faire

1 Dénombrable ou indénombrable ?

Mettre la lettre *D* ou la lettre *I* dans chaque case selon le cas.

☐ potatoes	☐ bread
☐ bags	☐ dogs
☐ luggage	☐ boys
☐ cheese	☐ exercises
☐ suitcase	☐ food

2 QCM

Cocher la bonne réponse

1. We had .... lovely weather last week.

☐ a ☐ ∅ ☐ an ☐ one

2. She gave me .... good advice.

☐ two ☐ a ☐ ∅ ☐ one

3. – .... your luggage heavy ? – No, I have only got one bag.

☐ is ☐ are ☐ were ☐ do

4. What a useful .... information !

☐ ∅ ☐ an ☐ piece of ☐ one

5. What .... delicious meal !

☐ ∅ ☐ this ☐ the ☐ a

6. .... is a substance used for making a stimulating drink.

☐ a coffee ☐ one coffee
☐ coffee ☐ coffees

3 What's on TV tonight ?

Voici des extraits de quelques programmes de télévision. Quels sont les mots qui ont été effacés ?

BBC 1

17.30 – Documentary : The dream has died.
1969 : the first .... on the Moon.
1986 : Challenger, the space shuttle, explodes. Five men and two .... die.

BBC 2

19.00 – Of .... and men.
The film version of John Steinbeck's novel.

ITV

10.00 – "Here .... the news", with John Knowall.
Followed by the weather forecast, and a .... of advice on traffic in London.

4 How singular !

Remplacer chaque mot souligné par le mot entre parenthèses, puis effectuer les transformations nécessaires pour passer au singulier.

1. They've got <u>two</u> dogs, <u>three</u> cats, <u>ten</u> children, and they live in <u>six</u> rooms. (*one*)
2. Have you read the paper today ? This is <u>∅</u> interesting news. (*an*)
3. <u>Ten</u> little mice and <u>two</u> big sheep were running in the field. (*a*)
4. What <u>∅</u> beautiful furniture ! (*a*)
5. It only costs <u>ten</u> pence. (*one*)

5 Odd man out

Quel est l'intrus dans chaque série, et pourquoi ?

1. mice, sheep, men, boxes, feet.
2. churches, cats, leaves, information, pupils.
3. hair, chair, advice, news, luggage.
4. room, flower, cow, bottle, packet.

2 LES QUANTIFICATEURS

Savoir

avec les dénombrables	
singulier	pluriel
every no	some (not) any no few a few (too) many several all a lot (of) lots (of) plenty (of) enough so } many as }

avec les indénombrables
some (not) any no little a little (too) much all a lot (of) lots (of) plenty (of) enough so } much as }

Savoir faire

Exprimer la quantité

- Une quantité nulle, avec **no** ou **not… any**

*Ex. : There **isn't any** milk today,* ou bien *There is **no** milk today.*

- Une quantité indéfinie, avec **any** (interrogation) et **some** (affirmation).

*Ex. : Is there **any** food in the house ?*
*Yes, there is **some** cheese.*

- Une petite quantité, avec **(a) little** : *(un) peu de,* **few** : *peu de,* **a few** : *quelques.*

*Ex. : I have **little** money and **few** friends.*
*Please, give me **a little** bread and **a few** pence.*

- Une quantité suffisante, avec **enough** et équivalente avec (**so**/**as**) **many**, (**so**/**as**) **much**.

*Ex. : You have **enough** time.*
*I've got **as much** money **as** you.*

- Une grande quantité, avec **much**, **many**, **a lot of**, **lots of***, **plenty of**.

*Ex. : You talk **a lot**, but you don't do **much**.*

- Une trop grande quantité, avec **too much** et **too many**.

*Ex. : He smokes **too many** cigarettes.*

- Une quantité représentant un ensemble de personnes ou de choses.

*Ex. : **All** passengers should remain seated.*
ou un seul élément de cet ensemble
*Ex. : **Every** passenger has a life jacket.*
ou plusieurs éléments de cet ensemble
*Ex. : **Several** passengers were sick.*

* langue plus familière.

Faire

1 I ♡ London

Compléter ce dialogue avec les quantificateurs suivants : *all, many, a lot of, little, a few.*
Chaque quantificateur n'est employé qu'une fois.

"Oh hello, Paul, nice to see you again. How did you like London ?"
"It was great. We had .... fun and .... sunny days. We had only .... drops of rain one day. We saw the Crown Jewels at the Tower of London yesterday, we wanted to go to Madame Tussaud's after that, but we had too .... time left. So we fed .... the pigeons in Trafalgar Square instead."

2 Méli-mélo

Quelle est la fin de chaque phrase commencée dans la colonne de gauche ? Les réponses sont mélangées dans la colonne de droite.

1. There isn't much traffic so	**A.** and a few biscuits, please.
2. I haven't got enough money	**B.** waiting on the platform.
3. Could I have some milk	**C.** I think we'll arrive on time.
4. Several people were	**D.** of phoning him.
5. I have no intention	**E.** to buy that book.

3 Connections

Quels sont les mots qui vont avec les quantificateurs indiqués ci-dessous ?

1. money	MUCH	**2.** friends
3. luggage	EVERY	**4.** train
5. camera	SEVERAL	**6.** cats
7. wind	A FEW	**8.** man
9. weeks		**10.** week
11. feet		**12.** penny

4 Where Shakespeare was born

Le texte suivant évoque la maison de Shakespeare à Stratford-upon-Avon. Chercher les quantificateurs, puis pour chacun d'eux retrouver ce qu'ils représentent dans la liste ci-dessous.

There are plenty of things to see for every member of the family : from the several original manuscripts by Shakespeare, to all the details about life in Elizabethan times. Do not forget to spend some time in Ann Hathaway's Cottage, a few miles from Shakespeare's birthplace.

1. la quantité est peu importante – **2.** une quantité indéterminée – **3.** plusieurs – **4.** un seul élément – **5.** une quantité importante – **6.** une quantité globale.

5 À vos ordres !

Remettre tous les éléments en ordre afin de constituer des phrases cohérentes.

1. but/I/good/have/some/not/friends/many/got/.
2. her/I/there/that/are/discuss/to/with/things/a/want/few/.
3. who/a/to/know/I/go/people/of/there/like/lot/would/.

3 LES TEMPS DU PRÉSENT

Savoir

1 Présent simple (present simple)

Verbe seul à toutes les personnes
sauf à la 3e personne du singulier → + s

*Ex. : to play → I **play** tennis every week.*
*He **plays** cards every evening.*

Remarque :
L'auxiliaire do* est obligatoire aux formes interrogative et négative.
*Ex. : I **don't** play*
*He **doesn't** play*

* devient does à la 3e personne du singulier.

2 Présent progressif (present continuous)

To be conjugué au présent + base verbale + **ing**
*Ex. : I **am** do**ing** an exercise.*

Savoir faire

Choisir entre présent simple et présent progressif

- **On utilise le présent simple :**

– s'il s'agit d'un état permanent ;
Ex. : I love horse-riding.

– si une action est habituelle ou répétée ;
*Ex. : Charles **plays** football every Saturday.*
*Sarah often **washes** her hair.*

– s'il s'agit d'une vérité générale ;
*Ex. : Water **boils** at 100 °C.*

- **On utilise le présent progressif :**

– s'il s'agit d'une action qui a lieu maintenant ou à un moment proche.
*Ex. : What **are** they do**ing** ? They **are** talk**ing** to the new teacher.*
*She **is** stay**ing** with us this week.*

– pour décrire ce qui s'applique au moment présent (position, attitude).
*Ex. : He'**s** sitt**ing** on the grass.*
*They'**re** kneel**ing** on the floor.*

- Par conséquent, **les deux présents renvoient à des aspects différents.**

Comparer :
*What **do** you **do** ?* (Que faites-vous dans la vie ?) → permanence
*What **are** you do**ing** ?* (Qu'êtes-vous en train de faire ?) → maintenant

- Reconnaître les **verbes qu'on ne met généralement pas à la forme progressive :**

Ex. : like, love, prefer, hate, wish, want, believe, understand, know, see, hear, etc.

Faire

1 Chercher l'erreur

Dans chacune des phrases, il y a une erreur de conjugaison ou de forme verbale. Corrigez-la.

1. The Prime Minister do not live here all the time.
2. Are you loving me ? — Of course I am.
3. Do you know why Alistair doesn't be here today ?
4. Are you understanding what I'm saying ?
5. John likes tennis and football. His sister prefer dancing and stamp-collecting.

2 The good choice

Est-ce le présent simple ou le présent progressif qu'il faut utiliser ?

1. Listen ! Victoria (*play*) the piano. She usually (*play*) classical music, but she (*play*) jazz now.
2. You (*believe*) in horoscopes ? — Definitely. This week, I (*not drive*) my car, as my horoscope said I might have an accident.
3. They (*know*) that water freezes at 0 °C ?
4. Elephants (*live*) longer than lions.
5. She (*like*) American literature ? — Yes, she (*read*) a novel by Hemingway at the moment.
6. I (*not understand*) : what you (*try*) to do with that computer ?

3 C'est le bon temps !

Oui, mais lequel ? À vous de décider laquelle des deux questions correspond à la réponse donnée.

1. A. How much does she weigh ?
B. How much is she weighing ?
About 120 pounds.
2. A. What time does your baby-sitter arrive ?
B. What time is your baby-sitter arriving ?
At 8 o'clok usually.
3. A. Where do you come from ?
B. Where are you coming from ?
From Dallas, Texas.
4. A. Are you playing golf this week ?
B. Do you play golf ?
I'd like to, but I've got too much work to do just now.
5. A. What do you do ?
B. What are you doing ?
I'm a dentist.

4 Express yourself

Trouver le dessin correspondant au personnage qui exprime :

A. Une action ponctuelle
B. Un état permanent
C. Une action habituelle (deux réponses).

5 Combinaisons

Combien de combinaisons correctes pouvez-vous faire à partir des éléments de chaque colonne ? (N.B. ∅ = rien).
Ex. : "He doesn't go" est une combinaison correcte

He	**1.** ∅	**A.** go
	2. is	**B.** going
	3. doesn't	**C.** goes

We	**1.** is	**A.** waiting
	2. are	**B.** wait
	3. do	
	4. doesn't	
	5. don't	

1. Does	she	**A.** work ?
2. Do		**B.** working ?
3. Are		**C.** works ?
4. Is		
5. ∅		

4 LES TEMPS DU PASSÉ

Savoir

1 Prétérit simple (past simple)

- **Verbes réguliers :** base verbale + **ed**

*Ex. : to play → he play**ed**.*

- **Verbes irréguliers :** voir liste

Remarque : l'auxiliaire **did** est obligatoire aux formes interrogative et négative.

*Ex. : **Did** you play ? I **didn't** play.*

2 Prétérit progressif (past continuous)

To be au prétérit + base verbale avec **ing**.

*Ex. : He **was** play**ing**. They **were** think**ing**.*

Savoir faire

Choisir entre prétérit simple et prétérit progressif

- **On utilise le prétérit simple :**

– s'il s'agit d'une action terminée, dont la date est précisée ou connue de tous ;

Ex. : He came to Paris in 1990.

*Christopher Colombus **discovered** America.*

– comme temps de la narration au passé pour évoquer une série d'actions passées qui se déroulent consécutivement ;

*Ex. : The little girl who **lived** in the forest **said** goodbye to her mother, **shut** the door and **began** to walk.*

– s'il s'agit d'une action habituelle dans un passé qui est révolu ;

*Ex. : He **visited** his grandmother every day when he **was** young.*

Remarque : on peut exprimer la même idée en employant **used to** + base verbale.

*Ex. : He **used to** visit his grandmother every day.*

- **On utilise le prétérit progressif :**

– s'il s'agit d'une action en cours à un moment particulier du passé ;

*Ex. : Yesterday at 6, I **was** do**ing** my homework.*

– pour décrire ce qui s'appliquait à un moment passé ;

*Ex. : It was a perfect day : the sun **was** shin**ing**, the birds **were** sing**ing**.*

- **Les deux prétérits** peuvent se trouver **dans la même phrase**, le prétérit simple venant interrompre l'activité décrite par le prétérit progressif.

*Ex. : While we **were** play**ing** tennis, it **began** to rain.*

*Mary **was** watch**ing** TV when I arriv**ed**.*

Faire

1 Interviewing Mr Levi Strauss

Afin de connaître l'histoire du jean Levis, il faut compléter les questions posées au sujet de son inventeur. Pour cela, utilisez le verbe proposé entre parenthèses en le mettant à la forme et au temps voulus.

"............. Levi Strauss American ?" (*be*)
"No, he wasn't, he was Bavarian."

"............. in Bavaria all his life ?" (*live*)
"No, he emigrated to the USA during the Gold Rush."

"What (job) .... ?" (*do*)
"He was a clothing merchant in San Francisco."

"Why .... rivets to the corners of pockets ?" (*put*)
"So that the pockets would not tear."

2 Histoire, histoires

Voici une succession de phrases ; à chacune d'elles attribuez une lettre selon ce que leur(s) forme(s) verbale(s) au prétérit indique(nt).

A. action terminée – date précisée.
B. action passée interrompue par une autre.

1. Little Red Riding Hood's Grandma was sleeping when the wolf knocked on the door. ....
2. In 1066, William the Conqueror invaded Britain and established the Norman monarchy. ....
3. While Alice was looking at the Cheshire cat, it suddenly disappeared. ....
4. When John Steinbeck was visiting Texas in 1960, he realized desegregation was not easy. ....
5. The Pilgrim Fathers sailed to America in 1620. ....
6. One century ago, American Indians were put onto reservations. ....

3 Le bon vieux temps

Est-ce prétérit simple ou le prétérit progressif ?

A. THE TEDDY BEAR was named after the US President Theodore (Teddy) Roosevelt. People (*know*) him as a bear hunter. One day, while Roosevelt (*hunt*), he (*save*) the life of a bear cub. The Washington Post (*illustrate*) the story, and that is why toy bears (*become*) known as teddy bears.

B. It was while John Montagu, 4th Earl of Sandwich, (*play*) cards that he (*order*) his valet to bring him food to the table. The valet (*bring*) cold beef between two slices of bread. Soon it (*become*) known as A SANDWICH.

4 QCM

Cocher la bonne réponse.

1. Christopher Columbus .... America in 1492.
☐ was discovering ☐ discovered
☐ was discovered

2. I .... the news while I .... breakfast.
☐ heard/prepare ☐ hear/was preparing
☐ heard/was preparing

3. The school-leaving age .... be 14. Now it's 16.
☐ was being ☐ was ☐ used to

4. For their mother's fiftieth birthday, they .... to send her five dozen roses.
☐ used ☐ decided ☐ were deciding

5. While I .... the shopping this morning, somebody .... my purse.
☐ was doing/stole ☐ did/was stealing
☐ used to do/stole

6. When .... her last ? One week ago.
☐ did you meet ☐ you were meeting
☐ met you

7. When .... school ? When I was 16.
☐ you left ☐ leaved you ☐ did you leave

5 POSSESSION – PRONOMS RÉFLÉCHIS ET RÉCIPROQUES

Savoir

1 Adjectifs et pronoms possessifs

	adjectif possessif	pronom possessif
Ex. : Whose book is it?	*It is* **my** *book,*	*it's* **mine**
	It is **your** *book,*	*it's* **yours**
	It is **his** *book,*	*it's* **his** *(it is John's)*
	It is **her** *book,*	*it's* **hers** *(it is Mary's)*

« Possesseur » neutre : *That's a beautiful rose. Look at* **its** *colour.*

Whose books are these ? *They are* **our** *books, they are* **ours**
They are **your** *books, they are* **yours**
They are **their** *books, they are* **theirs**.

2 Cas possessif

singulier	pluriel
*Ex. : The boy***'s** *father*	*The children***'s** *toys*
∅ *John***'s** *father*	*The boys***'**∅ *toys*
∅ *James***'s** *father*	

3 Pronoms réfléchis et pronoms réciproques

- Réfléchis ↩ myself, yourself, himself, herself, itself, ourselves, yourselves, themselves.
- Réciproques ⇆ one another
  ou ⇆ each other

Remarque :
Savoir différencier les pronoms réfléchis (renvoi au sujet) des pronoms réciproques (renvoi à l'autre ou aux autres).
Ex. : They killed **themselves**. *(Ils se sont suicidés.)*
They killed **one another**. *(Ils se sont entretués.)*

Savoir faire

Exprimer l'appartenance

- Utiliser les marqueurs de la possession pour répondre à une demande d'information.

Ex. : Does this bike belong to Gary ? No, I'm sure it isn't **his**.
Do you know Mike ? Yes, he is a friend of **mine** *(= one of* **my** *friends)*

- Utiliser le cas possessif lorsque le possesseur est une personne ou un animal, mais pas avec un objet.

*Ex. : Mr Brown***'s** *umbrella* mais *the TV screen* (nom composé)

- Utiliser le cas possessif avec des expressions de temps ou de distance.

*Ex. : four miles***'** *walk – two weeks***'** *holiday.*

Faire

1 's ou '

Mettez la marque du cas possessif (soit 's, soit ') dans l'espace réservé à cet effet.

1. the children .... bicycles
2. the princess .... wedding
3. the women .... room
4. the girl .... dress
5. the boys .... uniforms
6. St James .... park
7. my boss .... office
8. Sarah .... handbag

2 Proverbs

Placez la marque du cas possessif correctement sur les mots soulignés dans chacun de ces proverbes.

1. Don't neglect your own business to look after other people.
2. Everybody friend is nobody friend.
3. An Englishman home is his castle.
4. You have found a mare nest.
5. It's a bold mouse that nestles in the cat ear.
6. It's no good to poke one nose into other people affairs.
7. One hour sleep before midnight is worth three afterwards.
8. It's the last straw that breaks the camel back.

3 Combinaisons

Selon le cas, faites des mots entre parenthèses un cas possessif ou un nom composé.

1. I have met my (girlfriend/sister). *2 solutions ici.*
2. He always listens to his (advice/teachers).
3. I tried on one of my (coats/mother).
4. Could you get me (yesterday/newspaper) ?
5. I think I have lost my (ticket/bus).
6. We'll meet tonight at the (pub/village).
7. Let's have (ten minutes/break).

4 Giving information

Vous tenez un stand d'information dans un centre commercial. Que répondez-vous à ces questions ?

Ex. : I want to buy some fruit → Go to the grocer's.

1. I want to buy some bread.
2. I think I'm ill.
3. I need a haircut.
4. I need some medicine.
5. It's my girlfriend's birthday. Where can I buy some flowers ?

5 QCM

Tick the correct answer

1. Let him in, he is a friend of ....
☐ me ☐ mine ☐ my

2. See you next year. Take care of ....
☐ you ☐ yours ☐ yourself

3. She could not stop looking at .... in the mirror.
☐ herself ☐ her ☐ each other

4. Is that car .... or your .... ?
☐ your/husband's ☐ yours/husbands' ☐ yours/husband's

5. We see .... every week.
☐ ourselves ☐ themselves ☐ each other

6 EXCLAMATION FORME EMPHATIQUE

Savoir

1 Exclamation

- **Such** / **What** } a + adjectif + dénombrable singulier

  Such / **What** } ∅* + adjectif + dénombrable pluriel ou indénombrable

Ex. : (It is) such a beautiful hat !
What a beautiful hat (you have) !
(We had) such terrible weather !
What lovely flowers !

* ∅ = rien.

- **How** + adjectif ou adverbe

Ex. : How nice he is !
How well she sings !

- **So** + adjectif

Ex. : I'm so glad !

2 Forme emphatique (emphasis)

- **Forme affirmative seulement**

sujet + **do*** + verbe : présent
sujet + **did** + verbe : prétérit
Ex. : I do like this book. (J'aime beaucoup ce livre.)
She did look ridiculous. (Elle avait vraiment l'air ridicule.)

- **Impératif**

do + verbe
Ex. : Do sit down. (Je vous en prie, asseyez-vous.)

* does à la 3e personne du singulier.

Savoir faire

Exprimer des sentiments

- Insister sur une caractéristique avec **what**, **such**, **so**, **how** et avec la forme emphatique.

Ex. : I ***do*** *believe he will succeed.*
Right, he's ***such*** *a clever boy !*

- Exprimer à partir de là toute une gamme de sentiments.

Ex. : You talk ***such*** *nonsense = disapproval* (désapprobation).
How *rude he is !* = indignation.
How *clever at maths she is !* = admiration.
What *a terrible noise !* = fear (peur).
It's ***so*** *amazing !* = surprise.

Faire

1 After the exhibition

Complete the discussion Mr. and Mrs. Scan are having after their visit to an art gallery by underlining the correct choice at each number.

Mr. Scan. That was so boring !
Mrs. Scan. On the contrary, it was (1. *such – how – so*) an interesting evening !
Mr. Scan. (2. *what a – how a – what*) ridiculous paintings !
Mrs. Scan. What do you mean ? I think they are (3. *so – such – how*) brilliant ! Particularly the one called "Nothing, no one". (4. *What an – what – what a*) beautiful colours ! The blues ! The reds !
Mr. Scan. You know I'm colour-blind.
Mrs. Scan. And don't you think the sculpture of "An unhappy toothbrush" is wonderful ? It is (5. *such – such an – what*) interesting idea !
Mr. Scan. I'll never get used to modern art. I (6. *was – does – did*) try hard, you know, but that was the limit !...

2 Say it differently

Réécrivez cette phrase en utilisant le mot entre parenthèses et en effectuant les transformations nécessaires (la nouvelle phrase doit avoir le même sens que l'autre).

1. What a pretty girl Charles's sister is ! (*such*)
2. How tall the skyscraper is ! (*so*)
3. I had such a horrible nightmare last night ! (*what*)
4. The weather we had in Ireland was so lovely ! (*such*)
5. These exercises are so easy ! (*how*)

3 Quotations from literature

Faites correspondre chaque citation à la notion qu'elle exprime.

A. Admiration
B. Emphasis (2 answers)
C. Disapproval
D. Self-approval

1. Yet I do fear thy nature ;
It is too full of the milk of human kindness
To catch the nearest way

W. Shakespeare, *Macbeth.*

2. What dreadful nonsense we are talking !

L. Carroll, *Through the looking-glass.*

3. How beauteous mankind is !

W. Shakespeare, *The Tempest.*

4. How proud I am to be English !

S. Townsend, *The secret diary of Adrian Mole.*

5. Do let me speak to your mistresses.

C. Brontë, *Jane Eyre.*

4 Come to Scotland

Quelques mots ont été effacés dans cet extrait. À vous de les retrouver en choisissant parmi ***what***, ***such***, ***so*** ou ***how***.

Scotland : a land of lochs and mountains, rivers and glens. It is a wild country, and yet .... a gentle one ! .... free it is ! .... peaceful ! The air is .... fresh ! Far away from the noise and fumes of the city. Come in winter if you are a bird-lover. The geese, the ducks and the birds of prey are .... beautiful to watch ! Come in spring if you like flowers. Come the rest of the year to hike over the moors. .... wonderful views you will enjoy !

7 PRESENT PERFECT FOR, SINCE

Savoir

1 Present perfect simple

To have* + participe passé régulier (= base verbale + ed)
*Ex. : I **have** play**ed**.*

To have* + participe passé irrégulier (voir liste p. 162)
*Ex. : She **has understood**.*

2 Present perfect continuous (progressif)

Have* been + base verbale avec ing
*Ex. : He **has been** study**ing**.*
*   **Have** you **been** watch**ing**…?*

* Has à la 3e personne du singulier.

3 For, since

For + durée
*Ex. : He has been ill **for** a week.*

Since + point de départ
*Ex. : He has been ill **since** Monday.*

Savoir faire

Comment employer correctement le present perfect

Le present perfect est un temps qui relie le passé au présent.

- On utilise donc le present perfect simple pour une action passée dont la date est inconnue ou sans importance. Seul compte le résultat maintenant.
Ex. : Comparer :
***Have** you **read** a novel by Agatha Christie ?*
Yes, I read one last week (present perfect ≠ prétérit).

- On l'utilise par conséquent avec des marqueurs de temps imprécis tels que : **never, ever, always, not… yet** et avec **just** pour indiquer que l'action vient de se faire.
*Ex. : **I have** just **seen** the most beautiful girl.*

- On l'utilise aussi pour une action commencée dans le passé, qui se continue dans le présent.
*Ex. : I **have been** here since Easter* = je *suis* là depuis Pâques.

- On utilise le **present perfect continuous** pour insister sur l'aspect duratif de l'action.
*Ex. : We'**ve been** play**ing** tennis for two hours.*
Mais on ne l'utilise pas avec certains verbes qu'on ne met généralement pas à la forme progressive (voir chapitre 3, SAVOIR FAIRE).
Ex. : I've loved her since I met her.

Faire

1 For ou since

Complétez chaque phrase soit avec **for**, soit avec **since**.

1. She has been working .... three hours.
2. She has been working .... three o'clock this afternoon.
3. This tree has been there .... a very long time.
4. He has been ill .... last week.
5. Have you been waiting long ? Yes, ... an hour and a half.
6. She has been studying Greek .... the beginning of the year.
7. It has been raining .... more than a week.
8. They haven't spoken to him .... several months.
9. My uncle hasn't had a holiday .... ages.
10. I haven't bought new clothes .... the end of last year.
11. He hasn't done any work .... the last few weeks.

2 The good choice

Preterit ou present perfect simple ? Mettez les verbes entre parenthèses au temps et à la forme qui conviennent.

1. I (*not eat*) anything since breakfast.
2. He (*go*) out twenty minutes ago.
3. I (*not be*) ill for ages.
4. When you (*see*) him for the last time ?
5. She never (*play*) squash.
6. We just (*receive*) your invitation.
7. I (*give up*) smoking several years ago.
8. I (*begin*) studying Japanese in March last year.
9. The postman (*not come*) yet.
10. I never (*hear*) such nonsense.

3 The matching game

Join the phrases in columns A and B to make as many correct sentences as possible.

A	B
1. He's been there	**a.** for a month.
2. He went there	**b.** since July 1st.
3. Have you been working	**c.** a year ago.
4. Did you work	**d.** before lunch.
5. Have you seen them	**e.** for quite a long time.
6. Did you talk to her	**f.** yesterday ?
	g. since we left ?
	h. when you were at school.

4 The English-speaking world

Mettez le verbe entre parenthèses au present perfect simple ou continuous et complétez l'espace avant le marqueur de temps avec **for** ou **since**.

1. Wellington (*be*) the seat of government .... 1865.

2. Maoris (*live*) there .... centuries.

3. Australia (*have*) kangaroos .... a long time.

4. Blacks (*be*) American citizens .... 1868.

5. The Statue of Liberty (*stand*) on the island .... more than a century.
6. Kennedy (*be*) dead .... 1963.

8 LE FUTUR – « DÉJÀ » ET « ENCORE »

Savoir

1 Le futur

- Toutes les personnes

Will + verbe

*Ex. : **I'll** (I will) come with you.*
*   **Will** you come with me ?*
*   They **won't** (they will not) come.*

Going to + verbe

*Ex. : I'm **going to** do my homework.*
*   Are you **going to** read that book ?*
*   It isn't **going to** rain.*

- Auxiliaire réservé à la 1re personne singulier et pluriel à la forme interrogative seulement : shall.

Shall + sujet + verbe

Ex. : Shall we go to the pictures ?

Attention !

proposition principale au futur + proposition subordonnée de temps au présent en anglais

Ex. : I'll have a car when I am 18.

2 Déjà, encore

Affirmation : **already** (déjà) — *Ex. : Sandra has **already** arrived.*
Négation : **not… yet** (pas encore) — *Ex. : Sandra is**n't** here **yet**.*
Interrogation : **yet** (déjà) — *Ex. : Has Sandra come **yet** ?*
Continuité : **still** (encore) — *Ex. : I **still** love you.*
Répétition : **again** (encore) — *Ex. : I won't do it **again**.*

Savoir faire

Exprimer des faits à venir

- Avec l'auxiliaire **will** : exprimer le futur.

L'auxiliaire **shall** est réservé pour faire des suggestions, demander un conseil.

*Ex. : She **will** be 18 next month.*
*   **Shall** I open the door for you ?*

- Avec la structure **going to** pour une conviction ou une intention.

*Ex. : It's **going to** be very cold today.*
*   I'm **going to** stop smoking.*

- Avec le **present continuous** pour annoncer une action future, arrangée à l'avance.

Ex. : I'm taking the 8.45 plane to London tomorrow.

- ATTENTION ! Bien veiller à la concordance des temps dans une subordonnée introduite par **when**, **as soon as**, etc.

Ex. : As soon as the phone rings, I'll answer it.

Faire

1 Missing words

Complete with the following words :
yet – already – again – as soon as
(Certains mots peuvent être utilisés deux fois.)

1. .... she comes tomorrow, I'll give her a video tape.
2. I'm sure I've seen this man somewhere. Yes, I've .... seen him too.
3. Have you ever been to the States ? Not ...., but I'd love to.
4. He'll phone us .... we arrive.
5. If you do that ...., you'll be punished.

2 À vous de corriger !

Dans chaque phrase, barrez la réponse incorrecte.

1. The longest word known to most English people (is/will be) "supercalifragilisticexpialidocious". The film "Mary Poppins" (made/has made) it popular in 1964.
2. The English words "algebra" and "zero" (originate/are going to originate) from Arabic.
3. The word "boycott" (is coming/comes) from the name of an Irishman, Captain Charles Cunningham Boycott.
4. The first Roman Emperor, Augustus Caesar, (has wanted/wanted) a month named in his honour.
5. (Do you know/Are you knowing) the origin of the word "hooligan" ?

4 Combinaisons

How many correct sentences can you make from the elements ?

A	B
1. Will you	**a.** to come with us ?
2. Are you going	**b.** with us ?
3. Are you coming	**c.** come with us ?
4. They aren't going to	**d.** come with us.
5. they won't	**e.** will come with us
6. When will they	

5 Say it differently

Complétez chaque blanc avec un seul mot afin que la phrase obtenue ait le même sens que la précédente.

1. I intend to take up jogging next week.
I'm .... to take up jogging next week.
2. His plans are to fly to Switzerland.
He is .... to Switzerland.
3. He has been working since 8 p.m. Now it's 10 p.m.
It is 10 p.m. and he is .... working.
4. Could you repeat your name, please ?
Could you say your name ...., please ?
5. Breakfast is still being prepared.
Breakfast is not ready ....

3 They have expressed themselves

Trouvez la personne qui exprime ou annonce :
1. un événement futur arrangé à l'avance — **2.** une intention — **3.** une continuité — **4.** une répétition.

9 CONDITIONNEL – INTERROGATIFS

Savoir

1 Conditionnel présent

Would + verbe

Ex. : I'm sure she'd (she would) do it.
Would she do it ?
She wouldn't (would not) do it.

Concordance des temps		
Principale au **futur** + if + subordonnée au **présent** *Ex. : I'll do it*	*if*	*I have time*
Principal au **conditionnel présent** + if + subordonnée au **prétérit** *Ex. : I'd do it*	*if*	*I had time*

2 Mots interrogatifs

who (qui) – **whose** (à qui) – **what… like ?** (comment…? apparence) – **how often** (tous les combien) – **why** (pourquoi) – **when** (quand) – **where** (où) – **how much, how many** (combien) – **how far** (à quelle distance) – **how long** (quelle longueur/combien de temps) – **how old** (quel âge) – **how heavy** (combien pèse…) – **how tall** (combien mesure) – **how high** (quelle hauteur) – **what, which** (which = choix plus limité – quel).

Savoir faire

Employer l'auxiliaire would

- Pour exprimer l'imaginaire ou l'hypothèse
Ex. : If I won £10,000, I ***would*** *travel.*

- Pour exprimer un souhait
*Ex. : I'****d*** *like to go now.*

- Pour exprimer un conseil avec le verbe être dans la subordonnée
Ex. : If I were you, I ***would*** *go on a diet.*
(**were** est préférable à **was** dans une phrase qui comporte un conditionnel.)

Faire

1 O.K.

How many correct combinations can you make from the table?

I	**1.** could go out with you **2.** 'll go out with you **3.** would go out with you	if I	**a.** am not busy **b.** were not so busy **c.** would be busy

If	**4.** you go to Washington **5.** you went to Washington **6.** you would go to Paris	what	**a.** did you visit? **b.** will you visit? **c.** would you visit?

2 Find the proverb

Trouvez le mot correspondant à chaque définition, puis découvrez un proverbe anglais en plaçant bout à bout tous les mots trouvés.

1. Word expressing condition (2 letters).
2. Synonym of "desires" (6 letters).
3. Past simple of "to be", 3rd person plural.
4. You ride them (6 letters).
5. Poor people (7 letters).
6. Auxiliary of the conditional.
7. You can ……… a horse (4 letters).

3 Mettre au style indirect

1. He said: "If I sing well, I'll become a pop star".
He said that if……………………………………………
2. She said: "I'll go for a walk if I feel better."
She said that ……………………………………………
3. He said: "I'll like it if I teach Maths."
He said that ……………………………………………
4. John said: "If I speak three languages, I'll find a job as an interpreter."
John said that……………………………………………
5. She said: "I'll help her if she doesn't understand."
She said that ……………………………………………
6. Lisa said: "I'll do it if I can."
Lisa said that ……………………………………………
7. He said: "I won't go to the dentist's if it hurts."
He said that ……….
………………………

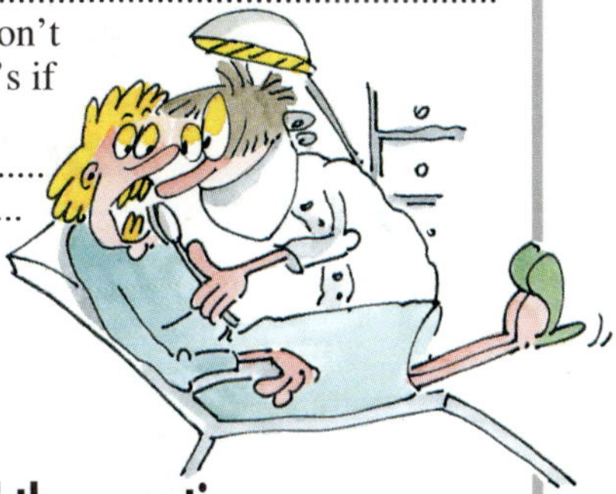

4 Find the question

Quelle est la question qui a pour réponse le(s) mot(s) souligné(s) dans chacune de ces phrases?

1. She'd like to have a camera for her birthday.
2. They've got four = three girls and one boy.
3. I'm 15, but my brother is only 6.
4. He's tall, dark, and he's got glasses.
5. To the swimming-pool? Usually once a week.
6. They've known each other for a year.
7. It wasn't my idea, it was his.
8. It's only ten miles from here.

5 Express yourself: imagine

What would you answer if someone asked you the following questions?

Ex.: What would you choose to be if you were a bird?
→ *If I were a bird, I would choose to be an eagle.*

- What would you choose to be if you were

1. a flower? **2.** a country?
3. a colour? **4.** a national dish?

- Who would you choose to be if you were

5. a famous writer? **6.** an actor/actress?
7. a sportsman/sportswoman? **8.** a historical character?

10 MODAUX ET ÉQUIVALENTS

Savoir

Présent	Prétérit	Tous les temps
can + base verbale	could + base verbale	be able to manage to (équivalents de can)

Remarque :
- Les auxiliaires modaux s'utilisent seulement aux temps qui existent, à la différence des équivalents.
- Les modaux s'utilisent à la même forme pour toutes les personnes.

Savoir faire

Pouvoir : comment l'exprimer ?

- Exprimer la capacité ou l'incapacité à faire quelque chose avec **can**, **could** ou **be able to**.

*Ex. : **Can** you speak Chinese ?*
*He **could**n't do it.*
*She'll **be able to** come with us.*

- Traduire une idée de réussite ou d'échec avec **manage to**.

*Ex. : They've **managed to** find the solution.*

- Exprimer une impossibilité avec **can't**

*Ex. : You **can't** smoke in this room.*

- Emploi de **can** avant les verbes de perception

*Ex. : Speak up ! I **can't** hear you.*

- Emploi de **can** et **could** pour formuler une demande polie, demander une permission. Pour accorder cette permission, on utilise **can**.

*Ex. : **Can** I go to the party ?*
***Could** I go to the party ?* (plus poli)
*Yes you **can**.*

Faire

1 QCM

Choose the grammatically correct solution.

1. When I was in New York, I .... to go to the top of the World Trade Center, the elevators were out of order.

☐ wasn't able ☐ couldn't ☐ could

2. If you go to Australia in December, you .... to spend a lot of time on the beach.

☐ can ☐ will be manage
☐ will be able

3. "Do you know whose book this is?" "No, I don't, but it .... be mine."

☐ can to ☐ be able to ☐ can't

4. You know the house I bought in Scotland? Well, I .... see Ben Nevis from my window.

☐ can ☐ am able ☐ can to

5. How old do you think he is? He .... be older than ten.

☐ cans ☐ can't ☐ couldn't

2 Easter eggs

Mettre les verbes entre parenthèses au temps qui convient.

The tradition of giving decorated eggs at Easter must be very old. It probably originated in China a long time ago: people (*can/give*) eggs to one another at springtime, which meant the revival of nature. In the 1950's, people (*be able to/buy*) chocolate eggs in beautiful boxes. Next Easter, you (*be able to/decorate*) your own eggs. Use hard-boiled eggs that you (*can/paint*) any colour you like.

3 Remise en ordre

Faites une phrase cohérente en utilisant tous les éléments proposés :

1. to / I / able / my / been / hands / have / on / walk / never /.
2. he / am / be / can't / I / serious /sure / ! /
3. time / do / a / you / give / little / can / us / more / to / exercise / the / ? /

4 Le bon temps

Accorder le modal des phrases suivantes au temps qui convient en tenant compte de l'élément entre parenthèses. Utiliser un équivalent si besoin est.

1. He can swim very well (*when he was a child*).
2. I can't phone you (*tomorrow*) but perhaps I can come (*next Sunday*).
3. Can you do your Christmas shopping (*yet*)?
4. I can't do it (*last week*).
5. I can't find the solution (*yet*).

5 Hidden words

Find the modals or equivalents hidden in the diagram (they may be vertical or horizontal).

	1	2	3	4	5	6	7	8
A	C	O	U	L	D	N	B	A
B	X	Z	V	B	Y	C	O	B
C	L	J	C	A	N	Z	M	L
D	T	V	X	A	D	H	A	E
E	Y	E	J	N	O	G	N	C
F	G	B	H	M	Q	S	A	N
G	B	U	W	S	Z	T	G	U
H	D	M	E	K	A	P	E	R

11 MODAUX ET ÉQUIVALENTS

Savoir

Présent	Présent	Tous les temps
Toutes formes	Forme négative uniquement	
• must • have got to • may + base verbale	needn't + base verbale	• have to (équivalent de must) • be allowed to (équivalent de may)

• Voir remarque p. 144

Savoir faire

Autoriser ou devoir : comment l'exprimer ?

• Exprimer l'obligation avec **must** ou son équivalent **have (got) to**.
Si on emploie **have (got) to**, l'obligation n'est pas nécessairement décidée par le locuteur.

*Ex. : You **must** go to bed, children, it's late.*
*I'**ve got to** wear glasses now.*
*She **had to** call the doctor, her son had a temperature.*

• Exprimer l'interdiction avec **mustn't**.

*Ex. : You **mustn't** smoke in public places.*

• Exprimer l'absence d'obligation avec **don't have to**, **needn't**.

*Ex. : You **needn't** come if you don't want to.*

• Exprimer la permission avec **may** ou son équivalent **be allowed to**

*Ex. : **May** I go with you ?*

(Dans une langue plus familière, on dirait : *Can I go with you ?*)

• Exprimer une très forte probabilité, presque une certitude, avec **must**

Ex. : There's someone at the door.
*It **must** be the postman.*

Faire

1 Matching

How many correct combinations can you make from the columns ?

	A		B
1.	She's got	**a.**	to wear glasses now
2.	They must	**b.**	wait
3.	I don't have	**c.**	to pass the test
4.	You needn't	**d.**	get up at 6
5.	He won't have		

2 An original American religion

Read the following passage about the Amish, and use it to complete the sentences below.

1. The men wear felt or straw hats and dark clothing. **2.** They use no buttons on outer clothing. **3.** However, they use them on inner clothing. **4.** The men remain clean-shaven until they are married.
5. The married women wear black bonnets and black or dark-colored dresses. **6.** They wear no jewelry or cosmetics.

If you are an Amish man, you must (1)
you mustn't (2)
you may (3)
you must (4)
If you're an Amish woman, you must (5)
you mustn't (6)

3 Mustn't or do(es)n't have to ?

Choose the solution that corresponds to the meaning of the sentence.

1. Your little brother can look at the butterfly collection, but he .... touch anything.
2. You .... earn a lot of money to buy that house, it is very cheap.
3. I've got an umbrella, Patricia .... bring hers.
4. Remember that you're in a hospital, and that you .... smoke.
5. Students .... leave the school without asking permission first.
6. My Dad .... go to his office tomorrow, it's Saturday.
7. You .... do it now, you can do it later if you like.

4 Say it differently

Reformulez les phrases suivantes en utilisant le modal ou l'équivalent proposé.

A. équivalent: have to

1. It was necessary for her to do the exercise all over again. She…
2. He isn't obliged to come if he doesn't want to. He…
3. It will be necessary for you to be very careful when driving in Scotland. You…

B. modal: needn't

4. You don't have to wash the plates, we've got a dishwasher. You…
5. My grandfather is not deaf, you're not obliged to shout. You…

5 The American Blacks

Quel personnage exprime :

a. un refus de permission. **b.** une obligation. **c.** une absence d'obligation. **d.** une permission au futur.

12 MODAUX ET QUASI-MODAUX

Savoir

Probabilité		Conseil		Suggestion	
• may not • might (not)	+ base verbale	• should (not) • ought (not) to • had better* (not)	+ base verbale	• will • would • shall	+ base verbale ?

* quasi modal.

Savoir faire

Comment exprimer la probabilité, le conseil ou la suggestion ?

• Exprimer l'éventualité avec **may** et la probabilité réduite avec **might** (avec could dans la langue familière).

Ex. : You ***may*** *find driving on the left a little difficult.* (Il se peut que vous trouviez…)

I ***might*** ** go out this evening, I'm not sure yet.* (Il se pourrait que je sorte…)

(* I could… = plus familier)

• Exprimer un conseil avec **should**, **ought to** et une recommandation avec **had better**.

Ex. : You ***should****n't eat so many sweets, it's bad for your teeth.*

Had*n't they* ***better*** *hurry? They're going to be late !*

• Exprimer une proposition ou une suggestion à la forme interrogative avec **shall** (1re personne singulier et pluriel), **will**, **would**.

Ex. : ***Shall*** *I close the window ?*

Will *you have something to drink ?*

Would *you open the door for me, please ?*

Faire

1 Translate into English

1. Tu ferais bien de m'écouter au lieu de rêver.
2. Il se pourrait que Jenny arrive bientôt.
3. Vous voulez bien me donner une tasse de thé ?
4. Vous devriez écouter les informations plus souvent.
5. Si nous allions nous promener ?

2 Matching

How many correct combinations can you make from the columns ?

1.	Should I stay or	**a.**	immediately.
2.	Shall I dial the number	**b.**	had I better go ?
3.	Would you	**c.**	should I go ?
4.	You'd better start	**d.**	for you ?
		e.	help me, please ?

3 What's wrong ?

There is something wrong in the word on the left. Correct the mistake, using an expression with should.
Ex. : miss Jones → the word "miss" should be written with a capital letter.

1. ıt	• There .... a dot over the first letter.
2. allright	• The words .... joined.
3. Shakespeare's "othello"	• "othello" .... written with a capital letter.
4. I love chips and fish	• The word "fish" .... before "chips".

4 Say it differently

Reword the following sentences with a modal auxiliary from Chapter 12.

1. Perhaps it will not rain today.
2. Do you want me to start reading ?
3. What about you and I going to the seaside for the week-end ?
4. I advise you to stop smoking.

5 QCM

Pour répondre à ce QCM, il est nécessaire de reprendre les chapitres 10, 11, 12 sur les modaux.

1. I've never .... to learn how to play the violin.
☐ can ☐ was able ☐ been able

2. You .... keep milk in a clean, covered bottle.
☐ have better ☐ should ☐ ought

3. If you want to lose weight, you'll .... go on a strict diet.
☐ need ☐ must ☐ have to

4. Has she .... to find a job ?
☐ managed ☐ able ☐ can

5. I think you .... go and have your eyes tested.
☐ ought to ☐ should to ☐ needn't to

6. The buses were on strike, I .... take a taxi.
☐ could ☐ had to ☐ must

7. With the Channel tunnel, people .... go to England more quickly.
☐ be able to ☐ can to ☐ can

8. If people didn't have washing machines, they .... wash by hand.
☐ would have to ☐ had better to
☐ ought

13 TAGS – RÉPONSES COURTES

Savoir

1 Tags

Phrase principale +	tag
négative *Ex. : John hasn't seen that,*	positif (auxiliaire + pronom personnel sujet) *has he ?*
affirmative *Ex. : You went there in August,*	négatif (auxiliaire + not contracté + pronom personnel sujet) *didn't you ?*

Remarque : Tag de l'impératif 1re personne → **shall we ?**
2e personne → **will you ?**

2 Réponses courtes

- **Similarité**

Phrase principale positive → **so** + auxiliaire + sujet
*Ex. : Bob loves tennis → **so** does Jenny.*
Phrase principale négative → neither + auxiliaire + sujet
ou → sujet + auxiliaire + not (contracté) + **either**
*Ex. : She isn't here → **Neither** is he.*
*→ He isn't **either**.*

- **Constraste**

Phrase principale positive → sujet + auxiliaire + not (contracté)
*Ex. : They knew → we did**n't***
Phrase principale négative → sujet + auxiliaire
Ex. : I can't see it → I can.
Remarque : Pour les tags comme pour les réponses courtes, lorsqu'il n'y a pas d'auxiliaire dans la phrase principale, on prend **do** au présent et **did** au passé.

Savoir faire

S'informer, proposer, ordonner

- Demander si quelqu'un est d'accord avec ce qui est dit en employant un **tag**.
*Ex. : They are away on holiday, **aren't they** ?*

- Faire une suggestion → **tag de l'impératif** 1re personne
*Ex. : Let's go to the pub, **shall we** ?*

- Atténuer un ordre → **tag de l'impératif** 2e personne.
*Ex. : Sit down, **will you** ?*

- Exprimer la similarité, ou le contraste entre les actions ou les sentiments de deux personnes (ou groupes de personnes) par une **réponse courte**.
*Ex. : "They've been to Disney world." **"We haven't."***

Faire

1 The British government

Complétez chaque phrase par le tag qui convient.

1. The UK is a democracy, ...
2. The House of Commons makes the laws, ...
3. The House of Lords hasn't got a legislative role, ...
4. The Prime Minister lives at 10, Downing Street, ...
5. The Queen plays a symbolic role, ...
6. The Gunpowder plot took place on Nov. 5th, 1604, ...
7. Guy Fawkes wanted to blow up Parliament, ...
8. November 5th has become a festival in Britain, ...

2 Matching

Which sentences in column A go with the tags in column B ?

A	B
1. Let's go to the restaurant tonight,	**a.** have they ?
2. They haven't managed to unlock the door,	**b.** must she ?
3. Ring me tomorrow,	**c.** shall we ?
4. You've got a watch,	**d.** didn't you ?
5. She mustn't drink coffee,	**e.** haven't you ?
6. You knew all about it,	**f.** will you ?
7. Christopher Columbus didn't discover India,	**g.** did he ?

3 Differences

Patrick and Maureen never agree on anything. Complete their conversation.

Patrick	Maureen
1. I want to go swimming.	I don't
2. I don't know what magazine to read.	....
3. I will go to Jane's party.	....
4. I love milk.	....
5. I've lost my keys.	....
6. I met John yesterday.	....
7. I won't switch off the TV.	....
8. You're stupid and fat !	....
9. All the girls are in love with me !	....
10. You can't do that !	....

4 British food

Complétez les phrases suivantes, après avoir lu le tableau ci-dessous :

	Sauces and accompaniments
Roast pork	apple sauce, sage and onion stuffing
Roast goose	apple sauce
Roast duck	sage and onion stuffing, orange sauce
Roast lamb	mint sauce

1. Roast pork goes with apple sauce, so.............

2. Roast duck is delicious with sage and onion stuffing, so ....

3. Roast lamb can't be served with apple sauce, neither ....

4. Roast pork doesn't go with mint sauce, neither ....

5 Remise en ordre

Utilisez les éléments suivants afin de constituer une phrase cohérente.

1. in/is/wife/interested/is/and/his/so/archeology/he/.

2. neither/never/Jane/is/is/late/and/sister/her/.

3. shall/we/let's/home/go/?/,/

4. Dublin/been/to/have/you/have/you/?/never/,/

14 INFINITIF ET GÉRONDIF

Savoir

1 Infinitif

- Sont suivis de **l'infinitif avec to**

les verbes tels que : to want, to like, to wish, to expect, to order, etc.
lorsque la construction est : sujet + verbe ci-dessus + pronom complément ou nom

*Ex. : She wants me **to** sing* (proposition infinitive)

- Sont suivis de l'**infinitif sans to** :

– les auxiliaires modaux
– **let** avec le sens de permettre
*Ex. : She **lets** him do what he likes.*
– **make** avec le sens de faire (causer) ; la construction est alors sujet + make + pronom complément au nom
*Ex. : You **make** me laugh.*

2 Gérondif (ou verbe + ing)

- Gérondif sujet

Ex. : Painting is a nice hobby.

- Gérondif complément

Ex. : He loves sailing.

- **Obligatoire** après

– certains verbes tels que : to like, to love, to hate, to prefer, to be fond of, to go (sens de "faire" une activité), I can't bear, I don't mind, etc.
– toutes les prépositions (sauf to)
Ex. : He went out without locking the door.

Savoir faire

Faire agir et agir

- Exprimer une volonté ou un désir → proposition infinitive

Ex. : I expect you to clean your room by tomorrow.

- Déclarer que quelqu'un ou quelque chose est la cause d'une action à l'aide de l'infinitif.

Ex. : Groucho Marx always makes me laugh.

- Évoquer une activité avec un gérondif en position de sujet ou avec le verbe go + gérondif.

Ex. : Boxing can be dangerous
Let's go fishing !

- Exprimer un sentiment avec un gérondif en position de complément

Ex. : Mummy is fond of eating chocolate.

Faire

1 The good choice

Infinitif sans to, avec to ou ing ?

1. I'd like you (*lay*) the table.
2. How about (*rent*) a videotape ?
3. I don't mind (*stand*) in the rain.
4. The teacher ordered the pupils (*keep*) quiet.
5. She wants her husband (*wear*) a shirt.
6. Don't make me (*lose*) my temper !
7. I like (*watch*) old American movies.
8. I suppose you enjoy (*live*) in the country.
9. After (*have*) supper, he went to bed.
10. Kate's parents expect her (*be*) back by twelve.

2 A cookery class

The first form are having a cookery class with their teacher, who tells them about the preparations.

Preparations
1. Collect the equipment.
2. Set the oven to gas mark 4.
3. Wash your hands.
4. Weigh the ingredients.
5. Wash the rice.
6. Grease the dish.

Now complete the following sentences, using the verb between brackets :

1. (to want). The teacher wants the girls to collect the equipment
2. (to expect) ....
3 and 4. (to order) ....
5 and 6. (to want)...

3 Hobbies

In the following sentences, use the correct activity verb : hiking, skiing, surfing, horse riding, sailing.

1. What are you doing this morning ? I'm going .... if the boat is ready.
2. Have you seen my brother ? – I think he's gone .... with his new board.
3. We intend to go .... in the Alps in the winter.
4. Debbie is quite keen on ...., she knows every pony in the club.
5. When we were in Scotland last summer, we went .... over the moors, it was lovely.

4 The American Indian

Find the sentence which expresses :

a. that somebody was the cause of the action **b.** the description of an activity **c.** somebody's will **d.** somebody's likes

5 Correct the mistakes

Paul's English paper is not very good. There are five mistakes in this passage. Can you find them ?

My favourite season is Summer. I enjoy swim in the sea and I love sunbathe on the beach like a lizard. I can to go surfing with my friends. I am on holiday. Nobody makes me to do my homework, I am not afraid of to be late for school. Summer is super !

15 PRONOMS RELATIFS

Savoir

Antécédent	Sujet	Complément	Complément de nom
animé	who, that	whom, that	whose
non animé	which, that	which, that ∅ : pas de relatif	of which, whose

Remarques :

- Les **pronoms compléments** peuvent s'omettre. Conséquence : le rejet de la préposition à la fin de la proposition relative.
Ex. : (sans omission du pronom complément). *The man to* ***whom*** *you are talking is my brother.*
(avec omission). *The man you're talking to is my brother.*

- **That** ne peut pas s'employer après une préposition. Dans ce cas, le rejet est obligatoire.
Ex. : I've read the novel (that) you told me about.

- En anglais, on a de plus en plus tendance à employer **whose** pour la possession, même pour les antécédents inanimés.
Ex. : The house ***whose*** *roof is red is my uncle's.*

Savoir faire

Choisir le bon pronom relatif

- **Reconnaître sa fonction** dans la proposition subordonnée : sujet, complément, ou complément de nom (exprimant la possession).

- **Décider si l'antécédent est animé ou non.**
Ex. : La fille ***que*** *tu as vue est ma voisine.*
que : pronom complément, antécédent animé. Choix possibles : whom - that - ∅ (= rien).

⇒ On peut donc voir ici que l'on a trois phrases possibles :
The girl ***whom*** *you saw is my neighbour.*
The girl ***that*** *you saw is my neighbour.*
The girl you saw is my neighbour.

Faire

1 Who or whom ?

Fill in the column in the middle with the correct pronoun.

A	pronoun	B
1. people	....	live in a big city
2. the boy	....	she would like to know
3. the writer	....	the reporter interviewed
4. someone	....	had purple hair
5. the person	....	went through the door
6. the man	....	she chose to marry

2 QCM

Choose the correct item.

1. This is the school .... when I was a child.

☐ I went to ☐ to that I went ☐ whose I went

2. The competitor .... coach is American won the silver medal.

☐ whose ☐ whom ☐ which

3. The castle .... we visited is said to be haunted.

☐ whom ☐ of which ☐ which

4. The train .... we took to Darlington was not very fast.

☐ who ☐ ∅ ☐ whose

5. The film .... we saw yesterday really scared me.

☐ of which ☐ whom ☐ that

3 Enjoy yourself !

How many pronouns (relative/possessive) can you form with the letters of **how strange** ?

4 Say it differently

Reformulez les phrases suivantes en supprimant le pronom relatif. Attention à la place de la préposition.

1. The point of view with which I most agree is his.
2. The boy for whom she was waiting finally arrived.
3. "Who is the woman at whom you are smiling" ? his wife asked.
4. The doctor for whom you have called seems to be very efficient.
5. The glasses for which you have been looking are under your nose.
6. The movie star about whom everybody is talking lives next door.

5 Connections

Join the two sentences into one, using a relative pronoun (who or which).

1. This is Mr Brown.
Mr Brown is the mayor of our village

2. Here is the teacher.
The teacher wanted to talk to you.

3. I've seen the film.
The film is on at the Odeon.

4. We go to a pub.
The pub is called "The Horse Shoe".

16 ADJECTIFS QUALIFICATIFS

Savoir

1 Comparaison des adjectifs

	adjectif court *	adjectif long
comparatif d'égalité	as + adj + as	as + adj + as
comparatif de supériorité	adj. + er + than *Ex. : taller than*	more + adj. + than ***more** interesting **than***
comparatif d'infériorité	not { so + adj. + as / as less + adj. + than	not { so + adj. + as / as less + adj. + than
superlatif de supériorité	the + adj. + est *Ex. : the tallest*	the most + adj. ***the most** interesting*

* une syllabe – deux syllabes, terminé en *y – ow – er – le*.

Remarques :

- **Comparatifs et superlatifs irréguliers**

good, better, the best
bad, worse, the worst
far, { farther, { the farthest : distance
far, { further, { the furthest : distance, sens figuré

- **Modifications orthographiques des adjectifs courts**

– y + er } **ier**
+ est } **iest**

– adj. court terminé par consonne-voyelle-consonne : doublement de la consonne finale.
Ex. : big = bigger

2 Adjectifs composés

nom + participe passé	adjectif + nom + ed	nom ou adjectif + adjectif	nom ou adjectif + verbe en ing
*Ex. : a **home-made** cake*	*Ex. : a **blue-eyed** boy*	*Ex. : a **dark-blue** dress*	*Ex. : A **good-looking** actor*

Remarques : L'adjectif est invariable en anglais.
Certains adjectifs ne s'emploient qu'en position d'attribut : afraid, alive, alone, asleep, awake, ill.
Ex. : non pas *the afraid man* mais *the man is afraid.*

Savoir faire

Comparer et décrire

- Comparer deux éléments ou un élément par rapport à un ensemble.

*Ex. : Bill is taller **than** Jim, but Mike is **the** tallest of the three.*

- Décrire des caractéristiques, physiques ou mentales, apporter des informations, à l'aide d'un adjectif composé.

*Ex. : Once upon a time, a **horrible-looking**, **yellow-eyed** witch lived in an old castle.*

Faire

1 Complete the table

adjective	comparative	superlative
small	....	....
expensive	....	....
....	better	....
....	more difficult	....
....	farther	....
thin	....	....
....	fatter	....
....	....	the worst
heavy	....	....
....	....	the latest

2 Jumblies

Put the following into the correct order.

1. the/I/heard/it/have/story/is/ever/strangest/!/
2. seen/horse/I/asleep/never/a/have/.
3. really/made/this/-/home/pie/is/delicious/apple/.
4. as/so/copper/isn't/gold/valuable/.

3 To what degree ? Yes, I agree

À partir des éléments suivants, écrire une phrase en suivant le schéma :

= aussi que **≠ pas aussi que**
+ plus que

1. TV/≠ interesting/it used to be.
2. Coffee/+ good/tea.
3. The world Trade Center/+ high/the Eiffel Tower.
4. You/= fresh/daisy.
5. Boxing/+ dangerous/golfing.
6. He/= cool/cucumber.
7. The Thames/≠ long/the Amazon.
8. Oxford/+ old/Cambridge.

4 Halloween – October 31st

Décrire la citrouille en utilisant des adjectifs composés à partir de ces phrases.

1. The pumpkin looks strange.
It is a ....
2. The eyes of the pumpkin are as black as jet.
The pumpkin has ....
3. The hat has been made by hand.
It is a ....

Même chose pour la sorcière.
4. The witch's hair is as white as snow.
The witch has ....
5. The witch has red eyes.
The .... is making a potion.

5 Matching

Match the compound adjectives with their definitions.

	Definitions
1. the opposite of flat (for shoes)	**A.** cross-eyed
2. some people write like this	**B.** good-looking
3. you need glasses if you are like this	**C.** left-handed
4. handsome	**D.** cherry-red
5. a bright colour	**E.** high-heeled

17 LE PASSIF

Savoir

1 Construction du passif

Voix active : sujet + verbe + COD
Voix passive :
sujet + to be + participe passé du verbe + complément d'agent
au temps de la voix active

Ex. : Turner painted that picture → voix active
That picture was painted by Turner → voix passive

Remarque : Le complément d'agent n'est pas mentionné lorsqu'il est sans importance ou inconnu.
Ex. : My car was stolen yesterday.
On traduit dans ce cas par "on…"

2 Construction avec modal

Voix active : sujet + modal + base verbale + COD
Voix passive : sujet + modal + to be + participe passé
Ex. : People can do it.
It can be done.

3 Construction du passif des verbes à deux compléments

Voix active Mrs Marks teaches us Latin (us : COS ; Latin : COD)
Voix passive soit 1) We are taught Latin by Mrs. Marks.
soit 2) Latin is taught to us by Mrs. Marks.
La construction où le COS devient sujet est la plus courante.

Savoir faire

Choisir la bonne structure verbale au passif

- **Repérer** d'abord le temps du verbe à la voix active.

- Ensuite, **conjuguer** l'auxiliaire être à ce temps-là.
Ex. : voix active → *Only one person **knew** the answer.*
Verbe au prétérit donc l'auxiliaire être sera au prétérit
Voix passive → *The answer **was**…*

- **Connaître** tous les participes passés (réguliers et irréguliers) et les prétérits correspondants.
Suite de l'exemple ci-dessus : *The answer was known*
– participe passé irrégulier – *by only one person.*

Faire

1 A recipe : Welsh rarebit

Reformulez la recette suivante, en employant la voix passive avec **should** (sauf la 4).

Ingredients (for 4) : 4 slices of bread – butter – 150 g cheese – 40 ml milk – salt, pepper – 1 tomato.

1. Place the bread on the grill pan and toast on both sides.
2. Add 40 ml milk, salt and pepper to the grated cheese. Stir well.
3. Butter the toast and spread the mixture of cheese and milk on the top of each slice.
4. You can decorate each welsh rarebit with a slice of tomato.
5. Replace the welsh rarebits under the hot grill and cook until the cheese melts.
6. Serve hot.

Now you !…
1. Bread should be placed on the grill pan and toasted on both sides.
2. …

2 Mettre à la voix passive

Utilisez la construction la plus employée en anglais et ne mentionnez pas le complément d'agent.

1. They gave me a walkman for my birthday.
2. People never tell us the truth.
3. He offered her a dozen roses.
4. Somebody will bring the records.
5. They always ask me funny questions.
6. Somebody can show him different shoes.

3 Mettre à la voix active

1. The match has been won by the English team.
2. A clear round was jumped by the German rider.
3. The letter is being typed by the secretary.
4. The Festival was held by the municipality.
5. He was being followed by twenty people.

4 In the news

Certains mots dans cet article de journal ont été effacés.
Remettez-les à leur place en choisissant dans la liste ci-dessous :

shot	seized
to be tried	to be occupied
have been received	

1906. TERRIBLE EARTHQUAKE IN SAN FRANCISCO, MANY KILLED.

Meagre reports ① .... over one line of telegraph. Indi-cations are that 1,000 buildings are wrecked and 1,000 people are killed.

(*The Marion chronicle*)

1919. FULL TERMS OF THE PEACE TREATY.

Ex-Kaiser ② .... by an international tribunal. Territory west of the Rhine. ③ .... for 15 years by the Allies as a guarantee.

(*Daily Express*)

1963. KENNEDY ④ .... TO DEATH.

Murder charged to pro-Russian ⑤ .... in theater.

(*The Philadelphia Inquirer*).

18 PLUPERFECT (OU PAST PERFECT) STYLE INDIRECT

Savoir

1 Pluperfect

Formation : had + participe passé
Ex. : I had known
I hadn't known
Had I known ?

2 Style indirect

Concordance des temps

Verbe au style direct	→ devient au style indirect
present preterite present perfect future	preterite past perfect past perfect conditional

Savoir faire

Les temps du passé – Rapporter un discours

- Indiquer qu'une action est antérieure à une autre dans le passé, avec le past perfect.

Ex. : She had already left *when I arrived*

- Rapporter les paroles de quelqu'un en effectuant les changements de temps nécessaires ainsi que les changements de pronom.

Style direct		Style indirect
Ex. : She said : "I love you"	→	*She said (that) she loved him.*
He told her : "You've broken my heart"	→	*He told her (that) she had broken his heart.*
Ken asked Julia : "Will you marry me ?"	→	*Ken asked Julia if she would marry him.*

Faire

1 Rewriting

Reformulez les phrases suivantes, en employant à chaque fois un pluperfect.
Ex. : She left before I came → when I came, she had left.

1. He understood before we explained.
2. The film started before we arrived.
3. The rain stopped before the birds began to sing.
4. We got home before the storm broke out.
5. They had a few drinks before they went to bed.

2 Grammatical combinations

How many grammatically correct combinations can you make from the columns ?

A	B
1. We haven't	**a.** become
2. It can	**b.** became
3. They hadn't	**c.** to become
4. He	**d.** forgotten
5. I should	**e.** to forget
6. I ought	

3 Mettre au style indirect

1. "I don't want to see you", he told her.
2. She asked me : "Have you brought your book ?"
3. He said : "I won't do it."
4. He asked her : "Who are you writing to ?"
5. They told us : "You'll have to take sleeping-bags with you."
6. She said : "There is a spider under my bed."
7. He told me : "I saw an eagle once."

4 What did they say ?

Les phrases qui suivent ont été prononcées ou écrites par des personnages de l'histoire ou de la littérature. Reprenez-les au style indirect (X said that…).
Ex. : "I have a dream". M.L. King
→ M.L. King said that he had a dream.

1. "We shall never surrender." W. Churchill, June 4th, 1940.
2. "Uneasy lies the head that wears a crown." Shakespeare, *Henry IV*.

3. "All animals are equal, but some animals are more equal than others." G. Orwell, *Animal Farm*.

4. "Texas is the only state that came into the Union by treaty […] people either passionately love Texas or passionately hate it." J. Steinbeck, *Travels with Charley*.

5. "We, Astronauts, have a mission […] we are helping to break the bonds that have kept the human race pinned to the earth." J. Glenn, Junior. *We, seven*.

6. "[…] man holds in his mortal hands the power to abolish all forms of human poverty." J.-K. Kennedy, 1961.

VERBES IRRÉGULIERS

Infinitif	Prétérit	Participe passé	Traduction
be	was/were	been	*être*
bear	bore	borne	*supporter*
beat	beat	beaten	*battre*
become	became	become	*devenir*
begin	began	begun	*commencer*
bend	bent	bent	*courber, se pencher*
bet	bet	bet	*parier*
bite	bit	bitten	*mordre*
blow	blew	blown	*souffler*
break	broke	broken	*casser*
bring	brought	brought	*apporter*
build	built	built	*construire*
burn	burnt	burnt	*brûler*
buy	bought	bought	*acheter*
catch	caught	caught	*attraper*
choose	chose	chosen	*choisir*
come	came	come	*venir*
cut	cut	cut	*couper*
do	did	done	*faire*
draw	drew	drawn	*dessiner*
drink	drank	drunk	*boire*
drive	drove	driven	*conduire*
eat	ate	eaten	*manger*
fall	fell	fallen	*tomber*
feed	fed	fed	*nourrir*
feel	felt	felt	*(se) sentir*
fight	fought	fought	*(se) battre*
find	found	found	*trouver*
fly	flew	flown	*voler, aller en avion*
forbid	forbade	forbidden	*interdire*
forget	forgot	forgotten	*oublier*
forgive	forgave	forgiven	*pardonner*
freeze	froze	frozen	*geler*
get	got	got	*obtenir, devenir*
give	gave	given	*donner*
go	went	gone	*aller*
grow	grew	grown	*croître, faire pousser*
hang	hung	hung	*accrocher, pendre*
have	had	had	*avoir*
hear	heard	heard	*entendre*
hide	hid	hidden	*se cacher*
hit	hit	hit	*frapper, atteindre*
hold	held	held	*tenir*
hurt	hurt	hurt	*blesser, faire mal*
keep	kept	kept	*garder*
know	knew	known	*savoir*
lay	laid	laid	*poser, étendre*
lead	led	led	*mener*
learn	learnt	learnt	*apprendre*
leave	left	left	*quitter, laisser, partir*
lend	lent	lent	*prêter*
let	let	let	*laisser, permettre*
lie	lay	lain	*être étendu*
lose	lost	lost	*perdre*
make	made	made	*faire, fabriquer*
mean	meant	meant	*signifier, vouloir dire*
meet	met	met	*rencontrer*
pay	paid	paid	*payer*
put	put	put	*mettre*
read	read	read	*lire*
ride	rode	ridden	*aller (à cheval, à bicyclette)*
ring	rang	rung	*sonner*
rise	rose	risen	*s'élever*
run	ran	run	*courir*
say	said	said	*dire*
see	saw	seen	*voir*
sell	sold	sold	*vendre*
send	sent	sent	*envoyer*
shake	shook	shaken	*secouer*
shine	shone	shone	*briller*
shoot	shot	shot	*tirer, fusiller*
show	showed	shown	*montrer*
shut	shut	shut	*fermer*
sing	sang	sung	*chanter*
sit	sat	sat	*être assis*
sleep	slept	slept	*dormir*
smell	smelt	smelt	*sentir*
speak	spoke	spoken	*parler*
spend	spent	spent	*dépenser, passer (temps)*
spread	spread	spread	*étaler*
stand	stood	stood	*être debout*
steal	stole	stolen	*voler, dérober*
stick	stuck	stuck	*coller*
swear	swore	sworn	*jurer*
sweep	swept	swept	*balayer*
swim	swam	swum	*nager*
take	took	taken	*prendre*
teach	taught	taught	*enseigner*
tear	tore	torn	*déchirer*
tell	told	told	*dire, raconter*
think	thought	thought	*penser*
throw	threw	thrown	*jeter, lancer*
understand	understood	understood	*comprendre*
wake	woke	woken	*(se) réveiller*
wear	wore	worn	*porter (vêtements)*
win	won	won	*gagner*
write	wrote	written	*écrire*

LEXIQUE

A

add (to)	*ajouter*
advice	*conseils*
again	*encore (de nouveau)*
asleep	*endormi*
as soon as	*dès que*

B

back	*dos*
baker	*boulanger*
bear cub	*ourson*
beggar	*mendiant*
bold	*téméraire*
boring	*ennuyeux*
broomstick	*manche à balai*

C

chemist	*pharmacien*
citizen	*citoyen*
clean-shaven	*entièrement rasé*
clothing	*vêtements*
colour-blind	*daltonien*
computer	*ordinateur*
cook (to)	*faire cuire*
copper	*cuivre*
cross-eyed (to be)	*loucher*

D

deaf	*sourd*
dish	*plat*
dot	*point (sur un i)*
dreadful	*terrible*
duck	*canard*

E

every	*chaque*

F

fear (to)	*craindre*
felt hat	*chapeau en feutre*
flat (adjectif)	*plat*
florist	*fleuriste*
food	*nourriture*

G

give up (to)	*abandonner*
goose	*oie*
grease (to)	*beurrer un moule*

H

hairdresser	*coiffeur*
high-heeled	*à talons hauts*
hiking (to go)	*faire une randonnée*
hunt (to)	*chasser*

I

invade (to)	*envahir*

J

jewelry	*bijoux*

K

knock (to)	*frapper (à la porte)*

L

lamb	*agneau*
lay (to) the table	*mettre la table*

M

(a) mare's nest (expression)	*une illusion*
meal	*repas*
melt (to)	*fondre*
mint	*menthe*

N

nestle (to)	*se nicher*
news	*informations*

O

once	*une fois*
oven	*four*

P

poke (to) one's nose	*fourrer son nez*
peaceful	*paisible*
proud	*fier*
pumpkin	*potiron*

R

rent (to)	*louer*
reservation	*réserve (indienne)*

S

sage and onion stuffing	*farce à la sauge et à l'oignon*
sail (to)	*naviguer*
seize (to)	*saisir, attraper*
slavery	*esclavage*
still	*encore*
straw	*paille*
strike (to be on)	*être en grève*
switch off (to)	*éteindre*

T

teddy bear	*ours en peluche*
thin	*mince*

V

valuable	*précieux*

W

weather	*temps*
wedding	*mariage*
weigh (to)	*peser*
wish	*souhait*
worth (to be)	*valoir*

Biologie

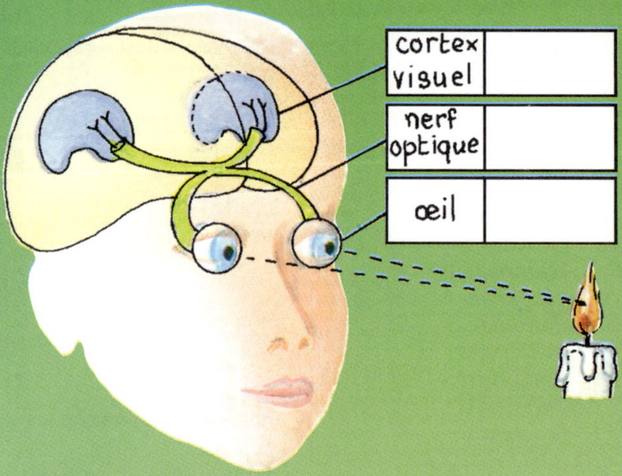

OBJECTIFS

Biologie

1 LE PROGRAMME GÉNÉTIQUE

Savoir

1 Les caractères héréditaires

La reproduction sexuée assure la conservation de l'espèce, en donnant une grande diversité d'individus. Les caractères de l'espèce et les caractères individuels résultent d'un **programme génétique**.

2 Les chromosomes : support du programme génétique

Le programme génétique (ensemble des informations permettant la réalisation des caractères) est contenu dans le noyau de la cellule et porté par les **chromosomes**. L'ensemble des chromosomes d'une cellule forme le **caryotype**. Le nombre de chromosomes est caractéristique de l'espèce (46 chez l'Homme). Leur taille et leur aspect varient mais on peut les classer par paires. Il y a 23 paires de chromosomes homologues chez l'Homme.

3 Les chromosomes et les gènes

Les chromosomes sont constitués de gènes. Ces derniers commandent la réalisation des caractères de l'individu. Le même gène se trouve au même endroit sur deux chromosomes homologues : il peut contenir des informations soit identiques, soit différentes concernant le même caractère.

Savoir faire

Comparer des documents entre eux

- Voici les caryotypes classés et ordonnés d'un homme et d'une femme. Les chromosomes homologues ont été réunis par paires et rangés suivant leur taille.

HOMME

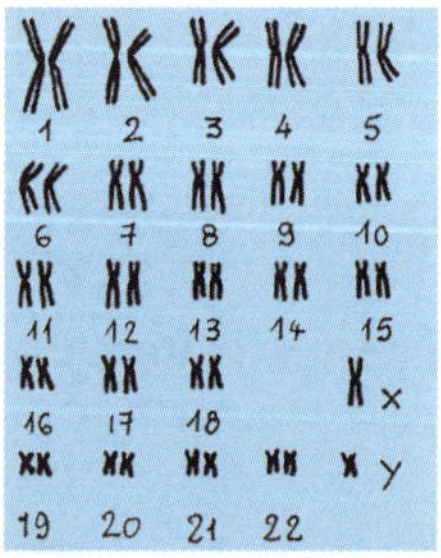

FEMME

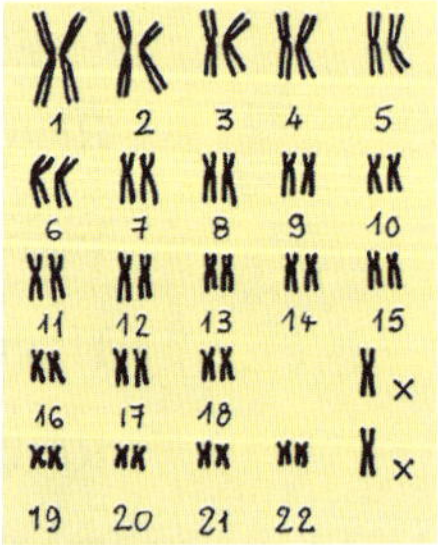

- Pour comparer des documents :

1. on identifie ce qui est semblable, **2.** on repère les différences,
3. on établit des relations entre les documents qui doivent conduire à l'explication des ressemblances et des différences observées.

Exemple : **1.** Ici, les caryotypes féminin et masculin ont le même nombre de chromosomes (46). Il y a 22 paires de chromosomes homologues identiques chez l'homme et la femme.
2. La 23e paire est différente : XX chez la femme, XY chez l'homme.
3. Le nombre de chromosomes (46) est caractéristique de l'espèce. L'homme et la femme diffèrent par une paire de chromosomes (sexuels) qui doivent comporter les gènes commandant les caractères sexuels primaires ou secondaires de l'espèce.

Faire

1 Comparer

Garçon normal.

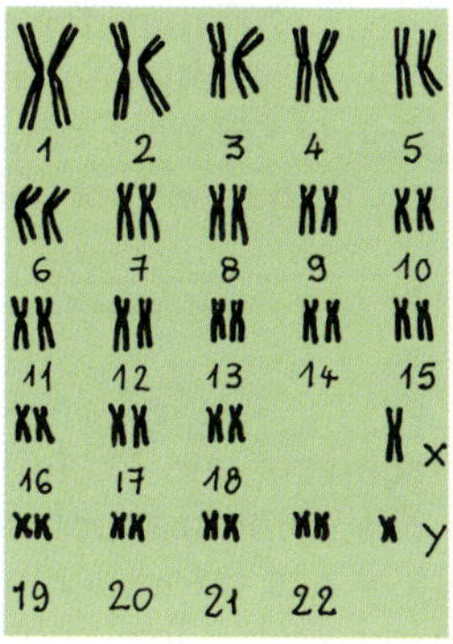

Garçon atteint de
- l'anomalie de Klinefelter :
- silhouette fine et mince,
- développement des seins,
- atrophie des testicules,
- arriération mentale.

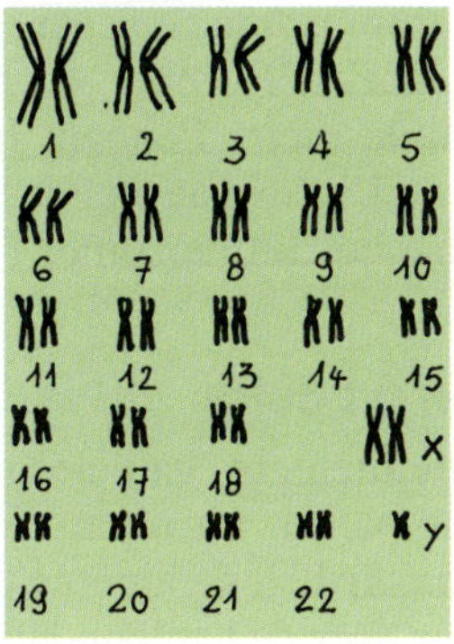

Comparer les documents pour expliquer l'anomalie de Klinefelter.

2 Appliquer ses connaissances

Deux parents ont donné naissance à deux garçons dont le plus jeune est atteint d'une maladie génétique grave : la myopathie de Duchenne (myo = muscle, pathos = maladie) qui provoque une dégénérescence progressive des muscles. Les parents sont « sains » (ils ne présentent pas les signes de la maladie, leurs muscles sont normaux).

Les chromosomes sexuels de cette famille sont représentés ci-dessous :

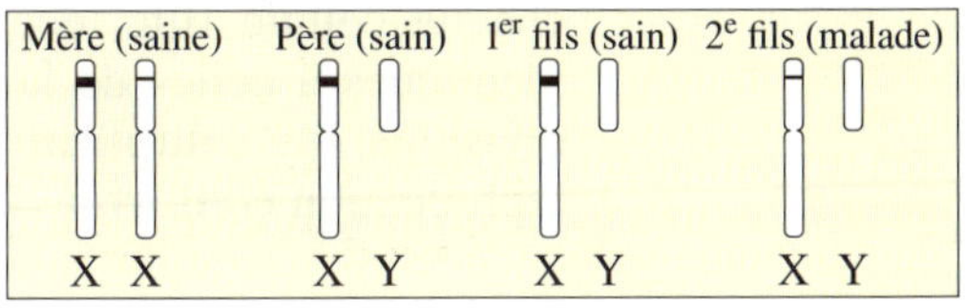

Compléter les phrases suivantes en s'aidant de la rubrique SAVOIR et du texte ci-dessus :

Le .... commandant la maladie de Duchenne se trouve au même endroit sur les deux chromosomes ....
Les deux bandes noires horizontales sur les chromosomes sexuels de la mère représentent des informations .... d'un même .... La bande large représente la forme .... du gène et la bande étroite commande l'expression de la ....
Le second garcon est myopathe car il a hérité de la forme .... du gène. Parmi les deux parents, c'est ici .... qui est à l'origine de la transmission du gène responsable de la myopathie.

3 Expliquer

Dans l'exercice 2, expliquer pourquoi les filles ne peuvent pas être atteintes de la myopathie de Duchenne.
Rechercher d'autres anomalies génétiques provoquant des maladies qui sont ainsi liées au sexe de l'individu.

4 Retrouver le mot manquant

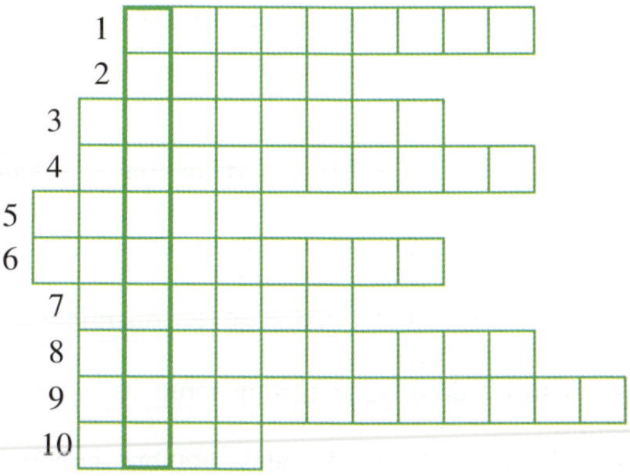

1. Ensemble des chromosomes d'une cellule.
2. Ses chromosomes sexuels sont XY.
3. Anomalie caractérisée par la présence d'un chromosome supplémentaire dans une paire.
4. Deux chromosomes d'une même paire.
5. Ses chromosomes sexuels sont XX.
6. Ensemble des informations génétiques.
7. Chacune possède un nombre de chromosomes caractéristique.
8. Autre appellation de la trisomie 21.
9. Prélèvement du liquide amniotique durant la grossesse afin de déceler une éventuelle anomalie génétique du fœtus.
10. Commande la réalisation des caractères héréditaires.

Quel est le mot encadré ?

2 TRANSMISSION DU PROGRAMME GÉNÉTIQUE

Savoir

1 D'une cellule à l'autre

Toutes les cellules de l'organisme (sauf les gamètes) possèdent le même caryotype. Le programme génétique est transmis à toutes les cellules d'un individu lors des **divisions cellulaires**.
Durant la division, chaque chromosome se sépare en deux **chromatides** et chaque cellule fille recevra chez l'Homme 46 répliques génétiquement identiques à celles de la cellule mère. Pendant la période séparant deux divisions, il y a **duplication** de l'information génétique, ce qui permet une reproduction **conforme** de chaque chromosome.

2 D'une génération à l'autre

A la suite d'une division particulière, les gamètes ne reçoivent que 23 chromosomes (un seul de chaque paire). La répartition des chromosomes de chaque paire se faisant **au hasard**, les gamètes portent des informations génétiques différentes. De plus, lors de la fécondation qui rétablit le nombre des chromosomes de l'espèce, l'union des gamètes se fait également **au hasard**.
Ces deux phénomènes provoquent le **brassage** des informations génétiques permettant à chaque individu d'être **unique**.

Savoir faire

Observer, puis expliquer des documents

Figures de divisions cellulaires.

Avant la division — Au cours de la division — À la fin de la division

- **Observer chaque document séparément puis les mettre en relation.**
- **Répertorier toutes les informations que peut apporter l'observation.**
- **Après avoir déterminé la nature des structures** (limite des cellules, chromosomes…) **poser toutes les questions** concernant :
– le nombre des chromosomes ;
– la forme des chromosomes : sont-ils toujours visibles ? Sont-ils toujours dédoublés (à deux brins) ?
– la disposition des chromosomes : sont-ils regroupés, alignés ou séparés ?
- **On en déduit alors que :**
– les chromosomes ne sont visibles que pendant la division où ils apparaissent formés de deux brins (les deux chromatides) liés entre eux ;
– après certaines étapes, les chromatides de chaque chromosome se séparent et migrent aux deux pôles de la cellule ;
– puis les deux cellules filles se séparent contenant le même nombre de chromosomes que la cellule dont elles sont issues.

Faire

1 Observer et utiliser ses connaissances

Voici une cellule prélevée dans un testicule de sauterelle. Observer cette cellule.

Pour vous aider :
– Quel est le nombre de chromosomes ?
– Trouvez-vous des chromosomes homologues ?
– De quelle cellule peut-il donc s'agir ?
– Quel est le nombre caractéristique de l'espèce sauterelle ?
– Pourquoi cette cellule de sauterelle n'a-t-elle que la moitié du nombre de chromosomes ?

2 Réfléchir

Dans les cellules nerveuses, l'information génétique n'est pas dupliquée. Quelle est la conséquence que l'on peut prévoir pour ces cellules ?

3 Compléter

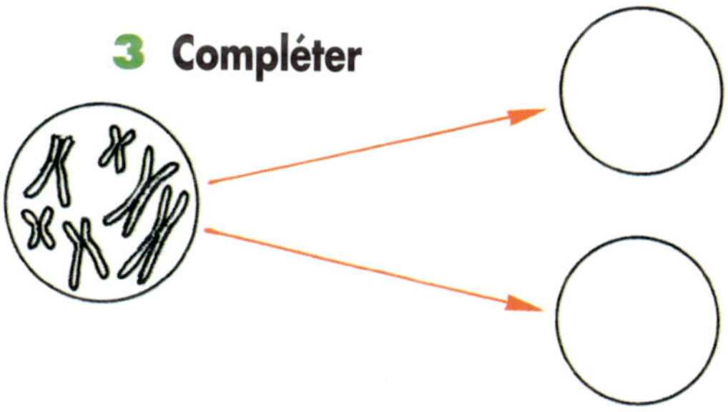

- Colorier d'une même couleur les chromosomes homologues de la cellule mère.
- Dessiner les chromosomes dans les deux cellules filles, sachant qu'il y a eu une reproduction conforme de l'information génétique dans la cellule mère.

4 Vérifier

- Vérifier la transmission d'un caractère héréditaire facile à déterminer parmi les membres de votre famille. Vous pouvez présenter les résultats sous la forme d'un arbre généalogique.
- Observer le lobe de l'oreille qui peut être libre (L) ou adhérent (l).

La forme du gène codant pour le lobe libre s'exprime toujours alors que celle codant pour le lobe adhérent ne s'exprime que si elle est présente sur chaque chromosome homologue.

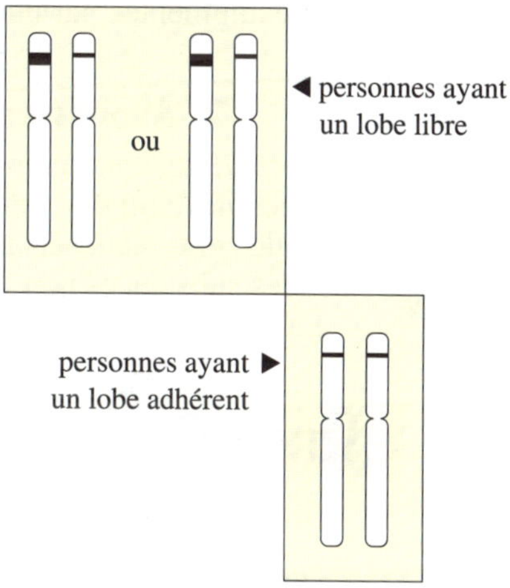

- Indiquer sur ces chromosomes homologues les lettres représentant les formes du gène (L pour libre et l pour adhérent).
- Représenter, pour chacun des membres de votre famille, la paire de chromosomes homologues, en notant à chaque fois que vous le pourrez, les gènes codant pour le lobe de l'oreille.

3 LA DIGESTION

Savoir

1 La digestion : une simplification moléculaire

Les aliments subissent des transformations au cours de leur passage dans le tube digestif. Les **enzymes** digestives, contenues dans les sucs digestifs, fragmentent les grosses molécules alimentaires en molécules plus petites. Chaque enzyme est **spécifique** d'un aliment simple. Son activité dépend des conditions du milieu (température, PH) et la vitesse de la réaction peut être augmentée par une fragmentation mécanique des aliments.

2 Aboutissement de la digestion

Après digestion, on trouve, dans les intestins, le chyle comprenant :
– des **nutriments**, petites molécules absorbables (glucose, acides aminés, acides gras, eau, sels minéraux, vitamines) ;
– des substances non digérées (fibres) évacuées lors de la défécation.
La digestion fait perdre leur spécificité aux macromolécules alimentaires.

Savoir faire

Concevoir un dispositif expérimental

On peut concevoir une expérience visant à éprouver une affirmation.
Ex. : Affirmation : la pepsine est une enzyme de l'estomac qui est responsable de la digestion des protéines.
1. Penser à recréer les conditions les plus proches du milieu d'action naturel :
dans l'estomac, la pepsine agit à 37 °C, en milieu acide. Elle met un certain temps pour effectuer cette digestion.
2. Déterminer les éléments que vous devrez associer :
la pepsine digère les protéines, on l'associera donc à une protéine facile à se procurer et dont on peut visualiser la « disparition » (albumine sous forme de cube de blanc d'œuf).
3. Ne pas oublier les témoins sans lesquels les expériences réalisées sont sans valeur :
pour réaliser les témoins, on doit supprimer le facteur dont on veut montrer le rôle, sans changer les autres conditions de l'expérience.
4. Effectuer la liste du matériel nécessaire :
pepsine, blanc d'œuf en cubes, tubes à essais, bain-marie, thermomètre, eau, acide faible dilué.

Dispositif expérimental

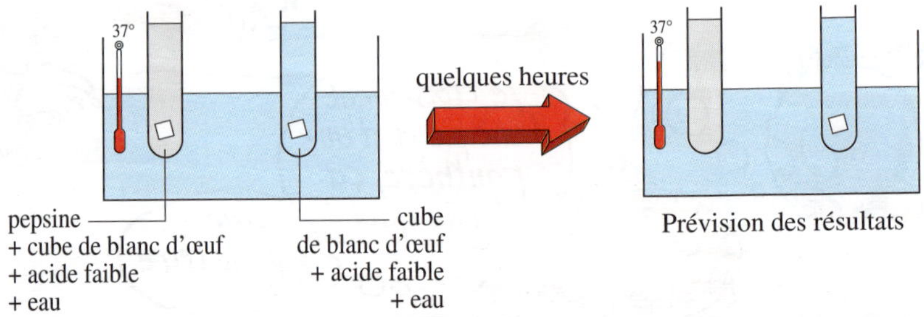

Faire

1 Concevoir un dispositif expérimental

Affirmation : on sait que l'amylase salivaire est une enzyme contenue dans la salive et qui est spécifique de la simplification moléculaire de l'amidon cuit des aliments en un sucre simple appelé maltose.

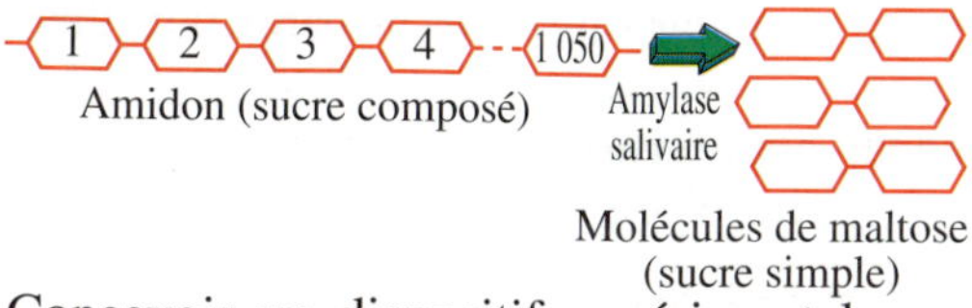

Concevoir un dispositif expérimental permettant de contrôler l'affirmation ci-dessus.

Pour vous aider, voici la liste du matériel nécessaire :
- liqueur de Fehling : réactif de mise en évidence à chaud de certains sucres simples dont le maltose (passe du bleu au rouge après chauffage) ;
- eau iodée : réactif de mise en évidence de l'amidon (passe du marron au violet) ;
- empois d'amidon (ou amidon cuit) ;
- tubes à essais, bain-marie, thermomètre.

2 Mots croisés

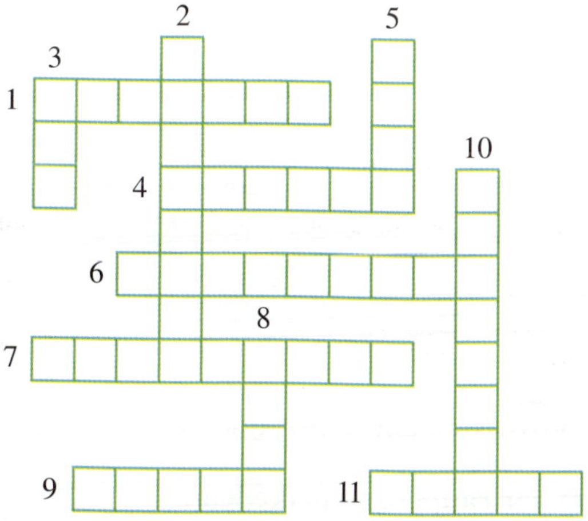

1. Produit le suc gastrique.
2. Groupement d'atomes représentant la plus petite quantité de matière libre.
3. Elle n'est pas digérée.
4. Substance spécifique accélérant la fragmentation des grosses molécules en plus petites.
5. Produit la bile.
6. Petite molécule alimentaire absorbable.
7. Simplification moléculaire.
8. Nom donné à la partie de l'appareil digestif allant de l'œsophage à l'anus.
9. Liquide contenu dans l'intestin représentant le résultat de la digestion.
10. C'est dans cette partie que se fait l'essentiel de la digestion.
11. Aide à la fragmentation mécanique des aliments.

3 Compléter

Retrouver le nom des secrétions produites par ces organes et s'il y a lieu les enzymes digestives qu'elles contiennent.

glandes salivaires →
foie →
pancréas →
intestins →

4 Lire des radiographies

On a réalisé ces radiographies à quelques minutes d'intervalle chez un individu, après ingestion d'une bouillie barytée, opaque aux rayons X.

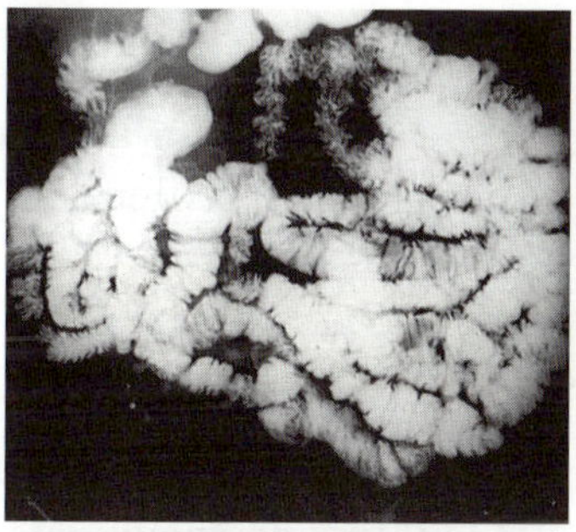
1

2

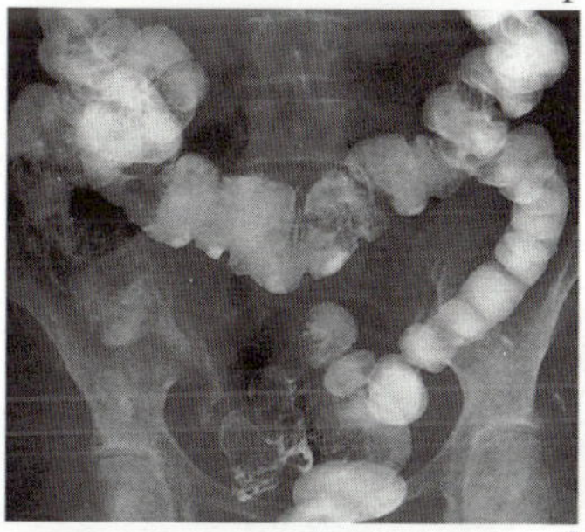
3

1 ....
2 ....
3 ....

- Replacer les clichés dans l'ordre.
- Indiquer pour chaque cliché le nom de l'organe.
- Pourquoi n'a-t-on pas visualisé le foie et le pancréas sur ces radiographies ?

4 ABSORPTION ET ASSIMILATION

Savoir

1 L'absorption intestinale

L'absorption intestinale permet le passage des nutriments du **milieu extérieur** (lumière de l'intestin grêle) vers le milieu intérieur (sang et lymphe) à travers la muqueuse de l'intestin. Elle est favorisée par la **grande surface**, la faible épaisseur et l'importante vascularisation de la paroi intestinale, formée de **villosités**.

Les cellules sont continuellement approvisionnées en nutriment par la lymphe interstitielle, grâce à l'activité d'organes de réserves (foie, tissu adipeux).

2 L'assimilation

C'est la fabrication de molécules organiques **spécifiques**, à partir des nutriments (non spécifiques) d'après le programme génétique de l'individu.

Savoir faire

Établir des relations entre structure et fonction d'un organe

L'analyse de documents à différentes échelles peut permettre de comprendre les fonctions d'un organe.

L'observation des photos ci-dessous nous permet ainsi de mettre en évidence le rôle de l'intestin grêle.

x 300

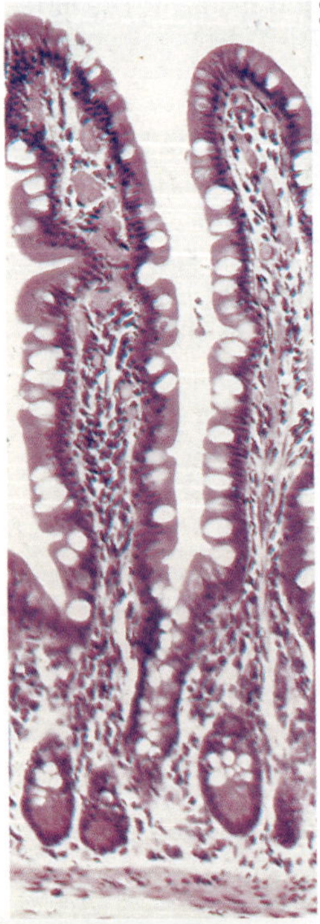

1

x 30

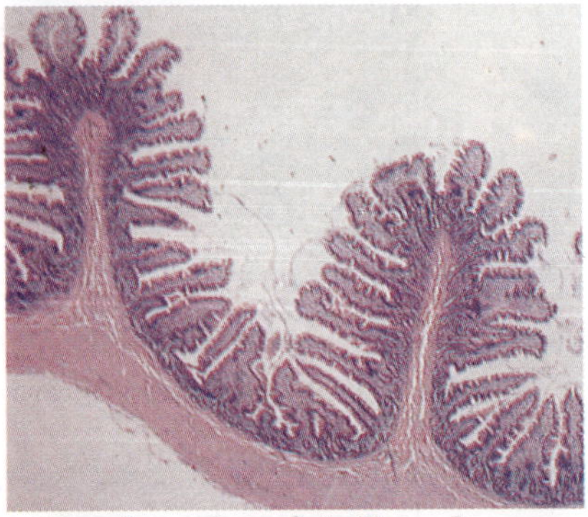

2

x 12 500

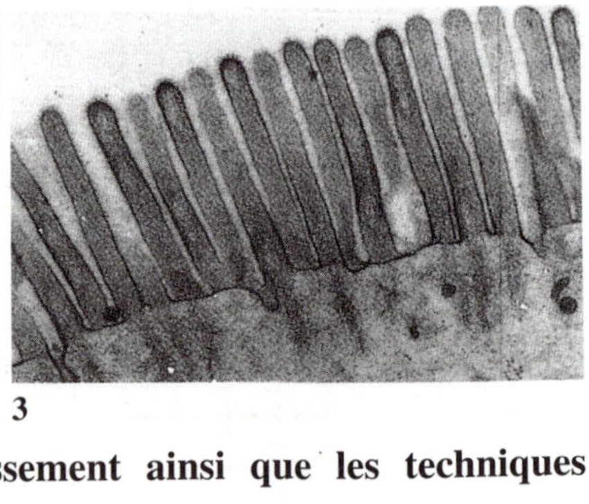

3

- **Repérer les échelles de grossissement ainsi que les techniques d'observation.**
- **Replacer chaque document par rapport au précédent.**

Sur la deuxième photo, on observe de nombreux replis de la paroi intestinale. Les photos 1 et 2 nous montrent que ces replis sont recouverts d'une multitude de protubérances : les villosités. La dernière photo nous montre que les villosités sont elles-mêmes hérissées de microreplis.

- **Établir les relations structure-fonction.**

Toutes ces observations nous permettent de conclure que le revêtement de l'intestin grêle, constitué d'innombrables replis, représente une surface absorbante de taille considérable permettant le passage efficace des nutriments vers le milieu intérieur.

Faire

1 Établir une relation entre la structure d'un organe et sa fonction

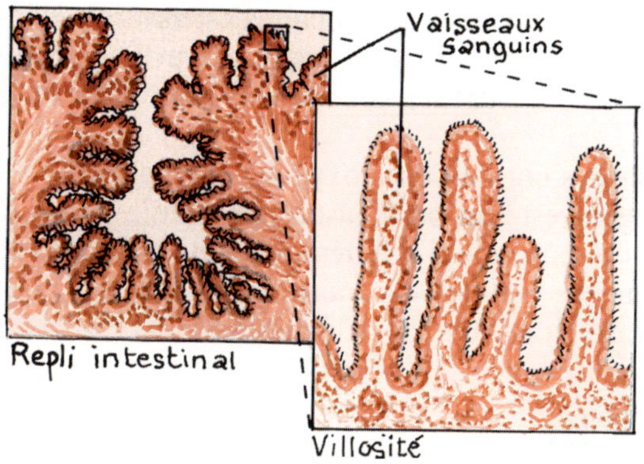

Indiquer les relations existant entre les structures de l'intestin et le rôle de cet organe.

2 Réfléchir

Le tissu adipeux est capable de stocker les produits de la digestion des lipides mais aussi du glucose en excès dans le sang. Ce stockage provoque l'augmentation du volume de ce tissu et donc une prise de poids de l'individu.

D'après ces informations, si vous avez tendance à l'embonpoint, lequel de ces conseils devez-vous suivre et pourquoi ?

1. Il suffit pour maigrir de supprimer les lipides de son alimentation (fritures, beurre, viandes grasses…).
2. Il faut diminuer la quantité de matières grasses de son alimentation mais éviter également les sucreries (bonbons, glaces…) et les boissons sucrées.

3 Calculer

Une villosité a une surface d'environ 0,002 cm^2. L'intestin grêle en contient à peu près 10 millions.

- Quelle surface cela représente-t-il en mètres carrés ?
- En sachant que les microvillosités augmentent encore ce chiffre par 20, quelle surface obtient-on ?
- Cela confirme-t-il les conclusions de l'exercice 1 ?

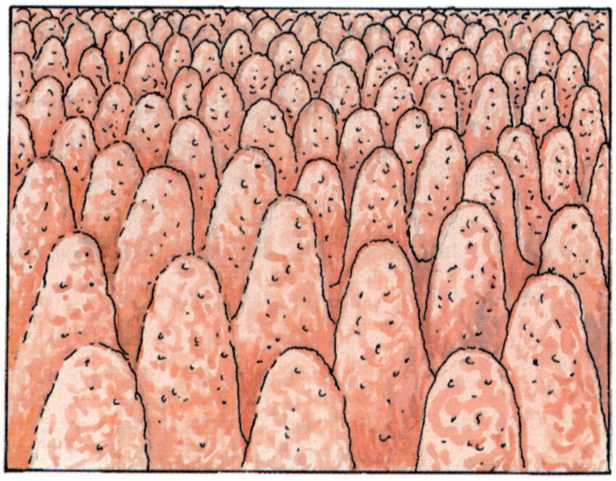

4 Compléter

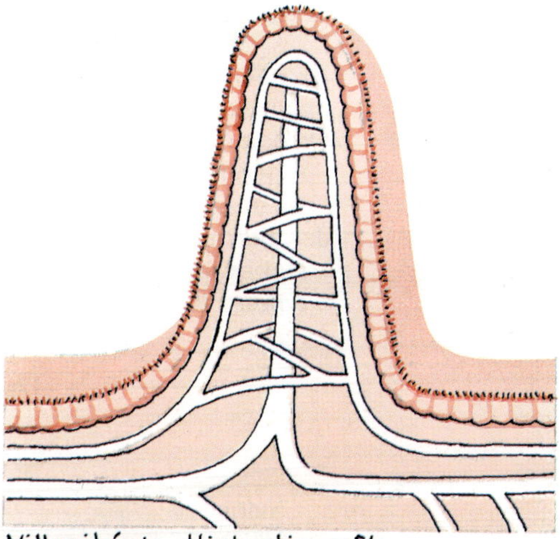

Villosité de l'intestin grêle

- Colorier en jaune les capillaires lymphatiques, en rouge ou bleu les vaisseaux sanguins.
- Indiquer par des flèches rouges le sens de circulation du sang.
- Schématiser par des flèches vertes le passage des nutriments du milieu extérieur vers le milieu intérieur.

5 LA RESPIRATION

Savoir

1 Au niveau des poumons

Le renouvellement de l'air dans les alvéoles pulmonaires est assuré par les mouvements respiratoires. Il permet une diffusion des gaz à travers la paroi alvéolaire qui représente une grande **surface d'échanges** entre l'air et le sang.

Au niveau des poumons, le sang s'enrichit en dioxygène et s'appauvrit en dioxyde de carbone. Le dioxygène est transporté jusqu'aux cellules, associé à l'hémoglobine des hématies sous forme d'**oxyhémoglobine**. Le dioxyde de carbone prélevé au niveau des cellules est transporté jusqu'aux poumons, en grande partie sous forme dissoute, dans le plasma.

2 Au niveau des cellules

Dans la cellule, la respiration correspond à la dégradation des métabolites en présence de dioxygène. Ces réactions chimiques libèrent l'énergie contenue dans les métabolites (glucides, lipides) et la rendent utilisable par l'organisme. Elles produisent également des déchets (eau, CO_2, autres déchets…) et de la chaleur.

Savoir faire

Schématiser des informations

Ex. : Schématiser les informations de la rubrique SAVOIR *concernant la respiration au niveau cellulaire.*

On doit :

– **repérer** les différents éléments cités,

– les **organiser** les uns par rapport aux autres, en utilisant l'espace au mieux, afin de valoriser la lisibilité du schéma,

– **établir**, par des flèches, **les relations** entre les éléments,

– **donner un titre** au schéma.

La respiration au niveau cellulaire

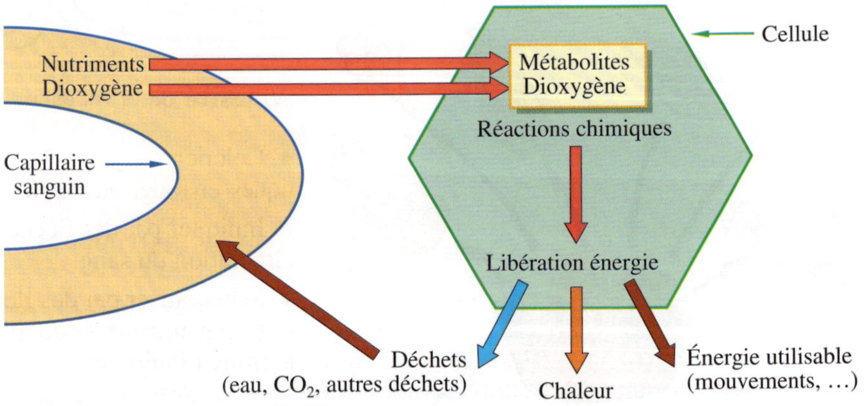

Faire

1 Schématiser

Représenter, à l'aide d'un schéma, la première partie de la rubrique SAVOIR concernant la respiration au niveau pulmonaire et le transport des gaz par le sang.

2 Compléter un texte

Retrouver la place de chacun de ces mots dans le texte ci-dessous :
dioxygène – énergie – métabolites – dioxyde de carbone – intense – glucides – lipides.

En présence de ...., les .... (.........................., ...) disparaissent, donc sont dégradés : c'est une oxydation génératrice de .... Plus le muscle travaille, plus cette oxydation est ...., d'où la nécessité d' .... pour la réalisation du travail musculaire.

3 Comprendre et interpréter des expériences

On réalise les expériences suivantes :

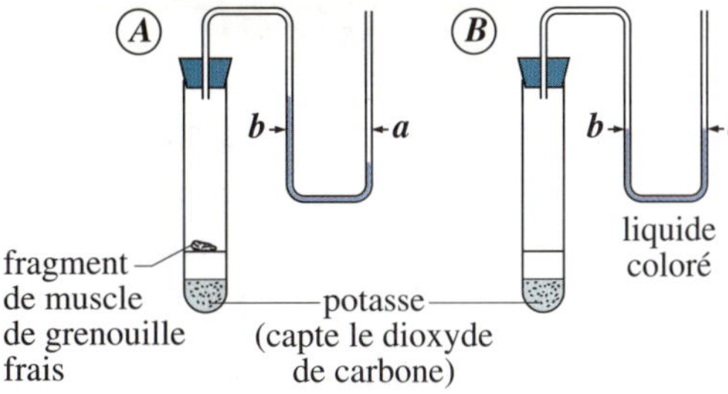

Les tubes fins contiennent un indicateur coloré. Les flèches *a* et *b* indiquent le niveau initial du liquide.

1. Comment appelle-t-on l'expérience B ? À quoi sert-elle ?
2. Pourquoi a-t-on placé de la potasse dans le fond des tubes ?
3. Que constatez-vous en A ? Comment interprétez-vous ce résultat ?
4. Par quoi est constitué le fragment de muscle ?
5. Sachant que le gaz disparu en A est le dioxygène, quelle conclusion tirez-vous de ces expériences ?

4 Carré magique

Après avoir supprimé dans le carré tous les mots de la liste, il restera 11 lettres formant un mot dont voici la définition :

« C'est ainsi que l'on appelle les nutriments lorsqu'ils s'engagent dans les réactions chimiques à l'intérieur des cellules. »

E	N	E	G	Y	X	O	I	D
A	P	M	E	E	S	S	D	E
L	O	O	T	A	A	E	E	L
V	X	E	U	U	N	T	C	U
E	Y	G	S	M	G	I	H	L
O	D	U	L	A	O	L	E	L
L	E	O	E	I	A	N	T	E
E	R	R	S	R	B	O	S	C

Liste : dioxygène – alvéole – air – poumons – sang – rouge – cellule – déchet – oxyder – eau – sels.

6 L'EXCRÉTION

Savoir

1 La formation de l'urine

L'urine se forme dans les reins à partir du sang. Dans les tubes urinifères (ou néphrons), qui représentent une grande surface d'échanges avec le sang, le plasma est **filtré** pour donner l'urine primitive. De nombreux constituants seront ensuite **réabsorbés** pour donner une urine concentrée en déchets (urée, acide urique…) et en sels minéraux, mais ne contenant aucun nutriment utile (glucose…).

2 Les deux rôles des reins

Les reins permettent l'élimination des déchets résultant du fonctionnement des organes. Ils contribuent également à maintenir la **constance du milieu intérieur** (sang + lymphe) en rejetant systématiquement les déchets, en équilibrant le volume d'eau et la quantité de sels minéraux. Toute variation est rapidement **régulée** grâce à l'activité rénale, ce qui se traduit par la production d'une urine plus ou moins concentrée.

Savoir faire

Analyser un graphique

Ex. : Variation de la production d'urine après ingestion d'un litre d'eau.

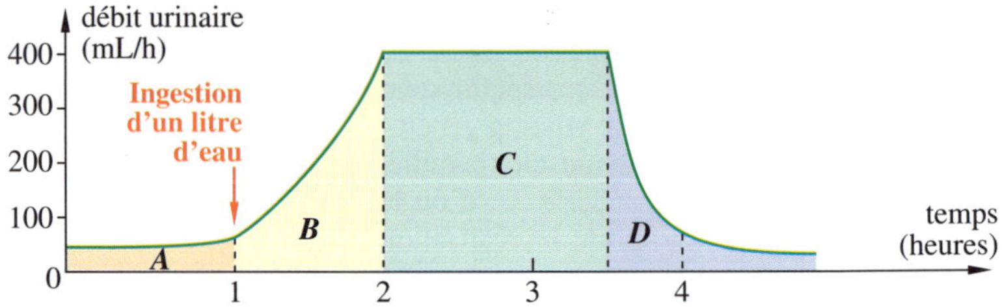

1. Comprendre la signification des axes servant de repères :
mesure de la quantité d'urine (en mL/h) en fonction du temps (en h).

2. Repérer le début de l'expérience, l'ingestion du litre d'eau (flèche).

3. Séparer la courbe en plusieurs parties et décrire successivement les différentes variations :
- en A : le débit urinaire est constant et à peu près égal à 50 mL/h ;
- en B : dès l'ingestion, on note une augmentation du débit qui atteint son maximum au bout d'une heure (400 mL/h) ;
- en C : le débit reste élevé et constant pendant 1 h 30 environ ;
- en D : le débit diminue et retrouve après 4 heures, sa valeur initiale (50 mL/h).

4. Ne pas s'arrêter à la lecture du graphique mais élaborer une hypothèse explicative ou une conclusion.
L'ingestion d'eau s'accompagnant d'une augmentation du débit urinaire, on peut penser que le rein a assuré son rôle régulateur, en évitant que la quantité d'eau ingérée ne provoque une dilution du milieu intérieur.

Faire

1 Analyser un graphique

On réalise cette expérience chez le chien.

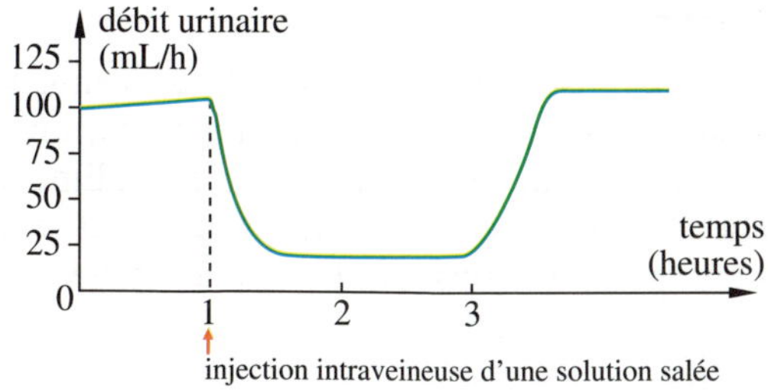

Analyser le graphique ci-dessus.

2 Appliquer ses connaissances

Effeuiller la marguerite en commençant par la lettre R et passer le même nombre de pétales à chaque fois pour retrouver un des rôles du rein.

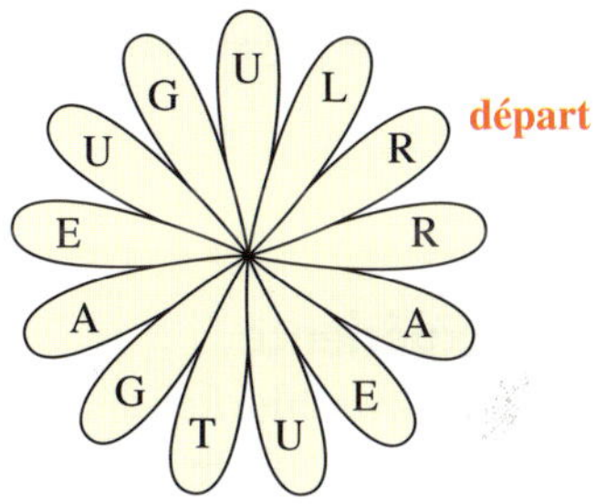

3 Comprendre le fonctionnement du rein artificiel

Les personnes atteintes d'une insuffisance rénale grave, en attendant une éventuelle greffe du rein, doivent subir des séances de dialyse. La séance dure 5 à 6 heures (toutes les 48 heures) et consiste à faire passer le sang du malade dans un tube contourné de 45 m de long, perméable à certaines substances, et plongé dans un liquide de composition voisine de celle du plasma.

Composition du sang du malade avant et après dialyse
(quantités en g/l)

	avant	après
Eau	900	900
Protéines	80	80
Lipides	5	5
Glucose	1	1
Urée	1,3	0,3
Acide urique	0,05	0,03

- Souligner dans le tableau les substances qui représentent des déchets toxiques pour l'organisme.
- À quel rôle du rein s'est substituée la machine ?
- Quelle structure le tube de la machine remplace-t-il ?
- Pourquoi doit-il être de si grande longueur ?

4 Schématiser le fonctionnement d'un tube urinifère

Colorier :

- **en rouge** les flèches des substances ou cellules **ne passant pas** les barrières du vaisseau sanguin ;
- **en bleu** les flèches des substances qui sont **filtrées** et **réabsorbées** partiellement ou totalement ;
- **en vert** les flèches des substances qui sont seulement **secrétées** (substances produites par les cellules rénales que l'on ne trouve pas dans le sang).

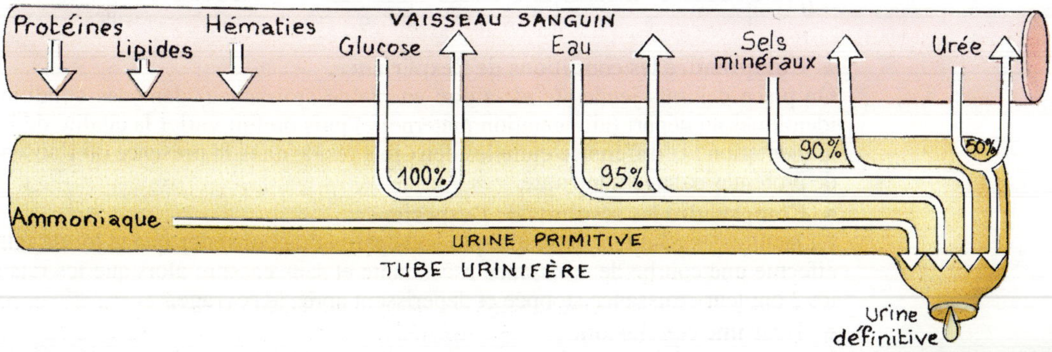

7 ALIMENTATION ET SANTÉ

Savoir

1 Les besoins quantitatifs

L'alimentation doit être suffisante pour couvrir les besoins de l'organisme. L'équilibre entre apports alimentaires et dépenses énergétiques définit la **ration alimentaire** d'entretien de chacun devant contenir des aliments **bâtisseurs** pour la fabrication de nouvelles cellules (surtout protéines, eau, sels minéraux) et des aliments énergétiques (surtout glucides et lipides).

2 Les besoins qualitatifs

Les rations alimentaires doivent être variées et équilibrées pour apporter les éléments indispensables et éviter les **carences**. Les carences en vitamines, acides aminés, substances minérales et fibres occasionnent des troubles parfois graves.

3 L'équilibre alimentaire

Afin d'éviter les maladies provoquées par un excès d'aliments, tout en couvrant les besoins de son organisme, il faut se composer une ration alimentaire adaptée à son état du moment (âge, activité physique…).

Savoir faire

Interpréter des résultats d'expérience

On veut comprendre les causes d'une maladie, le **kwashiorkor** atteignant de nombreux enfants africains dès le sevrage de l'alimentation maternelle remplacée par une bouillie de manioc (riche en glucides et pauvre en protéines).
On effectue les expériences suivantes sur deux lots de jeunes rats.

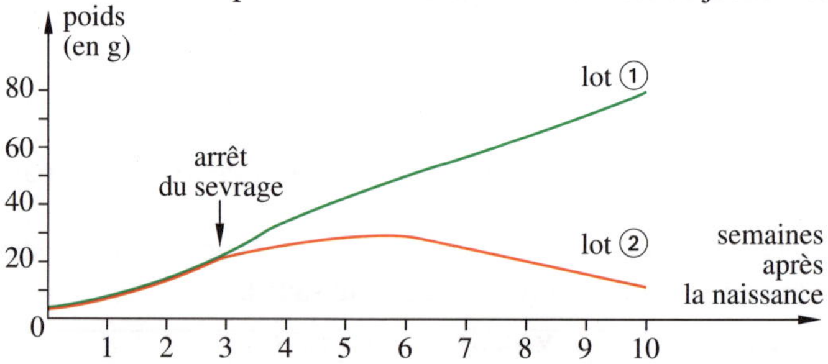

Lot 1 : rats nourris après sevrage avec nourriture riche en glucides et protéines.
Lot 2 : rats nourris après sevrage avec nourriture riche en glucides et pauvre en protéines.

- **Comprendre les conditions de l'expérience.**

On place des rats jeunes (c'est-à-dire en pleine croissance) dans des conditions identiques au départ (alimentation maternelle) puis on fait varier la qualité de leur alimentation : la différence entre les deux lots réside dans la présence ou l'absence de protéines dans la nourriture.

- **Comprendre les résultats de l'expérience.**

La lecture des résultats du graphique nous permet de constater que le lot de rats 1 effectue une courbe de croissance ascendante et sans cassure alors que les rats du lot 2 ont leur croissance stoppée et dépérissent après le sevrage.

- **Tirer une conclusion.**

Les protéines, éléments bâtisseurs, sont indispensables à la croissance.

Faire

1 Lire un graphique et en interpréter les résultats

Expériences de Hopkins.
Deux lots de jeunes rats identiques sont nourris avec les aliments suivants :

- eau
- lactose (glucides)
- saindoux (lipides)
- sels minéraux
- caséine (protéines)

Pendant les vingt premiers jours, le lot 1 reçoit en plus, par jour et par animal, 5 ml de lait frais. À partir du 20e jour, c'est le lot 2 qui reçoit le supplément de lait frais.

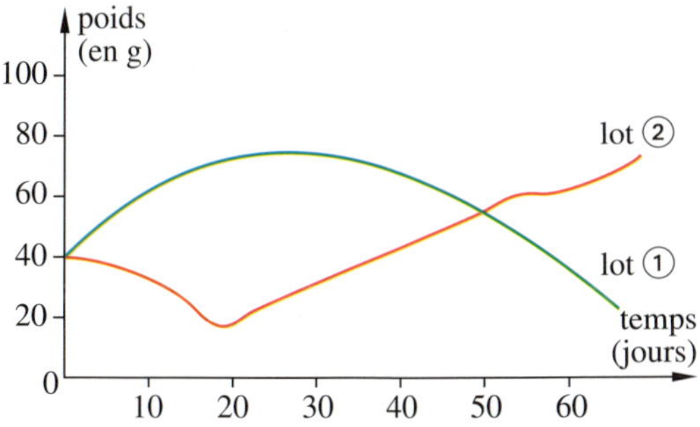

Interpréter les expériences de Hopkins.

2 Réfléchir Les « doux ennemis »

Associer les maladies aux excès alimentaires.

caries dentaires	excès de glucides
maladies cardio-vasculaires	excès de lipides
cancer du colon	
diabète	
obésité	

3 Utiliser une documentation (le dictionnaire par exemple)

Associer ces maladies à leur carence en vitamines.

scorbut	vitamine A
rachitisme	vitamine C
béribéri	vitamine D
cécité	vitamine B_1
anémie	vitamine B_{12}

4 Quel menu prendrez-vous ?

- Choisir le menu quotidien :
  - d'une personne adulte ayant peu d'activité,
  - d'un jeune sportif de haut niveau (besoins en aliments énergétiques),
  - d'une femme enceinte (besoins en aliments bâtisseurs, fer et calcium).
- Quel menu vaut-il mieux éviter ? Pourquoi ?

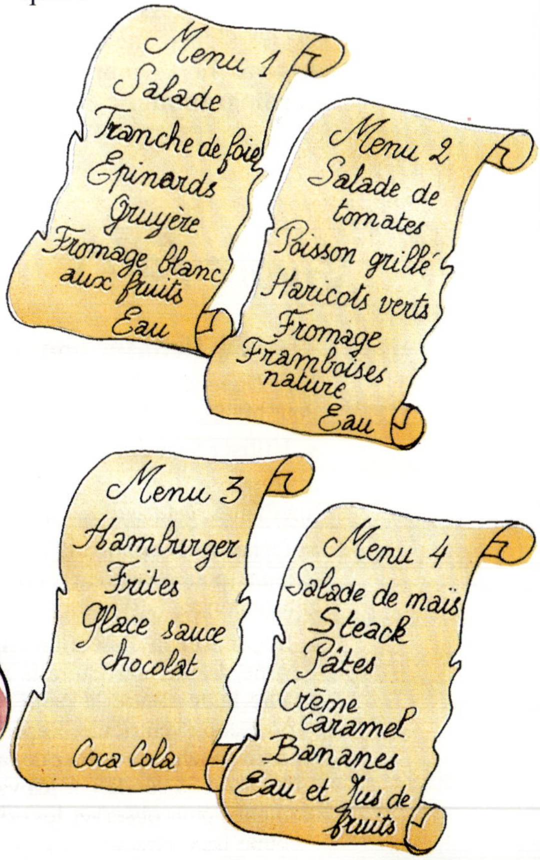

8 L'ACTIVITÉ CARDIAQUE

Savoir

1 Le cœur, organe contractile

Le cœur est un muscle creux à contraction automatique qui assure la circulation du sang. Il est composé de quatre cavités (deux **oreillettes** et deux **ventricules**), celles de droite ne communiquant pas avec celles de gauche.

2 Sens de circulation du sang

Les battements réguliers du cœur assurent la circulation séparée du sang pauvre en dioxygène vers les poumons et du sang riche en dioxygène vers les organes. Le sang sort du cœur par les **artères** et y est ramené par les **veines**. Le sens de circulation est déterminé par le fonctionnement des **valvules** (systèmes de membranes) qui s'opposent au retour du sang vers l'arrière.

3 Cycle cardiaque

Les contractions simultanées des oreillettes **(systole auriculaire)** propulsent le sang dans les ventricules qui se contractent à leur tour **(systole ventriculaire)** pour chasser le sang dans les artères. Pendant le repos **(diastole)**, le sang des veines est aspiré et les oreillettes se remplissent. Les cycles s'enchaînent sans interruption. Des courants électriques parcourent le cœur. En les amplifiant, on peut les enregistrer pour obtenir un **électrocardiogramme.**

Savoir faire

Réaliser une dissection

Ex. : Dissection du cœur de mouton.

Pour réaliser la dissection d'un organe, il faut suivre quelques règles simples :

- **Utiliser les outils appropriés :** ici, ciseaux, sonde cannelée.
- **Repérer les structures externes avant de commencer la dissection** (oreillettes, ventricules, vaisseaux).
- **Orienter l'organe :** distinguer la partie antérieure (vaisseaux) de la partie postérieure (pointe du cœur) et la face ventrale (sillon oblique entre les ventricules) de la face dorsale (sillon droit entre les ventricules).
- **Séquencer la dissection en plusieurs étapes :**

– partie droite : introduire la sonde cannelée dans l'artère pulmonaire jusqu'à ce qu'elle butte contre la paroi du cœur et couper le long de la sonde la paroi de l'artère et du ventricule. Repérer les valvules à la base de l'artère ;
– partie gauche : procéder de la même façon en passant par l'artère aorte ;
– introduire la sonde par les valvules auriculoventriculaires et couper la paroi des oreillettes pour observer les orifices des veines ;
– coupe transversale : finir par une coupe transversale 3 à 4 cm au-dessus de la pointe du cœur.

Faire

1 Appliquer ses connaissances

Compléter les légendes de la coupe longitudinale schématique du cœur.
Par des flèches, indiquer le sens dans lequel circule le sang.
Colorier en bleu le sang peu oxygéné (chargé en dioxyde de carbone) et en rouge le sang oxygéné.

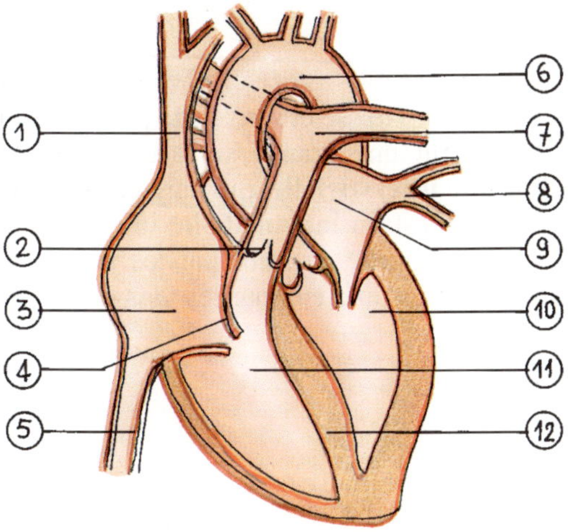

2 Classer des schémas dans un ordre chronologique

Les schémas A, B, C, D représentent les différentes étapes du cycle cardiaque.
Justifier votre classement en donnant un titre à chaque schéma.

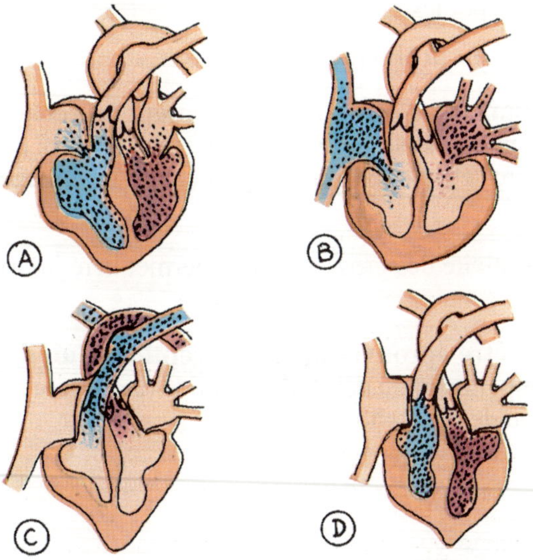

3 Test

Cocher un cœur à chaque fois que la réponse à la question est affirmative :

Es-tu sédentaire ?

Fumes-tu ?

Es-tu de sexe masculin ?

As-tu des antécédents de maladies cardio-vasculaires dans ta famille ?

As-tu tendance à l'embonpoint ?

As-tu une tension artérielle élevée (>14-8) ?

As-tu un régime riche en fritures, pâtisseries, hamburger ?

Résultats du test : risques de contracter une maladie cardio-vasculaire.

0 cœur	→aucun risque
1 à 2 cœurs	→risques très faibles à faibles
3 à 4 cœurs	→risques réels
+ de 4 cœurs	→risques importants

4 Mots croisés

Quel est le mot à trouver ? En donner une définition.

1. Le cœur en est un.
2. Gaz transporté par le sang.
3. Cavités du cœur.
4. Caractérisent l'activité du cœur.
5. Déterminent le sens de circulation du sang dans le cœur.
6. Leur contraction chasse le sang vers les artères.
7. Repos du cœur.
8. Ramène le sang au cœur.

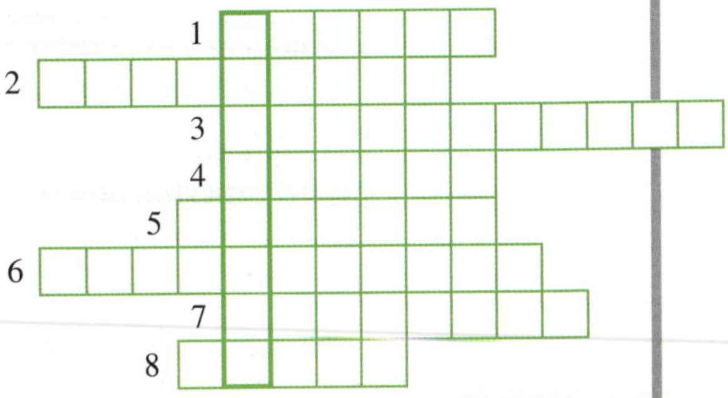

9 CIRCULATION

Savoir

1 Double circulation

Le sang parcourt un double circuit clos. La circulation générale ou **grande circulation** conduit le sang entre le cœur et les autres organes, la petite circulation ou **circulation pulmonaire** conduit le sang entre le cœur et les poumons.

2 Trajet du sang

Dans les **artères**, le sang circule à grande vitesse et sous forte pression vers les organes. Les **capillaires** constituent une grande surface d'échanges entre le sang et les cellules. La **lymphe intersticielle**, qui baigne toutes nos cellules et qui est issue des capillaires, est un intermédiaire indispensable entre le sang et les cellules. Le sang retourne au cœur par les **veines**. La lymphe rejoint la circulation sanguine près du cœur, par les vaisseaux lymphatiques.

Savoir faire

Formuler une hypothèse

Problème biologique. Le débit artériel du sang est discontinu à la sortie du cœur alors qu'à la sortie des grosses artères, le débit est devenu continu. Pourquoi ?

Pour élaborer et formuler une hypothèse :

- **Lire attentivement l'énoncé du problème,**

- **Faire appel à des connaissances acquises antérieurement ou rechercher de nouvelles informations sur la structure des artères :** la paroi des grosses artères contient des fibres élastiques qui leur permettent de changer de diamètre,

- **Énoncer l'hypothèse :** l'élasticité des grosses artères permet la régularisation du débit sanguin,

- **L'hypothèse devra ensuite être éprouvée après conception d'un dispositif expérimental** (ici, comparaison du débit d'un liquide dans un tuyau rigide en verre et dans un tuyau de caoutchouc).

Faire

1 Formuler une hypothèse

Problème. Le sang contenu dans les veines de nos jambes remonte jusqu'au cœur s'opposant à la force de pesanteur.

Quelle hypothèse peut-on formuler pour expliquer cette remontée ?

2 Appliquer ses connaissances pour compléter un schéma

Colorier en bleu le sang pauvre en dioxygène et en rouge le sang riche en dioxygène.

Schéma simplifié de la double circulation.

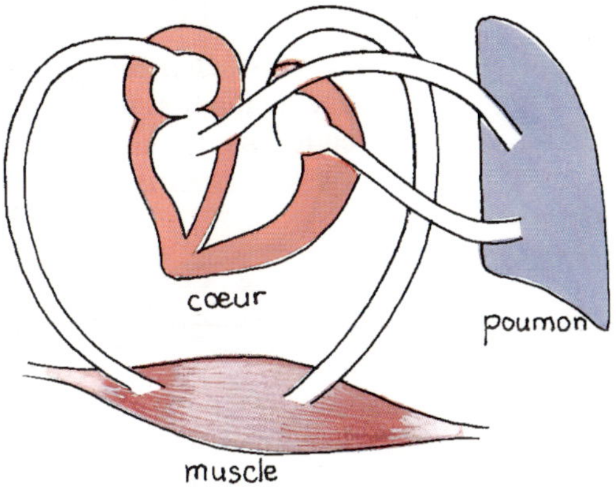

3 Comparer

Comparer les deux schémas de ces coupes transversales d'artère et de veine et donner les caractéristiques de la paroi de ces deux vaisseaux.

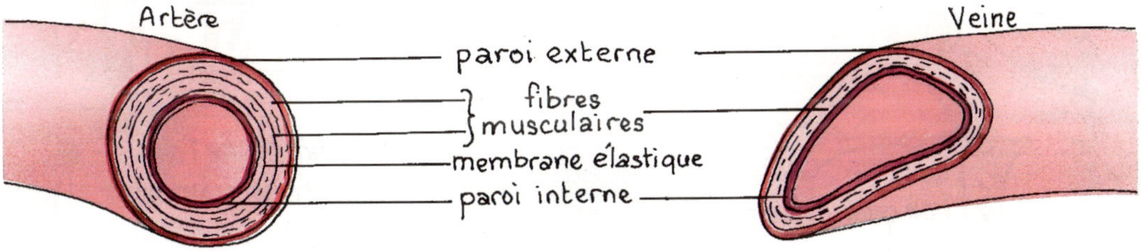

4 Calculer

La prise de la tension artérielle se fait à l'aide d'un sphygmomanomètre (du grec **sphymo** = pouls). On détermine la pression systolique (maximale) et la pression diastolique (minimale) en millimètres de mercure (mmHg). Une règle mathématique relie les deux valeurs :
soit N la valeur maximale, la minimale est égale à $\left(\frac{N}{2}\right) + 1$.

Calculer la valeur maximale normale de la pression pour une personne ayant une pression minimale de 7 (ou 70 mmHg).

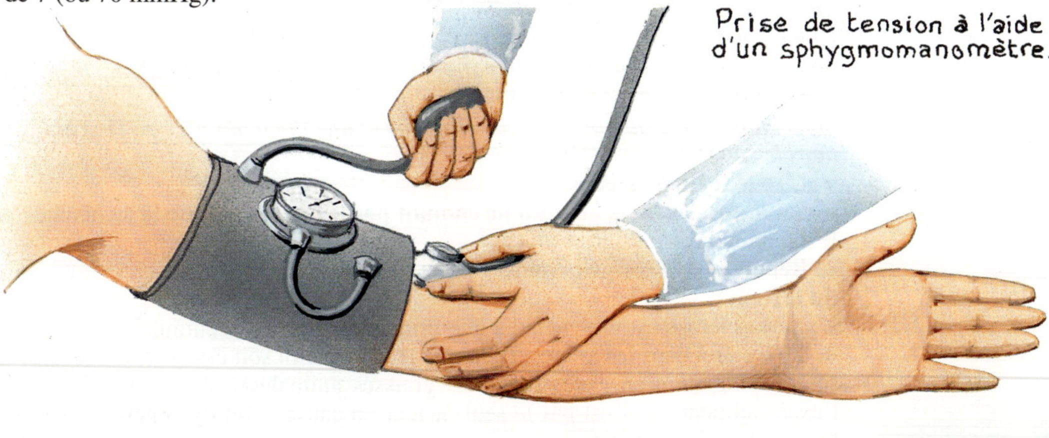

Prise de tension à l'aide d'un sphygmomanomètre.

10 CIRCULATION ET ACTIVITÉ

Savoir

1 L'adaptation à l'effort

La satisfaction des besoins des muscles au cours d'un effort physique exige une adaptation de l'activité de tous nos organes et donc une coordination entre eux. Les variations du rythme cardiaque et celles du diamètre des vaisseaux permettent d'alimenter les organes selon leurs besoins.

2 Circulation et santé

La combinaison des effets nocifs de la sédentarité, de l'excès de consommation de graisse et de l'usage du tabac favorise l'apparition de l'hypertension artérielle et de l'infarctus du myocarde (occlusion des artères coronaires assurant la nutrition du muscle cardiaque). Modes de vie et d'alimentation doivent être surveillés pour limiter les risques.

Savoir faire

Comprendre un texte scientifique

***L'artériosclérose** est une maladie caractérisée par l'épaississement de la paroi artérielle, par du tissu conjonctif et des dépôts de cholestérol. Le cholestérol est une substance dont le rôle est physiologiquement important puisqu'il est le précurseur de nombreuses hormones et des acides biliaires. L'ingestion de graisses animales en constitue la principale source alimentaire. Cependant, le foie est capable d'en synthétiser de grandes quantités, ce qui fait que de sévères restrictions alimentaires n'entraînent pas forcément une diminution de sa concentration dans le sang.*

- **Lire le texte plusieurs fois.**
- **Souligner les mots dont on ne connaît pas le sens** et en faire la recherche dans le dictionnaire.
- **Repérer les idées principales** et les organiser entre elles dans un court **résumé du texte :**

L'artériosclérose est une maladie due principalement à l'accumulation des dépôts de cholestérol dans les artères. Bien que le cholestérol soit essentiel à l'organisme, sa consommation en excès (dans les graisses animales) est néfaste. Cependant, l'excès alimentaire n'est pas le seul facteur en cause et un dysfonctionnement du foie peut également être incriminé.

Faire

1 Comprendre

Après avoir étudié la rubrique SAVOIR FAIRE, analyser ce texte scientifique :

L'hypertension est définie comme une pression artérielle à la fois élevée et chronique. En général, on considère comme pathologique des pressions de 150/90 mm Hg. La valeur de la pression diastolique n'est nullement l'indicateur le plus important de l'hypertension. Cette maladie est aujourd'hui la première cause de mortalité dans les pays occidentaux. L'évolution vers la mort se fait le plus souvent par insuffisance cardiaque ou par accident cérébral (occlusion ou rupture d'un vaisseau cérébral).

2 Lire et comprendre un tableau

- Que constatez-vous pour le débit sanguin des divers organes pendant l'effort ?
- Que remarquez-vous pour le débit sanguin total ?

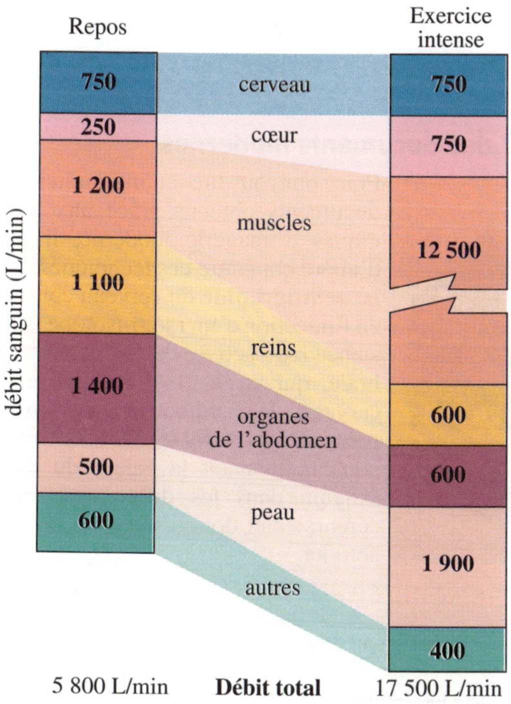

- En conclusion, comment l'organisme s'adapte-t-il à l'effort ?

3 Lire un graphique

Voici un des effets du tabac sur l'activité cardiaque.

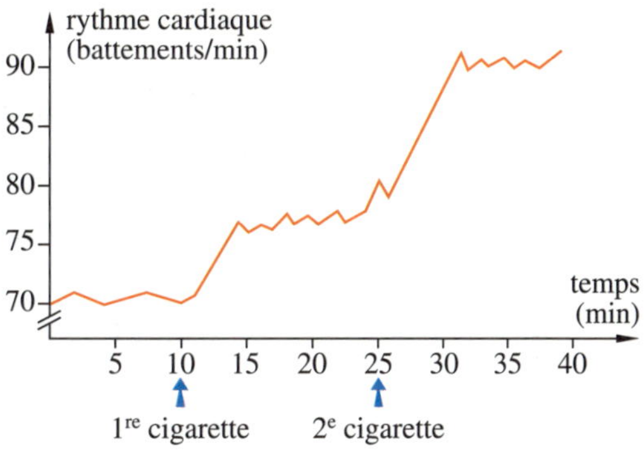

- Quel effet les cigarettes (en fait la nicotine qu'elles contiennent) ont-elles sur l'activité cardiaque ?

- Quelles seront les conséquences à long terme pour l'organisme ?

4 Appliquer ses connaissances

Effeuiller la marguerite en commençant par la lettre *S* et en passant à chaque fois le même nombre de pétales. Retrouver ainsi un facteur favorisant les maladies cardio-vasculaires.

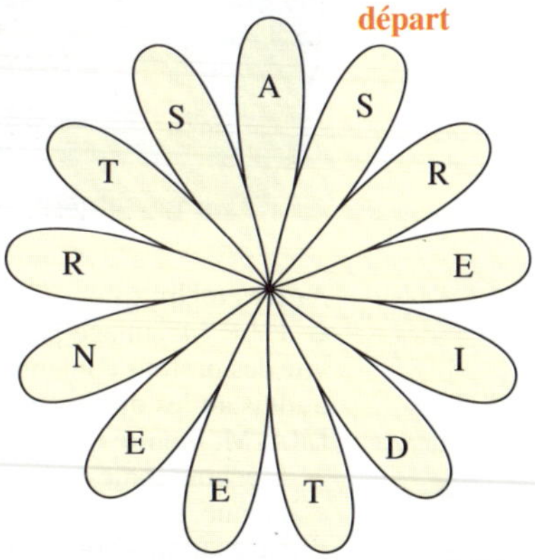

11 RÉAGIR À L'ENVIRONNEMENT

Savoir

1 Réactions à des stimulations

Des événements extérieurs peuvent déclencher des comportements humains. Les informations du milieu sont détectées par des organes **récepteurs** spécialisés (organes des sens) qui les transforment en messages nerveux.

2 Trajet des messages

Les messages sont transmis par des récepteurs jusqu'aux **centres nerveux** par les milliers de fibres qui forment les **nerfs sensitifs**. Les centres nerveux exploitent ces messages et en émettent d'autres qui sont transmis aux **organes effecteurs** (muscles et glandes) par l'intermédiaire des fibres des **nerfs moteurs**.

3 Centres nerveux

La **moelle épinière** permet l'exécution des réactions réflexes (involontaires et inconscientes), indispensables à la survie de l'organisme. Le **cerveau** est le siège des réactions volontaires et conscientes. Les messages aboutissent à des aires spécialisées du cortex (aires visuelle, auditive...).

Savoir faire

Lire et interpréter des documents modernes

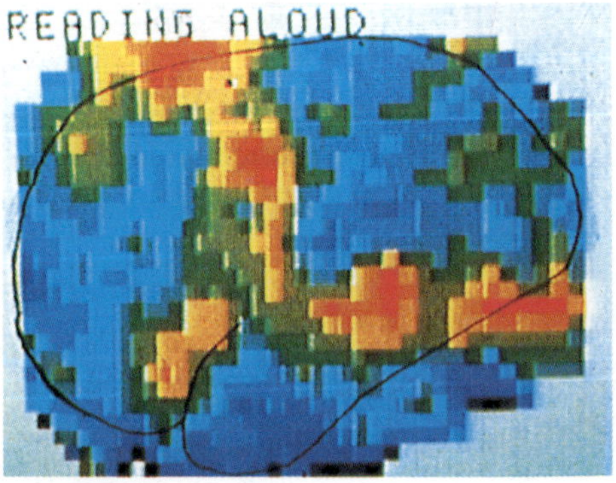

Pour pouvoir lire et interpréter des documents obtenus grâce aux techniques d'imagerie moderne, il faut d'abord connaître ces techniques.

La **scintigraphie** du cerveau consiste en l'injection d'un radio-isotope (substance radioactive) dans l'artère cérébrale, qui va se fixer au niveau du cerveau. Un ordinateur traduira sa présence sous forme de taches de couleur, donnant la valeur du débit sanguin dans les différentes zones cérébrales et donc l'intensité de leur activité.

Autres techniques

- L'I.R.M. (image par résonance magnétique) : elle consiste à stimuler puis repérer l'activité des protons contenus dans le noyau des atomes d'hydrogène. Elle donne donc une image traduisant les différences de teneur en eau des tissus.

L'I.R.M. montre très bien les détails de structure du cerveau.

- L'échographie : on envoie des ultrasons (vibrations à haute fréquence) à travers la boîte crânienne. Le cerveau réfléchit les ultrasons vers un appareil récepteur qui visualise ensuite l'image sur un écran. Elle fournit des informations sur la structure du cerveau (en particulier les cavités) ainsi que sur le flux sanguin cérébral.

Faire

1 Exploiter des documents

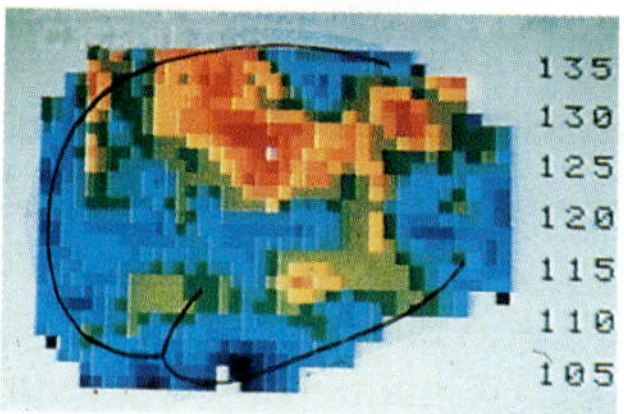

1

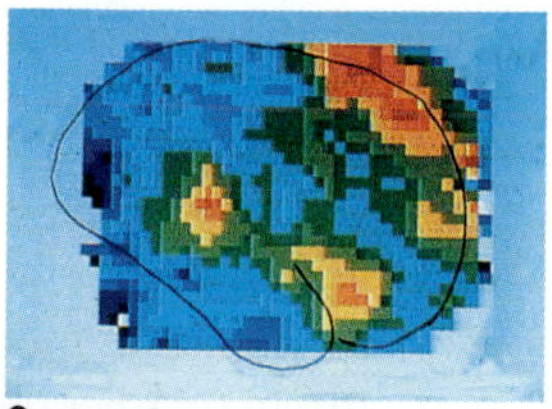
2

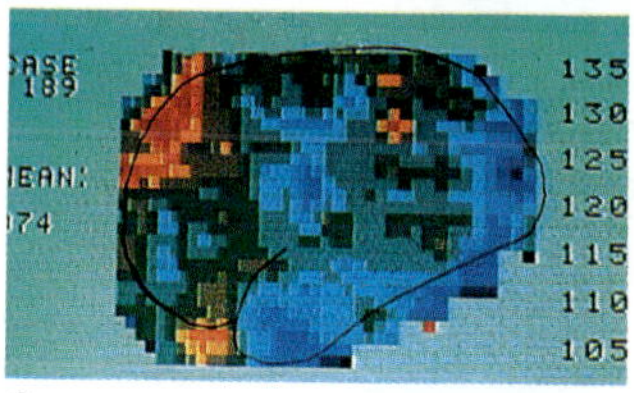

3

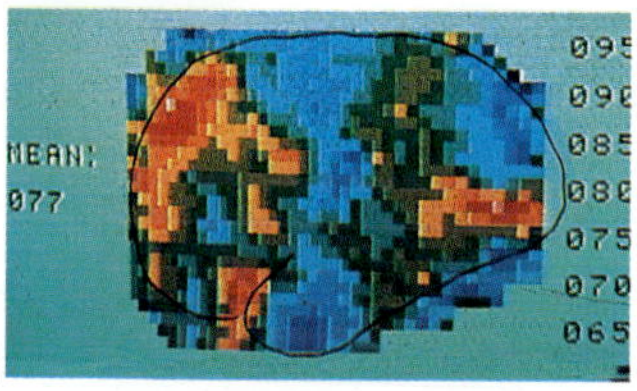
4

Décalquer les contours du cerveau et placer sur ce calque les différentes zones correspondant à l'exploitation :
- des messages visuels (en bleu) ;
- des messages auditifs (en vert) ;
- des messages tactiles (en rouge).

2 Classer

Regrouper les comportements humains suivants en réactions volontaires ou réflexes :

1. Retirer brusquement la main après avoir touché un objet très chaud.
2. Cligner les paupières.
3. Lire un texte à haute voix.
4. Enfiler un pull-over.
5. Frissonner.
6. Écrire.
7. Bâiller.

3 Appliquer ses connaissances

S	T	I	M	U	L	A	T	I	O	N
M	M	R	U	E	T	C	E	F	F	E
O	R	U	E	P	I	N	I	E	R	E
E	U	N	S	U	A	E	V	R	E	C
L	E	A	R	C	E	R	T	N	E	C
L	T	I	R	M	L	C	O	D	E	S
E	O	T	G	I	I	E	S	E	N	S
N	M	M	E	S	S	A	G	E	C	I
E	C	H	O	G	R	A	P	H	I	E
R	P	H	E	E	X	E	L	F	E	R
F	V	O	L	O	N	T	A	I	R	E

Liste :

centre	épinière
moelle	réflexe
cerveau	échographie
moteur	sens
code	I.R.M.
muscle	volontaire
effecteur	message
nerf	stimulation

Éliminer les mots de la liste. Il reste 13 lettres permettant de reconstituer le nom d'une technique d'imagerie médicale.

4 Comprendre et expliquer un schéma

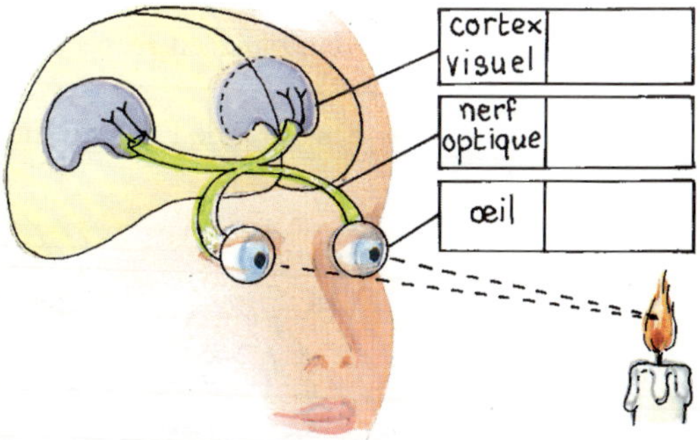

1. Retracer en rouge le trajet du message visuel correspondant au codage de l'image de la bougie.
2. Indiquer dans chaque case la structure correspondante (à chercher dans la rubrique SAVOIR).
3. Lorsqu'une personne ne voit plus, quelles sont les hypothèses que le médecin peut formuler pour expliquer cette cécité ?

12 ÉLABORATION DE LA SENSATION TACTILE

Savoir

1 Stimulation d'un récepteur et message nerveux

Une pression (ou **stimulation**) sur la peau provoque, si l'intensité est suffisante, l'excitation des **récepteurs** tactiles de la peau. Un **message nerveux** prend naissance. Sa manifestation électrique est enregistrable. Le message passe par des fibres nerveuses (constituant le nerf). Chaque fibre est le prolongement d'une cellule nerveuse ou neurone. Les neurones ne sont pas en contact direct : l'espace qui les sépare (appelé **synapse**) est franchi par le message nerveux grâce à des substances chimiques.

2 Naissance d'une sensation

La sensation tactile devient consciente quand le message nerveux est parvenu au cerveau dans une zone particulière de l'écorce cérébrale. Cette activité cérébrale est décelable par une augmentation du débit sanguin.

Savoir faire

Manipuler

On désire mettre en évidence les différences de sensibilité tactile rencontrées à divers endroits du corps. Pour cela, on mesure, à l'aide d'un ciseau fin, l'écartement des pointes, qui, appliquées sur la peau, donnent naissance à deux sensations distinctes :

- On doit tester diverses parties du corps : les choisir.

Exemple : paume et dos de la main, extrémité du doigt, avant-bras, bras, dos, cuisse, joue, front, pointe de la langue…

- Manipuler en respectant son sujet (éviter de provoquer une sensation douloureuse).
- S'assurer de l'objectivité du sujet testé (en lui bandant les yeux, par exemple).

- Rassembler les résultats dans un tableau, ce qui facilitera ensuite l'interprétation :

Localisation	Distance entre 2 sensations distinctes (mm)
paume de la main	4
dos de la main	30
extrémité du doigt	2
cuisse	65

Faire

1 Manipuler et interpréter les résultats obtenus

a) Tester la sensibilité au froid et au chaud sur le dos de la main. Plonger une dizaine de clous dans l'eau chaude (50 °C) et une autre dizaine dans un récipient contenant de l'eau et des glaçons. Effectuer au stylo un quadrillage du dos de la main. Noter les résultats dans une grille identique (sensation ressentie dans chaque case). Tester successivement la sensibilité au chaud puis au froid.

	A	B	C	D	E
1					
2					
3					
4					
5					

Exemple : sensibilité au froid, indiquer dans chaque case
F →sensation de froid
O →aucune sensation

b) Comparer les résultats obtenus.
La sensibilité au chaud et au froid est-elle identique à différents endroits du dos de la main ?

c) Interpréter les résultats.
Comment cela peut-il s'expliquer ?

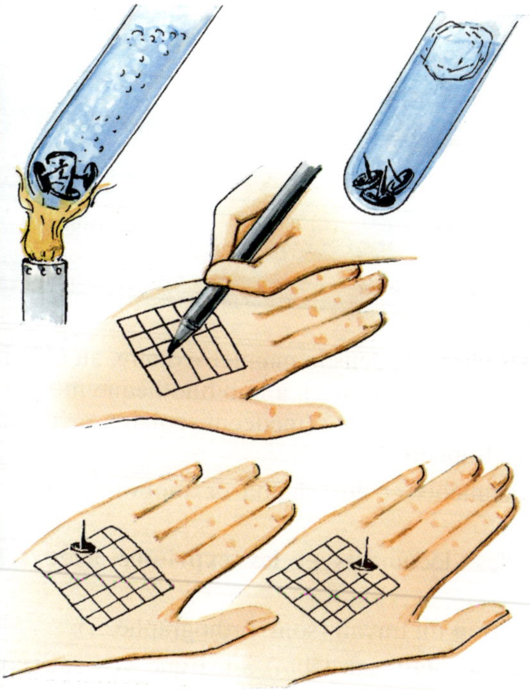

2 Réaliser un schéma de synthèse

Aïe ! Un moustique vous pique l'épaule. Vous répliquez par une claque, en espérant écraser l'indésirable bestiole ! Schématiser le trajet du message nerveux ayant conduit à cette réaction. Vous utiliserez le code suivant :

→ stimulation
□ centre nerveux
△ récepteur
— nerf
() muscle

3 Utiliser ses connaissances pour comprendre un document

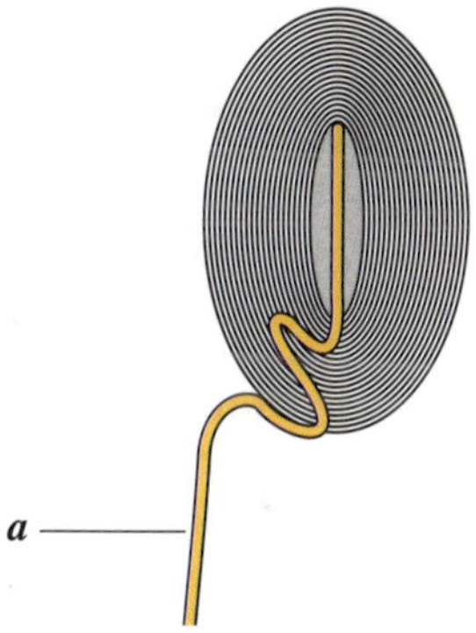

Voici un des récepteurs tactiles localisé dans la peau humaine. En vous servant de vos connaissances concernant le trajet du message nerveux, donner le nom de l'élément *a*. De quoi est-il le prolongement ?

4 Tester ses connaissances

Retrouver les mots correspondant aux définitions.

1. Zone de connexion entre 2 neurones. → □□□□□□□

2. Cellule nerveuse. → □□□□□□□

3. Faisceau de fibres nerveuses. → □□□□

4. Elément où prend naissance le message nerveux. → □□□□□□□

13 HYGIÈNE NERVEUSE ET DANGER DES TOXICOMANIES

Savoir

1 Le système nerveux se fatigue

La fatigue est un phénomène normal dont la compensation est le sommeil nocturne. Les modifications du rythme de vie (veille, sommeil) ainsi que les agressions du milieu extérieur (bruit, lumière…) nuisent au maintien de l'équilibre nerveux.

2 Le danger des drogues

Les drogues (nicotine du tabac, alcool et autres substances chimiques), véhiculées par le sang, peuvent perturber gravement le fonctionnement des cellules nerveuses. Elles peuvent créer un état de **dépendance** physique et psychique de l'individu conduisant à la destruction de sa personnalité.

Savoir faire

Réaliser un dossier

Pour réaliser un dossier sur le tabac.

- **Mobiliser des idées :** il est essentiel de bien cerner le sujet afin de ne pas omettre de points importants et d'éviter le hors-sujet. Pour cela, on peut utiliser une méthode de mobilisation des idées :

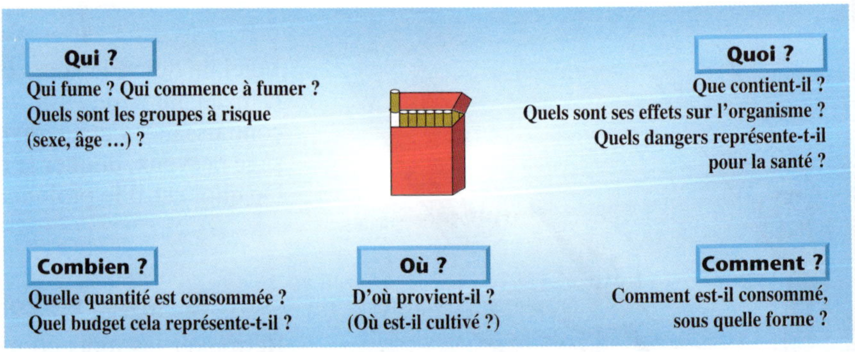

- **Réunir des documents :** les chercher dans le manuel scolaire, au C.D.I. (livres ou revues spécialisées, encyclopédies…), à la bibliothèque municipale. Interroger des professionnels de la santé (médecin scolaire, médecin de famille, pharmacien…), des fumeurs…
- Après consultation des documents et du schéma de mobilisation des idées, **établir le plan** du dossier.
- **Tirer des informations** des documents et **les exprimer avec ses propres mots.**
- **Veiller à la bonne présentation** du travail (soin, orthographe…).
- **Ne pas oublier d'y inclure le plan** (au début) ainsi que vos **sources bibliographiques**.

Faire

1 Enquêter

Établir le dossier de la recherche proposée dans la rubrique SAVOIR FAIRE.

2 Saisir les informations d'un texte

D'après ce texte, établir un tableau séparant les conséquences physiologiques et psychiques observées chez les individus se droguant avec des solvants (colle…).

La toxicomanie aux solvants se rencontre surtout chez les jeunes garçons vivant dans les zones urbaines défavorisées.
L'inhalation des vapeurs de solvant procure une certaine ivresse et provoque parfois des hallucinations. Elle entraîne également maux de tête, vomissements, stupeur, coma, voire décès. Les effets négatifs à long terme comprennent une érosion des muqueuses du nez et de la gorge, des lésions des reins, du foie et du système nerveux. L'intoxication se manifeste par un état d'ébriété, une rougeur du visage, des ulcérations autour de la bouche et des modifications de la personnalité (maussaderie, nervosité).

Comment les vapeurs inhalées ont-elles pu détériorer des organes comme le foie, les reins, le cerveau ?

3 Associer

Voici les effets produits à long terme par la consommation d'alcool sur l'organisme. Associer chaque effet à l'organe correspondant.

cirrhose	appareil reproducteur
délire (délirium tremens)	foie
rougeur de la peau	cerveau
hypertension	système cardio-vasculaire
ulcère	reins
défaillance cardiaque	estomac
impuissance	
insuffisance rénale	

4 Analyser un graphique et appliquer ses connaissances

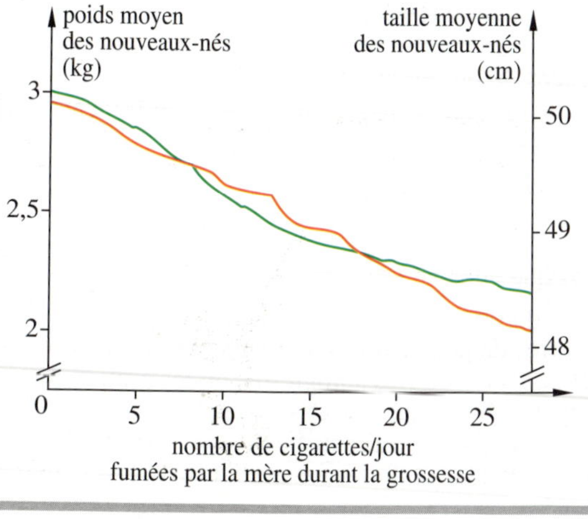

- Lire le graphique.

a) Que représente ce graphique ?
b) Quels sont les effets du tabac sur le fœtus ?

- Appliquer ses connaissances.

Comment les substances néfastes du tabac sont-elles parvenues jusqu'au fœtus ?

14 RECONNAISSANCE DU NON-SOI

Savoir

1 L'organisme distingue le soi du non-soi

L'organisme est caractérisé par un ensemble de molécules, les marqueurs du **soi**, présentes à la surface de ses cellules et constituant une sorte de « carte d'identité ». Il y a donc autant d'identités que d'individus. La nature de ces molécules dépend du programme génétique.

2 Le non-soi : les antigènes

Toute molécule étrangère ou **antigène** introduite dans l'organisme est identifiée comme ne faisant pas partie du **soi** et constitue le **non-soi**. Ces molécules peuvent être libres (substances chimiques, toxines bactériennes), portées par des microbes (bactéries, virus) ou par les cellules d'un autre individu (greffes, transfusion de sang).
Le système immunitaire est un ensemble de cellules spécialisées, prenant naissance dans la moelle osseuse, capables de reconnaître le non-soi et de l'éliminer.

Savoir faire

Rédiger un texte scientifique

Exemple : Compte rendu d'expériences.
Pour effectuer un compte rendu des expériences suivantes :

conditions d'expériences	résultats	conditions d'expériences	résultats
 même individu	réussite de la greffe	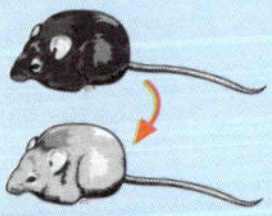 individus génétiquement différents	rejet plus ou moins long de la greffe
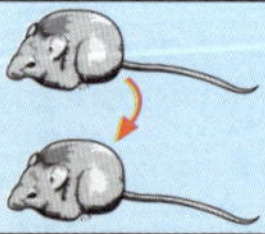 individus génétiquement identiques	réussite de la greffe	 individus d'espèces différentes	rejet immédiat de la greffe

- Ne pas oublier que les exigences du professeur de biologie, en ce qui concerne la rédaction d'un texte, sont les mêmes que celles du professeur de français donc soigner :
  – la construction grammaticale des phrases,
  – l'orthographe,
  – la présentation.
- Utiliser le vocabulaire scientifique adéquat (dans le cours, ou le rechercher).
- Repérer les informations à tirer du document, les ordonner.

Exemple : on a procédé à des greffes de peau sur des animaux, en faisant varier la parenté génétique du donneur et du receveur. Les autogreffes ou les greffes sur des individus génétiquement semblables (vrais jumeaux) sont acceptées par l'organisme alors que les autres types de greffes (allogreffes) sont rejetés. Plus les « cartes d'identité » cellulaires du donneur et du receveur sont différentes, plus le rejet est rapide.

Faire

1 Établir un texte à partir d'un schéma

Retranscrire ce schéma sous forme de texte.

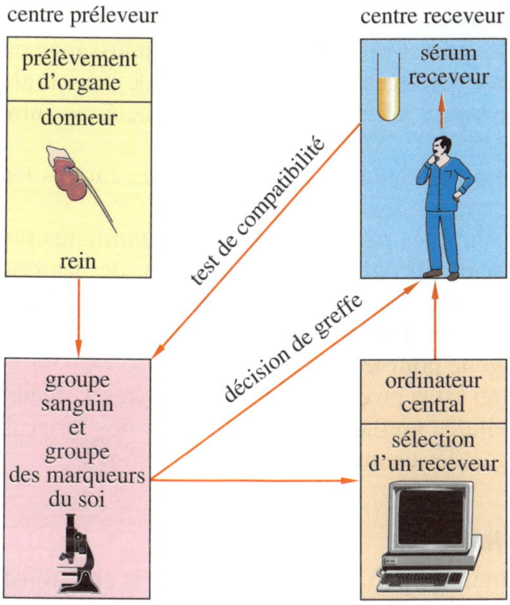

2 Rechercher des informations

(nature de l'antigène responsable d'une maladie)

Établir un tableau séparant les maladies provoquées par virus, bactéries, champignons microscopiques et protozoaires (animal unicellulaire).

coqueluche – rage – paludisme – teigne – grippe – varicelle – tuberculose – rougeole – choléra – tétanos.

3 Utiliser ses connaissances

Après avoir rayé de la grille tous les mots de la liste, retrouver le nom d'une maladie infantile provoquée par un virus.

Liste

sang ↘
plaie ↖
bactérie →
virus ↓
rage ←
bacille ↓
antigène ↑
greffe →
toxine ↓
soi ↓
choléra ←

B	A	C	T	E	R	I	E
E	B	E	S	V	A	S	T
N	V	A	I	A	R	O	O
E	I	I	C	A	N	I	X
G	R	C	E	I	L	G	I
I	U	L	L	E	L	P	N
T	S	E	G	A	R	L	E
N	G	R	E	F	F	E	E
A	A	R	E	L	O	H	C

4 Comprendre

Le mode d'action d'une bactérie pathogène.

En utilisant le texte et le schéma :

a) Préciser quel est l'antigène qui provoque la maladie ?

b) Dire pourquoi les symptômes n'apparaissent qu'au bout de quelques jours.

c) Expliquer pourquoi la maladie se traduit par des symptômes concernant l'activité des muscles.

Le tétanos. *La maladie, consécutive à une blessure souvent bénigne, est due au bacille tétanique (bactérie en bâtonnets) très souvent présent dans le sol. Le premier symptôme, trois à cinq jours après la blessure, est la contracture douloureuse des muscles de la mâchoire. Ces contractures s'étendent à tous les muscles en quelques jours.*

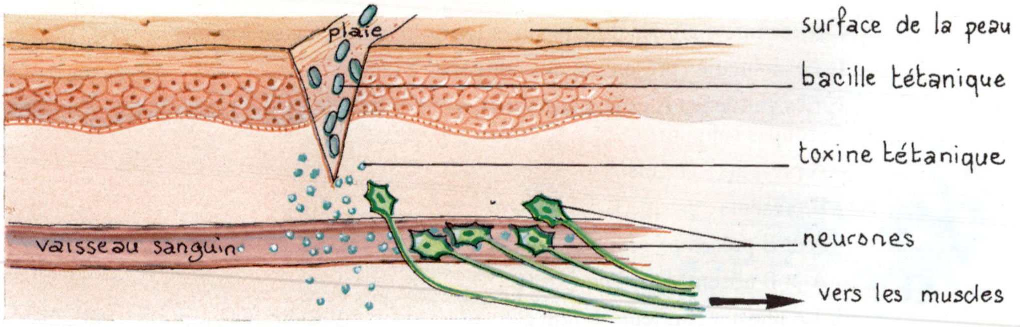

Attention ! Les différents éléments ne sont pas représentés à l'échelle.

15 DÉFENSE DU SOI

Savoir

1 Reconnaissance des antigènes

Elle entraîne deux types de réaction.

- Une réaction non spécifique qui est inflammatoire. Reconnaissance des antigènes. Polynucléaires et macrophages (qui sont des leucocytes ou globules blancs) sortent des vaisseaux pour phagocyter les bactéries introduites dans l'organisme.
- Une réaction spécifique qui est exercée par les lymphocytes (autres leucocytes).

– Les antigènes peuvent être éliminés par des réactions immunitaires productrices d'**anticorps** intervenant surtout dans la destruction de bactéries pathogènes et d'hématies étrangères. Les anticorps, spécifiques de chaque antigène, sont produits à partir des **lymphocytes B** et circulent dans le plasma. Ils se fixent sur l'antigène pour le détruire.

– Le second mode d'élimination est la production de lymphocytes T (tueurs) intervenant dans le rejet de cellules greffées ou infectées par des virus. Ils détruisent directement par contact les cellules porteuses de l'antigène.

2 Mémoire immunitaire

Après stimulation par l'antigène, une partie des lymphocytes B et T constituent en se multipliant, un stock de cellules spécifiques qui pourront fonctionner immédiatement en cas de second contact avec l'antigène.

Savoir faire

Saisir les informations d'un tableau

Exemple : Les groupes sanguins A - B - O.

Groupes	A	B	AB	O
○ hématies ● antigène A ▲ antigène B				
plasma présents dès la naissance: anticorps anti A, anticorps anti B				

Lire les informations du tableau et les ordonner de façon logique :

1. Les hématies présentent des antigènes à leur surface.

2. Les antigènes A et B, permettent, selon s'ils sont présents ou absents, de définir 4 groupes sanguins.

– A présents : groupe A.

– B présents : groupe B.

– A et B présents : groupe AB.

– A et B absents : groupe O.

3. Le plasma contient ou non des anticorps : anti-A dirigés contre les antigènes A et anti-B dirigés contre les antigènes B.

4. Ces anticorps existent indépendamment de tout contact préalable avec l'antigène

Faire

1 Tirer les informations d'un tableau

Saisir les informations de ce tableau et les ordonner de façon logique.

Expériences		Résultats
Jour 0	Jour 15	
 souris *A*	injection de toxine tétanique 	Mort de la souris *A*
injection d'anatoxine tétanique (toxine atténuée) 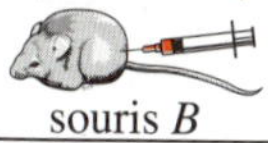 souris *B*	injection de toxine tétanique 	Survie de la souris *B*
 souris *C*	injection de sérum de sourie *B* puis injection de toxine tétanique 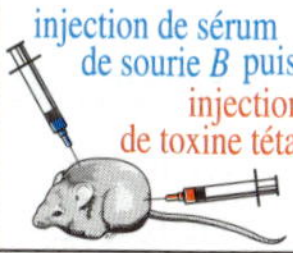	Survie de la souris *C*

2 Rechercher des informations et les appliquer en complétant un schéma

Recherher dans le dictionnaire la définition des mots : **phagocytose**, **pseudopode**, **vacuole**, puis compléter les titres et légendes des schémas ci-dessous en choisissant parmi les mots proposés.

- Titres proposés : **Digestion** – **Attraction** – **Enveloppement**.
- Légendes proposées : noyau – macrophage – bactérie – vacuole digestive – pseudopode – cytoplasme – membrane.

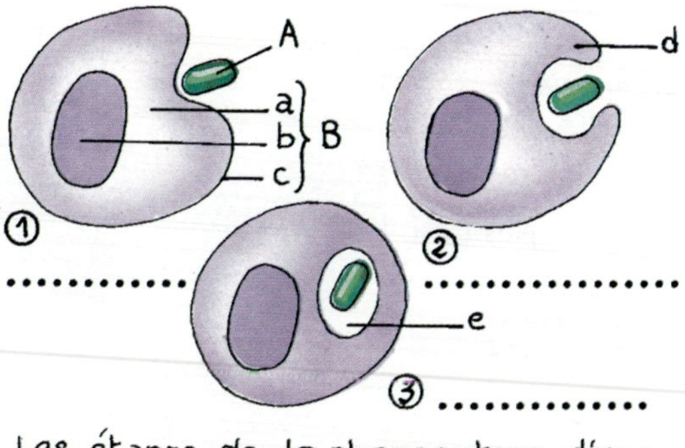

Les étapes de la phagocytose d'une bactérie par un macrophage.

3 Lire et interpréter un graphique

La plupart des maladies infantiles ne sont contractées qu'une seule fois. Pourtant, dans notre vie, nous rentrons plusieurs fois en contact avec les antigènes provoquant ces maladies.
Pour en comprendre les raisons, lire et interpréter ce graphique.

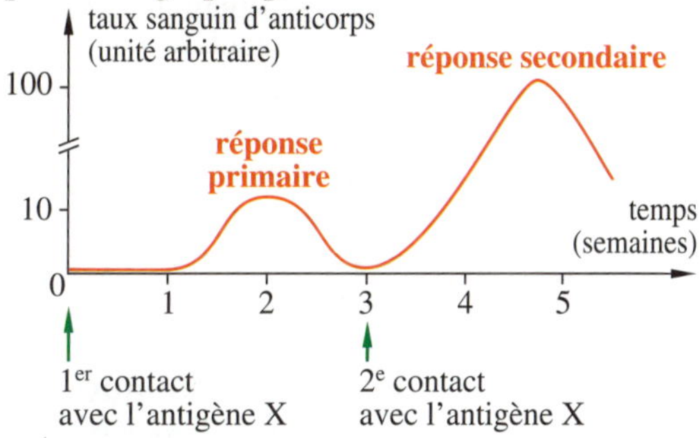

Lire un graphique.

- L'organisme réagit-il de la même façon à la seconde présentation de l'antigène ?
- Quelles sont les différences entre les réponses primaire et secondaire ?

Interpréter.

- Quelle propriété du système immunitaire a-t-on mis ici en évidence ?
- Pourquoi un individu ne contractera-t-il qu'une seule fois la maladie provoquée par l'antigène X ?

4 Compléter un schéma de synthèse

Compléter le schéma avec les mots suivants :
spécifique – **anticorps** – **B** – **T** – **non spécifique** – **mémoire** – **antigène**.

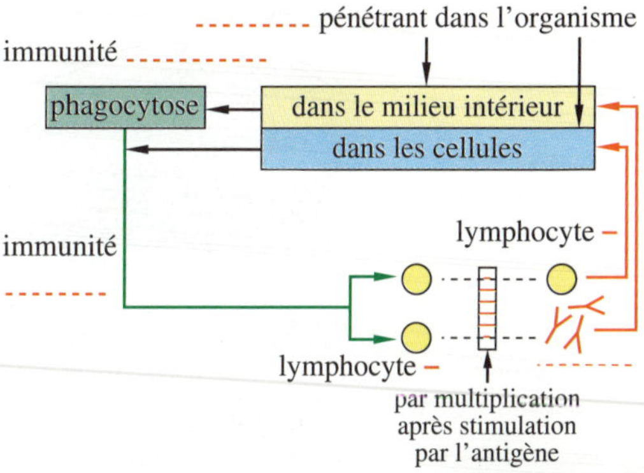

16 SYSTÈME IMMUNITAIRE ET SANTÉ

Savoir

1 Aide à la réponse immunitaire

Il existe plusieurs moyens d'aider le système immunitaire.

- **Les vaccins.** On introduit dans l'organisme l'antigène rendu non pathogène (ne pouvant plus déclencher la maladie). Cela permet la production de cellules mémoires qui pourront agir immédiatement lors d'un contact ultérieur avec cet antigène. L'**immunité** (ou état de résistance de l'organisme) ainsi **acquise de façon active** est de longue durée (plusieurs années).
- **Les sérums.** On introduit dans l'organisme des anticorps tout prêts qui neutralisent les antigènes présents. L'**immunité** ainsi **acquise de façon passive** est de courte durée (2 à 3 semaines).
- **Les antibiotiques.** On utilise des substances fabriquées par certains micro-organismes qui limitent la multiplication des bactéries pathogènes.

2 Dysfonctionnement du système immunitaire

Le système immunitaire est parfois déréglé (allergies, maladies auto-immunes) ou gravement perturbé (immunodéficiences congénitales ou virales qui favorisent le développement d'autres maladies).

Savoir faire

Éprouver une hypothèse

Il est déconseillé par les médecins de réutiliser un antibiotique prescrit pour soigner une autre maladie.

Hypothèse : Les antibiotiques ne doivent pas tous avoir la même efficacité pour combattre une bactérie.

Pour éprouver une hypothèse, on doit :

- **concevoir un dispositif expérimental**,
- **réaliser les expériences**,
- **observer les résultats** (ou se procurer les résultats),
- **interpréter ces résultats**, la conclusion permettant de confirmer (garder) ou d'infirmer (rejeter) l'hypothèse. Ici, on devra concevoir et réaliser un antibiogramme.

Les antibiotiques A et D empêchent la multiplication de la bactérie X mais l'antibiotique A est plus efficace. On en déduit que chaque antibiotique a un champ d'action spécifique, ce qui confirme notre hypothèse.

Faire

1 Éprouver une hypothèse

« L'alcool à 90 °C est une substance antiseptique. »

Après avoir recherché ce mot dans le dictionnaire, éprouver cette hypothèse. Quel dispositif expérimental concevrez-vous ? En fonction des résultats obtenus, quelles seraient vos interprétations et votre conclusion ?

2 Analyser un texte

Louis Pasteur (1822-1895) avait porté ses recherches sur l'étude du choléra des poules (1880). Il cultivait le microbe (bactérie) qui en est responsable, sur un milieu nutritif gélosé. Il prenait soin d'entretenir ses cultures en effectuant des repiquages fréquents sur des milieux nutritifs nouveaux afin que les microbes conservent toute leur virulence.

Durant l'été 1880, Pasteur prit des vacances et confia l'entretien de ses cultures à son préparateur. Ce dernier négligea les repiquages des microbes. A son retour, Pasteur testa la virulence de ces cultures « vieillies » en pratiquant des inoculations sur quelques poules… qui ne tombèrent pas malades.

Par des repiquages, Pasteur rendit alors leur vitalité aux souches microbiennes « vieillies ». Pour tester ses cultures, il les inocula à plusieurs poules. Celles qui avaient préalablement reçu les microbes « vieillis » ne présentèrent que des troubles légers alors que les autres poules succombèrent toutes en 48 heures.

a. Retracer les différentes étapes qui ont conduit Pasteur à faire une découverte, en résumant chaque paragraphe.
b. Quelle fut la découverte de Pasteur ?
c. Quelle application a reçu cette découverte pour l'aide à la réponse immunitaire ?

3 Réaliser un tableau pour comprendre

Voici deux exemples de déficits immunitaires.

A – La maladie de Burton

La maladie se révèle habituellement vers 6 mois à 1 an. Les manifestations principales sont de nature infectieuse : infections bactériennes sévères à répétition. Les infections virales ne sont ni plus fréquentes, ni plus graves que chez les autres enfants. Les analyses de sang révèlent un très faible taux d'anticorps dans le plasma.

B – La maladie de Di George

Ce syndrome se caractérise par une sensibilité particulière aux infections à champignons (mycoses) et à certains virus donnant des maladies généralisées graves. Les taux d'anticorps dans le sang sont presque normaux.

Remplir le tableau suivant :

	Symptômes	Antigènes contre lesquels l'organisme ne sait pas se défendre	Eléments du système immunitaire sur lesquels porte la déficience
Maladie de Burton			
Maladie de Di George			

4 Rechercher des informations

Voici des allergènes courants (substances responsables d'allergies). Associez-les aux maladies qu'ils provoquent.

- pollen
- produits chimiques (détergents, cosmétiques…)
- venin d'abeille
- acariens de la poussière
- poils de chat

- asthme
- rhume des foins
- eczéma
- œdèmes

17 LES MICRO-ORGANISMES AU SERVICE DE L'HOMME

Savoir

1 Grande variété des micro-organismes

Ce sont des êtres vivants dont l'observation nécessite un microscope. Les microbes les plus utilisés par l'Homme sont des algues, des champignons (levures, moisissures), des bactéries (aux formes variées de quelques micromètres) et des virus (seulement visibles au microscope électronique).

2 Quelques caractéristiques des micro-organismes

Ils se multiplient rapidement, par simple division et forment des clônes. Ils ont des modes de vie divers : libres, parasites (dépendant d'un être vivant), saprophytes (dans les matières en décomposition). Ils tirent leur énergie de substances organiques qu'ils dégradent en présence de dioxygène, s'ils sont **aérobies** ou en l'absence de dioxygène s'ils sont **anaérobies**. L'Homme sait isoler et cultiver de nombreux microbes.

3 Production de substances utilisables par l'Homme

Les microbes sécrètent naturellement de nombreuses substances intéressantes pour l'industrie agro-alimentaire (fabrication des fromages, yaourts, boissons alcoolisées), pharmaceutique (antibiotiques, vitamines, hormones…) et chimique (enzymes…). L'Homme sait également **modifier le programme génétique** des bactéries (elles n'ont qu'un chromosome et pas de noyau) pour leur faire produire de nouvelles substances (hormone humaine par exemple).

Savoir faire

S'initier aux techniques de laboratoire

Exemple : Obtention d'une culture microbienne.

Matériel nécessaire :

Boîtes de Pétri stérilisées, à remplir de bouillon nutritif gélosé, stérilisé (peptones + eau), des gélules de Bacille subtil (bactérie inoffensive vendue en pharmacie), un ensemenceur (petit outil à boucle métallique), un bec benzène.

- **Réalisation d'une culture :** verser le contenu d'une gélule de Bacille subtil dans un tube à essais contenant du bouillon nutritif stérilisé.
- **Ensemencement :** prélever les microbes avec la boucle de l'ensemenseur passée préalablement sous la flamme (mais refroidie !). Réaliser des stries sur le milieu à proximité de la flamme.

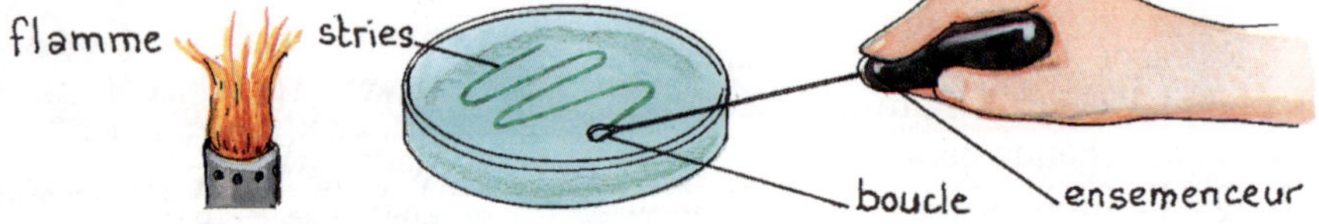

- **Développement des bactéries :** en étuve, à 37 °C, chaque microbe donnera une colonie. Si on veut être sûr de la pureté de la souche, on pourra « repiquer » une seule colonie sur une autre boîte, en procédant de la même façon.

Faire

1 Réaliser une culture de bactéries (à la maison)

- Se procurer des gélules de bacille subtil en pharmacie.
- Préparer des tubes à essais (ou à défaut des pots de yaourt en verre), de cette façon :

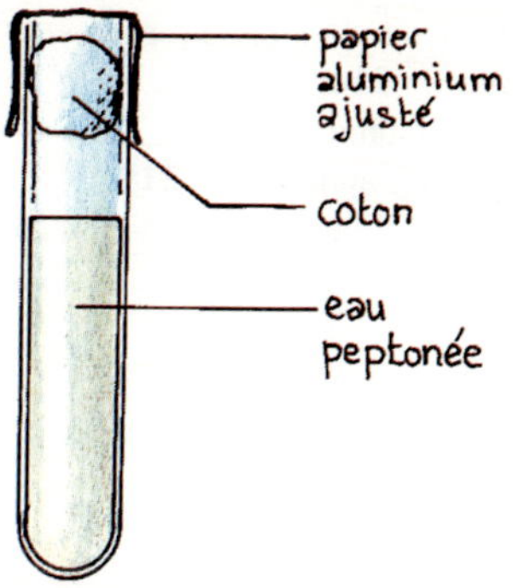

- L'eau peptonée peut être préparée à partir d'une tablette de « bouillon cube » dissoute dans un litre d'eau chaude du robinet. La filtrer (filtre à café mouillé) pour ne pas laisser passer les graisses.
- Placer les tubes dans la cocotte-minute. Stériliser 20 minutes.
- Ensemencer : pencher le tube. Verser le contenu de la gélule. Reboucher rapidement.

- Placer les tubes à différents endroits : radiateur, réfrigérateur... L'apparition d'un trouble vous indiquera que les bactéries se sont multipliées.

Si vous avez un microscope, vous pourrez observer le bacille subtil qui est mobile.

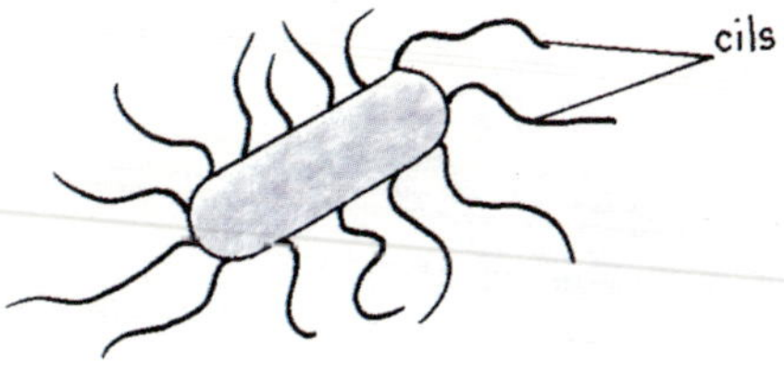

2 Comprendre un schéma

Retranscrire par un texte les étapes de la démarche conduisant à la production de l'hormone de croissance humaine.
Vous renseigner pour savoir quelle peut être l'utilité de cette production.

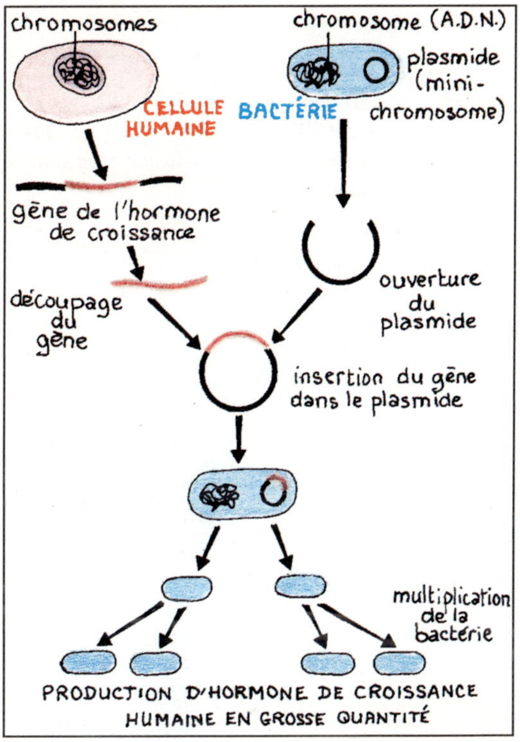

3 Observer et calculer

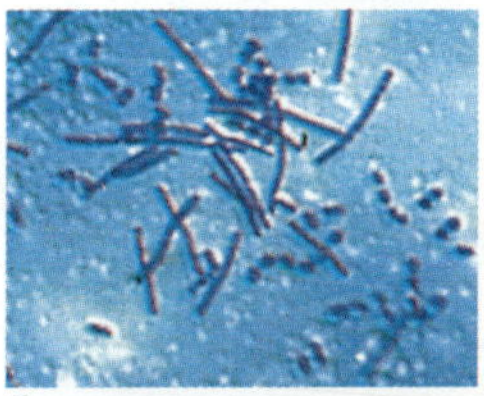

1.

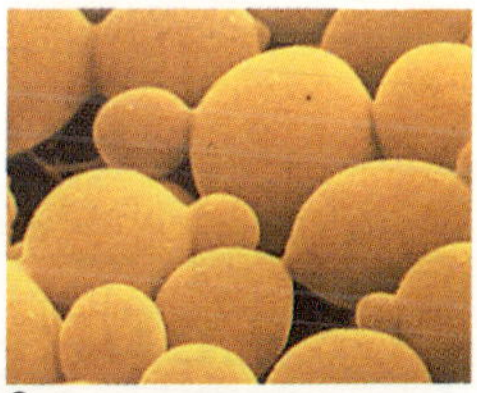

2.

3.

- Identifier les micro-organismes. À quels groupes appartiennent-ils ?
- Calculer la taille des organismes 1 et 3.
- Sachant que l'organisme 2 mesure 5 µm quel est le grossissement de la photographie ?

Histoire

OBJECTIFS

Exportation de produits agricoles*

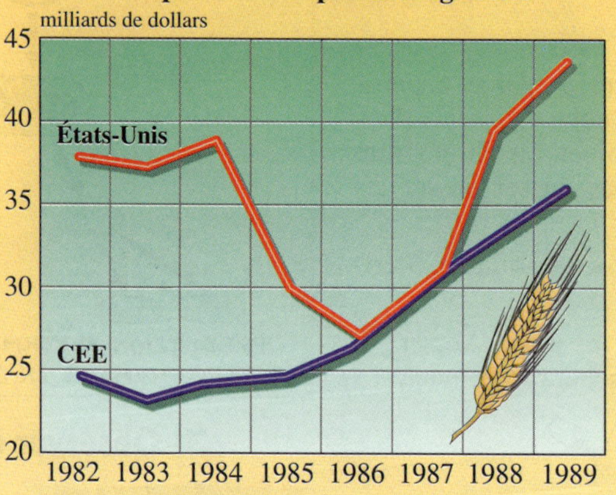

* À l'exclusion des échanges CEE

OBJECTIFS

Géographie

Histoire

Géographie

1 LA PREMIÈRE GUERRE MONDIALE (1914-1918)

Savoir

1 La guerre

En août 1914, l'Europe et ses colonies entrent dans une guerre totale provoquée par les **impérialismes** et les **nationalismes**. L'Allemagne et l'Autriche-Hongrie s'opposent à la Triple-Entente (France, Angleterre, Russie). De 1915 à mars 1918, le front s'immobilise, c'est une guerre de tranchées, elle est meurtrière (Verdun, 1916). En 1917, les Américains entrent en guerre et les Russes se retirent. Les Alliés sont victorieux de l'Allemagne et de l'Autriche le 11 novembre 1918.

2 La paix

Le **traité de Versailles** (juin 1919) veut abaisser l'Allemagne tenue pour seule responsable de la guerre. Toute l'Europe sort affaiblie du conflit tandis que les États-Unis deviennent la première puissance mondiale.

Savoir faire

Comparer deux cartes historiques

Ex. : L'Europe en 1914 et en 1923.

- **Observer soigneusement chacune des cartes.**
- **Rechercher les ressemblances et les différences.** *En 1923, les traités de paix ont dessiné une nouvelle carte de l'Europe.*

Quels sont les quatre empires disparus ? *Empires allemand, austro-hongrois, russe, et ottoman.*

Quels sont les pays dont le territoire est agrandi ? *France, Danemark, Italie, Roumanie, Grèce.*

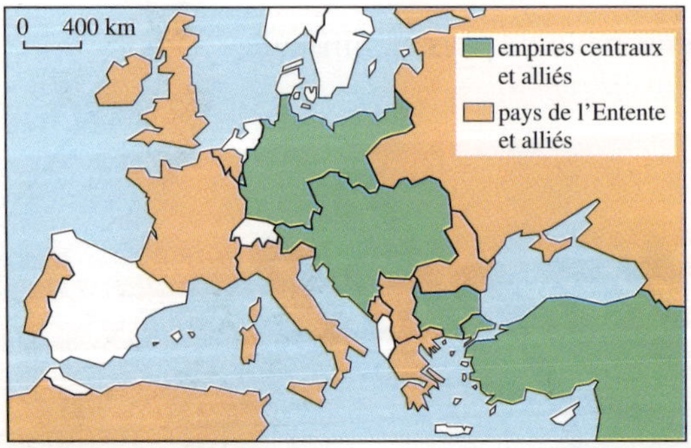

L'Europe en 1914.

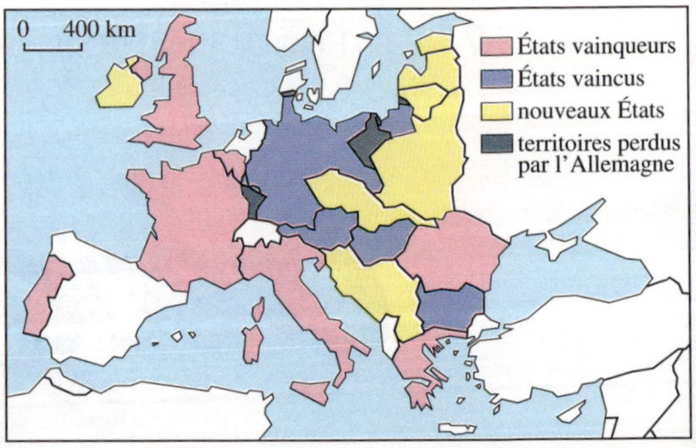

L'Europe en 1923.

Faire

1 1914-1923

Continuer à comparer les deux cartes du Savoir Faire.

a) Quels sont les neuf États qui naissent des traités de l'après-guerre ?
b) Quels sont les États dont le territoire est amputé ?
c) Comment est divisé le territoire de l'Allemagne ?

2 Reconnaître les combattants de la guerre de 1914-1918

- un soldat français de 1914
- un soldat français à partir de 1915
- un soldat allemand
- un soldat américain
- un tirailleur sénégalais
- un soldat russe

3 Repérage chronologique

a) Colorier différemment la guerre de mouvement et la guerre de positions.
b) Chercher les dates (jour, mois, année) correspondant aux événements suivants et les placer comme sur le modèle.
Bataille de la Marne – Verdun – Entrée en guerre des États-Unis – Traité de Brest-Litovsk – Traité de Versailles.

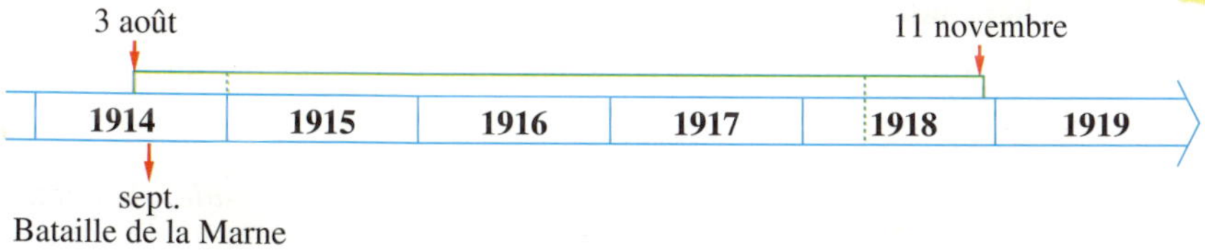

4 Les conséquences de la guerre

Dans un tableau, classer les conséquences de la guerre énumérées ici en désordre.

Inflation, 10 millions de morts, l'Allemagne perd 15 % de son territoire, destructions matérielles, déficit des naissances, émancipation des femmes, 50 % des réserves mondiales d'or aux États-Unis, baisse de la production, grèves (1919-1920), création de neuf États, revendications des peuples colonisés, disparition des empires, économie de guerre à reconvertir, perte des anciennes valeurs, Alsace-Lorraine rendue à la France, etc.

Démographiques	....
Économiques	....
Financières	....
Territoriales	....
Sociales	....
Politiques	....
Morales	....

2 LA RÉVOLUTION RUSSE ET L'URSS (1917-1941)

Savoir

La révolution de **Février** 1917 provoque la chute du tsar. Par la révolution d'**Octobre**, **Lénine** et les bolcheviks s'emparent du pouvoir. L'Armée rouge triomphe des contre-révolutionnaires (guerre civile 1918-1921). Le pays est ruiné. Lénine pense sauver la révolution en libéralisant partiellement l'économie, c'est la nouvelle politique économique ou NEP (1921-1928).

En 1928, **Staline** lance la planification, collectivise les terres, privilégie l'industrie lourde. Staline gouverne par la terreur et la dictature jusqu'à sa mort en 1953. En 1941, lorsqu'elle entre dans la Seconde Guerre mondiale, l'URSS est la troisième puissance industrielle mondiale.

Savoir faire

Faire un plan de devoir d'histoire

Ex. : Les révolutions de 1917 : causes, déroulement, conséquences immédiates.

- **Lire attentivement le sujet, le délimiter.** *Ne traiter que l'année 1917, en Russie.*
- **Rechercher toutes les idées contenues dans le sujet.**
- **Établir un plan détaillé.** Classer et organiser les idées selon les différentes parties proposées par l'énoncé du sujet.

1. Les causes : nombreux opposants politiques à l'autocratie, exploitation des ouvriers, grands domaines et paysans sans terres, la guerre aggrave la situation.

2. Le déroulement :
a) la révolution de Février 1917 : révolution spontanée à Pétrograd, abdication du tsar, création de deux pouvoirs (gouvernement provisoire et Soviet) ;
b) la période intermédiaire : le gouvernement repousse les réformes pour continuer la guerre, retour d'exil de Lénine, Thèses d'avril, *gouvernements instables ;*
c) la révolution d'Octobre 1917 : organisée par Lénine.

3. Conséquences immédiates :
a) Conseil des commissaires du peuple, dictature du prolétariat ;
b) paix avec l'Allemagne : armistice de Brest-Litovsk (décembre 1917) ;
c) décrets de novembre (1917) : suppression des grands domaines, nationalisation des usines, banques, commerces, transports…

Faire

1 Faire un plan détaillé

Sujet : L'URSS sous Staline de 1928 à 1941 : la construction d'une économie planifiée, d'une société nouvelle, le totalitarisme stalinien.

Classer selon les trois parties du sujet les idées suivantes :

URSS 3e puissance industrielle du monde, terreur, société sans classes, priorité à l'industrie lourde, parti unique, égalité des droits des hommes et des femmes, dictature, collectivisation des terres, propagande, plans quinquennaux, sovkhozes, bureaucratie, stakhanovisme, accès à l'instruction, kholkhozes, goulag, culte de la personnalité.

2 Mots croisés historiques

Remplir la grille avec les mots clés de l'histoire de l'URSS à partir des définitions données. Vous trouverez alors un mot en A dont vous donnerez la définition.

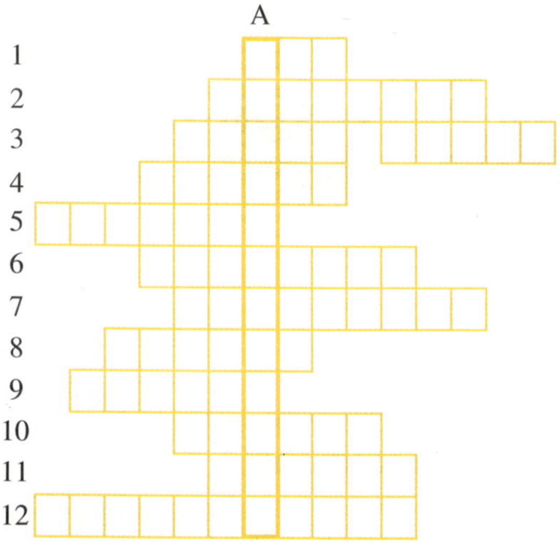

1. Nouvelle économie politique
2. Coopérative agricole
3. Armée qui a vaincu les Blancs
4. Police politique
5. Organe de planification
6. Ferme d'État
7. Parti de Lénine
8. Paysan aisé
9. Conseil révolutionnaire
10. Camp de déportation
11. Journal bolchevik
12. Classe de travailleurs

3 Symboles soviétiques

a) Statue *L'ouvrier et la kolkhozienne,* 1937. Que symbolisent ces nouveaux héros du stalinisme ?

b) Dessiner le drapeau soviétique avec ses emblèmes.

4 Qui sont-ils ?

Compléter ces trois fiches d'identité.

.... (1879/1940)
Fondateur de la *Pravda*.
Organisateur de l' .... et vainqueur de la .... (1918/19 ....).
Après la mort de Lénine, il s'oppose à ....
Assassiné en 19 .... au .... par un agent de ....
Son idée : la révolution permanente et mondiale est le seul moyen d'installer le communisme.

.... (1870/1924)
Organisateur de la révolution d'Octobre.
Président du Conseil des ....
Instaure la dictature du ...., le .... de guerre et en 1921 la ....
Meurt en 1924.
Son idée : assurer la victoire de la révolution prolétarienne.

.... (1879/1953)
Premier secrétaire du parti en 19 ....
Après la mort de Lénine élimine ....
Maître absolu de l'URSS de 1928 à 19 ....
Planifie et collectivise l'économie.
Son idée : faire de l'URSS une grande puissance industrielle indépendante du monde capitaliste pour y installer le communisme.

3 LES ÉTATS-UNIS DE 1919 À 1939

Savoir

1 De la prospérité à la crise

Dans les années vingt, les États-Unis, première puissance mondiale, connaissent une exceptionnelle croissance industrielle : c'est la prospérité. La crise économique, révélée par le **krach boursier** de New York le 24 octobre 1929, frappe durablement tous les secteurs et provoque une grave crise sociale. Elle s'étend au monde entier, l'URSS exceptée.

2 Le New Deal

Le New Deal est la politique économique et sociale du président démocrate **Roosevelt**, élu en 1932 : l'État intervient pour relancer l'économie en finançant la reprise de la consommation et pour lutter contre le chômage. La situation économique est rétablie partiellement mais le chômage n'est pas résorbé. Roosevelt n'est pas soutenu par les milieux d'affaires. Il est pourtant réélu à la veille de la Seconde Guerre mondiale.

Savoir faire

Rédiger l'introduction et la conclusion d'un devoir d'histoire

Ex. : La crise de 1929 : causes, manifestations de la crise, répercussions dans le monde.

- **L'introduction présente le sujet, le délimite dans le temps et dans l'espace, pose les questions importantes, annonce le plan.**

La crise de 1929, commencée le « jeudi noir » 24 octobre à la Bourse de Wall Street à New York, inaugure une crise économique sans précédent aux États-Unis et dans le monde. Nous allons étudier les causes de cette crise, ses manifestations dans l'économie et la société des États-Unis et ses répercussions dans le monde entier.

- **La conclusion résume l'essentiel du sujet, montre les conséquences importantes.**

L'économie mondiale est ébranlée durablement. Des troubles sociaux et politiques apparaissent. Pour sortir de la crise, l'Allemagne, l'Italie et le Japon se lancent dans des politiques d'armement et de conquête qui menacent la paix.

Faire

1 Introduction et conclusion

Sujet : Le New Deal : le succès de Roosevelt aux élections, les mesures, le bilan.
Rédiger introduction et conclusion, puis faire le plan détaillé.

2 La crise de 1929

Voici un plan détaillé de devoir sur la crise de 1929. En le suivant scrupuleusement, rédiger votre propre devoir.

1. Les causes : surproduction, crise agricole, spéculation boursière, krach boursier.
2. Les manifestations de la crise : crise financière et bancaire, chute de la production industrielle, faillites, licenciements, chômage, crise agricole aggravée, pauvreté.
3. Les répercussions dans le monde : retrait des fonds américains des banques européennes, reproduction du cycle de la crise en Europe, chute du commerce mondial, baisse des cours des matières premières, protectionnisme, URSS non touchée.

3 Entrer et sortir de la crise économique

À l'aide des mots en italique, compléter ces deux schémas.

- **Crise de 1929 :** *crise boursière et bancaire, chômage, baisse de la production et des prix, faillites et licenciements, baisse de la consommation.*

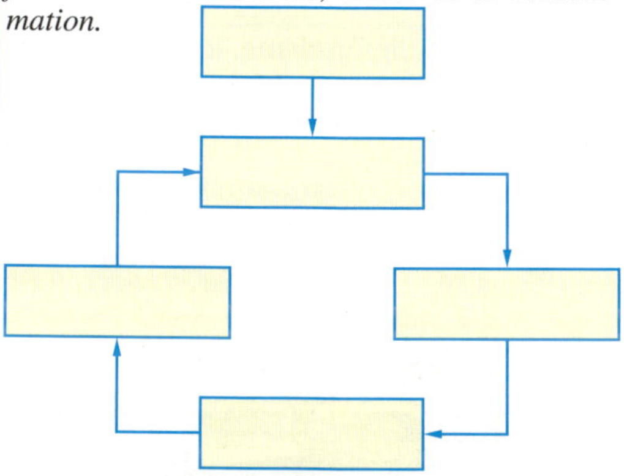

- **New Deal :** *augmentation du revenu et de la consommation, impôts, création d'emplois, hausse de la production, investissements de l'État (barrages, ponts, routes).*

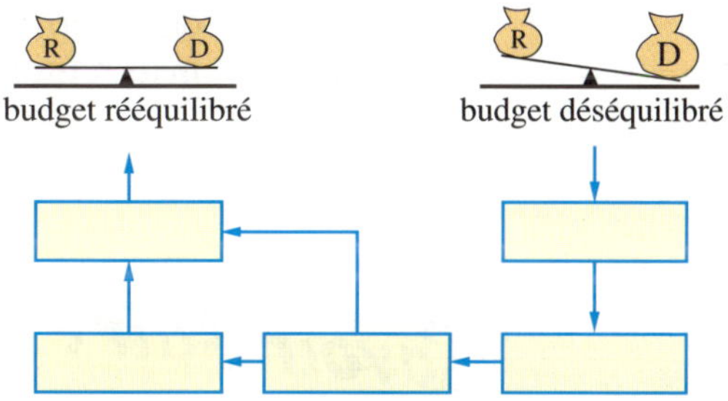

4 La crise dans le monde

Colorier et compléter les flèches sur la carte.
a) Retrait des capitaux américains investis en Europe (en vert).
b) Baisse des importations américaines (en rouge).
c) Les colonies européennes sont touchées (en bleu).

Répercussions de la crise américaine sur les autres économies après 1929. ▼

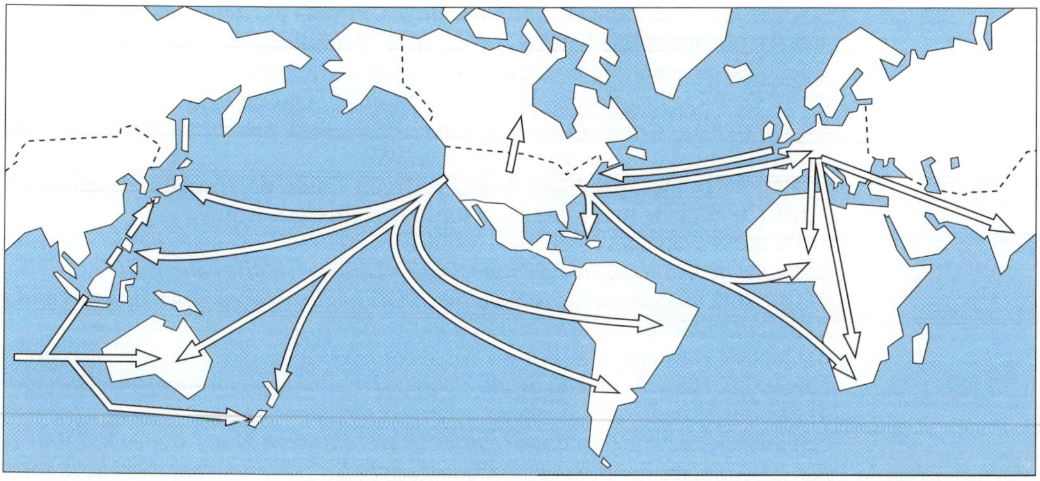

4 LA FRANCE DE L'ENTRE-DEUX-GUERRES

Savoir

1 La prospérité et la crise

La France est victorieuse mais endettée alors qu'elle doit reconstruire son économie. Elle connaît cependant une certaine **prospérité** ainsi qu'une vie intellectuelle et artistique brillante.

La crise mondiale touche la France à la fin de l'année 1931. Certains reprochent aux gouvernements leur incapacité à y faire face. La gauche interprétant la manifestation du 6 février 1934 comme une tentative de coup de force fasciste s'unit dans le **Front populaire** qui gagne les élections législatives de 1936.

2 Le Front populaire

Pour sortir le pays de la crise et lutter contre le **fascisme**, le Front populaire lance de grandes **réformes** sociales et économiques. Mais elles divisent les Français et sont interrompues dès 1937. En 1939, les Français craignent l'Allemagne mais refusent une guerre offensive.

Savoir faire

Étudier un texte historique

C'était un de mes meilleurs souvenirs : en plus des douze jours de congés payés, il y avait les quarante heures, alors qu'auparavant on n'avait rien du tout ! Puis sont arrivées les conventions collectives où un patron n'avait plus le droit de payer un ouvrier selon qu'il le jugeait sur sa mine.

À partir de 1937, les salaires ont été sérieusement augmentés ; on a commencé à voir fleurir les postes de radio dans la cité, les bicyclettes.

S. Bonnet, *L'Homme de fer*, Presses universitaires de Nancy, 1987.

- **Lire plusieurs fois le texte, préciser le vocabulaire et le contexte.**

Quelle est la nature du document (extrait de livre, texte de loi, article de journal, etc.) ? Dans quelles circonstances a-t-il été écrit ? Qui est l'auteur ?

Un ouvrier lorrain, S. Bonnet, raconte ses souvenirs du Front populaire dans le livre L'Homme de fer *paru à Nancy en 1987.*

- **Répondre aux questions dans l'ordre, à l'aide de vos connaissances et du texte. En citer de brefs passages toujours entre guillemets.**

1) De quels avantages a bénéficié cet ouvrier en 1936 ? *« Congés payés », « semaine de quarante heures », « conventions collectives », « salaires augmentés ».*

2) Que sont les conventions collectives ? *Les syndicats d'employeurs et d'employés fixent ensemble les salaires et les conditions de travail.*

3) Quelles conséquences ont eu ces réformes sur le mode de vie ouvrier ? *Les ouvriers ont vu leur niveau de vie s'améliorer et ont pu consommer davantage.*

4) Par qui et dans quelles circonstances furent signés les accords qui permettent certaines de ces améliorations ? *Les accords Matignon furent signés le 7 juin 1936 par les syndicats ouvriers et patronaux, après les grèves qui ont suivi la victoire du Front populaire aux élections législatives.*

Faire

1 Commenter un texte historique

a) Présenter le document ci-dessous.
b) De quelle élection s'agit-il ?
c) Quelle est la situation économique et politique de la France à cette époque ?
d) Quel est le programme du Front populaire ?
e) Qui en sont les membres ?
f) Pourquoi les titres de ce journal ne parlent-ils que de la victoire du parti socialiste ?

« La une de l'édition spéciale du Populaire *du 4 mai 1936. »*

EDITION SPECIALE
LE POPULAIRE DE PARIS
ORGANE CENTRAL DU PARTI SOCIALISTE (S. F. I. O.)
LUNDI 4 MAI 1936

Après le triomphe électoral
LE POUVOIR !

Le Parti socialiste vient de remporter une éclatante victoire

Avec ses 146 élus, il constitue à la Chambre le groupe de beaucoup le plus nombreux

C'est au Parti socialiste de présider le Gouvernement du Front Populaire

2 À chacun le sien !

Retrouver les secteurs industriels français les plus dynamiques grâce à leurs symboles publicitaires.

3 Les exploits des années Trente

Compléter cette liste d'exploits.

1928 : La première liaison par téléphone de .... à ....

1930 : .... bat le record féminin de la distance en avion.

1930 : .... et .... traversent l'A .... en avion sans escale.

1930 : .... assure la liaison .... / .... par hydravion.

1931-1932 : L'expédition .... (du nom de la marque automobile qui l'a financée) effectue la liaison .... / .... en voitures à chenilles.

1935 : .... et .... obtiennent le prix Nobel pour leur travaux sur la radioactivité.

5 LA MONTÉE DU FASCISME ET DU NAZISME

Savoir

1 Le fascisme en Italie

En Italie puis en Allemagne naissent des régimes **totalitaires**. En octobre 1922, Mussolini parvient au pouvoir en Italie. Puis il installe sa dictature. L'armée et la police sont renforcées. La natalité est encouragée. Face à la crise de 1929, le Duce choisit une politique d'autarcie puis de conquête (l'Éthiopie en 1935) qui le conduit en 1936 à s'allier à Hitler.

2 Le nazisme en Allemagne

Frappés par la crise mondiale, les Allemands font confiance à **Hitler** en 1933. Celui-ci installe un État totalitaire et **raciste**. Les opposants et les juifs sont envoyés en camps de concentration. Hitler veut conquérir un « espace vital » pour permettre à la race aryenne de s'étendre et de dominer l'Europe. Les agressions nazies menacent la paix.

Savoir faire

Organiser son travail. Faire des fiches

- **Tenir soigneusement à jour son cours,** souligner les titres, sous-titres, mots importants, compléter le vocabulaire, les cartes…
- **Faire une fiche pour chaque chapitre :** inscrire le plan détaillé (voir SAVOIR FAIRE p. 204), noter les définitions, établir la chronologie, faire la biographie des personnages importants, développer une ou plusieurs notions clés.
- **S'approprier les connaissances :** se réciter le plan, les idées principales, puis restituer (livre et cahier fermés) le cours entier en suivant l'ordre du plan. Être capable de remplir la carte ou la frise chronologique correspondantes.

Fiche : *La dictature fasciste italienne.*

1. *Les fascistes prennent le pouvoir (1919/1922) : difficultés économiques, « victoire mutilée », agitation sociale, les faisceaux de Mussolini briseurs de grève, création du parti fasciste, marche sur Rome.*

2. *La dictature fasciste : lois fascistes de 1925, État totalitaire (Duce, Conseil national fasciste, « Chemises noires », police politique, propagande, organisations Balilla, Dopolavoro, corporations, etc.).*

3. *Les réalisations : accords de Latran, grands travaux (autoroutes, barrages, assèchement des marais, bataille du blé, industrialisation, etc.) soutien de la natalité.*

4. *Le fascisme face à la crise : économie sous contrôle de l'État, autarcie, conquête de l'Éthiopie, alliance avec Hitler, préparation de la guerre.*
Biographie : Benito Mussolini.
Flèche du temps (voire FAIRE n° 5).
Notion clé : qu'est-ce qu'un État totalitaire ? (voir FAIRE n° 3)

Faire

1 Faire la fiche du nazisme

- Faire une fiche sur le nazisme en utilisant le plan suivant :

a) La création du parti national-socialiste lors de la République de Weimar.
b) La crise économique favorise l'arrivée d'Hitler au pouvoir.
c) Un État totalitaire et raciste.
d) Les agressions nazies.

- Établir la biographie d'Hitler.
- Faire la liste des principaux ministres d'Hitler et leurs attributions.

2 Étudier un texte

Lire ce texte puis répondre aux questions.

« Le but suprême de l'État raciste doit être de veiller à la conservation des représentants de la race aryenne. Il s'attachera à obtenir des corps foncièrement sains. Le mouvement nazi doit rassembler notre peuple pour marcher sur la route qui, de son espace vital actuel, le conduira à la possession de terres nouvelles. »

Adolf Hitler, *Mein Kampf*, 1925.

a) Dans quelles circonstances et par qui fut rédigé ce texte ?
b) Que doit faire un État raciste selon Hitler ?
c) Quels sont les buts du nazisme ? Hitler a appliqué ce programme dès son arrivée au pouvoir, qu'a-t-il fait ?

3 L'État totalitaire

Voici une définition de l'État totalitaire ; pouvez-vous la compléter en écrivant le nom utilisé en Italie et en Allemagne chaque fois que cela est possible.

	Facisme	Nazisme
Un chef tout-puissant	DUCE	FÜHRER
Un parti unique…	....	....
… qui traque les opposants		
police politique	....	....
milice	....	....
… qui contrôle les esprits (censure et propagande)		
… qui enrégimente le peuple		
organisation de jeunesse	....	....
organisation d'adultes (syndicat officiel)	....	
… qui dirige l'économie.		

4 Symboles

Expliquer les symboles nazis et fascistes et trouver leur origine.

5 Les temps du nazisme et du fascisme

- Compléter la flèche du temps en indiquant la date précise et l'événement :

– Italie : marche sur Rome, dictature fasciste, conquête de l'Éthiopie, axe Rome-Berlin, chute de Mussolini ;
– Allemagne : proclamation de la République, Hitler chancelier, lois de Nuremberg, conférence de Munich, début de la guerre mondiale, capitulation allemande.

- Colorier en brun la période fasciste en Italie, en gris la période nazie en Allemagne.

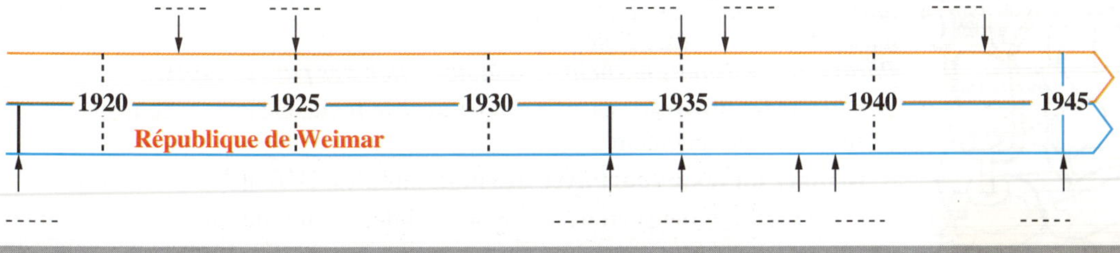

6 LA SECONDE GUERRE MONDIALE (1939/1945)

Savoir

1 Les victoires allemandes et japonaises (1939/1942)

L'Europe occidentale et centrale est attaquée par les Allemands (Pologne, 1939, France, 1940). Seule l'Angleterre résiste. Le Japon envahit l'Asie. Le conflit devient mondial en 1941 (plan d'Hitler contre l'URSS, entrée en guerre des États-Unis contre l'Allemagne et le Japon après Pearl Harbor).

2 « L'ordre nouveau » nazi

Tous les pays occupés doivent aider l'Allemagne en fournissant denrées, matières premières, main-d'œuvre. L'horreur est atteinte avec les camps d'extermination (Auschwitz…). Certains États occupés collaborent (la France de Vichy), mais partout des résistants agissent.

3 La victoire des Alliés (1942/1945)

Le Japon est battu à Midway (juin 1942), Hitler à Stalingrad (février 1943), Roosevelt, Churchill, Staline obtiennent la capitulation de l'Allemagne le 8 mai et celle du Japon le 2 septembre 1945 (après les bombardements atomiques sur Hiroshima et Nagazaki).

Savoir faire

Réaliser un dossier écrit

- **Définir le sujet.**

Ex. : La Résistance en Europe.

- **Rechercher de la documentation.**

Préciser les mots clés, sélectionner les documents, noter les références.

- **Classer les idées** selon les thèmes importants.

***1.** Les résistances intérieures :*
réseaux de renseignements, filières d'évasion, tracts et journaux clandestins, sabotages, attentats ; après 1941, résistance des partis communistes (FTP) ; Londres parachute armes et matériel, messages de la BBC ; maquis des jeunes qui veulent échapper au STO.
***2.** La France libre :*
appel du 18 juin 1940, Forces françaises libres (FFL) du général de Gaulle à Londres qui participent aux actions militaires alliées ; création du Conseil national de la Résistance en 1943 et des FFI en 1944.
***3.** Les résistances à l'Est :*
en URSS, Grèce, Pologne, Yougoslavie partisans qui participent aux actions militaires ; lutte entre les résistances soutenues par Londres et les résistances soutenues par Moscou (ex. : Pologne).
Partout les résistants participent à la libération des pays occupés.

- **Choisir les illustrations en rapport avec le texte.** Chaque document doit avoir un titre et un commentaire.
- **Rédiger un texte court avec des mots simples.** Définir les mots nouveaux.
- **Présenter soigneusement le dossier** qui doit comporter un titre, un sommaire, les références des ouvrages consultés, des illustrations, des titres et des sous-titres.

Faire

1 La France de Vichy

Réaliser un dossier écrit sur ce thème. Voici quelques questions pour vous guider.

a) Dans quelles circonstances le régime de Vichy est-il arrivé au pouvoir ?
b) Quelles valeurs prétend-il défendre ?
c) Comment a-t-il aidé l'occupant allemand ?
d) Quelle politique a-t-il menée envers les résistants et les Juifs ?

2 Morceaux de biographies

Pouvez-vous en quelques lignes décrire le rôle joué pendant la Seconde Guerre mondiale par chacun de ces personnages : Pétain, de Gaulle, Churchill, Staline.

3 La pieuvre nazie

Pouvez-vous, à partir de leur définition, citer les moyens utilisés par les nazis pour accomplir leur politique de domination ?

4 Résistance

Relier le nom du résistant, l'organisme auquel il appartient et l'action menée :

Jean Moulin	chef du réseau Combat	participation aux actions militaires alliées
Henri Frenay	Forces françaises libres	réseau communiste
Maurice Schumann	crée le Conseil national de la résistance (CNR)	émission *Les Français parlent aux Français*
Colonel Rémy	chef du réseau Libération	lutte armée pour la libération
Emmanuel d'Astier de la Vigerie	porte-parole de la France libre à la BBC à Londres	unité de tous les réseaux sous l'autorité de la France libre
Général Leclerc	Deuxième bureau de la France libre	journal clandestin et résistance
Colonel Fabien	Forces françaises de l'intérieur (FFI)	réseau de renseignement
Vaillant	Francs-Tireurs et Partisans	journal clandestin et résistance

5 1945 : un tournant de l'Histoire

Des événements de l'année 1945 sont portés sur la frise : compléter l'information à l'aide de la liste ci-dessous.

Création de l'ONU, 24 dirigeants et 6 organisations nazis jugés pour « crimes contre l'humanité », Berlin et l'Allemagne divisées en 4 zones d'occupation militaire, 11 millions de morts dans les camps, dont 6 millions de juifs, bombes atomiques, Staline, Churchill, Roosevelt décident de la libération de l'Europe.

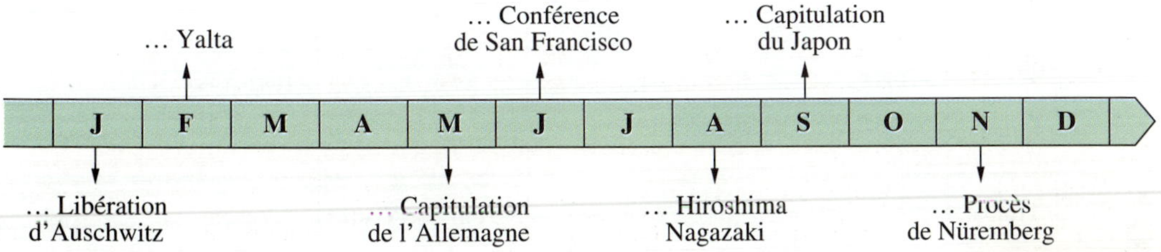

7 LES RELATIONS INTERNATIONALES APRÈS 1945

Savoir

1 Un monde bipolaire

Le monde est divisé en deux blocs hostiles dirigés par les deux grands vainqueurs de la guerre, les États-Unis et l'URSS. **La guerre froide** entraîne la division de l'Europe (RFA, RDA), et de multiples crises (Corée [1950-1953], Budapest et Suez en 1956, mur de Berlin en 1961).

2 La coexistence pacifique

Après la crise de Cuba en 1962, Krouchtchev et Kennedy instaurent la détente mais poursuivent **la course à l'armement**. La CEE, la Chine, le Japon et les pays « non alignés » contribuent à briser la bipolarité mais des conflits localisés se multiplient dans le tiers monde.

3 Les conséquences de la perestroïka en URSS

La politique de Gorbatchev (1985-1991) entraîne de grands changements : désarmement, règlement par l'ONU de la plupart des conflits, indépendance des démocraties populaires, la plus grande partie de l'unification de l'Allemagne. Puis l'URSS devient la CEI, c'est la fin de la guerre froide.

Savoir faire

Réaliser une frise chronologique comparative

Ex. : 1945 à nos jours – relations internationales et dirigeants de l'URSS et des États-Unis.

1. Tracer une échelle graduée. ① (10 ans = 2 cm).

2. Écrire les principales dates repères ② *en indiquant par une étoile* ④ *les crises et par une flèche horizontale* ⑤ *les guerres.*

3. Colorier différemment *les mandats des présidents des États-Unis et des présidents du Soviet suprême de l'URSS. Écrire leurs noms et les dates de début et de fin de leurs mandats* ③.

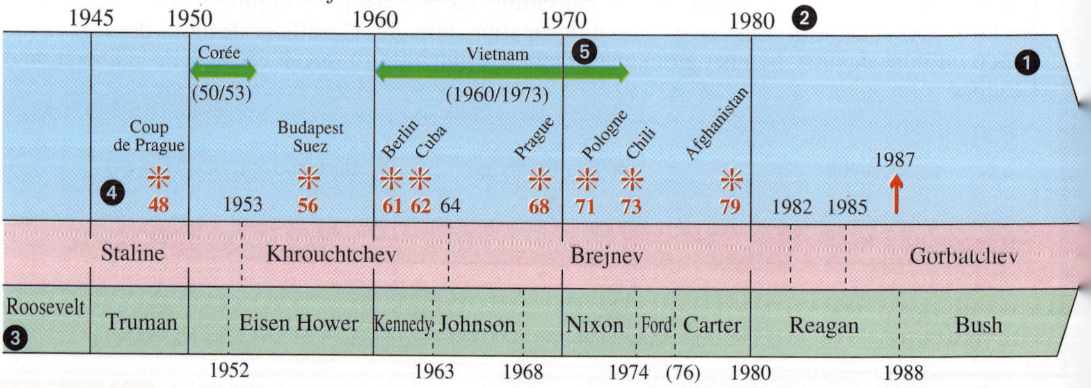

Faire

1 La course aux étoiles

Réaliser sur une feuille une frise chronologique de la course à l'armement nucléaire et de la course aux étoiles en distinguant trois axes de couleur différente pour les États-Unis, l'URSS, l'Europe comme sur le modèle.
Reporter les informations suivantes :

a) URSS (1949 : bombe A, 1953 : bombe H, 1957 : Spoutnik, 1961 : Gagarine, premier homme dans l'espace, 1971 : Saliout, première station orbitale).
b) États-Unis (1945 : bombe A, 1952 : bombe H, 1969 : Apollo 11, premier homme sur la Lune, 1976 : première sonde sur Mars, 1981 : première navette, 1983 : programme IDS, « bouclier des étoiles »).
c) Europe (1944 : V2 de Von Braun (Allemagne), 1960 : bombe A (France), 1981 : premier vol d'Ariane [CEE]).

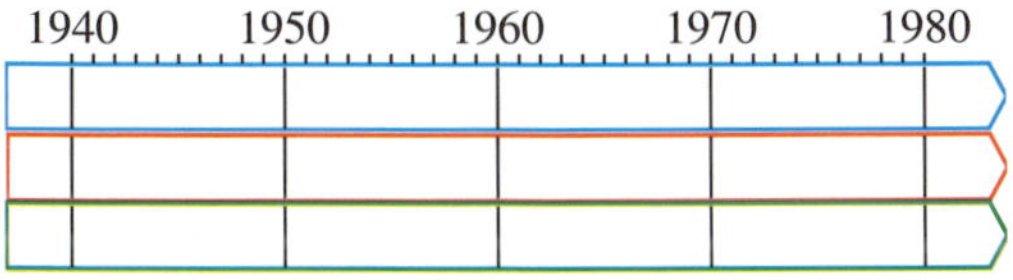

2 Un monde bipolaire (1945-1991)

Compléter le tableau à l'aide des éléments suivants :
OTAN-1949 ; communisme ; plan Marshall-1947 ; démocraties libérales ; pacte de Varsovie-1955 ; Japon ; démocraties populaires ; CECA ; capitalisme ; RDA ; RFA ; économie collectivisée ; Europe occidentale ; CEE; CAEM.

	États-Unis	URSS
Pays alliés en Europe		
Régime politique		
Système économique		
Alliance militaire		
Accords économiques		

3 L'ONU

Compléter cet organigramme des Nations unies en plusieurs étapes.
a) Lire et compléter le texte suivant en recherchant les informations nécessaires.

La charte des Nations unies a été signée à la Conférence de S .... F .... en 194 .... par .... États. Son but est de « maintenir la paix et la sécurité internationales ». L'**Assemblée** réunit .... États membres en 1992. Tous les États disposent d'une voix. Ils délibèrent, votent, élisent les membres des autres institutions. Le **Conseil de sécurité** a le pouvoir de décider à l'unanimité. Il gère la force armée : les ....
Le **secrétaire permanent** fait exécuter les décisions. Il se nomme aujourd'hui ....
L'ONU siège à ....

b) Colorier en bleu le pouvoir exécutif, en orange le pouvoir législatif, en vert le pouvoir judiciaire. Ajouter une flèche pour exprimer l'élection.
c) Écrire le nom des cinq États permanents.
d) Écrire le domaine d'action des institutions spécialisées de l'ONU (agriculture, santé, culture, enfance, finance, tarifs douaniers).

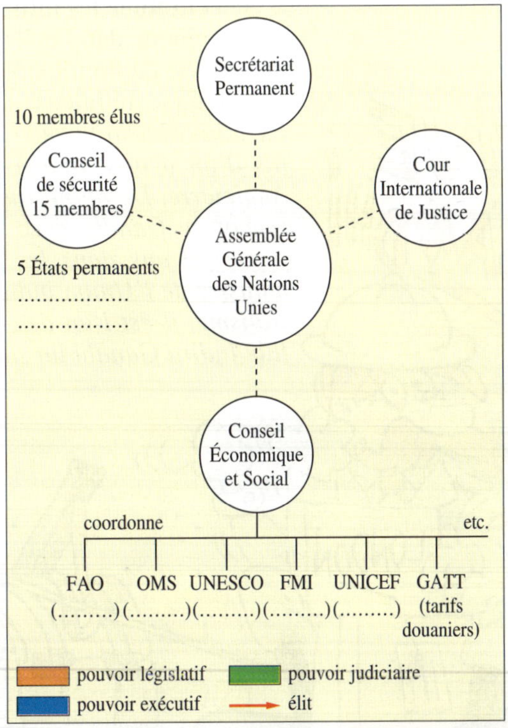

8 LA DÉCOLONISATION ET L'ÉMERGENCE DU TIERS MONDE

Savoir

1 La décolonisation

Après la Seconde Guerre mondiale, l'URSS, les États-Unis et l'ONU encouragent l'indépendance des colonies. L'Angleterre l'accorde mais la France mène des guerres coloniales en Indochine (1946/1954) et en Algérie (1954/1962). Les pays d'Asie deviennent indépendants entre 1945 et 1954, ceux d'Afrique entre 1954 et 1965, les colonies portugaises en 1975.

2 L'émergence du tiers monde

Malgré la Conférence de Bandoeng (1955), l'économie des pays du tiers monde reste dépendante. Ils connaissent des régimes politiques instables. Certains deviennent communistes, d'autres choisissent le camp occidental. Le tiers monde devient un enjeu. Aujourd'hui, des différences importantes séparent les nouveaux pays industrialisés (NPI) et les pays producteurs de pétrole des pays les moins avancés (PMA).

Savoir faire

Faire une biographie

- **Rechercher les informations** dans un dictionnaire, une encyclopédie, noter les références.
- **Sélectionner les informations importantes et les classer par thèmes :** nom, prénom, dates et lieux de naissance et de mort, origine sociale, études, métier, vie de famille, œuvres ou réalisations dans les domaines politique, économique, religieux, scientifique, artistique etc…

Ex. : Jawaharla NEHRU *(1889-1964). Appartient à la caste des brahmanes, fils d'un avocat indien partisan de l'indépendance. Fait des études en Angleterre. De retour aux Indes, il devient membre du parti du Congrès et rencontre Gandhi avec lequel il lutte pour l'indépendance de l'Inde. Il passe 10 ans dans les prisons anglaises. En 1947, il devient Premier ministre de l'Union indienne et le reste jusqu'à sa mort. Partisan du neutralisme, il est l'un des organisateurs de la conférence de Bandoeng. Sa fille Indira Gandhi lui succède de 1966 à 1984.*

Faire

1 Leurs vies

Rédiger une (ou plusieurs) biographie(s) d'un grand personnage des indépendances : Gandhi, Nkrumah, Hô Chi Minh, Nasser, Senghor.

2 Pays et PNB

Pour chaque catégorie, chercher deux noms de pays du tiers monde et leur PNB en 1992.

NPI	Singapour	12 500 $/hab/an
	....	....
	....	....
Pays producteur de pétrole	Koweit	14 000 $/hab/an
	....	....
	....	....
PMA	Éthiopie	110 $/hab/an
	....	....
	....	....

3 Le Sud affronte le Nord

Relier la date, l'événement et ses conséquences.

1973 •	• conférence de Bandoeng	• fin de la guerre d'Indochine
1967 •	• 1er novembre – Insurrection de la Toussaint	• territoires occupés par Israël
1954 •	• indépendance de l'Inde	• mouvement des non-alignés
1954 •	• prix du baril de pétrole x 4	• pays allié à l'URSS près des États-Unis
1955 •	• révolution cubaine	• début de la guerre d'Algérie
1947 •	• accords de Genève	• début de la crise économique mondiale
1959 •	• guerre des Six-Jours	• partition de l'Inde et du Pakistan

JEU

CHERCHEZ L'ERREUR !

4 Indépendances

Compléter ce tableau à l'aide de vos connaissances.

Pays	Colonisateur	Parti nationaliste	Leader	Date	Décolonisation négociée ou violente
Empire des Indes					
Indochine française					
Sénégal (A.O.F.)					
Algérie					
Congo belge					
Mozambique					

9 LA VIE ÉCONOMIQUE DEPUIS 1945

Savoir

1 Les « Trente Glorieuses » (1945-1973)

Les années 1945 à 1952 sont celles de la reconstruction de l'Europe occidentale qui bénéficie du plan Marshall. Le monde connaît une croissance industrielle exceptionnelle. Le commerce international se développe dans le cadre du libre-échange. Les progrès techniques sont constants. Le niveau de vie augmente : c'est la société de consommation. Les États-Unis dominent l'économie et les finances mondiales.

2 La crise économique

Le monde entre ensuite dans une période de crise économique aux causes multiples : des désordres monétaires (1971) et deux chocs pétroliers (1973 et 1979). La crise entraîne le recul de la production industrielle, le chômage et rend nécessaires les mutations technologiques. Les États-Unis sont concurrencés par l'Allemagne, le Japon, la CEE. De nombreux pays sont endettés.

Savoir faire

Commenter un graphique

Ex. : Emploi et chômage en France (1955-1990).

- **Présenter le document :** *un graphique de l'emploi et du chômage en France, de 1955 à 1990, représentés par deux courbes, en millions de personnes.*

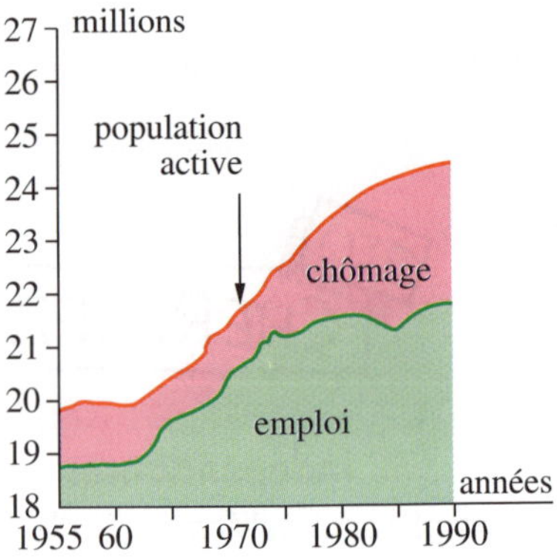

d'après INSEE.

- **Décrire les grandes tendances des courbes :** baisse, augmentation, stagnation ; repérer les dates de rupture.

La population active dessine une courbe ascendante. Elle stagne à 20 millions de 1955 à 1962, puis ne cesse d'augmenter (24 millions en 1987, 24,4 en 1990) ; l'emploi stagne au-dessous de 19 millions de 1955 à 1962, la courbe monte ensuite aussi rapidement que celle de la population active jusqu'en 1974, franchissant alors 21 millions, ensuite elle ne dépasse jamais 22 millions. L'écart entre les deux courbes représente le chômage qui fluctue de 800 000 à 1 million de 1955 à 1962, descend à moins de 500 000 dans les années 1970, augmente ensuite jusqu'à 2,8 millions.

- **Expliquer ces variations à l'aide de vos connaissances.**

Cette courbe nous permet de voir les conséquences sur l'emploi de la fin de la reconstruction (fin des années 60), de la croissance industrielle (jusqu'en 1975) puis de la crise économique. À partir de 1960, la génération du baby boom arrive sur le marché du travail, entraînant l'augmentation de la population active.

Faire

1 Commerce mondial

a) Présenter le document.
b) Décrire la courbe (baisse, augmentation, stagnation, rupture).
c) Expliquer cette évolution à l'aide de vos connaissances.

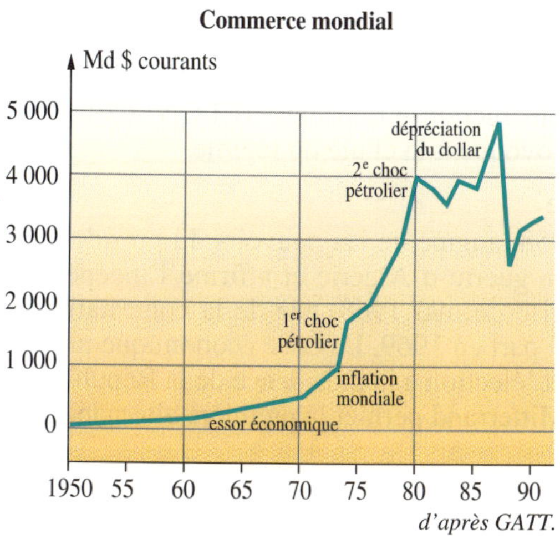

d'après GATT.

2 Une société de consommation

Trouver sur le dessin les 14 objets dont la présence dans chaque maison est caractéristique de la société de consommation.

3 Faire le bon choix

Relier l'institution économique, sa signification et sa date.

Club de Rome	**1962**	Politique agricole commune
Accords de Bretton-Woods	**1951**	Communauté économique du charbon et de l'acier
Plan Marshall	**1947**	Accords pour la libéralisation du commerce mondial
CECA	**1944**	Définition des monnaies par rapport au dollar
PAC	**1968**	12 milliards de dollars pour la reconstruction de l'Europe
GATT	**1947**	A annoncé la fin de la croissance économique

10 LA FRANCE DEPUIS 1945

Savoir

1 Le gouvernement provisoire

Le gouvernement provisoire de la République française dont le chef est le général de Gaulle dirige la France après la Libération. Il modernise le pays : nationalisations, planification, Sécurité sociale.

2 La IVᵉ République

La IVᵉ République (1946-1958) permet la reconstruction de l'économie, la croissance industrielle, la construction européenne (CECA, CEE). Deux longues guerres coloniales provoquent la chute du régime.

3 La Vᵉ République

La Vᵉ République, née en 1958, augmente les pouvoirs du président de la République. Elle met fin à la guerre d'Algérie et affirme l'indépendance militaire de la France. La crise de mai 1968, née de la contestation étudiante, affaiblit de Gaulle qui part en 1969. La crise économique mondiale touche la France après 1973. L'élection à la présidence de la République en 1981 du socialiste François Mitterrand permet la première alternance.

Savoir faire

Construire et expliquer un organigramme

Ex. : La Constitution de la Vᵉ République (1958).

- **Lire la Constitution.**

« La souveraineté nationale appartient au peuple qui l'exerce par ses représentants et par référendum...
Le président de la République est élu pour sept ans au suffrage universel direct, il nomme le Premier ministre, il peut soumettre au référendum tout projet de loi portant sur l'organisation des pouvoirs publics... Il peut prononcer la dissolution de l'Assemblée nationale. Le Parlement comprend l'Assemblée nationale et le Sénat. Les élus de l'Assemblée sont élus au suffrage universel direct. Le Sénat est élu au suffrage indirect... » (Extraits des articles 3, 6, 8, 11, 12, 24.)

- **Traduire en figures, flèches et couleurs.**

Colorier en vert le peuple souverain, en bleu le pouvoir exécutif (président de la République, Premier ministre et gouvernement), en orange le pouvoir législatif (Parlement).

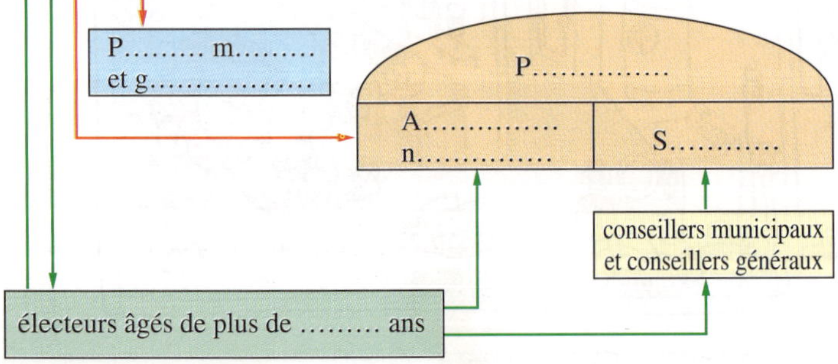

Colorier en vert les actes par lesquels se manifeste la souveraineté nationale (élection du président de la République, des députés sénateurs, élection indirecte des sénateurs, référendum).
Colorier en rouge les flèches qui indiquent les pouvoirs du président de la République (nomination du Premier ministre, dissolution de l'Assemblée nationale).

- **Expliquer :** Pourquoi les pouvoirs du président de la République sont importants ? *(Il tient sa légitimité de son élection au suffrage universel, peut dissoudre l'Assemblée nationale et consulter le peuple par référendum.)*

Faire

1 La IVe République

Construire et expliquer l'organigramme de la IVe République (1946).

Art. 5. L'Assemblée nationale est élue au suffrage universel direct, le Conseil de la République au suffrage universel indirect.
Art. 13. L'Assemblée nationale vote seule la loi.
Art. 29. Le président de la République est élu par le Parlement.
Art. 45. Le président de la République désigne le président du Conseil.
Art. 50. Le vote par l'Assemblée d'une motion de censure entraîne la démission du gouvernement.

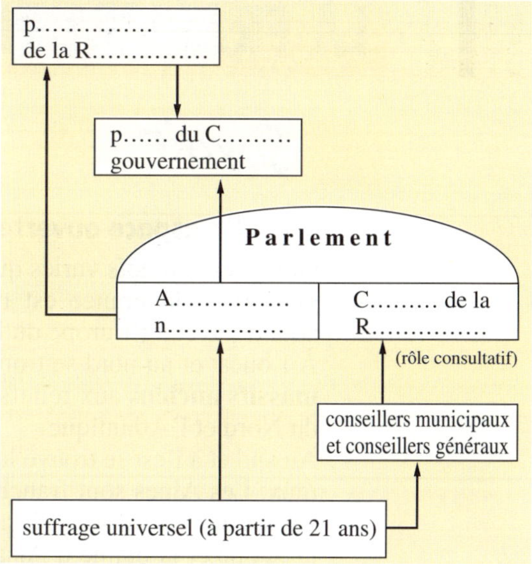

a) Colorier en vert le peuple souverain, en bleu le pouvoir exécutif, en orange le pouvoir législatif.
b) Colorier en vert les actes par lesquels se manifeste la souveraineté populaire.
c) Colorier en violet les flèches qui indiquent le pouvoir de l'Assemblée.
d) Expliquer pourquoi les pouvoirs de l'Assemblée sont importants.

2 Avancées démocratiques

Situer les périodes (1944-1954), (1974-1980), (1981-1988) au cours desquelles sont survenus les changements démocratiques et sociaux suivants : légalisation de l'avortement, SMIG, semaine de 39 heures, abaissement de la majorité à 18 ans, vote des femmes, abolition de la peine de mort, 5e semaine de congés payés, Sécurité sociale.

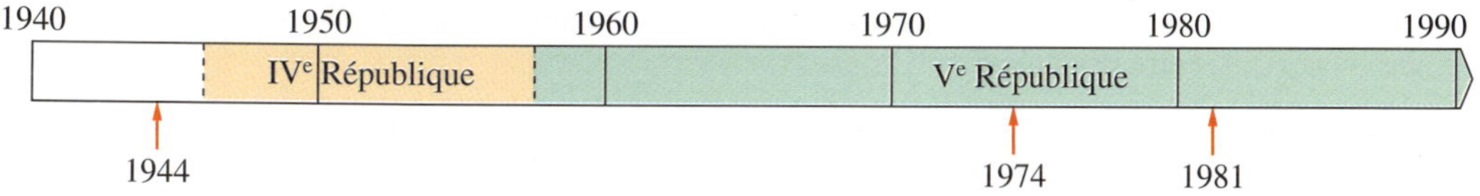

3 Les institutions politiques françaises

Compléter le tableau.

	Pouvoir exécutif	Pouvoir législatif
Qui l'exerce ?	Le p............... R............... Le P............... m............... et le g...............	Le P............... composé de l'A............... n............... et du S...............
Quel est leur rôle ?	G............... le pays. Faire exécuter les lois votées par le P............... Diriger l'Adm...............	D............... Voter les l............... et le b...............

4 Présidents de la Ve République

Écrire le nom du Président sous le mandat duquel se sont passés ces événements.

.... { **1960** Nouveau franc
1962 Accords d'Évian, fin de la guerre d'Algérie
1968 Crise de mai 68
1968 La publicité à la télévision }

.... { **1973** Crise économique mondiale
1973 Programme spatial européen Ariane }

.... { **1981** TGV
1981 Légalisation des radios privées
1982 Loi de décentralisation }

1 LA FRANCE : RELIEF ET CIRCULATION

Savoir

Un espace ouvert sur le monde

Grâce à ses reliefs variés qui n'entravent pas la circulation et à ses façades maritimes, la France est reliée à l'Europe méditerranéenne, à l'Europe atlantique et à l'Europe du Nord.

À l'ouest et au nord se trouve la **France des plaines, des plateaux et des massifs anciens** aux reliefs peu marqués, largement ouverte vers l'Europe du Nord et l'Atlantique.

Au sud et à l'est se trouve la **France des montagnes** aux reliefs plus vigoureux. Les Alpes sont franchissables par des vallées transversales ainsi que par les tunnels du Mont-Blanc et de Fréjus. Le Sillon rhodanien, la vallée de la Saône et la plaine d'Alsace forment un couloir entre la Méditerranée et l'Europe du Nord.

Paris est le centre d'un réseau de transports aux mailles inégales. L'axe Le Havre-Paris-Lyon-Marseille domine le trafic.

La France comprend également dix départements et territoires d'outre-mer.

Savoir faire

Présenter correctement une carte

Ex. : Le relief de la France.

- La carte doit avoir un titre **1**, une légende **2**, une échelle **3**, un cadre **4**, elle doit être orientée **5**.

- Il faut sélectionner les informations pour qu'elle ne soit pas surchargée **6**.

Les noms sont écrits en caractère d'imprimerie **7**.

Les informations sont représentées par des signes (surfaces colorées, flèches, hachures, etc.) **8**.

La carte doit être soignée et agréable à regarder **9**.

Le relief français ❶

Légende ❷

❻

plaines et plateaux

montagnes (+ 500 m)

montagnes

frontières

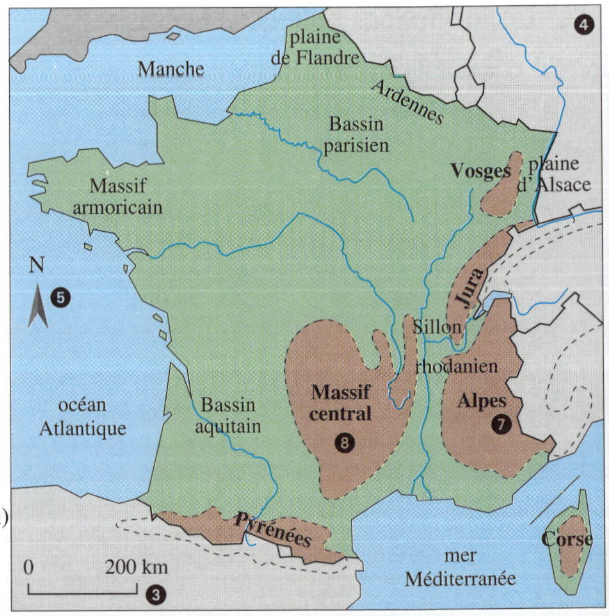

Faire

1 Réseaux de transports

Compléter la carte des réseaux de transports français.

a) Colorier les flèches, les centres, écrire les noms.
b) Dans quelle partie du pays le réseau est-il le plus dense ?
c) Colorier en rouge les flèches qui montrent comment le réseau français est relié aux réseaux européens.

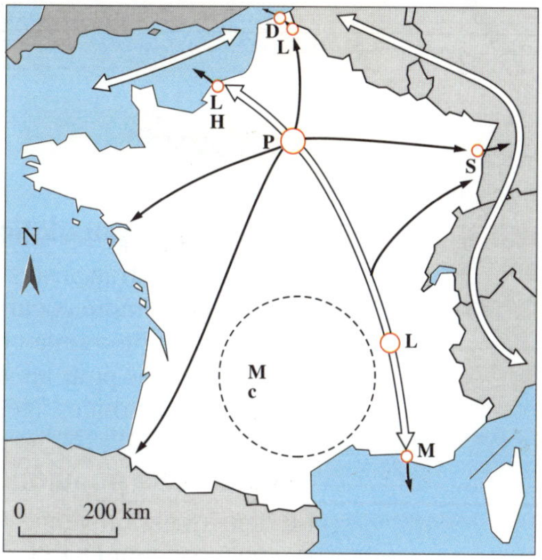

Axes fondamentaux de transport

- français
- rhénan
- maritime
- axes secondaires
- centre important de transport
- centre secondaire

2 Transport de marchandises

Quels sont les moyens de transport de marchandises les plus utilisés en France ? Relier le bon pourcentage au moyen de transport.

Moyens de transport	% de marchandises transportées
voies ferrées ●	● 11,5 %
oléoducs, gazoducs ●	● 26 %
routes ●	● 3,5 %
voies d'eau ●	● 59 %

3 Les DOM-TOM

À partir du planisphère, compléter la liste.

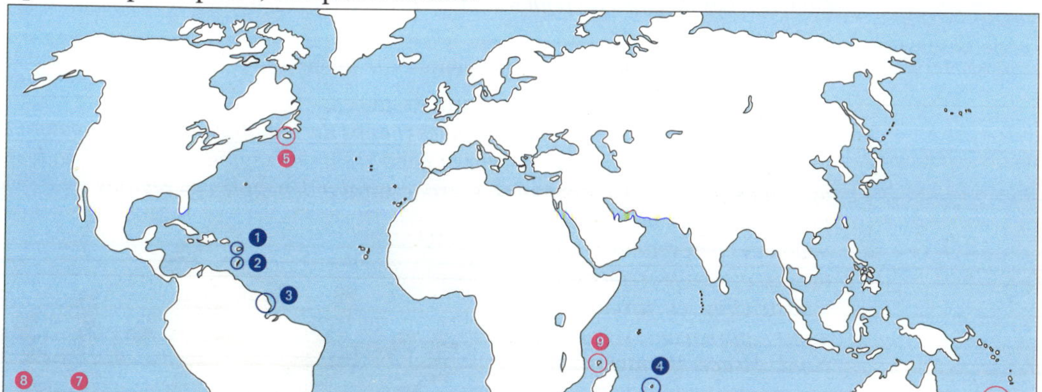

Départements d'outre-mer (DOM)
Territoires d'outre-mer (TOM)

Légende
○ TOM ○ DOM

DOM
1 ....
2 ....
3 ....
4 ....

TOM
5 ....
6 ....
7 ....
8 ....
9 ....
10 ....

2 LA POPULATION FRANÇAISE

Savoir

1 Une population qui vieillit

La population française s'élève à 57,2 millions d'habitants (en 1992). Elle présente de nombreux caractères communs à tous les pays européens industrialisés : natalité faible (13,5 ‰), espérance de vie longue (81 ans pour les femmes, 73 ans pour les hommes), croissance lente (0,4 %), vieillissement (14,3 % de personnes âgées).

2 Une population urbanisée

La densité est moyenne (101 hab./km), le poids de l'agglomération parisienne important (1 Français sur 5). La population est inégalement répartie à travers le territoire. À la France du Nord plus jeune et plus féconde s'oppose une France du Sud plus âgée, moins féconde mais au solde migratoire positif.

La population urbaine domine (75 %). La population active représente 42,6 % de la population totale, le chômage frappe 11 % de la population active en 1994.

Savoir faire

Commenter une carte

Ex. : La répartition de la population française.

- **Lire le titre et la légende** : Quel est l'espace représenté ? Quels sont les thèmes étudiés ? *Les densités de population en France représentées par des couleurs plus ou moins foncées.*
- **Décrire les phénomènes représentés sur la carte.**
- **Les expliquer à l'aide de ses connaissances.**

Les régions les plus faiblement peuplées (moins de 30 hab./km²) correspondent aux principales montagnes (Alpes, Massif central), à des régions de forêt (Landes) ou agricoles (Beauce, Champagne). L'exode rural a dépeuplé ces régions.

Les régions les plus fortement peuplées correspondent aux littoraux, aux vallées, aux régions industrielles et urbaines (régions parisienne, lyonnaise, Nord, Alsace, Bretagne…).

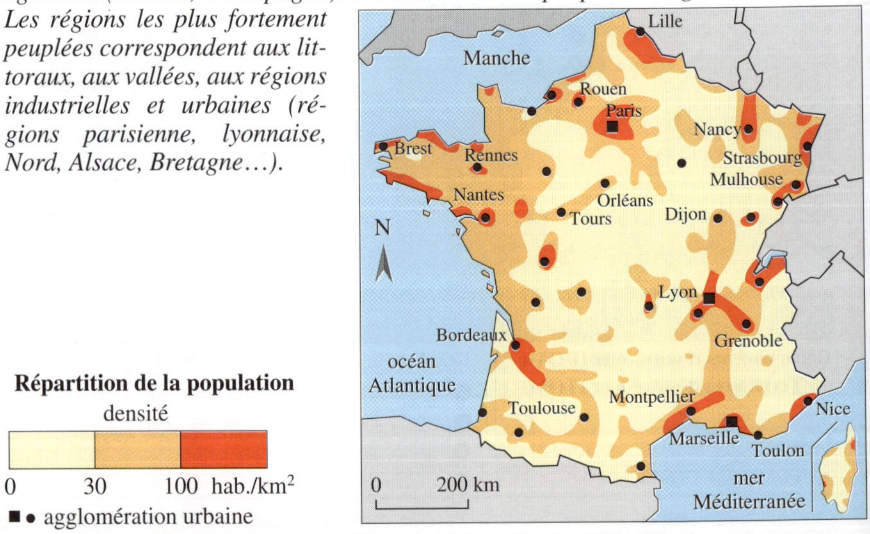

Faire

1 Répartition de la population

Lire et commenter la carte ci-dessous.
Dans cette carte par anamorphose*, la superficie des régions est proportionnelle à la population.
Quelles sont les régions les plus fortement peuplées ? les plus faiblement peuplées ? Faites-vous les mêmes observations qu'avec la carte thématique ?

* anamorphose : déformation des superficies et des contours.

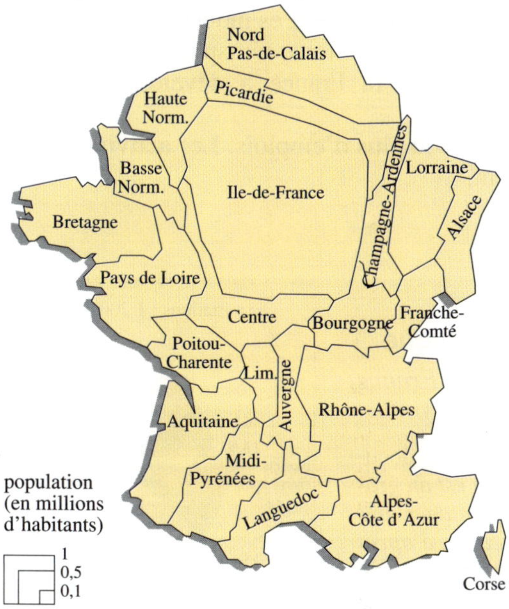

2 Les villes

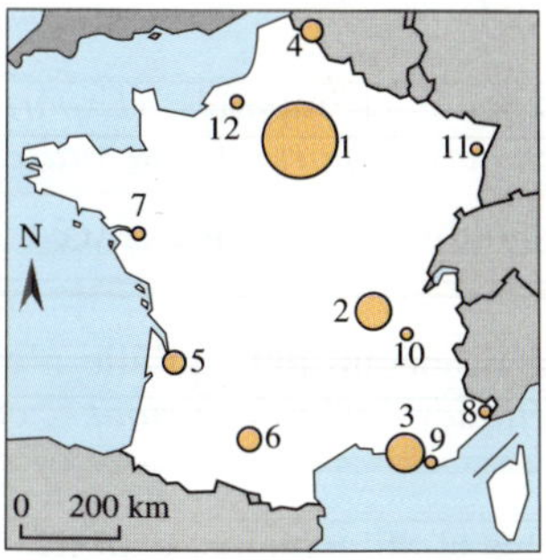

Compléter la carte des douze principales villes françaises et les classer dans la colonne correspondant à leur population.

+ 5 M hab.	+ 1 M hab.	+ 600 000 hab.	+ 400 000 hab.
○	○	○	○

3 Pyramide des âges

Étudier la pyramide des âges de la France au 1er janvier 1992.

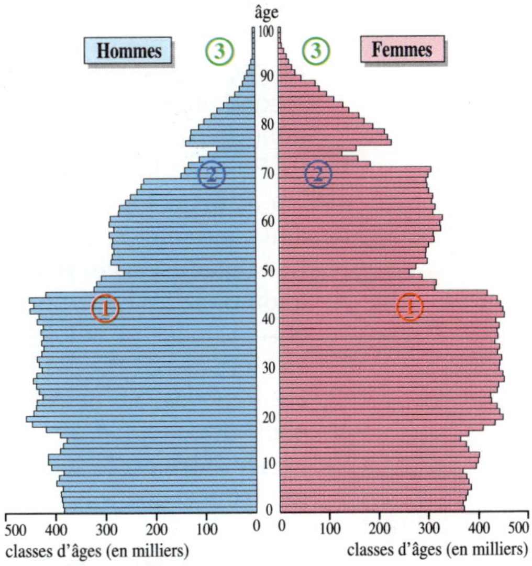

a) Observer la base de la pyramide et relier les termes suivants :

base élargie ● ● natalité en baisse
base rétrécie ● ● natalité stable
base constante ● ● natalité en hausse

b) Observer le sommet de la pyramide et relier les termes suivants :

sommet étroit ● ● 3e âge important
sommet large ● ● 3e âge peu important

c) Comment s'appelle le phénomène indiqué en **1** ?

d) Comment s'appelle le phénomène indiqué en **2** ?

e) Comment s'explique la dissymétrie observée en **3** ?

f) Trouver :

- trois causes qui expliquent la baisse de la natalité : ....
....
- trois causes qui expliquent l'allongement de l'espérance de vie : ....
....
- trois conséquences du vieillissement de la population : ....
....

3 L'ÉCONOMIE FRANÇAISE

Savoir

La population active est de 24,4 millions (secteur primaire : 6 %, secteur secondaire : 29,9 %, secteur tertiaire : 64,1 %). Le chômage frappe 2,8 millions de personnes en 1992.
La France a la **première agriculture de la CEE** (céréales, produits laitiers, vin, fruits et légumes). La France est le deuxième pays exportateur de produits agricoles et de produits agro-alimentaires.
La France est la **cinquième puissance industrielle du monde**. Les industries traditionnelles (sidérurgie, charbon, textile) du Nord et de la Lorraine sont en crise. L'industrie automobile reste performante. Les industries de pointe sont en plein essor (électronique, télécommunications, aérospatiale, etc.).
La dépendance pétrolière a conduit la France à développer l'énergie nucléaire.
Le **tertiaire** est le secteur qui crée le plus d'emplois. Les activités liées au tourisme et aux loisirs croissent.

Savoir faire

Commenter un graphique

Ex. : Le commerce extérieur de la France (d'après Douanes françaises, 1991).

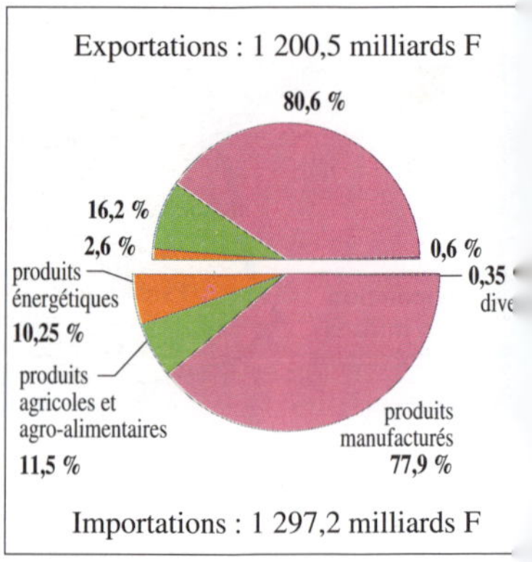

- **Présenter le document** : nature du document, année, source ? (*Ce document est un graphique qui représente les pourcentages des exportations et importations françaises d'après les chiffres des Douanes françaises de 1991.*)
- **Lire soigneusement les informations représentées**.
- **Répondre aux questions dans l'ordre pour décrire les phénomènes représentés et les expliquer à l'aide de ses connaissances**.

1. Énumérer par ordre décroissant les produits exportés et importés. (*Export. : (1) produits manufacturés, (2) agricoles, (3) énergétiques. Import. : même ordre.*)

2. Calculer la balance commerciale : est-elle en équilibre ? déficitaire, excédentaire ? (*Elle est déficitaire de 96,7 milliards de F.*)

3. Trouver quel type de produit la France importe beaucoup plus qu'elle n'exporte ? Pourquoi ? (*Elle importe des produits énergétiques – pétrole surtout –, car la France est dépendante énergétiquement.*)

4. Calculer la valeur en francs des produits agricoles et alimentaires exportés et importés, expliquer l'excédent ou le déficit. (*Import. : 149,1 milliards. Export. : 194,4 milliards. L'excédent est de 45,3 milliards, la France est le deuxième pays exportateur de produits agricoles du monde.*)

5. Calculer la valeur en francs des produits manufacturés importés et exportés, expliquer l'excédent ou le déficit. (*Export. : 967,6 milliards. Import. : 1 010,8 milliards. Le déficit est de 43,2 milliards bien que la France soit le cinquième pays industrialisé du monde.*)

Faire

1 Commerce extérieur

Commenter le graphique ci-dessous :
Clients et fournisseurs de la France (1991).

a) Quel est le pays qui est le premier client et fournisseur de la France ?

b) Dans quel continent se situent les principaux partenaires commerciaux de la France ? Comment cela s'explique-t-il ? Additionner les parts des importations puis celles des exportations qui se font avec ces pays.

c) Quels pays peut-on ranger dans la catégorie « autres » ?

Les clients de la France

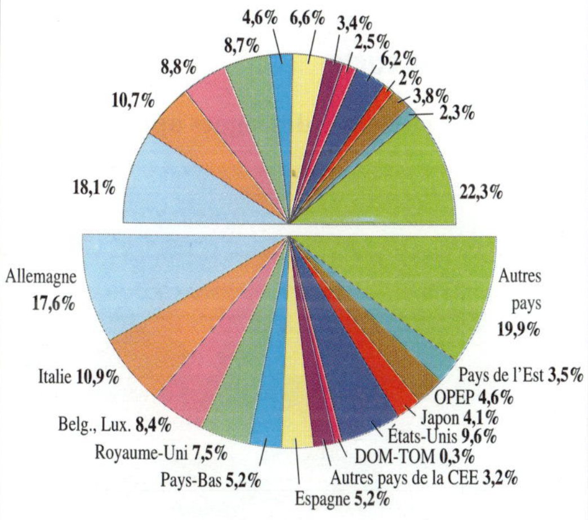

Les fournisseurs de la France

d'après les Douanes françaises

2 Industrie

Compléter la légende à l'aide de la carte des régions industrielles françaises.
Écrire le nom des villes. Écrire le nom de deux régions en crise, des deux principales régions industrielles dynamiques.

3 Agriculture

Compléter le texte à trous sur l'agriculture française à l'aide du tableau.

	1955	1985	1989
Nombre des exploitations agricoles	2 307 000	1 130 000	1 107 000
Tracteurs	150 000	1 500 000	1 600 000
Engrais kg/ha	40	175	180
Rendement moyen du blé en q/ha	18	52	64
Nombre moyen de personnes nourries par un agriculteur	7	25	35

L'agriculture française s'est profondément transformée depuis ....
Le nombre de tracteurs a été multiplié par ....
Pour éviter l'épuisement des sols, l'utilisation des .... a été multipliée par ....
Aussi les terres ont-elles un .... moyen multiplié par ....
Pourtant, le nombre d'agriculteurs est en baisse constante (1,5 million aujourd'hui) et le nombre des exploitations a été divisé par .... Mais un agriculteur nourrit .... fois plus de personnes qu'en 1955. On dit que l'agriculture est plus ....

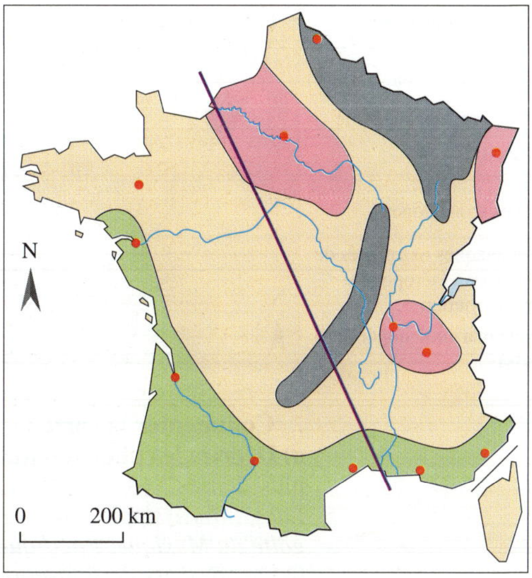

Régions industrielles dynamiques
Régions industrielles en crise
Régions faiblement industrialisées mais attractives
À l'est de cette ligne, 3/4 des emplois dans l'industrie

4 LES ÉTATS-UNIS : LA MAÎTRISE DE L'ESPACE

Savoir

Les États-Unis sont le troisième État du monde avec 9,4 millions de km². Grâce à des sols et des climats variés, ils ont une agriculture diversifiée, ainsi que d'immenses ressources hydroélectriques, énergétiques et minières. Les États-Unis ont fait l'inventaire de toutes leurs ressources et exploitent la totalité de leur territoire. Grâce aux réseaux de transports et de communications toutes les parties de l'espace américain sont reliées entre elles et à l'ensemble économique mondial.
Les États-Unis sont un État fédéral. Les gouvernements des cinquante États conservent une part d'autonomie et des lois particulières.

Savoir faire

Construire la légende d'une carte

1 Classer les informations à représenter et choisir des signes appropriés :

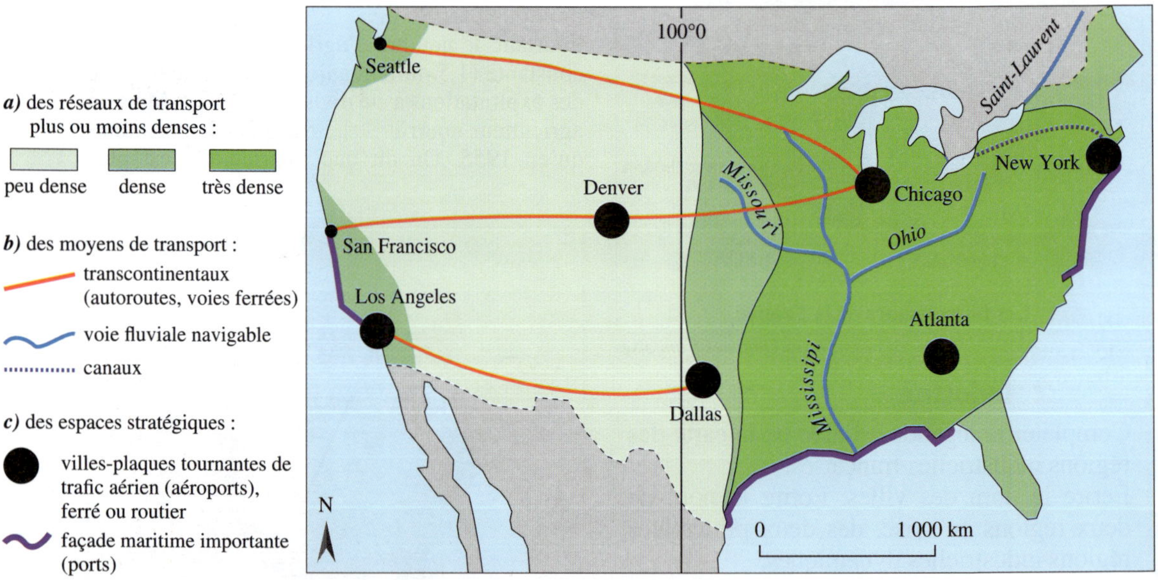

2 Commenter la carte :
a) Décrire les phénomènes représentés : Où les réseaux de transports sont-ils les plus denses ? (*À l'est du 100ᵉ méridien*). Nommer le réseau navigable (*Grands Lacs, Mississippi, Saint-Laurent*). Nommer les façades maritimes (*Atlantique, golfe du Mexique, Pacifique*).
Où les réseaux de transports sont-ils les moins denses ? (*À l'ouest du Mississippi, constitués par les transcontinentaux – autoroutes, chemin de fer est-ouest.*)
Faire la liste des plaques tournantes du trafic aérien.
b) Expliquer à l'aide de ses connaissances. (*L'Est a un poids historique, démographique et économique, mais les relais lancés vers l'Ouest font qu'aucun territoire n'est enclavé* [*coupé du monde*].)

Faire

1 Les ports maritimes

Étudier la carte des ports maritimes.

a) Quels ports ont le trafic portuaire le plus élevé ?

b) Sur quelles façades maritimes sont-ils situés ?

c) Comment cela s'explique-t-il ?

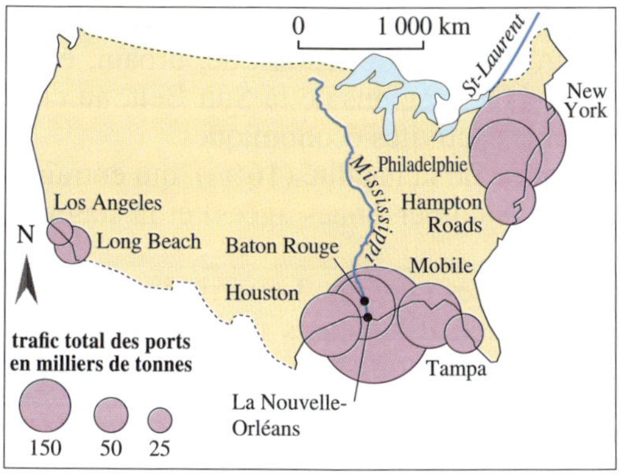

2 Le relief

Colorier la carte du relief des États-Unis à l'aide de la légende.

Écrire les noms suivants : Montagnes Rocheuses, Appalaches, Grandes Plaines, Mississippi, Grands Lacs, Saint-Laurent, 100e méridien ouest, Canada, océan Pacifique, océan Atlantique, golfe du Mexique.

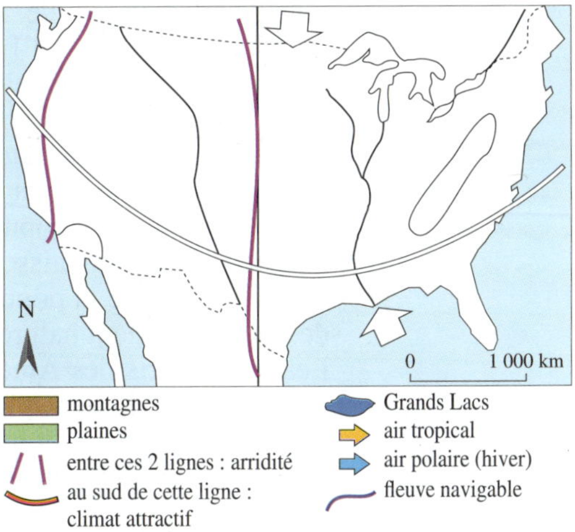

3 Les transports

Compléter le graphique des moyens de transport de marchandises et de voyageurs aux États-Unis.

a) Colorier le graphique à l'aide de la légende, écrire les pourcentages au-dessus des colonnes.

b) Classer par ordre décroissant les moyens de transport les plus utilisés pour les marchandises et pour les voyageurs.

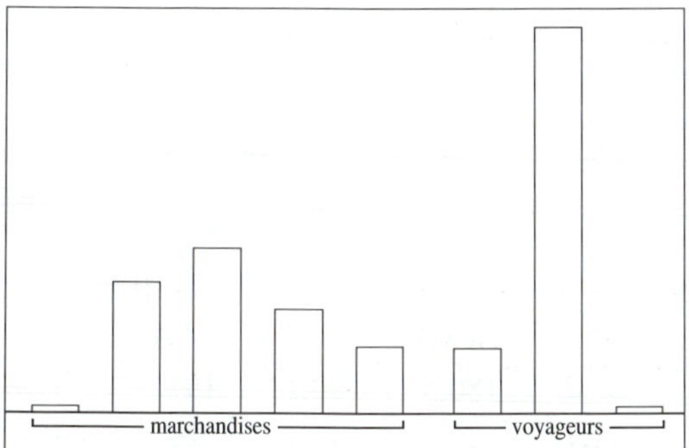

moyen de transport	% marchandises	% voyageurs
voie aérienne	0,5	14,5
voie routière	25,5	85
voie ferrée	35,6	0,5
voie fluviale	15,1	—
oléoducs	23,3	—

5 LA POPULATION DES ÉTATS-UNIS

Savoir

Un pays neuf et une civilisation urbaine

Avec 252 millions d'habitants (4e rang), les États-Unis sont un des pays les plus peuplés du monde. L'immigration explique la croissance rapide de la population originaire d'Europe, d'Afrique (les esclaves) et plus récemment d'Asie et d'Amérique latine.

La densité est de 27 hab./km². 70 % de la population se trouve à l'est du 100e méridien, 50 % dans le Nord-Est (centre historique, urbain, économique et décisionnel du pays). Mais les régions de la Sun Belt, au climat attractif, attirent les populations et les activités économiques.

Les États-Unis connaissent une baisse de la natalité (16 ‰), qui entraîne le vieillissement de la population (12 % de personnes âgées) et la stagnation de l'accroissement naturel (7 ‰).

Les trois quarts des Américains sont des citadins. Le territoire compte de nombreuses villes de plus d'un million d'habitants mais la mégalopolis de Chicago (15 millions) et celle de Boston, New York et Washington (50 millions) sont situées dans le Nord-Est.

Savoir faire

Construire et commenter un graphique

Ex. : La diversité ethnique aux États-Unis.

a) Porter verticalement les données étudiées (*les ethnies qui composent la population, en millions d'individus*) **et horizontalement les années.**

Tracer la courbe.

b) Décrire l'évolution observée (augmentation, diminution, stagnation), éventuellement les ruptures.

c) Expliquer ces informations à l'aide de ses connaissances (*la proportion des Blancs a baissé car leur taux de natalité est le plus bas, le taux de natalité est élevé chez les Noirs et les Latino-Américains* [20 ‰]. *Le nombre des Latino-Américains et des Asiatiques a beaucoup augmenté car l'immigration de ces deux populations est la plus forte*).

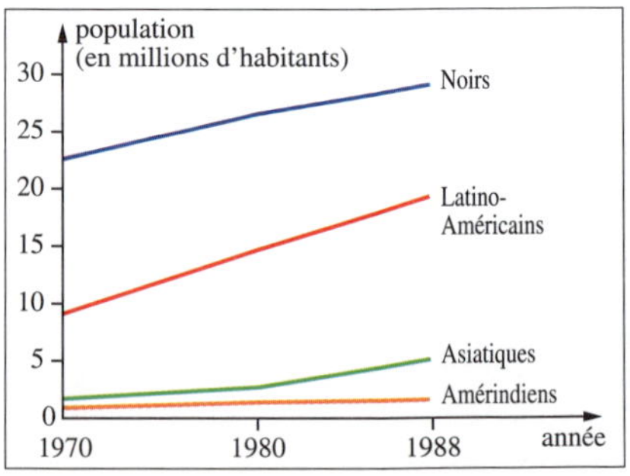

Population	1970		1980		1988	
	(en M)	%	(en M)	%	(en M)	%
Blancs	169	83,2	180,5	80,1	191,3	77,8
Noirs	22,6	11,1	26,5	11,7	29	12
Latino-Américains	9	4,5	14,6	6,5	19,2	7,6
Asiatiques	1,6	0,8	2,6	1,7	5	2
Amérindiens	0,8	0,4	1,3	0,6	1,5	0,6
Population totale	203	100	225,5	100	246	100

Faire

1 Natalité et mortalité

Construire et expliquer une courbe : évolution de la natalité et de la mortalité aux États-Unis.

a) Construire la courbe (natalité en rouge, mortalité en noir).

b) Comment s'appelle et s'explique la hausse de la natalité ? Quand a-t-elle eu lieu ? Qu'observe-t-on depuis ?

c) Comment évolue la mortalité ? Pourquoi ?

d) Colorier l'accroissement naturel (la différence représentée par l'espace entre les deux courbes). Le mesurer en 1955 et en 1990. Que constate-t-on ?

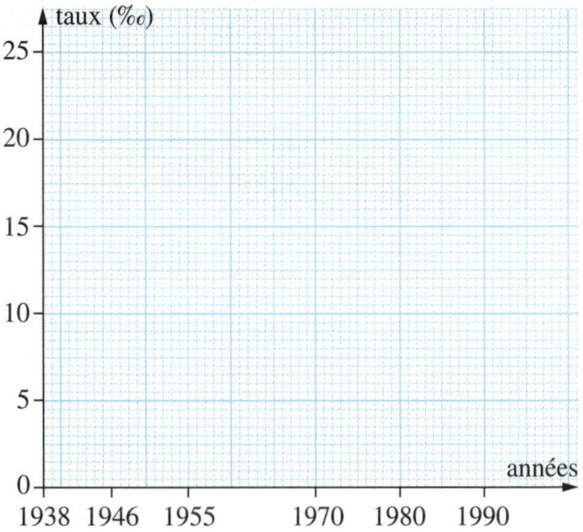

Taux ‰	1938	1946	1955	1970	1980	1990
Natalité	17,5	23,3	24,6	18,2	16,2	16,7
Mortalité	10,6	10	9,3	9,4	8,9	8,6

2 Population

Compléter la carte de la répartition de la population des États-Unis. Expliquer cette répartition (causes historiques, géographiques, économiques).

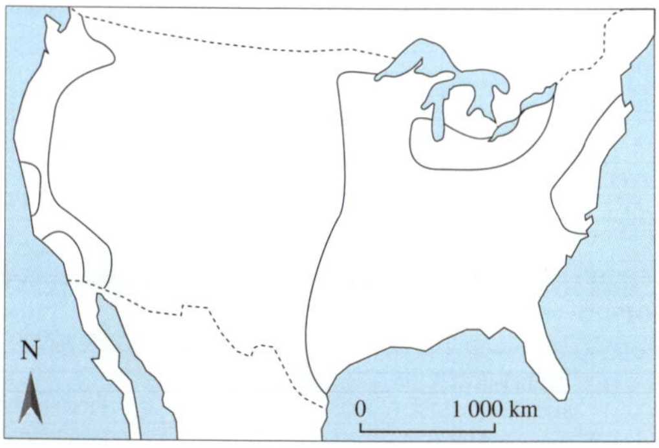

- densité > 100 hab/km²
- de 100 à 50 hab/km²
- densité < 25 hab/km²

3 Migrations

Compléter la carte des migrations de population aux États-Unis. Placer les noms des villes. Expliquer ces migrations.

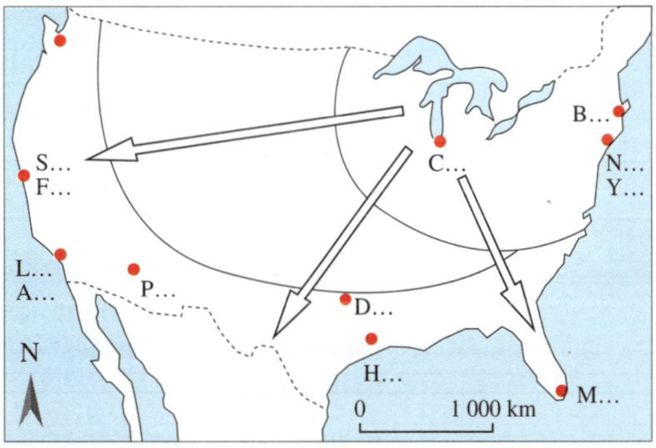

- Nord-Est
- Sun Belt
- flux de retraités
- flux de population active

6 LES ÉTATS-UNIS : LA PREMIÈRE PUISSANCE ÉCONOMIQUE DU MONDE

Savoir

Les États-Unis sont le pays du capitalisme même si le rôle de l'État est déterminant.
Premier producteur industriel, les États-Unis consomment le quart de l'énergie produite dans le monde. Les liens entre la recherche et les entreprises, la compétitivité leur permettent d'être en avance dans l'industrie électronique, aéronautique, spatiale, de l'armement et de la biotechnologie. L'agriculture (2,8 % des actifs) est intégrée au complexe agro-industriel et produit pour l'exportation.
Les États-Unis importent plus qu'ils n'exportent, ils sont endettés. Ils sont aujourd'hui fortement concurrencés par d'autres économies industrielles et exportatrices : le Japon et la CEE avec l'Allemagne en particulier.

Savoir faire

Lire et commenter plusieurs documents

Document 1 : Déficit de la balance commerciale (en milliards de dollars).

1975	1980	1984	1990
+ 10	– 25,5	– 110	– 122,7

Document 2 : Graphique du commerce extérieur (*Images économiques du monde 1991*).

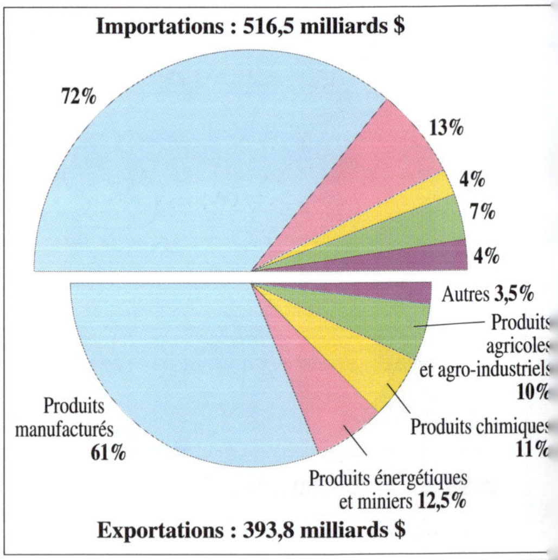

d'après OCDE

1. Présenter les documents (nature des documents ? sources ? dates ? informations données ?).
Un tableau statistique et un graphique du commerce extérieur des États-Unis de 1991.

2. Lire soigneusement les informations représentées (données, unités, dates).

3. Décrire successivement chaque document (évolution : augmentation, diminution, stagnation, ruptures).

4. Expliquer ces informations à l'aide de ses connaissances.
Doc. 1 *: Le déficit de la balance commerciale aux États-Unis est croissant.*
Doc. 2 *: Les États-Unis importent et exportent surtout des produits manufacturés* (première puissance industrielle, première puissance commerciale du monde, mais leur industrie est fortement concurrencée par des produits japonais et européens).
Les États-Unis sont premier exportateur de produits agricoles et alimentaires en concurrence avec la CEE.
Le déficit commercial s'élève en 1991 à 122,7 milliards de dollars.

5. Faire la synthèse des éléments apportés par les documents. *Trouver un titre général* (*Le commerce extérieur des États-Unis*).

Faire

1 Population active

Compléter le graphique et le tableau de la répartition de la population active aux États-Unis.

Population active par secteurs (en pourcentages)

Population active	1965	1975	1991	+ ou –
secteur primaire	6,3	4,7	2,9	…
secteur secondaire	35,5	30,6	25,3	…
secteur tertiaire	58,2	64,7	71,8	…

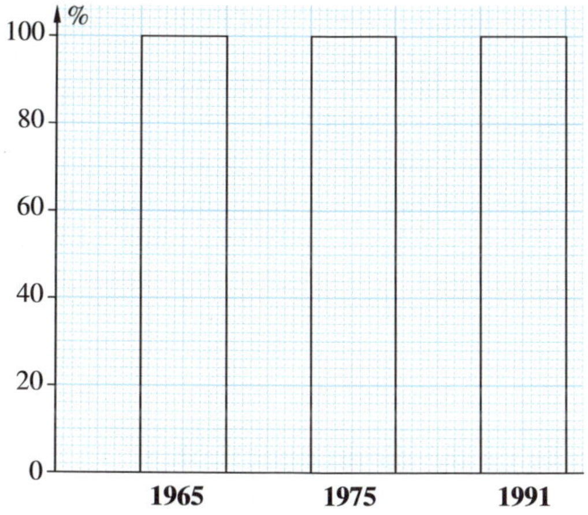

2 Produits agricoles exportés

Étudier la courbe des exportations de produits agricoles par les États-Unis, par la CEE.

a) Présenter le document (nature, date, source, informations données).
b) La courbe américaine présente des ruptures : combien ? à quelles dates ?
c) L'agriculture des États-Unis est-elle concurrencée par celle de la CEE ? Expliquer à l'aide de vos connaissances.

Exportation de produits agricoles*

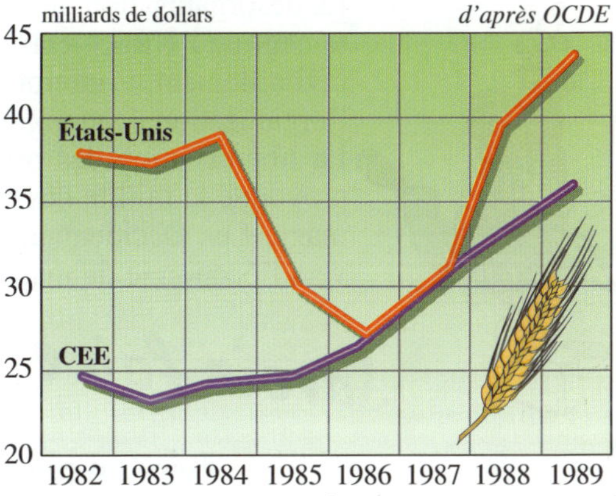

* À l'exclusion des échanges CEE

3 L'espace industriel

Compléter la légende à partir de la carte.

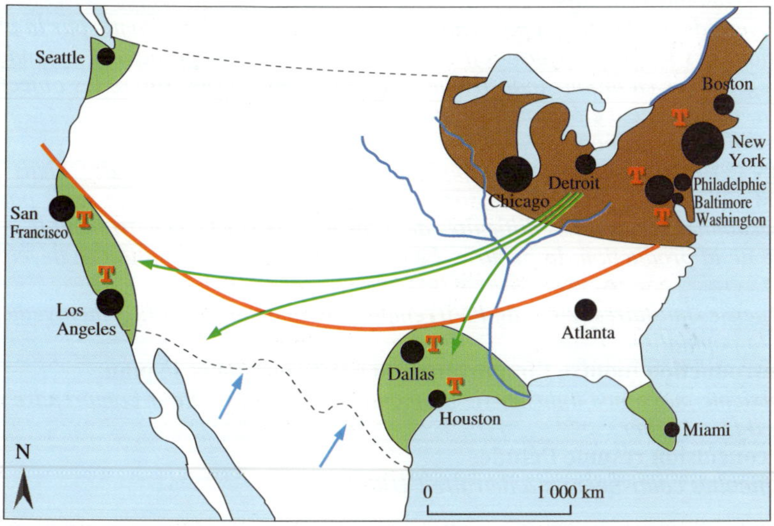

Légende

…… ancienne région industrialisée
…… nouvelle région industrialisée
…… technopole (liaison recherche/industrie)
…… limite du climat attractif
…… flux d'immigrés
…… centre décisionnel important
…… déplacement des industries

7 LES ÉTATS DE L'EX-URSS : UN ENSEMBLE DE PAYS EN DIFFICULTÉ

Savoir

1 La fin du système soviétique

En 1991, le plus vaste État du monde cesse d'exister. Les quinze Républiques qui composaient l'URSS quittent l'Union. Onze d'entre elles se regroupent pour former la CEI (Communauté d'États indépendants). Les États baltes (Lithuanie, Lettonie, Estonie) et la Géorgie n'en font pas partie. Le parti communiste de l'Union soviétique (PCUS) est interdit.

2 Les difficultés actuelles

La désorganisation du système économique, après avoir contribué à l'éclatement de l'URSS, entraîne la baisse de la production et des difficultés de ravitaillement. L'interdépendance des nouveaux États est un handicap dû à l'organisation économique centralisée de l'URSS.

La libéralisation des prix, décidée le 2 janvier 1992, aggrave l'inflation, provoque la faillite des entreprises les moins rentables et augmente le chômage. Les Occidentaux s'efforcent d'aider ces nouveaux États à évoluer vers l'économie de marché.

Savoir faire

Faire un plan détaillé de devoir en géographie

Ex. : Les difficultés économiques de l'ex-URSS : la maîtrise incomplète de l'espace et la faillite du système économique.

a) Rechercher les idées : lire le sujet, en définir les limites, rassembler les connaissances.

b) Classer les idées dans chacune des parties proposées par le sujet :

1. La maîtrise incomplète de l'espace (voir FAIRE *2).*

2. La faillite du système économique soviétique.

- *Une économie centralisée :*

Les moyens de production appartiennent à l'État qui dirige l'économie par la planification. Les sovkhozes (fermes d'État), les kolkhozes (coopératives), les industries regroupées en unions industrielles ou régionales doivent suivre les objectifs du plan. La priorité a été donnée à l'industrie lourde.

- *Les difficultés économiques qui ont entraîné la chute de l'URSS*

Depuis 1970, la croissance économique ralentit. La production des biens de consommation et la productivité sont insuffisantes. L'agriculture ne suffit pas à approvisionner le pays. Les difficultés de transport, de stockage entraînent le gaspillage de la production, la pénurie. Le marché noir et la corruption se développent.

Les dépenses militaires (20 % du PNB) empêchent toute amélioration du niveau de vie de la population.

c) L'introduction montre l'importance du sujet et annonce le plan.

La deuxième puissance industrielle du monde a fait faillite. Pour comprendre cet échec, il faut étudier…

d) La conclusion résume l'étude.

Les difficultés contribuèrent à détruire l'URSS.

Faire

1 La population des pays de l'ex-URSS

Faire un plan détaillé sur ce thème en vous aidant des questions suivantes.

a) Comment la population est-elle répartie sur le territoire ?

b) Quelles sont les différentes nationalités, dans quelles républiques de l'ex-URSS sont-elles majoritaires ?

c) Quelle est l'évolution démographique de chacun de ces groupes de peuples ?

3 Les pays de la CEI

a) Colorier la légende et la carte des pays de la CEI à l'aide du tableau :

2 La maîtrise incomplète de l'espace

Compléter ce texte pour rédiger la première partie du devoir du SAVOIR-FAIRE.

L'espace de l'ex-URSS est immense. La rigueur du .... sur la majeure partie du territoire, l' .... en Asie centrale constituent des obstacles au développement. Seuls 10 % des sols sont .... La maîtrise de l'espace et le développement sont ainsi très .... Seule la partie située à l'ouest de .... est équipée de réseaux de .... et de .... denses, elle assure l'essentiel de la production .... et .... Elle regroupe .... de la population du pays.

À l'est de l' .... seuls le ...., doublé par le BAM, et l' .... permettent de désenclaver ces espaces vides.

Mais les ressources .... et .... sont énormes.

Les pays de la CEI		PNB/hab.	Activités économiques
• du Caucase	Arménie	4 710 $	Industries métallurgiques, chimiques, vin
	Azerbaïdjan	3 750 $	Pétrole, mines
• slaves	Russie	5 810 $	80 % du pétrole de l'ex-URSS, 50 % de la production agricole et industrielle, armes nucléaires
	Ukraine	4 700 $	25 % des céréales, élevage, charbon, armes nucléaires
	Biélorussie	5 960 $	Industrie, agriculture, armes nucléaires
	Moldavie	3 830 $	Agriculture, industries alimentaires
• d'Asie centrale	Kazakhstan	3 720 $	Pétrole, armes nucléaires
	Kirghizistan	3 030 $	Élevage, coton, pétrole
	Ouzbékistan	2 750 $	Coton, gaz naturel
	Tadjikistan	2 340 $	Minerais
	Turkménistan	3 370 $	Pétrole

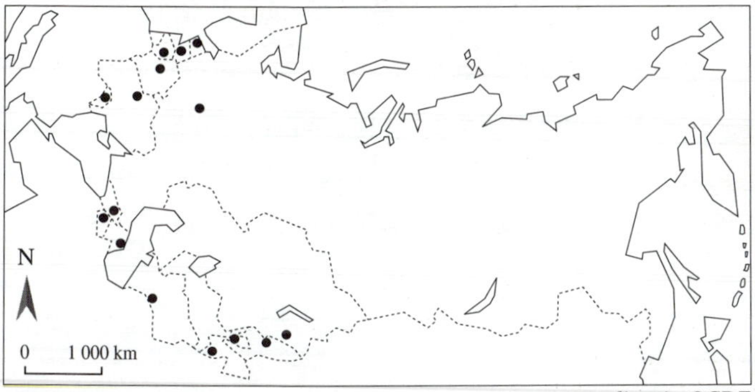

d'après OCDE

PNB par habitant et par an (en $)

moins de 3 370 — de 3 370 à 5 809 — 5 810 et plus

b) Répondre aux questions :

- Quels pays détiennent les armes nucléaires ?
- Quels pays ont une économie assez complète pour être indépendants ?
- Quels pays ont une économie incomplète et dépendante ?
- Quels sont les pays les plus riches ? les moins riches ?
- Quels sont ceux qui possèdent des ressources minières et énergétiques ?

Physique-Chimie

OBJECTIFS

Physique - Chimie

1 MATÉRIAUX ET ENVIRONNEMENT

Savoir

Alliages	Composition
acier	fer + carbone
laiton	cuivre + zinc
bronze	cuivre + étain
invar	fer + nickel
duralumin	aluminium + cuivre + magnésium

1 Classification et propriétés

- **Les matériaux et les alliages**

Les **métaux** sont des corps purs. Les plus usuels sont le fer, l'aluminium, le zinc et le cuivre. Ils sont utilisés pour leurs propriétés mécaniques ; ils conduisent tous la chaleur et le courant électrique.
Les **alliages** sont des mélanges composés de plusieurs constituants dont l'un est nécessairement un métal.

- **Les matériaux organiques**

Ils sont représentés principalement par les matières plastiques que l'on obtient, pour la plupart, à partir de dérivés de pétroles.
Ils brûlent facilement, résistent bien aux agents chimiques et sont généralement de bons isolants thermiques et phoniques.
Les principaux matériaux organiques sont : les polyamides (nappes), le polystyrène (boîtes isothermes), le polyuréthane (éponges) et le polychlorure de vinyle (gaines électriques).

- **Les céramiques et les matériaux composites**

Zircone, fibres de carbone, Kevlar, représentent les matériaux de l'avenir. Légers, mais presque aussi durs que le diamant, ils résistent à des températures de plusieurs milliers de degrés Celsius.

2 Utilisation

Les propriétés physiques et chimiques des matériaux conditionnent leurs usages. Par exemple, le cuivre est utilisé pour sa bonne conductibilité thermique (casseroles) et électrique (fils de connexion) ; les polyamides pour leur souplesse (combinaison de ski) ; et les fibres de carbone pour leur élasticité et leur résistance (perche de sauteur).

Savoir faire

Définir un protocole expérimental

Ex. : Fabrication d'une matière plastique.

- **Énumérer les produits nécessaires :** urée, formol à 30 %, acide chlorhydrique commercial.
- **Décrire la démarche expérimentale**

Dans un bécher, introduire 5 g d'urée et 15 cm^3 de solution aqueuse de formol à 30 %.
Agiter jusqu'à dissolution complète et verser 1,5 cm^3 d'acide chlorhydrique.
Agiter à nouveau.

- **Noter les observations**

La solution se trouble et forme rapidement une masse blanche qui durcit très vite : c'est une résine urée-formol. Elle entre dans la fabrication de certains moulages.

Faire

1 Mettre en relation propriétés et usage

a) Associer à chacune des propriétés mécaniques la définition qui lui convient :

élasticité •	• aptitude à être aplati en feuille
plasticité •	• aptitude à reprendre sa forme
dureté •	• aptitude à être déformé et à conserver la forme acquise
malléabilité •	• aptitude à garder la forme qu'on lui donne

b) Relier chaque objet de *A* au nom du métal qui le compose en *B* et chaque nom de métal à sa propriété caractéristique en *C*. Utiliser si nécessaire le tableau ci-dessous.

Métal ou alliage	Plasticité	Élasticité	Dureté
aluminium zinc	▬▬▬	▬	▬
fer	▬▬▬	▬	▬▬
fonte	▬	▬	▬▬▬
acier	▬▬	▬▬▬▬	▬▬▬▬
plomb	▬▬▬▬	▬	▬
cuivre	▬▬▬	▬	▬▬

A

B

cuivre aluminium or
bronze plomb acier

C

conductibilité dureté malléabilité
plasticité légèreté élasticité

2 Lutte contre le gaspillage

La figure suivante représente la composition des ordures ménagères en % du poids.

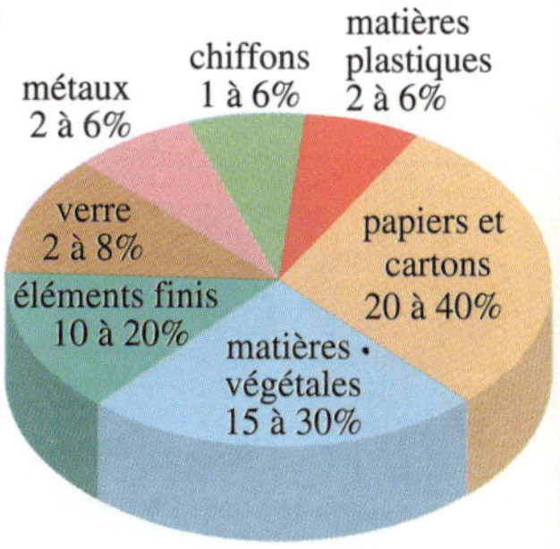

a) Indiquer les « déchets » recyclables.
b) Quels sont les objets qui, après un simple « nettoyage », sont directement réutilisables ?
c) Comment recycle-t-on les matières plastiques ?

3 Plastiques et vie quotidienne

Le dessin ci-dessous est un exemple des utilisations multiples des matières plastiques dans la vie quotidienne.

a) Nommer les matières plastiques représentées.
b) Se documenter et énumérer quelques matières plastiques qui entrent dans la fabrication d'une automobile.
c) Énumérer quelques matières plastiques dans l'ameublement.

4 Matériaux de demain

Après l'époque de la métallurgie et celle des matières plastiques, voici celle des céramiques et des matériaux composites.

a) Pourquoi l'évolution du record du saut à la perche est-il lié à l'apparition des fibres de carbone ?
b) Pourquoi l'avion Rafale a-t-il le quart de sa structure fabriqué en matériaux composites ?

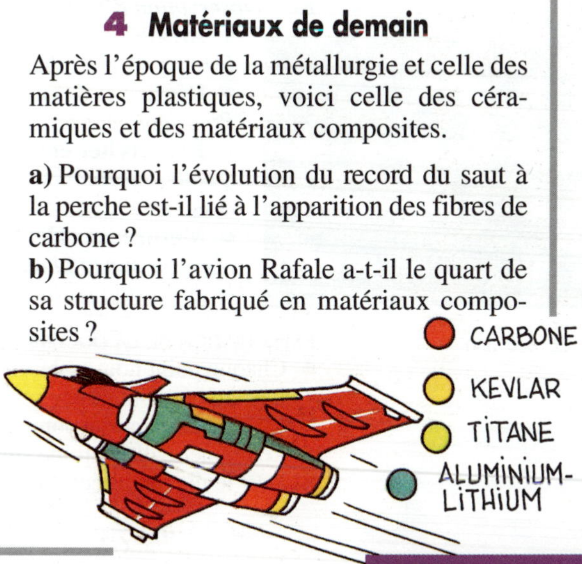

2 ATOMES ET IONS

Savoir

1 Structure des métaux

Les métaux ont une **structure cristalline** constituée par un empilement régulier d'atomes extrêmement petits, serrés les uns contre les autres, et liés entre eux. Les dimensions des atomes s'expriment en nanomètre (nm).

$$1 \text{ nm} = 0{,}000\,000\,001 \text{ m} = 10^{-9} \text{ m}.$$

2 Un nouveau modèle pour l'atome

Les atomes sont constitués d'un **noyau** qui porte un certain nombre de charges électriques positives, et d'**électrons** négatifs qui gravitent autour de celui-ci. L'atome est **électriquement neutre** car il possède autant d'électrons que de charges positives.

Les atomes se distinguent les uns des autres par leur nombre d'électrons.

Métal	aluminium	argent	cuivre	fer	plomb	zinc
Symbole	Al	Ag	Cu	Fe	Pb	Zn
Nombre d'électrons	13	47	29	26	82	30

3 Certains liquides contiennent des ions

Un ion est un atome, ou un groupement d'atomes, qui a perdu ou gagné des électrons. Il existe donc des ions positifs (cations) et des ions négatifs (anions).

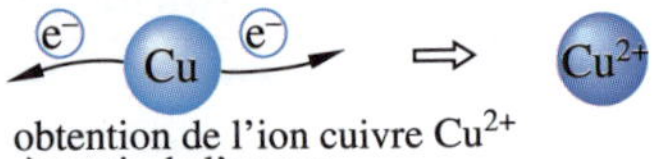

obtention de l'ion cuivre Cu^{2+} à partir de l'atome

Ex : L'atome de cuivre perd deux électrons pour former l'ion cuivre.

Savoir faire

Exploiter une documentation

Ex. : Observation d'une feuille d'or au microscope électronique.

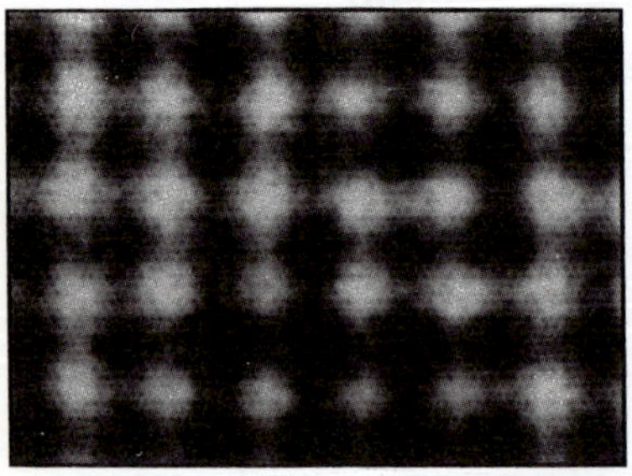

LG = 20 000 000

- **Identifier** la plus petite structure observée au microscope électronique.
Que représente chaque point noir du schéma ?
- **Décrire** et **définir** la structure générale observée.
Pourquoi peut-on dire que la structure du métal est ordonnée ?
- **Rechercher** et **analyser** les informations importantes du document.
Quelle information importante concernant les atomes est fournie par le document ?
- **Mesurer** et **calculer** les dimensions.
Mesurer sur la photographie le diamètre de l'image d'un atome. Calculer la dimension réelle de l'atome.

EXPLOITATION DE LA DOCUMENTATION

- Chaque point noir représente un atome d'or.
- Les atomes sont alignés et en contact les uns avec les autres.
- Chaque point correspond à un atome réel grossi 20 000 000 fois.
- Le diamètre d'un atome sur la photographie est $D = 5$ mm.

Si d est le diamètre réel d'un atome d'or :

$$d = \frac{D}{G}, \quad \text{soit} \quad d = \frac{5 \times 10^{-3}}{20\ 000\ 000} = 0{,}25 \times 10^{-9} \text{ m}.$$

Faire

1 Représenter un atome d'hydrogène

On souhaite réaliser la maquette d'un atome d'hydrogène, en utilisant pour figurer le noyau, une balle de diamètre $D_n = 5$ cm.

a) Calculer le diamètre (D_e) de la bille qui représentera l'électron, et le diamètre (D_a) de la maquette.

b) Peut-on réaliser une maquette ou un dessin de l'atome d'hydrogène en conservant les dimensions relatives des constituants de l'atome ? Justifier la réponse.

CARTE D'IDENTITÉ

Nom : hydrogène, alias H
Signature caractéristique :
mon noyau porte une seule charge positive
Taille : 0,1 nm
Diamètre du noyau : 5×10^{-6} nm
Diamètre de l'électron : 10^{-6} nm
Masse : $1{,}66 \times 10^{-27}$ kg

Signature :

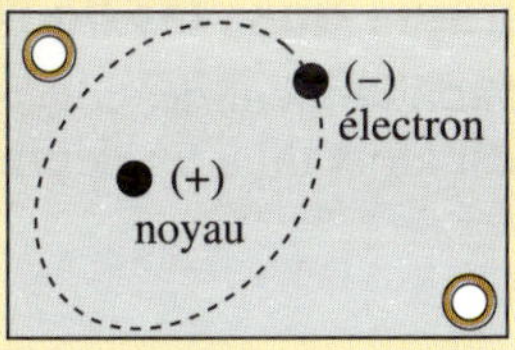

2 Faire des calculs

a) Un atome d'hydrogène a un diamètre de $D = 0{,}1$ nm. Combien en faut-il pour faire une rangée de 1 cm, si on les place côte à côte ?
Combien de temps faudrait-il pour les compter à raison de deux chaque seconde ?

b) Un atome de fer a une masse

$$M = 9{,}27 \times 10^{-26} \text{ kg}.$$

Calculer le nombre d'atomes qui constituent une bille de fer de 1 g.

3 Des ions métalliques

Dans certaines conditions, un atome métallique peut perdre des électrons : il devient alors un ion positif, ou cation.
Si un atome de fer perd deux électrons, il forme l'ion fer (II) que l'on note Fe^{2+}.

a) Quelle est la charge électrique de l'ion fer (II) ? Justifier la réponse.

b) Expliquer comment on obtient les ions notés Fe^{3+}, Cu^{2+}, Al^{3+} et Zn^{2+}. Préciser leurs charges.

4 Un modèle pour un métal

Les atomes d'un métal sont disposés régulièrement. La figure indique un exemple de structure. Imaginer et dessiner une autre structure possible.

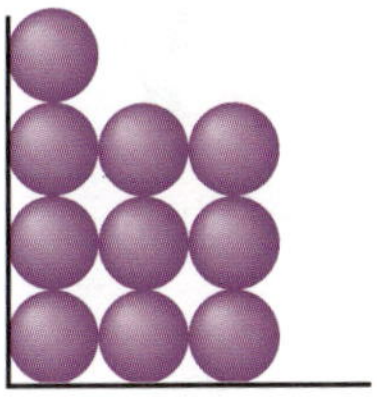

5 Un peu d'histoire des sciences

Les symboles chimiques ont évolué au cours des siècles. Faire correspondre les symboles utilisés par les alchimistes et ceux utilisés de nos jours.

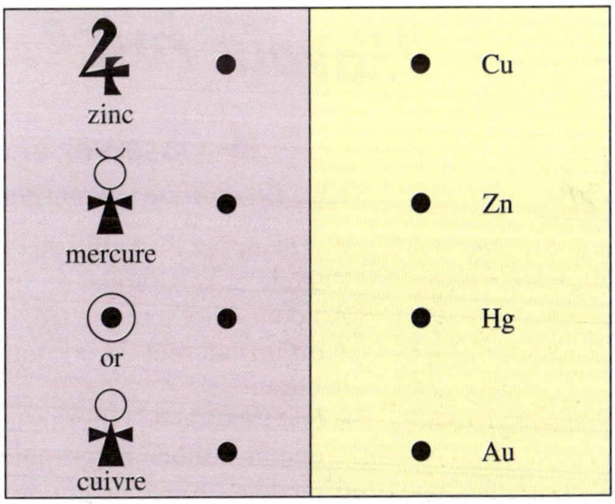

3 COURANT ÉLECTRIQUE

Savoir

1 Conductivité électrique dans les métaux

Les atomes métalliques possèdent des **électrons libres** qui se déplacent de façon désordonnée dans la structure cristalline du métal.
Dans un circuit formé de conducteurs métalliques, le courant électrique est constitué par la circulation de l'ensemble des électrons libres, **orientés** sous l'effet d'un générateur.

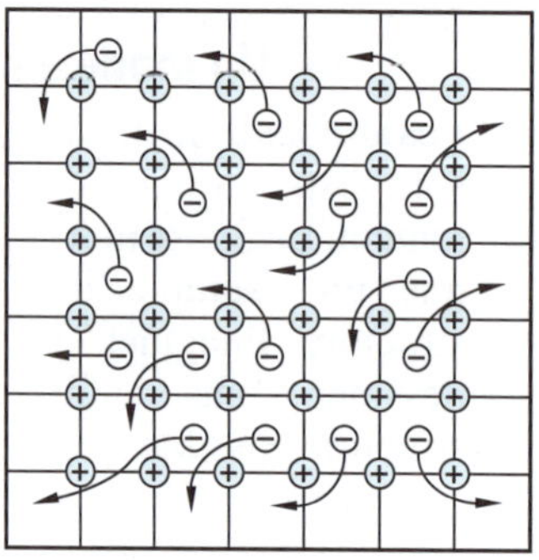

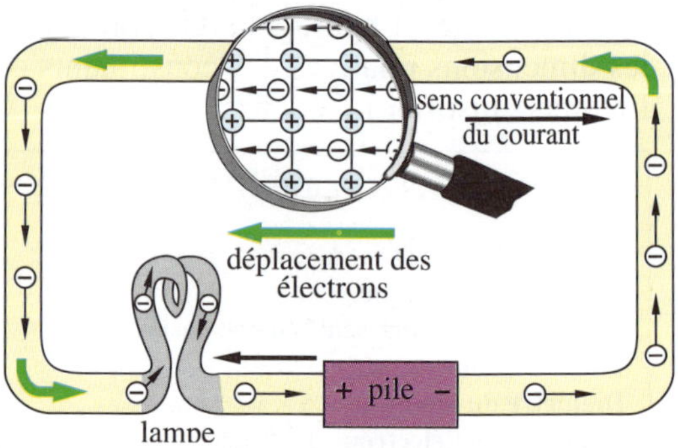

2 Conductivité électrique dans les liquides

Seules les solutions qui contiennent des ions sont conductrices.
Le passage du courant est alors dû à un **déplacement d'ions**.

Savoir faire

Observer et interpréter une expérience

Ex. : Électrolyse d'une solution de sulfate de cuivre.

- **Observer** l'aiguille de l'ampèremètre, l'anode et la cathode.

Au cours de l'expérience, on constate :
– qu'un courant électrique circule dans le circuit ;
– que l'anode en cuivre est rongée ;
– que la cathode en graphique se couvre d'un dépôt rouge de cuivre.

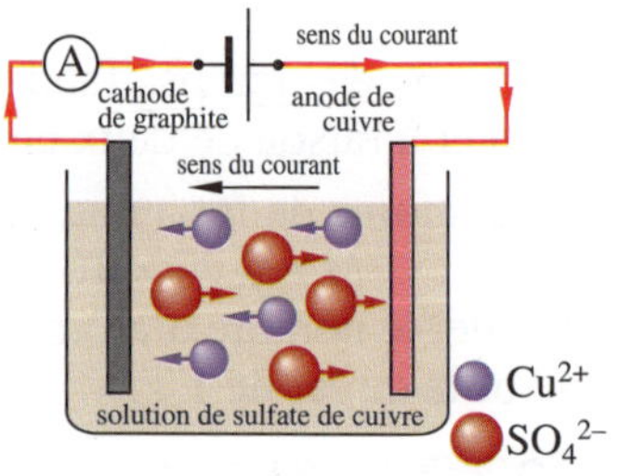

- **Analyser** les phénomènes observés.

D'où proviennent les électrons qui constituent le courant électrique qui traverse le circuit ?
Pourquoi l'anode disparaît-elle, et pourquoi la cathode se recouvre-t-elle de cuivre ?

- **Interpréter** l'expérience.

Le générateur « arrache » des électrons aux atomes de cuivre qui constituent l'anode, et les « refoule » vers la cathode. Il se forme donc au niveau de l'anode des ions cuivre qui « passent » en solution, et du cuivre disparaît.
Les ions cuivre positifs sont attirés par la cathode, et à son contact, captent des électrons et se transforment en atomes : du cuivre apparaît.

Faire

1 Tester les connaissances

Répondre par vrai ou faux aux propositions suivantes.

	V	F
a) Tous les électrons d'un métal sont libres.	☐	☐
b) L'ordre de grandeur de la vitesse du mouvement d'ensemble des électrons est de quelques millimètres par minute.	☐	☐
c) Le sens conventionnel du courant est le même que le sens de circulation des électrons.	☐	☐
d) Les électrons sortent par la borne négative du générateur.	☐	☐

2 Une devinette

Je suis l'argent, un des meilleurs conducteurs de l'électricité. Pourtant, en « construction électrique » on utilise le plus souvent le cuivre ou l'aluminium. Pourquoi ?

3 Utiliser les connaissances

Le bécher dans lequel sont plongées deux électrodes, contient une solution de sulfate de zinc. Compléter le schéma de ce montage en indiquant :

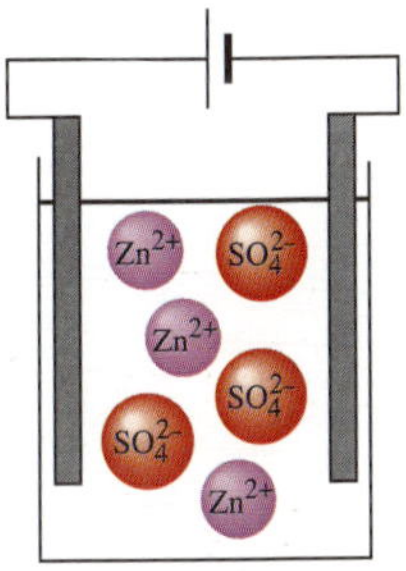

a) le sens du courant dans les conducteurs métalliques ;

b) le sens de déplacement des électrons dans ces mêmes conducteurs ;

c) le sens de déplacement des ions dans le bécher.

4 Faire des calculs

Un fil de cuivre de section égale à 1 mm^2 est parcouru par un courant de 5 A.
Le mouvement d'ensemble des électrons a une vitesse de 0,04 $cm \cdot s^{-1}$.

a) Exprimer cette vitesse en $mm \cdot min^{-1}$.

b) Quel temps met un électron pour parcourir un mètre de ce fil ?

5 Raisonner par analogie

Observer la figure ci-dessous.

Dans ce village, certains enfants disciplinés restent chez eux, alors que d'autres plus turbulents s'en éloignent pour jouer.

Comparer un atome de cuivre à une maison et aux enfants qui y habitent.

a) Compléter le tableau en utilisant les mots conducteur, noyau, électrons, électrons libres.

maison	
famille	
enfants turbulents	
village	

b) Si une fête foraine vient s'installer à côté du village, tous les enfants vont accourir à la fête.
Comparer cette situation à la circulation d'un courant électrique dans un circuit.

4 OXYDATION DES MATÉRIAUX

Savoir

1 Réactions de quelques métaux

Le fer, le zinc, le cuivre et l'aluminium réagissent avec le dioxygène, et produisent des **oxydes métalliques**. L'équation-bilan de cette réaction est :

$$\text{métal} + \text{dioxygène} \longrightarrow \text{oxyde métallique}$$

2 Réactions des matériaux organiques

Les matériaux organiques brûlent facilement. Ils donnent par réaction à chaud essentiellement du **dioxyde de carbone** et de l'**eau**.
Les réactions de combustion des matières plastiques sont accompagnées de réaction de pyrolyse qui peuvent conduire à la formation de produits très toxiques comme le chlorure d'hydrogène ou le cyanure d'hydrogène, par exemple.

3 Comportement de matériaux céramiques

Les céramiques comme les porcelaines, les verres, les faïences ne réagissent pas avec le dioxygène.

Savoir faire

Rédiger un compte rendu d'expérience

Ex. : Analyse de l'air par la limaille de fer.

- **Rédiger** un texte sans faute d'orthographe, en réalisant des constructions grammaticales correctes.
- **Donner un titre** à la manipulation pour expliquer ce que l'on étudie.
Analyse de l'air en utilisant l'oxydation lente du fer.
- Décrire l'expérience à l'aide de **schémas annotés** et accompagnés d'une **légende**.

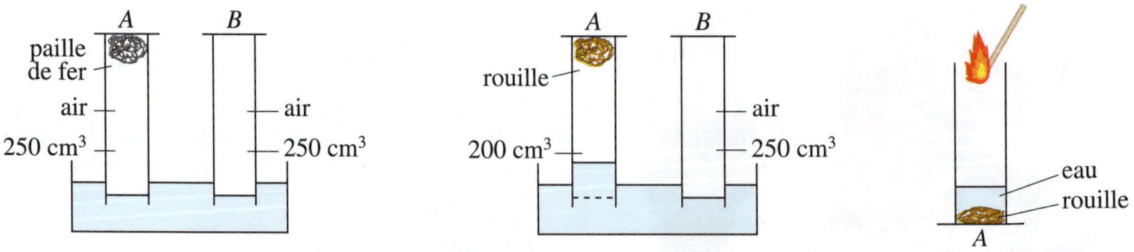

L'éprouvette *B* est l'éprouvette témoin. Après quelques jours, la rouille apparaît, et une bûchette enflammée s'éteint dès qu'on l'introduit dans l'éprouvette *A*.

- **Observer** et **indiquer** les résultats expérimentaux.
L'eau monte dans le tube à essais et on observe de la rouille. Le gaz restant ne permet pas la combustion d'une allumette.
- **Interpréter les résultats.**
Le dioxygène de l'air a oxydé le fer en oxyde magnétique. Le gaz résiduel est du diazote. On constate donc que les 4/5 du volume d'air initial sont composés de diazote et que le 1/5 restant est du dioxygène. L'air est un mélange composé, en volume, de 20 % de dioxygène et de 80 % de diazote.

Faire

1 Formuler des hypothèses et les vérifier

On réalise la combustion de bûchettes de bois dans l'air.

a) Citer les réactifs de cette réaction.

b) Imaginer les produits qui peuvent se former, et proposer des tests expérimentaux pour vérifier vos hypothèses.

c) Écrire l'équation-bilan de cette réaction de combustion.

2 Utiliser les connaissances

La combustion dans l'air des matériaux organiques produit toujours du dioxyde de carbone et de l'eau. Citer les noms des atomes qui composent nécessairement ces matériaux. Justifier la réponse.

3 Importance des conditions expérimentales

Lors de la combustion vive du fer dans le dioxygène, il se forme essentiellement de l'oxyde de **fer magnétique**, alors que lors de sa combustion lente dans l'air, il se forme principalement de **l'oxyde ferrique**.

a) Écrire les formules de ces deux oxydes et préciser leur composition atomique respective.

b) Expliquer pourquoi on obtient deux oxydes différents.

c) Citer un autre exemple de combustion dans laquelle se produisent deux oxydations concurrentes.

4 Imaginer un protocole expérimental

Le fer s'oxyde lentement dans un air humide. On souhaite montrer expérimentalement que la masse d'oxyde de fer formé est supérieure à la masse initiale de fer.
Imaginer une expérience démonstrative.

a) Décrire le matériel nécessaire.

b) Faire un schéma explicatif du mode opératoire.

c) Réaliser l'expérience.

d) Observer et donner les résultats expérimentaux.

e) Interpréter les résultats.

f) Rédiger un compte rendu.

3 Étude d'un document technique

Le tableau ci-contre indique le comportement au feu de quelques matières plastiques.

a) Rechercher quelques objets d'usage courant fabriqués dans les différentes matières plastiques citées.

b) Expliquer pourquoi les pompiers utilisent très souvent un masque à oxygène lorsqu'ils combattent un incendie d'appartement.

Matière plastique	**Inflammabilité** F : faible ; M : moyenne ; G : grande.	**Fumée blanche** ○ **Fumée noire** ●	**Toxicité des fumées**
P.V.C. (polychlorures de vynyle)	M 🔥🔥🔥	●	++
polystyrènes	G 🔥🔥🔥🔥🔥	●	+
polyamides	F 🔥	○	+
cellulosiques	M 🔥🔥🔥	○	
polyesters	G 🔥🔥🔥🔥🔥	●	+
polyuréthanes	G 🔥🔥🔥🔥🔥	○	+++
polystyrènes expansés	G 🔥🔥🔥🔥🔥	●	

5 CORROSION DES MÉTAUX

Savoir

1 Corrosion des métaux non ferreux

La plupart des métaux non ferreux résistent à la corrosion due au dioxygène car il se forme immédiatement une fine pellicule d'oxyde imperméable à l'air, qui recouvre le métal et le protège.

2 Corrosion des métaux ferreux

Les métaux ferreux s'oxydent à froid, à l'air humide, et produisent de la **rouille**. Ce corps poreux, constitué principalement d'oxyde ferrique hydraté, laisse passer le dioxygène de l'air et ne le protège pas contre la poursuite de la corrosion. Le matériau se détériore complètement.

3 Lutte contre la corrosion

La protection des métaux ferreux est le plus souvent réalisée par le dépôt d'une couche protectrice qui les **isole** de l'air atmosphérique. Les méthodes les plus utilisées sont :

- la pose d'une couche de graisse (chaîne de bicyclette), de peinture ou de vernis (carrosserie de voiture) ;
- le recouvrement par un film de matière plastique ou d'un autre métal (grillage de jardin, pare-chocs de voitures).

Savoir faire

Écrire et équilibrer des équations-bilan

Ex. : Écrire les équations-bilan des réactions d'oxydation du fer, du zinc.

1. Faire l'inventaire des réactifs et des produits, et écrire l'équation en utilisant leurs noms.

2. Écrire l'équation en utilisant les formules correspondantes.

3. Équilibrer l'équation en utilisant la propriété de conservation des atomes.

Oxydation lente du fer

1. fer + dioxygène → oxyde ferrique

2. $Fe + O_2 \rightarrow Fe_2O_3$

3. $4\,Fe + 3\,O_2 \rightarrow 2\,Fe_2O_3$

Oxydation du zinc

1. zinc + dioxygène → oxyde de zinc

2. $Zn + O_2 \rightarrow ZnO$

3. $2\,Zn + O_2 \rightarrow 2\,ZnO$

Faire

1 Interpréter une expérience

Pour retrouver les conditions de formation de la rouille, on réalise les quatre expériences schématisées ci-dessous.

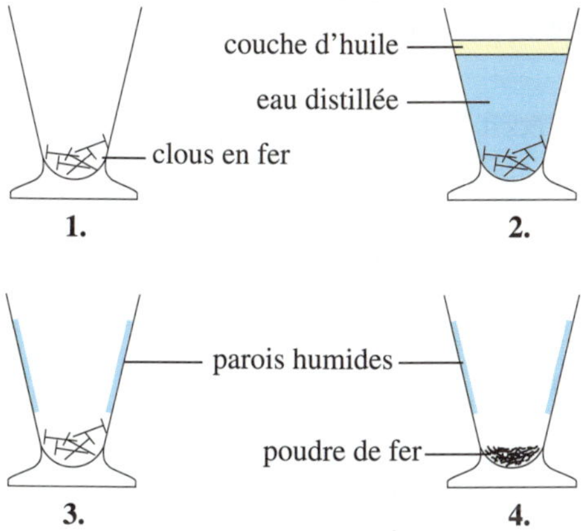

a) Quels sont les résultats attendus dans chacune des expériences réalisées ?
b) Quels sont les paramètres pris en compte par l'expérimentateur dans chacun des cas ?
c) Indiquer et interpréter les conditions de formation de la rouille.

2 Écrire une équation-bilan

Le cuivre ne brûle pas dans le dioxygène, mais il peut s'y combiner sous certaines conditions. Le cuivre chauffé par un courant d'air à 500 °C, se transforme en oxyde de cuivre(II), noir, de formule CuO.
Écrire l'équation-bilan de la réaction.

3 Utiliser les connaissances

Dire quels sont les moyens qui peuvent être employés pour protéger de la corrosion les objets suivants :

- ☐ une grille de jardin
- ☐ une bassine en fer
- ☐ une coque de navire
- ☐ du grillage
- ☐ une vis

4 Une devinette

Je ne rouille pas, et pourtant je contiens du fer mais aussi du chrome et du nickel.
Que suis-je ?

5 Comprendre le fonctionnement d'une industrie

Le fer n'existe pas à l'état natif. On l'obtient par transformation du minerai de fer (oxyde ferrique) dans les hauts fourneaux.

a) Le premier stade de la transformation consiste à faire réagir à haute température, du coke et le dioxygène de l'air. Il se forme du monoxyde de carbone.
Écrire l'équation-bilan de cette première réaction.

b) Le monoxyde de carbone réagit avec le minerai de fer pour produire, après plusieurs réactions, du fer et du dioxyde de carbone.
Écrire l'équation-bilan globale de cette deuxième transformation.

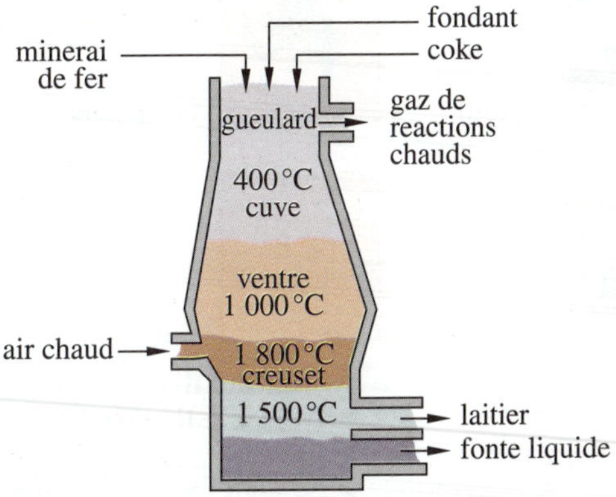

6 ACTION DES ACIDES

Savoir

1 Réactions des métaux

L'aluminium, le zinc et le fer réagissent avec l'acide chlorhydrique. La réaction produit du **dihydrogène** et des ions métalliques.

- **Exemple du fer**

L'équation-bilan de la réaction s'écrit :

fer + acide chlorhydrique ⟶ dihydrogène + chlorure de fer

En utilisant les formules chimiques, et en équilibrant :

$$\underbrace{Fe + 2\,(H^+ + Cl^-)}_{\text{acide chlorhydrique}} \longrightarrow H_2\uparrow + \underbrace{(Fe^{2+} + 2\,Cl^-)}_{\text{chlorure de fer}}$$

Si on ne fait apparaître que les espèces qui réagissent :

$$Fe + 2\,H^+ \longrightarrow Fe^{2+} + H_2\uparrow$$

2 Réaction de la craie

La craie, essentiellement constituée de calcaire (carbonate de calcium), réagit avec l'acide chlorhydrique. Il se produit une effervescence due au dégagement de **dioxyde de carbone**. L'équation-bilan de la réaction est :

carbonate de calcium + acide chlorhydrique ⟶ dioxyde de carbone + chlorure de calcium + eau

Savoir faire

Respecter les règles de sécurité

explosif

comburant

inflammable

toxique

Écouter les conseils et respecter les consignes.

Comportement personnel

- Porter si possible une blouse en textile non synthétique.
- Se tenir debout pour manipuler.
- Ne pas encombrer le passage entre les tables.
- Ranger les paillasses.

Emploi des produits chimiques

- Bien lire les étiquettes des flacons.
- Éviter le contact avec la peau.
- Ne pas sentir ni goûter un produit.

Utilisation des tubes à essai

- Verser le liquide dans un tube sans dépasser le tiers de sa hauteur.
- Si vous chauffez, agiter constamment en maintenant le tube incliné, l'orifice tourné vers le mur.

Faire

1 Identifier un gaz

Au laboratoire, un jeune chimiste a oublié le moyen de reconnaître le dégagement gazeux qu'il obtient, et qu'il suppose être du dihydrogène. Il pense sucessivement à plusieurs procédés pour vérifier son hypothèse :

a) Placer une soucoupe froide au-dessus du dégagement gazeux.

b) Approcher une baguette présentant un point rouge de combustion.

c) Faire dégager le gaz dans l'eau de chaux.

d) Approcher une allumette enflammée.

Indiquer le bon test, et dire quels sont les gaz mis en évidence par les autres essais.

2 Faire une expérience

On veut connaître le comportement de plusieurs matériaux en présence d'acide chlorhydrique.

a) Imaginer et décrire un protocole expérimental.

b) Réaliser l'expérience avec les matériaux suivants : fer, cuivre, différents échantillons de matières plastiques, marbre, ciment, plâtre.

c) Schématiser les essais, indiquer les observations et conclure.

3 Caractériser l'acide chlorhydrique

L'acide chlorhydrique est une solution aqueuse de chlorure d'hydrogène.

a) Citer les ions contenus dans cette solution.

b) Indiquer des méthodes pour mettre en évidence la présence de ces ions.

4 Utiliser les connaissances

L'aluminium et le zinc réagissent avec l'acide chlorhydrique. Les produits de la réaction sont du dihydrogène et, respectivement, des ions aluminium Al^{3+} et des ions zinc Zn^{2+}.
Écrire les équations-bilan respectives :

a) en utilisant les noms des réactifs et des produits ;

b) en utilisant les formules chimiques de ces réactifs et de ces produits ;

c) en équilibrant les réactions pour traduire la conservation des atomes.

5 Interpréter une expérience

On a réalisé l'expérience schématisée ci-dessous.

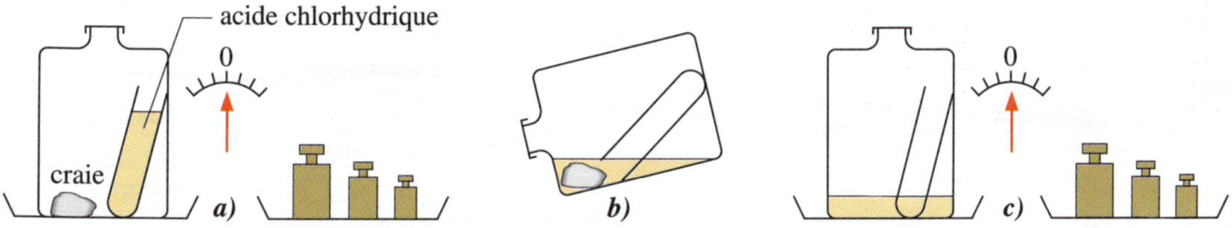

a) Décrire les étapes de l'expérience.

b) Écrire l'équation-bilan qui traduit la réaction de la craie avec l'acide chlorhydrique.

c) Énoncer la loi qui est vérifiée.

d) Un clou en fer de masse 4 g est abandonné dans un endroit humide. On le recueille, rouillé, au bout de quelques semaines. La masse du clou est-elle supérieure, égale ou inférieure à 4 g ? Justifier la réponse.

7 ACTION DES BASES

Savoir

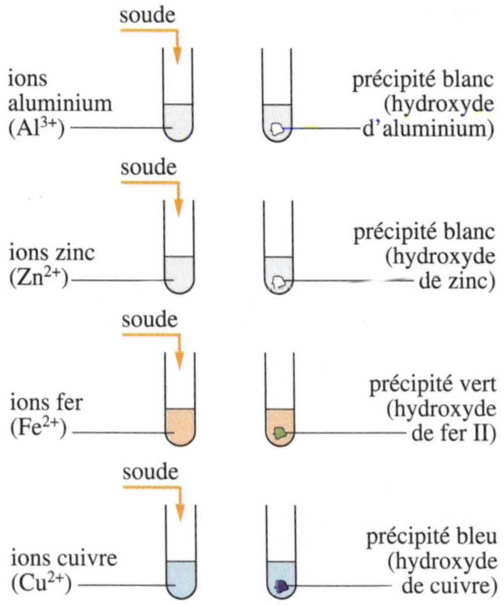

1 Réactions de quelques métaux avec la soude

La soude réagit avec l'aluminium et le zinc ; il se dégage dans les deux cas du dihydrogène et d'autres produits solubles.
Équation-bilan (dans le cas de l'aluminium) :

soude + aluminium ⟶ dihydrogène + autre produit

Le fer et le cuivre ne réagissent pas.

2 Réactions de quelques ions métalliques

L'action de la soude permet de trier les cations et de les identifier.
Ex. : Identification des ions aluminium Al^{3+}, zinc Zn^{2+}, fer(II) Fe^{2+}, cuivre(II) Cu^{2+}.

Remarque : Pour distinguer les deux cations Zn^{2+} et Al^{3+}, on utilise une autre base que la soude comme réactif, l'ammoniaque. Le précipité d'hydroxyde de zinc se redissout dans un excès d'ammoniaque contrairement à l'hydroxyde d'aluminium.

Savoir faire

Étudier un texte scientifique

Ex. : Principe de l'élaboration de l'aluminium.

Fabrication de l'alumine à partir de la bauxite.
*Le seul procédé employé en France est le procédé **Bayer**. La première étape de celui-ci consiste à traiter la bauxite pulvérisée par de la soude concentrée. Au cours de ce traitement, l'oxyde de fer n'est pas attaqué et la silice donne un composé insoluble ; tandis que l'alumine réagit en donnant de l'aluminate de sodium, composé soluble, que l'on récupère par filtration.*
À partir de l'aluminate de sodium, différentes réactions conduisent à l'alumine.

Fabrication de l'aluminium à partir de l'alumine.
Elle se fait par électrolyse.

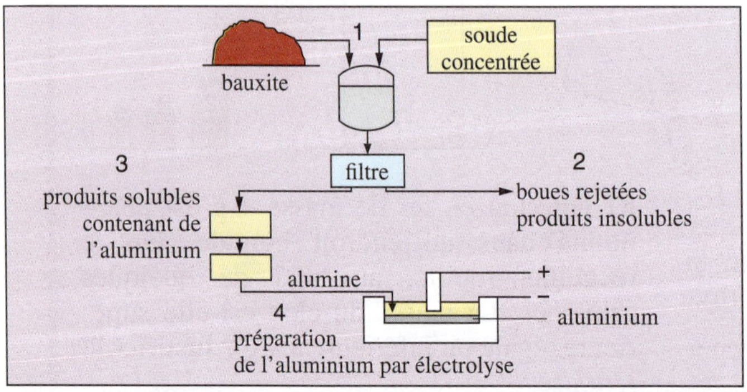

Les différentes étapes de fabrication de l'aluminium

- **Lire** le texte plusieurs fois.
- **Rechercher** le sens des mots que l'on ne connaît pas.

Bauxite : *n. f. (du nom les Baux-de-Provence).*
Roche sédimentaire de couleur rougeâtre composée d'alumine et exploitée comme minerai d'aluminium.
Soude concentrée : *dont la concentration est grande. Une solution de soude concentrée contient très peu d'eau.*

- **Trouver les idées simples** du texte et les **ordonner** par un schéma.

Faire

1 Imaginer un protocole expérimental

La galvanoplastie est un procédé électrolytique qui permet de recouvrir un métal par un autre, afin de le protéger (couverts argentés, pare-chocs, casseroles…).
On veut étamer, c'est-à-dire recouvrir d'étain, une casserole en fer.

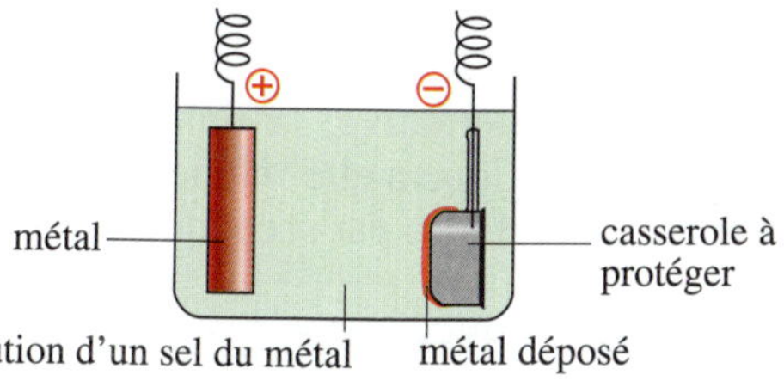

a) Quel est le matériel nécessaire ?
b) Faire un schéma du montage, en précisant la nature de la cathode et de l'anode.
c) Sachant que l'atome d'étain, de formule Sn, perd deux électrons, écrire les équations-bilan des réactions qui se produisent aux niveaux des électrodes.

2 Utiliser les connaissances

Dans un placard du laboratoire de chimie, on trouve un flacon sans étiquette contenant une poudre verte.
Pour trouver le nom du produit, on réalise une série de tests avec la solution obtenue en dissolvant quelques grammes de poudre dans de l'eau pure, et que l'on répartit dans trois tubes à essai.
Dans l'un, on verse quelques gouttes d'une solution de soude qui donne un précipité vert.
Dans un autre, on verse quelques gouttes d'une solution de chlorure de baryum qui donne un précipité blanc.
Dans le troisième, on verse quelques gouttes d'une solution de nitrate d'argent qui ne donne rien.
a) Quels sont les ions identifiés ? Quel peut être le nom de la poudre ? Citer une espèce d'ion non présent dans la solution.
b) Écrire les équations-bilan des deux réactions chimiques réalisées.

3 Écrire et équilibrer les équations-bilan

Aluminothermie

Si on enflamme un mélange d'oxyde ferrique et de poudre d'aluminium, la réaction, très exothermique, produit d'abondantes fumées blanches d'oxyde d'aluminium et du fer liquide.

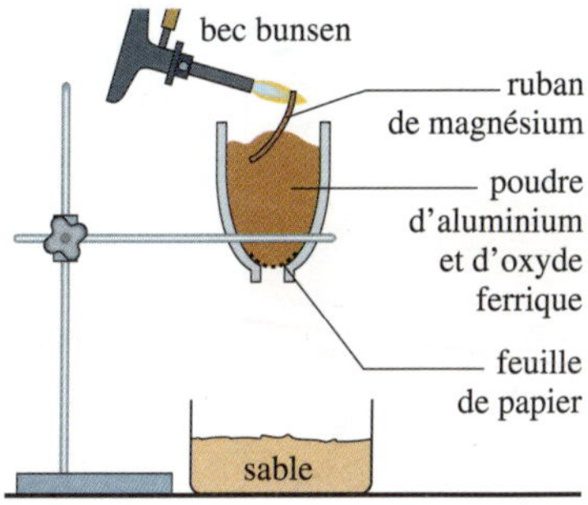

Écrire l'équation-bilan équilibrée qui traduit cette réaction.

Réduction de l'oxyde de cuivre

Si on chauffe un mélange d'oxyde de cuivre (II) et de poudre de carbone, on observe, au bout de quelques instants, un dépôt rouge de cuivre et un précipité blanc dans l'eau de chaux.

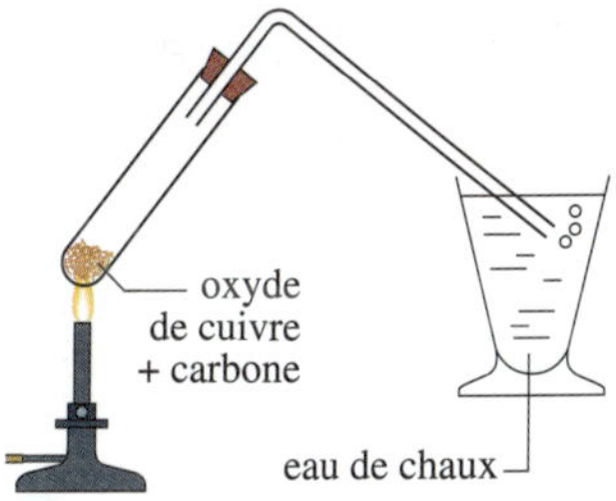

Écrire l'équation-bilan équilibrée.

4 Comprendre et calculer

Quand on verse de la limaille de fer dans une solution bleue de sulfate de cuivre, on constate :
– la disparition rapide de la limaille de fer ;
– l'apparition de particules de cuivre ;
– la décoloration de la solution.
Si on teste la solution décolorée avec la soude, on obtient un précipité vert.

a)
- Faire l'inventaire des réactifs et des produits.
- Écrire l'équation-bilan de la réaction.

b) Si 14 g de limaille de fer donnent, après disparition complète du fer, 16 g de cuivre :
- calculer la masse de fer nécessaire pour obtenir 1 kg de cuivre ;
- calculer la masse de cuivre obtenue avec 1 kg de fer.

8 TENSIONS ET COURANTS ALTERNATIFS

Savoir

1 Tension alternative

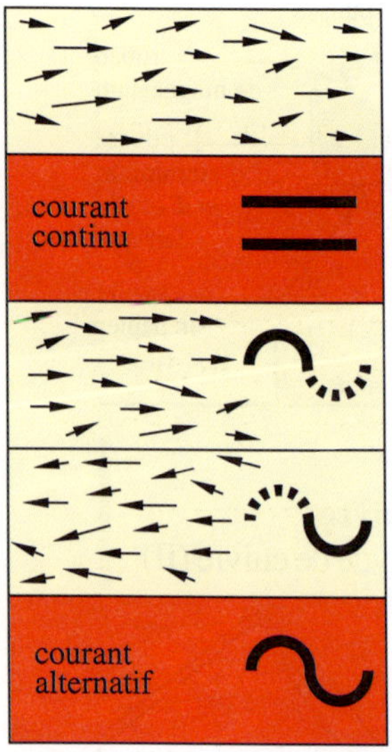

Une tension alternative est une tension qui devient tour à tour positive puis négative.
Ex. : la tension délivrée par la génératrice de bicyclette est une tension alternative.

2 Période et fréquence

On appelle **période** (T) d'une tension alternative, la durée au bout de laquelle une tension donnée redevient identique à elle-même.
On appelle **fréquence** (N) le nombre de périodes par seconde.

$$\text{en s} \rightarrow \boxed{T = \frac{1}{N}} \leftarrow \text{en Hz} \quad \text{ou} \quad \text{en Hz} \rightarrow \boxed{N = \frac{1}{T}} \leftarrow \text{en s}$$

3 Le courant alternatif

Une tension alternative, appliquée aux bornes d'un circuit électrique, produit un courant alternatif : l'ensemble des électrons libres des conducteurs circule alternativement dans un sens puis dans l'autre.

Savoir faire

Vérifier une hypothèse

Ex. : « Le mouvement relatif entre un aimant et une bobine crée aux bornes de celle-ci une tension électrique alternative. » Vérifier expérimentalement cette affirmation.

- **Concevoir** un dispositif expérimental et établir une **liste** du matériel à réunir.
On veut faire tourner un aimant au-dessus d'une bobine de fil de cuivre, reliée à un oscilloscope. On utilise donc une bobine et un aimant suspendu par un fil.

- **Réaliser le montage.**

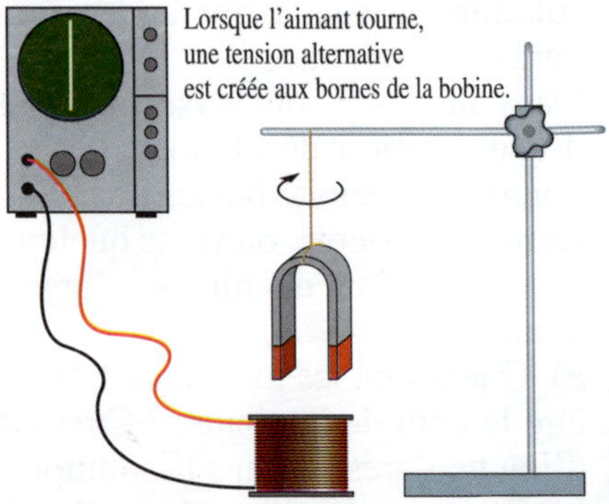

- **Faire l'expérience et observer.**
Faire tourner l'aimant en tordant la ficelle. Le spot dévie verticalement sur l'écran de l'oscilloscope. Si la rotation de l'aimant est faible, on voit le spot se déplacer alternativement de haut en bas ; si la vitesse de rotation est grande, on voit un trait vertical.

- **Conclure.**
Le déplacement du spot montre que chaque plaque horizontale de l'oscilloscope est tour à tour positive puis négative. Il existe donc, lorsque l'aimant se déplace, une tension alternative entre les deux plaques.

Faire

1 Réfléchir

« Le sens du courant qui circule dans une bobine est tel que l'effet qu'il produit tend à s'opposer au mouvement de l'aimant. »

a) Citer une méthode qui permet de retrouver le nom des faces d'une bobine parcourue par un courant continu.

b) Compléter les schémas ci-dessous en indiquant par une flèche le sens du courant dans la bobine.

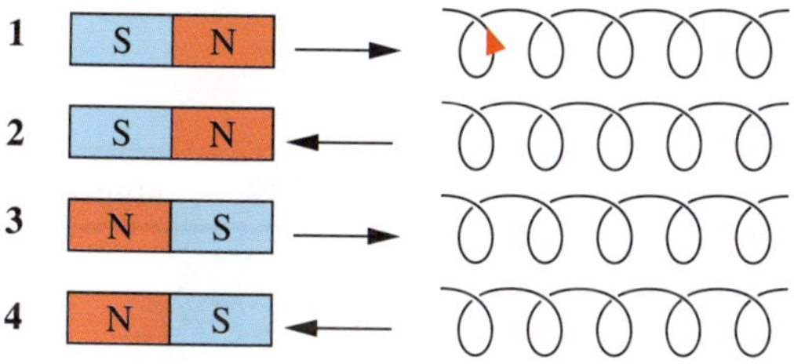

c) Justifier les réponses.

2 Interpréter des oscillogrammes

Les figures représentent trois oscillogrammes qui visualisent trois tensions délivrées par trois générateurs différents.

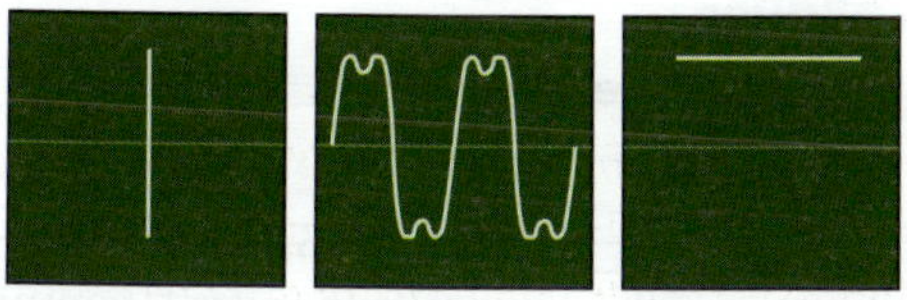

1 2 3

Indiquer pour chaque générateur s'il est continu ou alternatif.

3 Expérimenter

On relie les deux bornes d'un générateur très basse fréquence, aux deux plaques horizontales d'un oscilloscope. Le sélecteur de tension est placé sur 0,5 V.div.$^{-1}$, et celui de la base de temps sur 10 ms.div.$^{-1}$

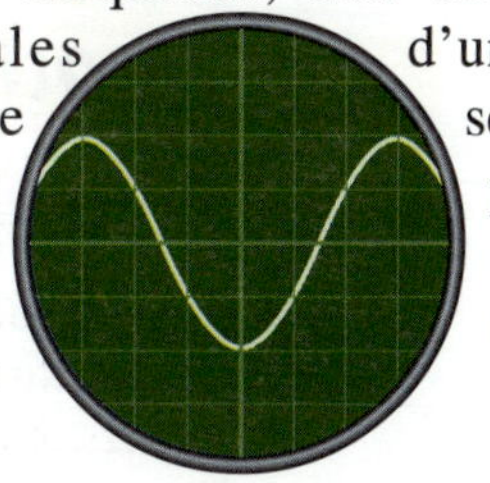

a) Utiliser l'oscillogramme obtenu pour retrouver la tension maximale (U_{max}), et la période (T) de la tension alternative fournie par le générateur.

b) Le générateur est ensuite utilisé dans le circuit ci-dessous qui comporte deux **diodes électroluminescentes** protégées par une résistance.

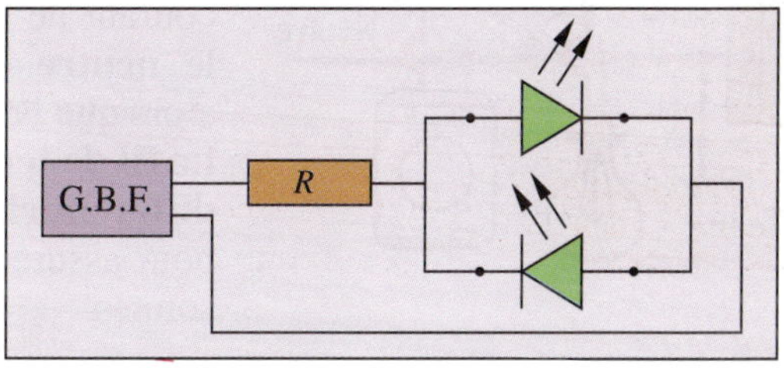

Décrire et expliquer ce que l'on observe.

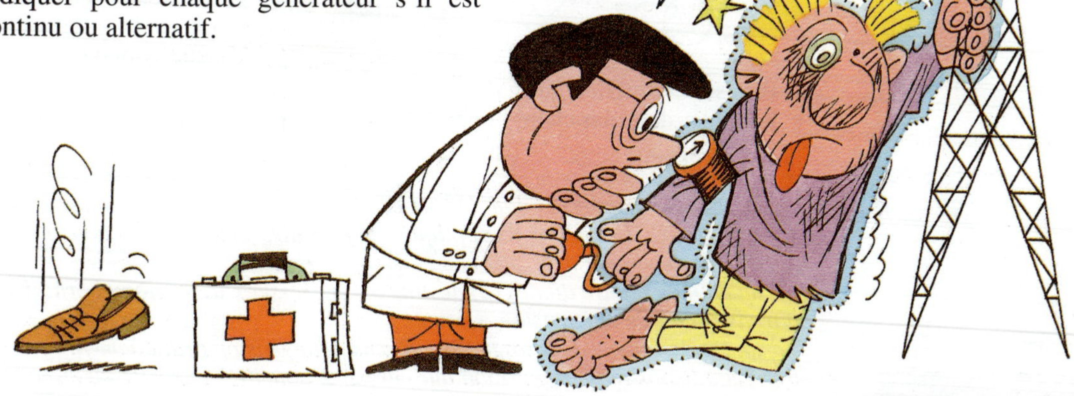

9 COURANT DU SECTEUR

Savoir

1 La tension du secteur

La tension délivrée par E.D.F. (Électricité de France) est une tension alternative **sinusoïdale**.

Période	$T = 20$ ms
Fréquence	$N = 50$ Hz
Tension maximale	$U_{max} = 310$ V
Tension efficace	$U_{eff} = 220$ V

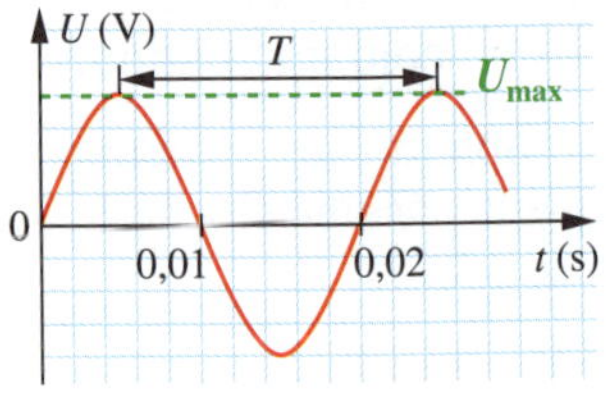

2 Protection et sécurité

Les deux bornes d'une prise de courant ne sont pas identiques : le **neutre** est relié à la terre, alors que la **phase** ne l'est pas.
Le **fil de terre** et le **disjoncteur différentiel** sont indispensables pour assurer la sécurité des personnes.

Savoir faire

Comprendre et expliquer le fonctionnement d'un montage

Ex. : Fonctionnement d'un redresseur de tensions alternatives.

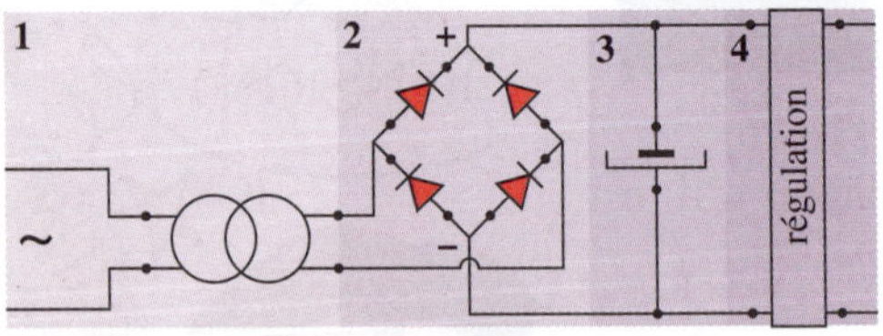

- **Reconnaître** et nommer chacun des **composants** représentés.
Pour cela, rechercher et retrouver la signification de chaque symbole.
- Préciser **la fonction** de chacun d'eux.
- Formuler de façon claire **l'enchaînement des différents modules** qui composent le montage.

Le montage se compose :
– d'un transformateur (1) dont le rôle est de modifier la valeur efficace d'une tension alternative. Les 220 volts appliqués au primaire sont abaissés à 12 ou 24 volts au secondaire ;
– d'un pont de quatre diodes (2) destiné à « redresser » la tension alternative pour la transformer en une tension continue ;
– d'un condensateur de filtrage (3) qui rend cette tension pratiquement constante ;
– et d'un dispositif de régulation qui permet d'obtenir à la sortie du montage une tension qui ne varie pas, même si la tension du secteur varie à l'entrée.

Faire

1 Comprendre le rôle du disjoncteur différentiel

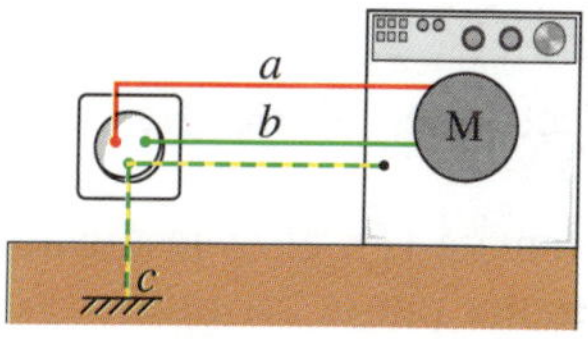

La machine à laver de la figure est munie d'une prise avec fil de terre.

a) Indiquer la nature de chacun des trois fils représentés. Justifier la réponse.

b) En fonctionnement normal, le fil de terre est-il traversé par un courant électrique ?

c) Un conctact accidentel a lieu entre le fil de phase et la carcasse métallique de l'appareil ; redessiner la figure en schématisant ce contact, et la compléter en représentant par des flèches les courants dans les différents fils.

d) Comparer les intensités qui circulent dans le fil de phase et le fil neutre.

Expliquer dans ce cas le rôle du disjoncteur différentiel.

e) Si le contact accidentel se fait entre le fil neutre et la carcasse métallique de l'appareil, que se passe-t-il ? Expliquer votre réponse.

2 Trouver l'explication

Pourquoi les oiseaux peuvent-ils se poser sans risques d'électrocution sur les fils des lignes électriques ?

3 Tester ses connaissances

Parmi les affirmations suivantes, dites celles qui sont justes et celles qui sont fausses.

	V	F
a) Un transformateur ne fonctionne qu'avec des tensions alternatives.	☐	☐
b) Un transformateur peut modifier la tension d'une pile.	☐	☐
c) Un transformateur transforme une tension alternative en une tension continue.	☐	☐
d) Un transformateur 30 V/6 V peut élever une tension de 6 V à 30 V.	☐	☐
e) Dans un transformateur élévateur de tension, l'enroulement primaire comporte plus de spires que l'enroulement secondaire.	☐	☐
f) Dans un transformateur abaisseur de tension, l'intensité qui circule dans l'enroulement secondaire est supérieure à l'intensité qui circule dans l'enroulement primaire.	☐	☐

4 Savoir expliquer un fonctionnement

Dans un pont de « Graetz », quatre diodes sont branchées comme sur la figure ci-contre

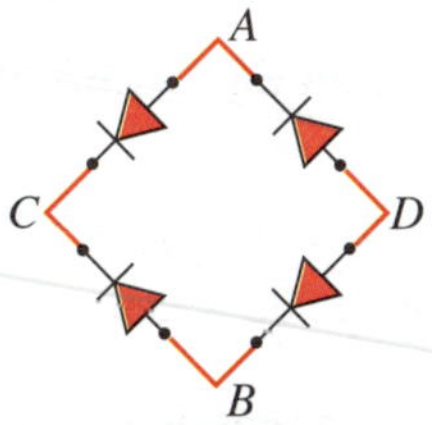

On relie les deux points A et B au secondaire d'un transformateur, et les deux points C et D à un moteur pour courant continu.

a) Schématiser le montage complet.

b) Retrouver le chemin du courant lorsque celui-ci entre par le point A. Pour cela, redessiner le montage en ne représentant que les composants utilisés.

c) Même question que la précédente, mais lorsque le courant entre par le point B.

d) Quel est le sens de rotation du moteur dans chacun des cas ?

10 ÉNERGIE ÉLECTRIQUE

Savoir

1 Puissance électrique

On appelle **puissance** (P) d'un appareil électrique, l'**énergie** qu'il consomme durant chaque unité de temps.
Si cet appareil est traversé par un **courant** d'intensité (I), et si la tension entre ses bornes est (U), alors celle-ci peut se calculer par la formule :

en watts (W) → $P = U \times I$ ← en volts (V) ; en ampères (A)

2 Énergie consommée

L'**énergie électrique** (E) consommée par un appareil qui fonctionne à une **puissance** (P), pendant une **durée** (t), se calcule par les formules suivantes :

en joules (J) → $E = P \times t$ ← en watts (W) ; en secondes (s)

en joules (J) → $E = U \times I \times t$ ← en secondes (s) ; en volts (V) ; en ampères (A)

3 Effet Joule

Cas des conducteurs ohmiques
Dans ces composants, toute l'énergie consommée se transforme en chaleur.
On la calcule en utilisant la **loi d'Ohm** : c'est **l'effet Joule**.

en volts (V) → $U = R \times I$ ← en ohms (Ω) ; en ampères (A)

Savoir faire

Interpréter les résultats numériques d'une expérience

Ex. : On mesure pour différentes tensions appliquées à un dipôle ohmique, l'intensité qui le traverse. Les résultats figurent dans le tableau suivant :

U (V)	0	2	4	6	8
I (mA)	0	36	70	106	142

Que peut-on déduire ?

- **Représenter les résultats sur un graphique.** Ce graphique est appelé « caractéristique du dipôle ».
- Faire appel aux connaissances mathématiques pour interpréter la courbe obtenue.

Rappel mathématique : les applications de ℝ dans ℝ définies par $y = f(x)$ avec $y = a\,x$ sont appelées fonctions linéaires.
Le graphe de la fonction, si $a > 0$, est représenté par le schéma ci-contre :

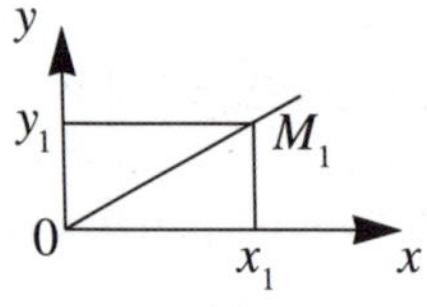

$\frac{y_1}{x_1} = a.$

- Déduire qu'il existe entre U et I une relation du même type, et l'écrire.

Soit $R = \frac{U}{I}$; c'est-à-dire $U = RI$ c'est la loi d'Ohm.

Faire

1 Tracer la caractéristique d'un résistor

On désire représenter la caractéristique d'un conducteur ohmique (A, B). Par un montage approprié, on fait varier l'intensité (I) du courant qui le traverse ; on a relevé, pour chaque valeur de (I), la tension (U_{AB}) entre ses bornes. Les résultats des mesures sont indiqués dans le tableau.

U_{AB} (V)	0	0,5	1	1,5	2
I (mA)	0	22	49	65	90
U_{AB} (V)	2,5	3	3,5	4	4,5
I (mA)	115	135	159	180	205

a) Tracer la caractéristique courant-tension de ce dipôle.

b) Déduire, en utilisant le graphique, la valeur de la résistance R du conducteur.

2 Interpréter des courbes

Tout au long de l'année, des fluctuations régulières marquent chaque jour la demande en énergie électrique. Les graphiques ci-dessous indiquent deux exemples de la puissance demandée au cours d'une journée.

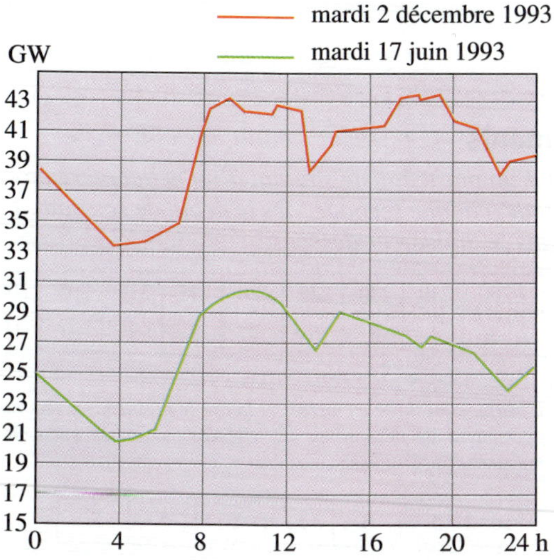

Expliquer ces courbes.

3 Calculer

Au cours d'une lessive, le moteur d'un lave-linge fonctionne 40 minutes ; sa puissance est de 700 watts. La résistance chauffante, de puissance 3 kilowatts, est utilisée 55 minutes.

a) Calculer en joules, puis en kilowatt-heures, l'énergie électrique consommée.

b) Si un kilowattheure revient à 0,60 F, calculer la dépense correspondante.

4 Choisir les composants adaptés

Sur un catalogue de composants électroniques, on trouve des résistances marquées 1/4 W, 1/2 W, 1 W et 2 W.

a) Vous voulez protéger l'entrée d'un transistor avec un résistor $R_p = 330\ \Omega$.

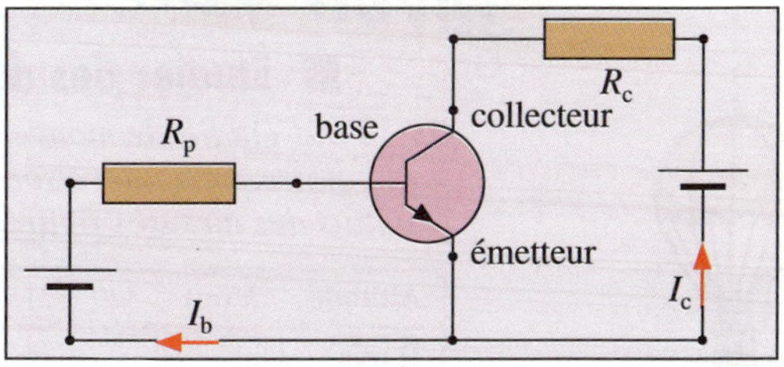

Si l'intensité maximale admissible dans la base du transistor est $I_b = 15$ mA, quel résistor doit-on utiliser pour cela ? Justifier la réponse.

b) De même, quel résistor de résistance $R_c = 15\ \Omega$ doit-on utiliser pour protéger la sortie du transistor, si le courant collecteur ne doit pas dépasser $I_c = 150$ mA ?

11 MOUVEMENTS ET VITESSES

Savoir

1 Deux mouvements simples

La description d'un mouvement dépend du repère dans lequel on l'étudie.

La translation : tous les segments de droites de l'objet qui se déplace restent parallèles à eux-mêmes. Elle est **rectiligne** si la trajectoire de chaque point est un segment de droite, ou **curviligne** dans le cas général.

La rotation : l'objet tourne autour d'une droite fixe (l'axe de rotation).
La trajectoire de chaque point est **circulaire**.

2 Vitesses

La **vitesse linéaire moyenne** ***v*** d'un point en mouvement est le quotient de la **distance parcourue** ***d***, par la **durée** ***t***, mise pour la parcourir ; on la calcule par la formule :

$$v = \frac{d}{t}$$

(v en m·s⁻¹ ; d en m ; t en s)

Dans une translation tous les points du solide ont la même vitesse linéaire à un moment donné. Si cette vitesse instantanée est constante dans le temps, le mouvement est **uniforme**. Si elle augmente ou diminue, le mouvement est dit **accéléré** ou **ralenti**.

Dans une rotation on définit la vitesse du solide par sa **vitesse angulaire** ω qui est le **nombre de tours** n effectués autour de l'axe de rotation pendant la **durée** t du mouvement.

$$\omega = \frac{n}{t}$$

(ω en tr·s⁻¹ ; n en tr ; t en s)

Savoir faire

Étudier des documents

Ex. : Pour étudier le mouvement d'un parachutiste sautant d'un hélicoptère en vol stationnaire, on a relevé son altitude, chaque seconde, dès le début de son saut. Les résultats des mesures figurent dans le tableau ci-dessous.

Altitude h (m)	320	315	295	260	240	230	225	220	215	210	205	200
Durée t (s)	0	1	2	3	4	5	6	7	8	9	10	11

- **Exploiter les données.**

$$v_m = \frac{h_2 - h_1}{t_2 - t_1}$$

L'altitude mesurée en mètres et la durée mesurée en secondes permettent de déterminer les vitesses moyennes entre deux mesures consécutives.

v_m	5	20	35	20	10	5	5	5	5	5	5

- **Observer et analyser les mesures.**

Les vitesses calculées montrent que le mouvement du parachutiste est d'abord accéléré, puis ralenti, puis uniforme.

Faire

1 Calculer

a) Convertir en $km{\cdot}h^{-1}$ les valeurs des vitesses suivantes :

- La vitesse de pointe d'un guépard : v_1 : $34\ m{\cdot}s^{-1}$.
- La vitesse de révolution de la Terre autour du Soleil : $v_2 = 3 \times 10^4\ m{\cdot}s^{-1}$.
- La vitesse d'un point de l'équateur lors de la rotation de la Terre sur elle-même : $v_3 = 465\ m{\cdot}s^{-1}$.
- La vitesse d'ensemble des électrons dans un fil métallique parcouru par un courant : $v_4 = 10^{-4}\ m{\cdot}s^{-1}$.

b) Le temps du vainqueur du 5 000 m homme à Stuttgart en 1993 a été de 13 min et 2,75 s. Calculer sa vitesse moyenne en $m{\cdot}s^{-1}$.

c) La vitesse linéaire (V) d'un point en rotation autour d'un axe est liée à sa vitesse de rotation (ω) par la relation : $V = 2\pi R\omega$.
(R) étant le rayon de la trajectoire.
Démontrer cette relation.
Application :
Calculer la distance parcourue par l'extrémité de la grande aiguille d'une horloge en une journée. La longueur de l'aiguille est de 12 cm.

2 Tracer des trajectoires

Une lampe rouge a été fixée sur le pneu arrière d'une bicyclette ; une lampe jaune sur le cadre et une lampe bleue sur une des pédales.

a) Si on choisit la Terre comme repère, représenter sur le dessin les trajectoires de ces trois lampes lorsque la bicyclette se déplace horizontalement.

b) On suspend la bicyclette par son cadre, et on fait tourner les pédales à la main. Représenter les nouvelles trajectoires.

3 Importance du repère

Imaginer une personne empruntant un escalier mécanique.
Recherchercher différentes situations dans lesquelles celle-ci se trouve :
a) immobile par rapport à une autre personne à côté d'elle et en mouvement par rapport à un observateur extérieur ;
b) en mouvement par rapport à la personne à côté d'elle et à l'observateur extérieur ;
c) en mouvement par rapport à la personne à côté d'elle et immobile par rapport à l'observateur.

4 Utiliser les connaissances

Un grand bi est équipé d'une grande roue avant de rayon $R = 0,75$ m et d'une petite roue à l'arrière de rayon $r = 0,15$ m.

a) Si la grande roue tourne à la vitesse $\omega_R = 1,6\ tr{\cdot}s^{-1}$, quelle est la vitesse de translation du grand bi.
b) Calculer la vitesse de rotation ω_r de la petite roue.

12 FORCES ET MOUVEMENTS

Savoir

1 Créer un mouvement

La **mise en mouvement** d'un corps, ou la **modification** de son mouvement, a lieu sous l'effet d'actions mécaniques que l'on appelle des **forces**.

Les forces sont d'origines diverses : musculaire, hydraulique, électrique, magnétique ou terrestre, par exemple.

Elles agissent par **contact** (le vent sur la voile d'un bateau), ou à **distance** (action de la Terre sur l'aiguille d'une boussole).

2 Représenter une force

Une force est définie par quatre caractéristiques :

- sa direction,
- son point d'application,
- son sens,
- et son intensité.

On mesure cette force en **newtons (N)** et on la modélise par un **vecteur** $\vec{F}$.

Ex. : La force exercée par le joueur est horizontale, appliquée sur le ballon et dirigée vers la droite. Son intensité dépend de la « vigueur » du coup.

Savoir faire

Vérifier une loi physique

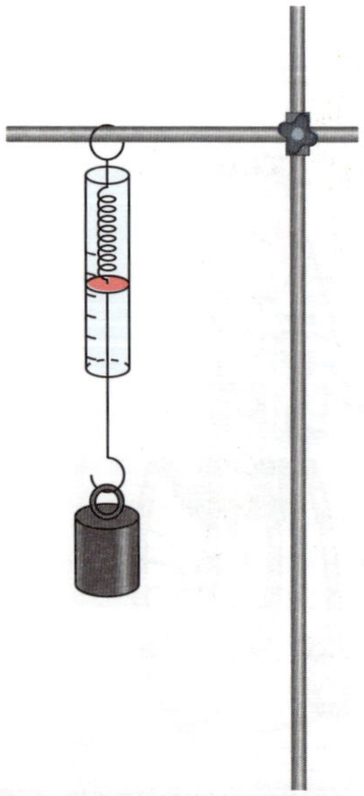

On se propose de vérifier la relation $P = 9{,}8 \times m$, qui relie le poids (P) d'un corps exprimé en newtons, à sa masse (m), exprimée en kilogrammes.

- **Concevoir un protocole expérimental et le décrire**.
Mesurer à l'aide d'un dynamomètre, le poids de plusieurs objets de masses connues.
- **Réaliser** l'expérience et rassembler les résultats dans un tableau.
Les résultats des mesures sont indiqués dans le tableau ci-dessous.

***m* (kg)**	0,5	1	1,5	2	2,5
***P* (N)**	4,9	9,8	14,7	19,6	24,5

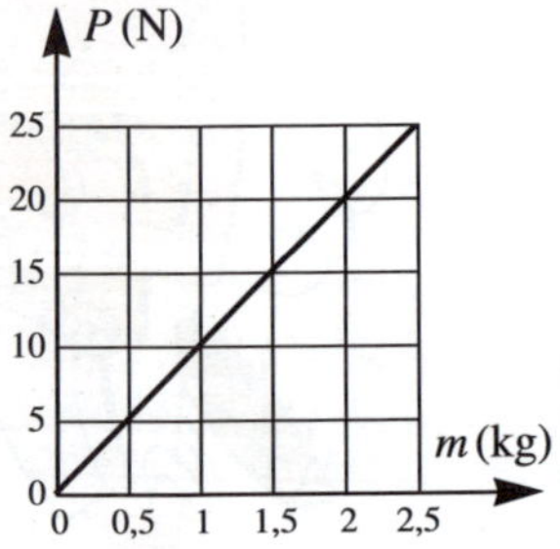

- **Faire une représentation graphique.**
La représentation graphique montre que le poids (P) est proportionnel à la masse (m).
On peut donc écrire la relation : $P = k \times m$
et calculer k à partir du graphique ou à partir du tableau.

Il vient $k = \dfrac{P}{m}$; soit $k = \dfrac{9{,}8}{1} = 9{,}8$. On peut donc écrire : $P = 9{,}8 \times m$.

- **Analyser** les résultats pour vérifier la loi physique.

Faire

1 Analyser une situation

Pour chacune des affirmations suivant préciser la personne ou l'objet qui agit et personne ou l'objet qui reçoit l'action en sagée.

a) Christine pousse Julie.

b) Le marin tire l'ancre.

c) La raquette frappe la balle de tennis.

d) Le marteau enfonce le clou.

2 Tracer et utiliser un graphique

On a mesuré la longueur (l) d'un élastique soumis à différentes tensions (T). Les résultats des mesures figurent dans le tableau ci-dessous.

***l* (en cm)**	12	14	16	18	20	21,5	22
***T* (en N)**	0	1	2	3	4	5	6

a) Calculer l'allongement Δl de l'élastique dans chaque cas.

b) Tracer la représentation graphique de la fonction $\Delta l = f(T)$.

c) Déterminer graphiquement la valeur de la tension lorsque l'allongement de l'élastique est de 7 cm.

3 Bilan des forces

a) Faire l'inventaire de toutes les forces qui agissent sur le voilier de la figure ci-dessous.

b) Reproduire le dessin et représenter par des flèches les forces qui s'exercent, sans tenir compte de leurs intensités.

4 Quelques ordres de grandeurs

Intensité en N	Force
$3{,}5 \times 10^{22}$	attraction Terre-Soleil
7×10^{6}	poussée du Concorde au décollage
5×10^{4}	poids d'un éléphant
700	poids d'un homme
1	poussée d'un doigt

a) Après avoir choisi une échelle, représenter par une flèche la **force de pesanteur** qui s'exerce sur un éléphant.

b) Classer les forces citées en deux ensembles : celles qui s'exercent à distance, et celles qui s'exercent par contact.

5 Représenter des forces

Après avoir choisi une échelle convenable, représenter par un vecteur les forces suivantes :

a) Un poids de 7,2 N.

b) Une force musculaire, horizontale dirigée de gauche à droite et d'intensité 5,6 N.

c) La traction exercée sur l'extrémité d'un fil vertical, d'intensité 4,8 N.

6 Une unité intéressante : le décanewton

On emploie quelquefois le décanewton (daN) comme unité de poids, comme par exemple pour indiquer la force que peut exercer une grue.

a) Calculer le poids d'un objet de 1 kg, en newtons, puis en décanewtons.

b) Quel est l'intérêt de cette unité ?

13 PROPULSION ET FREINAGE

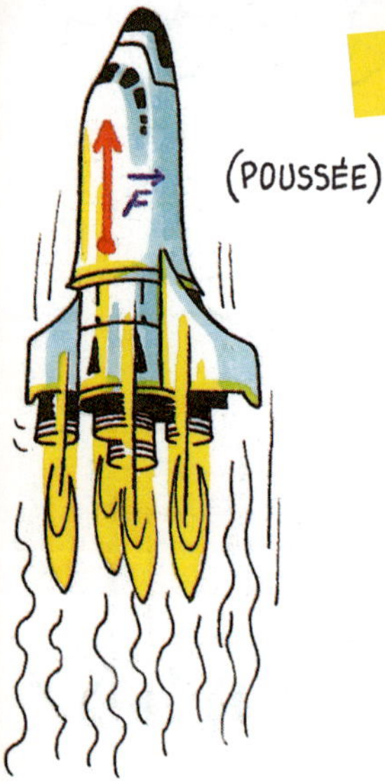

Savoir

1 Propulsion par réaction

La plupart des déplacements se font par réaction ; dans le cas de la marche à pied par exemple, il y a interaction entre le pied qui appuie sur le sol (**l'action**), et le sol qui repousse (**la réaction**). De la même manière, **l'action** du sol sur les roues fait avancer un véhicule.
Dans la fusée, **l'action** est le résultat de l'éjection des gaz vers l'arrière, et **la réaction** produit la propulsion de l'engin vers l'avant.

2 Forces de frottements

Les forces de frottements ont toujours un effet de freinage. Elles se produisent aux surfaces de contact entre le mobile et la matière qui l'entoure.

Savoir faire

Concevoir et réaliser une étude expérimentale

Ex. : Une plaque de bois est posée sur une table horizontale. Pour la faire glisser, il faut vaincre une force $\vec{F}a$*, appelée force d'adhérence.*
Rechercher expérimentalement de quoi dépend cette force.

- **Concevoir** une étude expérimentale pour montrer :
  - l'influence de la masse de la plaque,
  - l'influence de la grandeur des surfaces de contact,
  - l'influence de la nature des surfaces de contact.
- **Réaliser les expériences** schématisées ci-dessous.

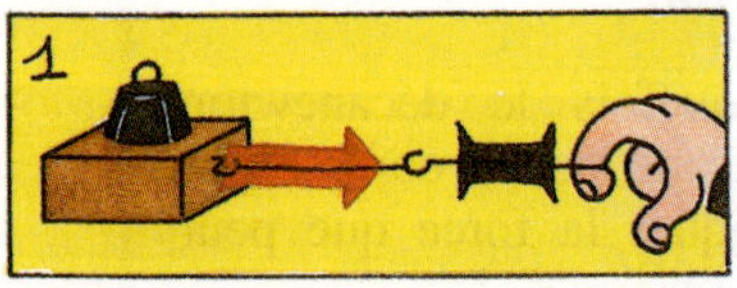

- **Analyser** les résultats d'expériences et **conclure**.

Les expériences montrent que la force d'adhésion augmente avec la masse de la plaque, mais qu'elle ne varie pratiquement pas si la surface de contact est modifiée. En revanche, son intensité est directement liée à la nature des surfaces de contact. En particulier, elle diminue fortement si celles-ci sont mouillées.

Faire

1 Analyser un document

Observer la figure ci-dessous qui représente un coureur au départ d'une course.

a) Le pied du coureur interagit avec le starting-block. Représenter sur un schéma les forces qui interviennent.

b) Si on n'utilisait pas cet accessoire, citer une propriété que devrait nécessairement posséder le sol pour que le coureur puisse prendre un bon départ.

2 Des forces que l'on ne peut éviter

a) Regarder attentivement les trois schémas ci-dessous, et définir pour chacun d'eux les forces de frottements qui interviennent.

b) Préciser leur direction et leur sens.

3 Représenter des forces

Pour tester leurs forces, deux élèves Pierre et Paul tirent chacun sur l'extrémité d'une corde.

Faire le bilan des forces appliquées au point O quand le point est immobile, et les schématiser.

4 Faire des calculs

On montre que la distance d'arrêt théorique (D) d'une automobile est proportionnelle au carré de sa vitesse (v), et inversement proportionnelle au coefficient de frottement (f) du pneu sur le sol.

$$\text{en m} \rightarrow \boxed{D = 0{,}05 \times \frac{v^2}{f}} \leftarrow \text{m·s}^{-1}$$

Le coefficient de frottement dépend de l'état du pneu et de l'état de la route ; voici quelques valeurs de f pour des pneus en bon état :

Surface de contact	f
macadam sec	0,9
goudron sec	0,7
macadam mouillé	0,3
pavé mouillé	0,2

a) Calculer les distances nécessaires pour arrêter une voiture roulant sur macadam sec, à 50 km·h^{-1}, puis à 90 km·h^{-1}. Conclure.

b) Calculer les distances nécessaires pour arrêter une voiture roulant à 80 km·h^{-1} pour les cas suivants : goudron sec, macadam mouillé et pavé mouillé.

5 Un animal à réaction

Lorsque la seiche se sent menacée, son manteau se contracte brusquement. L'eau qui se trouve dans sa cavité respiratoire sort par l'entonnoir sous la forme d'un jet qui rencontre l'eau de mer, et par réaction la seiche se déplace.

a) Schématiser la seiche, et les forces qui interagissent.

b) La seiche se déplace-t-elle vers l'avant, ou vers l'arrière ?

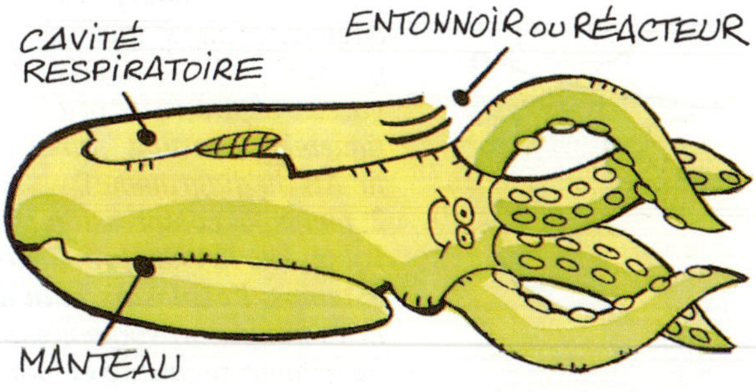

14 PRESSION ET FLOTTAISON

Savoir

1 Force pressante et pression

- On appelle **force pressante ($\vec{F}$),** l'action exercée par un fluide sur les parois du récipient qui le contient, ainsi qu'en tout point de son volume.
- On appelle **pression**, l'action d'une force pressante (***F***) sur une surface (***s***) :

$$P = \frac{F}{s}$$

(P en Pa ; F en N ; s en m²)

On mesure une pression avec un **manomètre**.

Bar	Millibar	Atmosphère
1 bar = 10^5 Pa	1 mbar = 10^{-3} bar = 100 Pa	1 atm = 101325 Pa = 1013 mbar = 760 mm Hg

2 Poussée d'Archimède et flottaison

Si un corps est immergé dans un fluide, il subit de la part de celui-ci une poussée verticale, dirigée du bas vers le haut, égale au poids du volume de fluide déplacé. Le corps remonte si la **poussée d'Archimède** est supérieure à son poids, descend dans le cas contraire et flotte si les deux forces sont égales.

Savoir faire

Interpréter un graphique

Ex. : Le diagramme indique la variation, au cours du cycle d'un moteur quatre temps, de la pression que subissent les gaz, en fonction du volume qu'ils occupent. Retrouver à quel temps du cycle correspond chaque branche du diagramme.

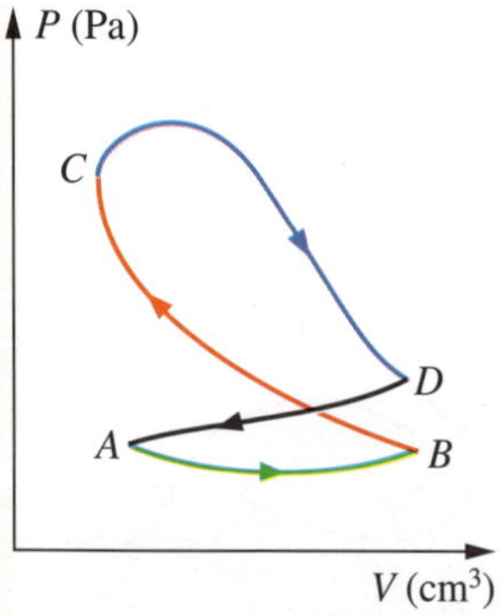

- Étudier le diagramme.

1er temps, l'admission : *la soupape d'admission est ouverte, et le piston descend. Le volume de la chambre à combustion augmente alors que la pression du mélange gazeux aspiré reste pratiquement constant (partie AB du diagramme).*

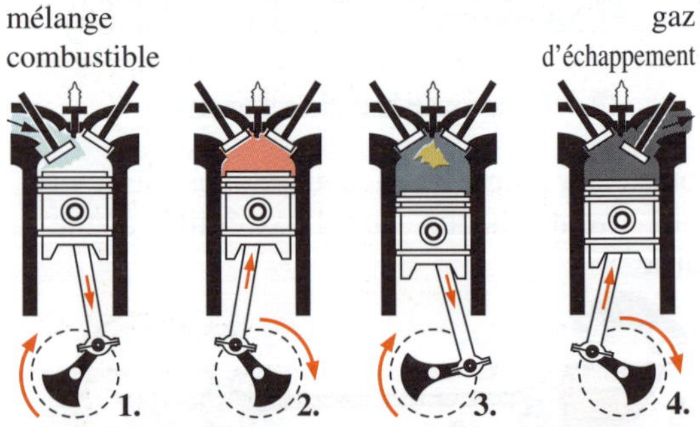

2e temps, la compression : *les deux soupapes sont fermées, et le piston remonte. Le volume de la chambre diminue alors que la pression augmente (partie BC).*

3e temps, l'explosion et la détente : *l'étincelle qui jaillit entre les deux électrodes de la bougie provoque l'explosion du mélange. Le piston est repoussé vers le bas. Le volume augmente et la pression diminue (partie CD).*

4e temps, l'échappement : *la soupape d'échappement s'ouvre et le piston remonte. Le volume et la pression diminuent (partie DA).*

Corrigés

1 page 9

1 **1.** Raconter. Exprimer des sentiments. Argumenter. JE. **2.** Exprimer des sentiments. Argumenter. Rédiger un dialogue. IL. **3.** Décrire. Exprimer des sentiments. JE. **4.** Exprimer des sentiments. Argumenter. Faire un portrait. Rédiger un dialogue. JE. **5.** Raconter. Décrire. Exprimer des sentiments. IL.

2 **a.** Raconter ; décrire ; exprimer des sentiments ; argumenter ; rédiger un dialogue ; IL. **b.** Au cours d'une promenade en forêt, deux amis découvrent qu'ils ne partagent pas du tout la même opinion au sujet de la chasse. Imaginez leur dialogue.

2 page 11

1 **1.** Descriptif **2.** Informatif **3.** Narratif **4.** Injonctif **5.** Explicatif **6.** Injonctif **7.** Informatif **8.** Scénique.

2 **1.** Faire rêver, donner envie de voir Acapulco **2.** Informer **3.** Impressionner.

3 page 13

1 Grandet pâlit, trépigna, jura ; puis, trouvant enfin ses paroles, il cria : « Maudit serpent de fille ! Ah ! mauvaise graine, tu sais bien que je t'aime et tu en abuses. Elle égorge son père ! Pardieu ! tu auras jeté notre fortune aux pieds de ce va-nu-pieds qui a des bottes de maroquin. Par la serpette de mon père ! je ne peux pas te déshériter, nom d'un tonneau ! mais je te maudis, toi, ton cousin et tes enfants ! Tu ne verras rien arriver de bon de tout cela, entends-tu ? Si c'était à Charles que… Mais non, ce n'est pas possible. Quoi ! Ce méchant mirliflore m'aurait dévalisé ?… »
Il regarda sa fille, qui restait muette et froide.
« Elle ne bougera pas ! Elle ne sourcillera pas, elle est plus Grandet que je ne suis Grandet. »

2 **1.** Le garçon tombe par la fenêtre. – Je suis à la fenêtre. **2.** Il y a plusieurs frères. – Il n'y a qu'un seul frère. **3.** Couleur gris sale. – Le manteau est sale. **4.** Elle est sur le quai. – Elle est dans un train.

3 **1.** Une traduction. **2.** Un commentaire. **3.** Une information. **4.** Des exemples. **5.** Un commentaire.

4 **1.** Un complément d'information. **2.** Une cause. **3.** Une conséquence. **4.** Une explication. **5.** Un dialogue.

5 **1.** Une atmosphère d'angoisse. **2.** Une durée. **3.** La censure d'un mot grossier. **4.** Un ton hésitant. **5.** De l'ironie.

4 page 15

1 Mille habitants – s'étendait – part et d'autre – toutes – coloniales, il y avait – villes – différences – périphérie – quartier – villas – aérée, – gardait – prenait – tous – éjectait – chaque année – hauts – trouvaient – prêtres – blancs – toutes – coloniales – étaient – ces – impeccable propreté – étaient – propres – arrivaient – baigner – s'habiller – colonial – couleur – immunité – lors – augmentait – autant – multipliée – nettoyaient – eaux limoneuses – rivières – extrêmement salissant.

2 Ma plus grande passion… des escargots… m'avait montré… ou les tient éveillés en leur chatouillant… On en ramassait… des bruns… des jaunes… d'autres… du corail moucheté… d'autres transparents et fragiles, liserés de bleu… dur… d'autres collés par couples, bavant, écumant… Elena, armée… les chatouillait… d'une branchette à l'autre en lignes droites, … en zigzags… étaient bien éveillés… on les plaçait… ces ficelles… leurs lentes et amusantes processions… à différents étages superposés… chaque bestiole… de cierges allumés ses yeux montés… qui se télescopent… et sont tactiles.

5 page 17

1 **1.** Attribut du COD épithète du nom garçon. **2.** Attribut du COD me. **3.** Épithète du nom homme. **4.** Attribut du COD Monsieur Delacroix. **5.** Apposé au GN Monsieur Delacroix. **6.** Attribut du COD Paul.

2 **Sujets inversés** : un visage grimaçant, un cerf. – **COD** : des arabesques, le jour gris, une taille impressionnante. – **CC** : la nuit. – **Attribut du sujet** : mon meilleur ami.

3 **1.** Excentrique. **2.** Craquelée. **5.** Trop mûrs. **6.** Immobile. **8.** Bien faible.

5 **COI :** aux coups de jouets de son maître – (il) me (ment).
COS : que je devrais être à la gare à huit heures – à son supérieur hiérarchique – leur.

6 page 19

1 **1.** Qui aime le genre humain. **2.** Qui a la même forme. **3.** Qui a une forme masculine. **4.** Étude de la sagesse. **5.** Étude de l'homme. **6.** Qui déteste les femmes. **7.** Qui se nourrit de chair humaine. **8.** Qui se nourrit de cadavre. **9.** Qui a une forme humaine. **10.** Qui étudie les langues. **11.** Qui n'aime pas ses semblables.

2 **polynésien** : paréo – **italien** : baldaquin, gouache, savate, ballon, parapet, balustrade, alarme – **arabe ou persan** : aubergine, douane, talc, azur, coton, pastèque, taffetas, assassin, abricot – **aztèque** : cacao, chocolat, cacahuète – **grec** : scarabée, céréales, opium, sceptre, cratère, céramique, agonie.

3 Chiffre (sifr en arabe signifie, par extension, zéro) – vasistas (petite fenêtre. Was ist das ? est la question la plus souvent posée à travers un guichet) – toubib (on attribue des pouvoirs au sorcier comme au médecin) – azimut (dans tous les azimuts : dans tous les sens, dans toutes les directions) – alerte (les hauteurs permettent de voir arriver les dangers) – échec (le roi a donné son nom au jeu car c'est la pièce à prendre) – scrupule (le scrupule embarrasse la conscience comme un caillou pointu) – sarabande (tapage, vacarme, agitation) – crocus (la fleur est de couleur jaune) – tibia (os en forme de flûte).

7 page 21

1 in-dé-chiffr-able ; pomm-ette – ménage – dé-verrou-ill-age ; in-condition-nelle-ment ; dévast-ation ; in-in-flamm-able ; r-allumer ; attaque ; a-typ-ique.

2 dicible – risible – submersible – admissible – soluble – possible – convenable – compréhensible – visible – conciliable – putrescible – fissible – corruptible.

3 re = répétition : redire – réapparaître – réélire.
re = inversion : retour – réanimer – reconduit.
re = complètement : réclusion – recouvrir – rechercher – remplir.

4 **en = à l'intérieur** : enterrer – engouffrer – emprisonner – emmurer. **en = devenir** : engraisser – engourdir – endimancher – enlaidir. **en = éloignement** : enlever – emporter – envoyer – s'enfuir.

5 printanier – estival – automnal – hivernal – mensuel – hebdomadaire – dominical – livresque – vertigineux – urbain – manuel – pédestre – infernal – paradisiaque – canin.

6 **a.** une maladie cardiaque – une poignée de main cordiale – un pompier courageux. **b.** cardiaque – cardiologue – cardiologie – cardiologique.
cordial – cordialité – cordialement.
courageux – courage – courageusement.

7 **a.** une statue équestre – une boucherie chevaline – un concours hippique – un régiment de cavalerie.
b. équestre – équidés – cheval – chevalier – chevaleresque – hippique – hippodrome – cavalier – cavalerie – cavalcade.

8 page 23

1 **1.** le cognassier **2.** des aulx **3.** une faute de liaison à l'oral **4.** à battre les céréales **5.** persévérance : volonté ; perversité : goût pour le mal **6.** aucune **7.** impoli : ostensiblement : de façon visible **8.** chevillette et bobinette : pièces d'un loquet, cherra : futur du verbe cheoir (tomber) **9.** la cigogne claquette, le cerf brame, le chameau blatère, l'éléphant barrit **10.** des tableaux **11.** la daine, le jars **12.** une barde : tranche de lard qui entoure une viande à rôtir.

3 un armistice – un obélisque – une hécatombe – un cerne – un viscère – une épithète – une écritoire – une arabesque – un haltère – une acné – un hémisphère – un tentacule.

4 Adv. : adverbe – arg : argot – conj : conjonction – Ant : antonyme – fam : familier – fig : sens figuré – tr dir : transitif direct – intr : intransitif – it : italien – néol : néologisme – vx : vieux – pej : péjoratif – pop : populaire – prov : proverbe – qqn : quelqu'un – qqch : quelque chose – p.p : participe passé – lat : latin – V. : verbe – all : allemand – Hom : homonyme.

5 **1.** Budapest – Addis Abeba – Copenhague – Phnom Penh – Tripoli **2.** Shakespeare **3.** *Huis clos*, *Les Chemins de la liberté*, *Morts sans sépulture* ; *Andromaque*, *Phèdre*, *Britanicus* ; *L'Assommoir*, *Germinal*, *La Bête humaine* **4.** *Le Mariage de Figaro* **5.** 1451 **6.** La Santa Maria, la Pinta et la Niña **7.** Ville argentine, la plus australe du monde **8.** Le chien qui garde l'entrée des Enfers dans la mythologie grecque **9.** 83 ans **10.** L'Amour – le Gange – le Mékong – l'Indus – le Huanghe.

9 page 25

1 Téméraire – timoré ; spontané – calculateur ; certain – aléatoire ; amical – hostile ; affairé – oisif ; frugal – copieux ; affadir – pimenter ; émancipation – assujettissement ; malhonnête – intègre ; égoïsme – abnégation.

2

audacieux	prévoyant	asservissement	abondance
imprudent	réfléchi	esclavage	fortune
aventureux	avisé	servitude	aisance
présomptueux	circonspect	soumission	opulence
	prudent	joug	richesse
	sage	assujettissement	
		sujétion	

3

parcimonie	avarice, économie	générosité, prodigalité
novice	néophyte, débutant	expérimenté, habile
enthousiasme	engouement, entrain	détachement, indifférence
continu	constant, incessant	intermittent, sporadique

4 **pimente :** en contexte, sens figuré : relever – sens premier : assaisonner de piment (ex. : pimenter un plat) – sens figuré : relever, rendre piquant.
tisane : figure de rhétorique qui établit un parallèle entre tisane et morale qui partage la même fadeur – sens : breuvage constitué de plantes infusées dans de l'eau.
se faire les dents : sens figuré : s'exercer, s'initier.
manipuler : sens en contexte : manier avec soin en vue d'une expérience – éty : manipule (lat) : poignée – sens premier : sens du contexte – sens figuré : exercer une domination (ex : manipuler l'opinion publique).
prendre racine : contexte : sens figuré : être immobile.

10 page 27

1 **1.** Présent historique **2.** Présent actuel et futur proche **3.** Présent de vérité générale **4.** Présent de répétition **5.** Présent de vérité générale **6.** Présent de vérité générale.

2 Antoine déclara… qu'il acceptait. Il sentit qu'il n'obtiendrait pas… Il était convenu qu'on lui enverrait… qui accompagnait le jeune homme était… qu'il venait. Il salua… occupait… Félicité avait fait… Adélaïde voyait… elle était condamnée… qu'il avait fait chez elle.

3 **1.** Furent enregistrés, se furent installés. **2.** s'étaient dispersés. **3.** aura débarrassé, te seras brossé. **4.** avait posé.

4 **1.** Tu résous. Je t'envie. **2.** Elle coud. **3.** Je te rejoins. **4.** Tu combats. **5.** Convainc.

5 **1.** Nous nous plaignions. **2.** Vous noyiez. **3.** Vous criiez.

6 **1.** Il mourra. **2.** Tu pourras. **3.** Je viendrai. **4.** Il accourra.

7 **1.** Ils résolurent. **2.** Il nagea et atteignit. **3.** Je courus, grimpai... et m'installai.

11 page 29

1 **1.** lyrique. **2.** pathétique. **3.** fantastique. **4.** pathétique. **5.** comique.

12 page 31

1 **Situation** : retrouvailles après un voyage du père.
Personnages : Père : milieu social modeste, généreux, fantaisiste, affectueux, espagnol. Mère : timide, dévouée. Enfants : dont le narrateur : admire, aime son père.
Décor : lieu : station d'autobus. « mystérieux colis ficelé dans un papier rouge ». **Époque :** actuelle. **Pers. gram :** JE : fils (ou fille). **Temps :** passé simple. **Ton :** admiratif et plein de tendresse et de gaieté. **Registre de langue :** correct + familier dans les dialogues. **Procédé d'écriture :** récit + dialogue.

2 Mains tremblantes – écrivain – lettre – enfant du voisinage – jeune fille – femme rencontrée dans un bar de nuit – vase bleu – vide pour la première fois – quelqu'un venait de mourir – immortel amour.

13 page 33

1 **1.** *arrêter :* transitif direct – *passer pour :* attributif. **2.** *montrer :* double construction. **3.** *partir :* intransitif. **4.** *sursauter :* intransitif. **5.** *demander :* double construction. *pouvoir :* transitif direct. **6.** *écrire :* double construction. **7.** *s'adresser :* transitif indirect. **8.** *appeler :* transitif direct. **9.** *profiter :* transitif indirect. **10.** *renvoyer :* transitif direct.

2 **1.** passé composé passif **2.** futur passif **3.** futur antérieur actif **4.** imparfait passif **5.** passé simple passif **6.** futur antérieur passif **7.** passé composé actif **8.** plus-que-parfait passif.

3 **1.** Le spectacle fut longuement applaudi par les spectateurs. **2.** La maison avait été entièrement repeinte par Jean. **3.** La nuit fut illuminée par un éclair blanc qui fut aperçu par Marc. **4.** Des arbres avaient été arrachés par la tempête, des tuiles emportées, le jardin dévasté. **5.** Papa viendra et je serai soulevé de terre par lui.

4 **1.** On avait déjà cambriolé quatre fois la bijouterie. **2.** Bien que ses amis l'aient accueilli chaleureusement… **3.** Le médecin lui aura prescrit ces médicaments. **4.** La petite troupe dévora rapidement le dîner. **5.** Les élèves aiment leur institutrice.

5 **Verbes impersonnels :** 1-2-4-7. **Constructions impersonnelles :** 3-5-6-8 – Trois élèves manquent ce matin – Sortir est impossible – Un grand malheur m'est arrivé – Se pencher par la fenêtre est dangereux.

14 page 35

1 Essentiellement pronominaux : 1, 5, 6. – Pronominaux à sens réfléchi : 10 – à sens réciproque : 2, 3, 8 – à sens passif : 4, 7, 9.

2 **1.** Il a été construit très rapidement. **2.** Elles ont été vendues… **3.** Elle est rapidement propagée. **4.** Elles seront portées longues… **5.** Il est mangé froid.

3 **1.** Il se prenait dans un verre d'eau. **2.** Elles s'observent… **3.** Il s'est terminé… **4.** Elle s'était vidée… **5.** Elles s'assemblent.

4 Il s'est jeté du 5e étage. Ils se jetèrent des insultes. – L'éléphant s'asperge d'eau. Les enfants se sont aspergés de peintures. – Il se tient droit. Les amoureux se tiennent par la main. – Elle se voit dans un miroir. – Ils se voient tous les matins au bureau. – L'athlète se parle pour s'encourager. Sophie et moi, nous parlons durant des heures au téléphone.

5 **1.** COI – **2.** COD – **3.** COI – **3.** COS – **4.** COD – **5.** COD – **6.** COS – **8.** COD – **9.** COI – **10.** COS.

15 Page 37

1 *retournée :* vb pronominal, accord avec **s'**(= Sophie) – *scruté :* aux. **avoir**, pas d'accord – *sortis :* aux. **être**, accord avec le sujet **Deux hommes** – *immobilisés :* vb pronominal, accord avec **se** (= 2 hommes) – *vus :* aux. **avoir**, accord avec COD **les** placé avant le verbe – *suivie :* aux. **avoir**, accord avec le COD **l'** placé avant le verbe – *déployées :* aux. **avoir**, accord avec le COD **qu'** (= **les ruses**) – *échoué :* aux. **avoir**, pas d'accord – *terrifiée :* aux. **être**, accord avec le sujet **elle** – *regardées :* verbe pronominal, accord avec **se** (deux ombres) – *adressé :* verbe pronominal donc pas d'accord – *levé :* aux. **avoir** donc pas d'accord – *plongée :* aux. **avoir**, accord avec le COD **l'** (la main).

2 Photographiées – admiré – visités – vue. Brûlée – blessé – blessés – brûlées.

3 **1.** Il l'a entendu. **2.** Je l'ai empruntée. **3.** Ils les ont dérobés. **4.** Qui me l'a envoyée ? **5.** Paul la lui a tendue.

4 **1.** Il a été arraché par un orage. **2.** Elles seront racontées par grand-père. **3.** Les pas… sont effacés par la mer. **4.** Plusieurs kilos avaient été saisis par la police.

5 **1.** repassée – pliée – rangée. **2.** aperçue – chargée – contenté. **3.** montré – ratées. **4.** enivrée – roulé. **5.** adressées – agressées. **6.** demandé – attendus – arrivés – excusés. **7.** prêtés – lus. **8.** loué. **9.** succédé. **10.** brossé – douchée – couchée.

16 page 39

1 Pers. de l'histoire : 1, 3, 5. – Simple témoin : 4. – Extérieur au récit : 2. – Première personne : 1, 3, 4, 5. – Troisième personne : 2.

2 **1.** Je ne sais ni comment, ni pourquoi cela eut lieu. **2.** Je dois le confesser tout de suite – et cependant je serais fort en peine de le définir autrement – je suis presque honteux d'avouer –, oui même dans cette cellule de malfaiteur, je suis presque honteux d'avouer.

17 page 41

1 **1.** Focalisation externe. **2.** Focalisation interne (*je* = débile qui assiste à un match de golf). **3.** Focalisation interne. **4.** Focalisation zéro.

18 page 43

1 Il était accroupi sur son lit et j'étais assis sur une chaise devant ma table. Je lui faisais face et j'avais les deux mains sur les genoux. J'avais gardé mon vieux feutre et je bavardais. Il m'a interrogé sur mon chien alors j'ai raconté, j'adore parler de mon chien et je lui ai dit que je l'avais eu à la mort de ma femme.

2 J'ai tourné le commutateur et Meursault a cligné des yeux. Je lui ai proposé d'aller dîner au réfectoire mais il a refusé. Alors je lui ai proposé de lui apporter une tasse de café au lait, il a accepté, je suis sorti un moment et suis revenu avec le plateau.

19 page 45

1 J'acquerrais – nous acquerrions – j'aurais conquis – nous aurions conquis ; je projetterais – nous projetterions – j'aurais projeté – nous aurions projeté ; j'essuierais – nous essuierons – j'aurais essuyé – nous aurions essuyé ; je plierais – nous plierions – j'aurais plié – nous aurions plié ; j'accourrais – nous accourrions – je serais accouru – nous serions accourus ; je nourrirais – nous nourririons – j'aurais nourri – nous aurions nourri ; je viendrais – nous viendrions – je serais venu – nous serions venus ; je mourrais – nous mourrions – je serais mort – nous serions morts ; je jouerais – nous jouerions – j'aurais joué – nous aurions joué ; je prévoirais – nous prévoirions – j'aurais prévu – nous aurions prévu ; je me noierais – nous nous noierions – je me serais noyé – nous nous serions noyés ; je pourrais – nous pourrions – j'aurais pu – nous aurions pu ; je lèverais – nous lèverions – j'aurais levé – nous aurions levé.

2 **Je parcourais :** actif, indicatif, imparfait. – **Il serait blessé :** passif, conditionnel, présent. – **Nous aurions été battus :** passif, conditionnel, passé 1re forme. – **Ils eussent mangé :** actif, conditionnel, passé 2e forme. – **J'aurai voulu :** actif, indicatif, futur antérieur. – **Nous logerions :** actif, conditionnel présent. – **Il eut fini :** actif, indicatif, passé antérieur. – **Tu serais tombé :** passif, conditionnel, présent.

3 **1.** Elle m'annonça qu'elle serait… **2.** Il pensa que le soleil brillerait… aussitôt que la perturbation se serait éloignée. **3.** J'espérai que… aurait donné… l'empêcherait… **4.** Il commença… et n'atteindrait… qu'après que le convoi serait passé… **5.** Nous nous demandâmes si nous pourrions…

4 **1.** Si tu travaillais… **2.** … Si tu t'adressais… **3.** … Si elle n'avait pas eu un entourage… **4.** Si nous prenions la route…

5 Potentiel : 2-3-4.
Irréel du présent : 1-5-6.

20 page 47

1 **1.** Complément de l'adj. *heureux*. – **2.** CC de lieu. **3.** Complément d'agent ; CC de lieu. **4.** CC de manière. **5.** Complément de l'adjectif *impatient*. **6.** Complément d'agent. **7.** COI. **8.** Complément d'agent.

2 **1.** CC de temps. **2.** COD du verbe. **3.** Sujet inversé. **4.** Attribut du sujet. **5.** CC de temps. **6.** COD du verbe.

3 **1.** Adverbe, CC de moyen. – **2.** Gérondif, CC de cause. – **4.** Infinitif, CC de but. – **5.** GN, CC de concession. – **6.** Pronom adv., CC de cause. – **7.** Prop. sub, CC de condition.

21 page 49

1 **1.** COD. **2.** Complément de l'adj. ravi. **3.** COD. **4.** Sujet du verbe. **5.** COD. **6.** Sujet logique. **7.** Attribut du sujet. **8.** Complément de l'adj.

2 **1.** Dès que le jour se lève… **2.** Bien qu'il soit jeune… **3.** … parce qu'il pleut. **4.** S'il ne travaillait pas… **5.** Quand l'été bat son plein. **6.** pour que le chanteur interprète une chanson supplémentaire.

3 **1.** Je me demande si je dois attendre… **2.** Je demande à Jean où il a rangé… **3.** J'ignore qui sonne… **4.** Je ne sais pas combien de poissons A et L ont pêchés. **5.** Je ne sais pas quelle route il faut prendre… **6.** J'ignore ce qu'on mange…

4 **1.** I – **2.** R – **3.** R – **4.** R – **5.** I.

5 **1.** R – **2.** I – **3.** I – **4.** R – **5.** R.

6 **1.** I – **2.** C – **3.** I – **4.** C – **5.** C.

7 **1.** C – **2.** C – **3.** R – **4.** I – **5.** R – **6.** R – **7.** I.

22 page 51

1 **1.** Le village de mon enfance, où je suis allé récemment, m'a paru triste. **2.** Les peintures de Dimitri que j'ai pu admirer me plaisent beaucoup. **3.** Lucie, avec le mari de laquelle Sophie a refait sa vie, ne se remet pas d'avoir été abandonnée. **4.** Les branches de l'arbre, qui a été planté par grand-père au début du siècle, ont besoin d'être étayées. **5.** L'attentat auquel le ministre a échappé par miracle a fait de nombreuses victimes. **6.** Yasmina dont j'ai fait connaissance à l'université s'est installée à New York.

2 **1.** Nom fém. pl. + nom fém. sing. **2.** Nom masc. sing. **3.** Nom masc. ou fém, pl. ou sing. **4.** Nom masc. pl. **5.** Nom fém. sing.

3 **1.** … duquel… / … de laquelle il… **2.** … avec lequel… / avec laquelle… **3.** … dans lequel… / dans lesquels… **4.** … lequel… / … laquelle…

4 **1.** COS de parler. **2.** Complément du nom vitraux. **3.** CC de moyen. **4.** Complément de l'adj. fier. **5.** CC de lieu. **6.** Complément d'agent du verbe est aimé. **7.** Complément du nom nouvelles. **8.** CC de moyen.

23 page 53

1 Idée 1, ex. 7. – Idée 3, ex. 5. – Idée 4, ex. 6. – Idée 8, ex. 2.

2 Certains sports permettent à l'enfant de canaliser son agressivité : les sports de combats individuels (arts martiaux, boxe, lutte…) parce qu'ils imposent des règles, interdisent certains gestes et exigent le respect de l'adversaire que l'on salue, donnent à l'enfant l'occasion de maîtriser sa violence. D'autres sports initient l'enfant à la vie en groupe et à la solidarité. C'est le cas des sports collectifs qui obligent le participant à se fondre dans une équipe, à partager la balle en comptant sur ses coéquipiers.
Le jeu apprend également au joueur à adopter une attitude positive devant l'échec. C'est ainsi que j'ai moi-même peu à peu appris, grâce aux sports et aux jeux de société, à ne plus être mauvais perdant, à analyser une défaite pour en tirer des leçons au lieu de bouder.
De plus, je me souviens avoir passé des heures à élaborer, seul, des constructions fabuleuses avec mon Meccano ou mes Legos et les avoir fait entrer dans des scénarios extraordinaires. On peut donc affirmer que le jeu développe imagination et créativité.

24 page 55

1 **a.** 2 – en effet ; 3 – en revanche ; 5 – en résumé ; 6 – par conséquent.
b. 4. Phrase d'introduction. – 2. Renforcer, expliquer. – 1. Indiquer les causes. – 3. Comparer. – 6. Indiquer les conséquences. – 5. Phrase de conclusion.

2 **1.** en effet/parce que **2.** si bien que/par conséquent **3.** pourtant/toutefois **4.** de plus/en autre.

3 Ainsi… Par conséquent… en effet… donc.

4 Cela dit… mais… donc… en revanche.

25 page 57

1 1. **Plan thématique** : I. Le sport développe le corps. II. Le sport développe le caractère. III. Le sport initie à la vie sociale.
2. Plan analytique : I. Description des moyens de communication. II. Causes de l'absence de communication. III. Solutions.
3. Plan thématique : I. Le cinéma est délassement. II. Le cinéma apporte aussi culture, information. III. Le cinéma aide à construire une personnalité en l'enrichissant.
4. Plan critique : I. La télévision abêtit. II. La télévision enrichit. III. Opinion personnelle.

2 L'école n'est-elle qu'un lieu d'acquisition de connaissances ?

26 page 59

1 1 : Un échec… insurmontable. 2 : Notre société… « réussir ». 3 : Si l'école… sources.

3 1. c ; 2. a.

4 I. Le jeu initie à la vie sociale. II. Le jeu permet de former une personnalité.
I. L'école apporte les savoirs nécessaires à un métier. II. L'école est un lieu d'échanges culturels, sociaux, amicaux. III. L'école de la vie.

27 page 61

1 **I.** aient **II.** ries **III.** organise **IV.** lises **V.** fassiez **VI.** libérassions **VII.** vive **VIII.** criions **IX.** tînt **X.** éprouvât **XI.** tusses **XII.** aie **XIII.** éprouvasse **XIV.** veuille.

a. arrivions **b.** aille **c.** faille **d.** rasât **e.** veniez **f.** nie **g.** tirasse **h.** vinssiez **i.** ait **j.** susse.

2 **1.** qu'on puisse. **2.** on dise… on sache. **3.** tu aies. **4.** je sois. **5.** tu me croies. **6.** il faille. **7.** nous payions… tu ailles. **8.** tu souries.

3 Intrus : je crois / nous crions – nous plions / je suce – je laisse – je passe – je glisse – je hisse.

28 page 63

1 ordre – défense : 6 – souhait : 1-4-5 – supposition : 2-3.

2 **1.** sois. **2.** est parti. **3.** sait / sache. **4.** dise.

3 **1.** vînt. **2.** disparût. **3.** eût échoué. **4.** me remarquât / m'eût remarqué.

4 **1.** subj. **2.** subj. **3.** subj. **4.** Ind. **5.** subj. **6.** subj. **7.** subj. **8.** Ind.

5 **1.** tu vas. **2.** il me croie, il ne me croit pas. **3.** il coure. **4.** il sourie. **5.** il meurt, qu'il meure.

29 page 65

1 **Être revenu :** passif présent. – **Avoir marché :** actif passé. – **Finir :** actif présent. – **Être déguisé :** passif présent. – **Avoir été volé :** passif passé. – **Être mordu :** passif présent. – **Se laver :** actif présent. – **Être devenu :** actif présent.

2 **1.** Attribut du sujet *l'important*. **2.** Sujet du verbe *aider*. COS. **3.** Complément de l'adj *heureux*. **4.** Sujet logique. **5.** CC de but du verbe *lire*. **6.** COS de *empêcher*. **7.** COD de *souhaiter*. **8.** Complément du nom *le droit*. **9.** COI de *penser*.

3 **1.** Photographier les oiseaux est sa … passion. **2.** Le moment de partir est proche. **3.** Il adore lire et étudier les mathématiques. **4.** Tu regretteras d'avoir perdu cet ami. **5.** Penser à sa venue… **6.** T'être trompé sur le compte de cet homme et lui avoir manifesté du mépris…

4 **1.** … n'avoir rien d'urgent à faire aujourd'hui. **2.** … où être allée lundi. **3.** Avant de faire sa déclaration… **4.** … pour les avoir trahis. **5.** Au moment d'ouvrir la porte, Marc s'aperçut avoir oublié ses clefs…

5 Groupe infinitif : 3-4-5-6.
Proposition infinitive : 1 (le vent) 2 (du sang).

30 page 67

1 **1.** Éveillé tous les matins (CC de temps) par le roucoulement des pigeons (Compl. d'agent).
2. Connaissant parfaitement (CC manière) la région (COD) – parlant le japonais (COD).
3. Nous (COS) indiquant la route à suivre (COD).
4. Se faufilant à toute vitesse (CC manière) entre les pierres (CC de lieu).
5. Appuyé à la balustrade de son balcon (Complément du participe passé) – longeant le canal (COD).
6. Distribuant du pain (COD) aux pigeons (COS).

2 **1.** Pierre, reçu premier… une fête réunissant tous ses amis. **2.** … une italienne rencontrée… **3.** … une comédienne sachant danser. **4.** Le livre lu par Marc… **5.** … une voiture zigzaguant… **6.** … un cadavre ayant longtemps séjourné dans l'eau.

3 mouvant ; mu – bénissant ; bénit – absolvant ; absout – incluant ; incluse – résolvant ; résolu – acquérant ; acquis – échéant ; échu – joignant ; joint.

4 **Adjectifs verbaux :** **1.** convaincant. **5.** excellent. **6.** épuisés. **7.** bruyant, agaçant.
Participes présents : **2.** frémissant. **3.** étouffant. **4.** suivant. **7.** gênant.

5 suffocant ; suffoquant – fatigant ; fatiguant – négligent ; négligeant – précédent ; précédant.

31 page 69

1 Constamment – essentiellement – follement – instantanément – habilement – hardiment – abondamment – évidemment – harmonieusement – vaillamment – suffisamment – anciennement – conformément – sévèrement – annuellement – horizontalement – imprudemment – consciemment – constamment – solennellement.

2 Bref – méchant – mou – habituel – amer – gentil – fréquent – apparent – vertical – actuel – heureux – futile – docile.

3 Soudain… fort… ici et là… rapidement… vite… Partout… ne… que… prudemment… souvent… clandestinement… constamment… Toutefois… obstinément… trop… haut et fort… encore longtemps.

4 **1.** cher. **2.** chère. **3.** fort. **4.** forts. **5.** soudains. **6.** soudain. **7.** idiot. **8.** haut et fort. **9.** dru. **10.** clairs. **11.** clair.

32 page 71

Noir : didascalies – rouge : dialogue

1 Route à la campagne, avec arbre.
Soir.
Estragon, assis sur une pierre essaie d'enlever sa chaussure. Il s'y acharne des deux mains en ahanant. Il s'arrête, à bout de force, se repose en haletant, recommence. Même jeu.
Entre Vladimir.
Estragon renonçant à nouveau. Rien à faire.
Vladimir s'approchant à petits pas raides, les jambes écartées. Je commence à le croire.
Il s'immobilise. Longtemps j'ai résisté à cette pensée, en me disant, Vladimir sois raisonnable, tu n'as pas encore tout essayé. Et je reprenais le combat. Il se recueille songeant au combat. A Estragon. Alors te revoilà toi.

2 Racine : *Bérénice – Iphigénie – Andromaque*
Corneille : *Horace – L'illusion comique – Polyeucte*
Molière : *L'école des femmes – Le misanthrope*.

3 Dramaturge : écrivain de pièce de théâtre.
Tragédie : pièce dont le destin des personnages est dominé par la fatalité et qui finit par la mort.
Tragi-comédie : pièce mêlant les caractéristiques de la tragédie et de la comédie.
Stances : passage en vers où le héros peint sa souffrance dans un monologue (ex. : stance de Rodrigue dans *Le Cid* de Corneille).

33 page 73

1

Léandre le Sot
Pierrot qui d'un saut
De puce
Franchit le buisson
Cassandre sous son
Capuce,
Arlequin aussi,
Cet aigrefin si
Fantasque
Aux costumes fous
Ses yeux luisant sous
Son masque,

Do, mi, sol, mi, la
Tout ce monde va
Rit, chante
Et danse devant
Une belle enfant
Méchante
Dont les yeux pervers
Comme les yeux verts
Des chattes
Gardent ses appas
Et disent : « A bas
Les pattes ! »

Eux ils vont toujours !
Fatidique cours
Des astres,
Oh ! dis-moi vers quels
Mornes ou cruels
Désastres
L'implacable enfant,
Preste et relevant
Ses jupes,
La rose au chapeau
Conduit son troupeau
De dupes.

2 Qu'ont/-ils /fait !/
Par/do/nnez /à /leur /im/pa/ti/ence
Ils /ont/, je /le /vois /bien/, tra/hi /vo/tre /ven/geance.
Vous /vou/liez /que /ma /main /por/tât /les /pre/miers /coups
Qu'il /sen/tît /en /mou/rant /qu'il /ex/pi/rait /pour /vous.
Non /non /c'est /Her/mi/one/, a/mi/, que /je /veux /suivre.
A /son /der/nier /a/rrêt /je /ne /puis /plus /sur/vivre
Par/tez : /j'ai /fait /le /crime /et /je /vais /l'ex/pi/er
Her/mi/one/, Sei/gneur/? Il /la /faut /ou/bli/er
Et /par/ce /qu'e/lle /meurt /faut/-il /que /vous /mou/rriez ?

3 Rithmailleurs – Rithmes ailleurs (7 sonorités communes) ; Rithmassez – Rithme assez (6) ; Madère – m'adhère (5) ; Vilmorin (18).

4 Danse, aime, bleu laquais, ris d'oser les mots.
Parle, bois du Gin ou cent tasses de lait froid.

34 page 75

1 **1.** Hyperbole. **2.** Zeugma. **3.** Oxymore. **4.** Comparaison + métaphore + oxymore. **5.** Anaphore. **6.** Antithèse. **7.** Anaphore. **8.** Anaphore + chiasme. **9.** Métaphore. **10.** Énumération. **11.** Oxymore.

2 1. Métaphore. 2. Antithèse. 3. Personnification. 4. Allégorie.

1 page 79

1 $A = 6x - 2x^2$; $B = 3x - 4$; $C = 5x^2 + 9x - 2$; $D = -3x^2 + 8x - 4$.

2 $A = \dfrac{10x}{27} - 10$; $B = 4x^2 - \dfrac{54}{5}x + 2$;
$C = -2x^2 + 6x + 5$; $D = 4x^2 - 9$.

3 $A = 25x^2 + 20x + 4$; $B = 9x^2 - 12x + 4$; $C = 4 - x^2$;
$D = x^2 + 3x + \dfrac{9}{4}$; $E = 5x^2 - 20x + 20$; $F = 4 - \dfrac{x^2}{9}$.

5 La calculatrice donne $1{,}00002 \times 10^{10}$ qui est une valeur approchée. Le bon résultat est :
$100\,000^2 + 200\,000 + 1 = 1{,}00002 \times 10^{10} + 1$!

6 Il faut utiliser : $a = (200 + 1)^2$; $b = (100 - 1)^2$; $c = (30 - 1)(30 + 1)$; $d = (200 + 20)^2$; $e = (2000 + 10)^2$; $f = (1 - 0{,}04)^2$.

7 **a)** Développer ; **b)** Identité remarquable ;
c)

x	0	2	24	$3/2$
A	9	1	2 025	0

8 $(x + 4)^2 = x^2 + 8x + 16$; $(2x - 4)^2 = 4x^2 - 16x + 16$; $(a - \dfrac{1}{2})^2 = a^2 - a + \dfrac{1}{4}$; $(2 + 3a)(3a - 2) = 9a^2 - 4$.

9 **a)** Aire $ABED = (x - 1)^2$; **b)** = aire $ACGF = x^2$.
La différence est donc $x^2 - (x - 1)^2 = 2x - 1$.

10 A : $9 - 12x + 4x^2 = 4x^2 + 7$ d'où $x = \dfrac{1}{6}$;
B : $25 - x^2 = 3x - x^2$ d'où $x = \dfrac{25}{3}$;
C : $4x^2 + 4x + 1 - 4x^2 + 12x - 9 = 5$ d'où $x = \dfrac{13}{16}$.

2 page 81

1 $A = x(3x^2 - 5x + 12)$; $B = 3(7x^2 + 5x - 3)$;
$C = \dfrac{t}{4}\left(\dfrac{7}{3} - t + \dfrac{3t^2}{2}\right)$.

2 $A = 8(2x+1)$; $B = (2x+1)(6x-8)$;
$C = (1-2x)(2x-1)$.

3 $A = (2x-1)(-2x+3)$; $B = (3+2x)(4+2x)$;
$C = (2x-1)(-4x+3)$; $D = (x+1)(-5x-4)$;
$E = 3(2x+5)$.

4 $A = (8-3b)^2$; $B = (2x-7)(2x+7)$;
$C = 2(5-2x)(5+2x)$; $D = (4x+9)^2$.

5 **a)** $6x^3 + 10x = 2x(3x^2+5)$; $9x^2 + 15 = 3(3x^2+5)$;
b) $A = (3x^2+5)(2x+3)$.

6 **a)** $2(x+1)(x+2) = 2(x^2+3x+2) = 2x^2+6x+4$;
b) $A = (x+1+x+2)^2 = (2x+3)^2$.

7 $x^4 - 1 = (x^2)^2 - 1^2 = (x^2+1)(x^2-1)$
$= (x^2+1)(x+1)(x-1)$.

8 **1. a)** $4x^2 - \dfrac{1}{4} = \left(2x+\dfrac{1}{2}\right)\left(2x-\dfrac{1}{2}\right)$;
b) $6x + \dfrac{3}{2} = 3\left(2x+\dfrac{1}{2}\right)$; **c)** $4x^2 + 2x + \dfrac{1}{4} = \left(2x+\dfrac{1}{2}\right)^2$.
2. Donc $A = \left(2x+\dfrac{1}{2}\right)(10x-2)$.

9 $A = 1200(80-28+78-5) = 1200 \times 125 = 150\,000$;
$B = 11\left(\dfrac{1}{4} - \dfrac{1}{2} + \dfrac{1}{8}\right) = 11 \times \left(-\dfrac{1}{8}\right) = -\dfrac{11}{8}$;
$C = 10^5(127 + 128{,}4 - 140) = 10^5 \times 115{,}4$.

10 $(A) : (5x+4)^2 = -3$
$(B) : 11(3a+2)^2 = -5$
$(C) : -(5t-3)^2 = 4$
} impossible, un carré est toujours positif.

3 page 83

1 **a)** 7 ; **b)** – 11 ; **c)** 2 ; **d)** 36 ; **e)** 25 ; **f)** – 1.

2 $A = 8\sqrt{3}$; $B = 63\sqrt{5}$; $C = -2\sqrt{7}$.

3 **1)** $a = 2$; **2)** $a = 4$; **3)** $a = 3$; **4)** $a = 20$.

4 **a)** $\sqrt{9+16} = \sqrt{25} = 5$; $\sqrt{9} + \sqrt{16} = 3 + 4 = 7$
donc $\sqrt{9+16} \neq \sqrt{9} + \sqrt{16}$; **b)** Même technique.

5 (A) $x = 13$ ou $x = -13$; (B) $x = 7$ ou $x = -7$;
(C) pas de solution ; (D) $x = 0{,}3$ ou $x = -0{,}3$;
(E) $x = 4$ ou $x = -4$.

6 **1. a)** $\sqrt{7} \approx 2{,}646$ donc $a < 0$; $b > 0$ car c'est une racine.
b) $a^2 = (2-\sqrt{7})^2 = 4 - 4\sqrt{7} + 7 = 11 - 4\sqrt{7}$;
$b^2 = \left(\sqrt{11-4\sqrt{7}}\right)^2 = 11 - 4\sqrt{7}$;
c) $a^2 = b^2$ et a et b sont de signes contraires, donc $a = -b$.
2. a) $a = b$; **b)** $a = -b$.

7 $A = \sqrt{\dfrac{5^2 \times 7}{2^2 \times 11^2}} \times \dfrac{11}{\sqrt{2^4 \times 7}} = \dfrac{5\sqrt{7}}{2 \times 11} \times \dfrac{11}{2^2 \times \sqrt{7}} = \dfrac{5}{8}$;
$B = 90$; $C = \dfrac{b^2}{2}$; $D = \dfrac{6\sqrt{7}}{5}$.

8 $A = 9$; $B = \sqrt{2}$; $C = 7$.

9 $A = \sqrt{7}$; $B = \dfrac{3\sqrt{2}+2}{6}$; $C = \dfrac{\sqrt{10}}{10}$.

10 $x = \sqrt{3} : A = 8 - \sqrt{3}$;
$x = 2 - \sqrt{2} : A = 12 - 7\sqrt{2}$.

4 page 85

1 $(A) : x = 0$; $(B) : x = 1$; $(C) : x = \dfrac{20}{67}$.

2 $(A) : x = 1$; $(B) : x = -3$; $(C) : x = \dfrac{2}{13}$.

3 $(A) : x = 6$ ou $x = 1$; $(B) : x = 0$ ou $x = -4$;
$(C) : x = -1$ ou $x = 2$ ou $x = -3$.

4 **1.** $A = 4x^2 - 11x - 3$.
2. a) $x = -\dfrac{3}{11}$; **b)** $x = \dfrac{\sqrt{3}}{2}$ ou $x = -\dfrac{\sqrt{3}}{2}$;
c) $A = x = 0$ ou $x = \dfrac{11}{4}$.

5 $(A) : (3-2x)(3x+3) = 0$ d'où $x = \dfrac{3}{2}$ ou $x = -1$;
$(B) : (x-3)(9x+3) = 0$ d'où $x = 3$ ou $x = -\dfrac{1}{3}$;
$(C) : 2(25x^2 - 4) = 0$ donc $x = \dfrac{2}{5}$ ou $x = -\dfrac{2}{5}$.

6 **a)** $-3x^3 - 5x^2 = -x^2(3x+5)$;
b) $21x + 35 = 7(3x+5)$;
c) $A = -x^2(3x+5) + 7(3x+5) = (7-x^2)(3x+5)$;
d) $x = \sqrt{7}$ ou $x = -\sqrt{7}$ ou $x = -\dfrac{5}{3}$.

7 $\dfrac{2+a}{3+a} = 2 \times \dfrac{2}{3}$;
soit : $3(2+a) = 4(3+a)$ et $a = -6$.

8 $n^2 - 1 = (n+1)^2$ d'où $n^2 - 1 = n^2 + 2n + 1$ soit $2n = -2$ et $n = -1$.

9 $2x + 5x = x^2$ donc $7x = x^2$ d'où $x = 7$.

10 $(l+1)^2 = l^2 + 5$, soit $l^2 + 2l + 1 = l^2 + 5$, donc $l = 2$.

5 page 87

1 $(A) : x = 2$ et $y = -1$; $(B) : x = \dfrac{21}{13}$ et $y = -\dfrac{22}{13}$;
$(C) : x = -13$ et $y = 12$.

2 $(A) : x = \dfrac{32}{21}$ et $y = \dfrac{12}{7}$; $(B) : x = \dfrac{51}{5}$ et $y = \dfrac{63}{10}$;
$(C) : x = -30$ et $y = 13$.

3 $(A) : x = \dfrac{8}{3}$ et $y = -\dfrac{1}{3}$; $(B) : x = 4$ et $y = -1$;
$(C) : x = -1$ et $y = -1$.

4 (*A*) : pas de solution ; (*B*) : $x = \frac{264}{107}$ et $y = \frac{-366}{107}$.

5 $\frac{a}{b}$ avec $\begin{cases} a+b=38 \\ a-b=4 \end{cases}$ d'où $a = 21$ et $b = 17$.

6 $\begin{cases} 2(l+2L)=80 \\ 2(3l+L)=60 \end{cases}$ c'est-à-dire $\begin{cases} l+2L=40 \\ 3l+L=30 \end{cases}$

$l = 4$ m et $L = 18$ m.

7 **a)** $\begin{cases} 2x+4y=140 \\ x+y=44 \end{cases}$ d'où **b)** $x = 18$ et $y = 26$.

6 page 89

1 Part de Romain 95 F ; part de Laura 135 F.

2 4 pièces de 10 centimes (0,1 F) et 5 de 20 centimes (0,2 F).

3 484 hommes ; 516 femmes.

4 Aires : *DEC* : $\frac{5x}{2}$; *ABCE* : $25 - \frac{5x}{2}$; on trouvera $x = \frac{5}{2}$.

5 B = masse de pommes de terre épluchées par Bernard
P = masse de pommes de terre épluchées par Patricia

$\begin{cases} B+P=9 \\ B=2P \end{cases}$ donc $\begin{cases} 3P=9 \\ B=2P \end{cases}$ d'où $P = 3$ et $B = 6$.

6 x = masse d'une pomme ; y = masse d'une poire

$\begin{cases} 3x+2y=2x+0{,}5 \\ 4y=3x \end{cases}$ d'où $x = 200$ *g* et $y = 150$ *g*.

7 Aire : $3x + 5y$ et périmètre : $2x + 2y + 16$ ou aire : $5x$ et périmètre $2x + 10$

donc $\begin{cases} 2x-5y=0 \\ 2x+2y+16=3x+15 \end{cases}$ et $x = 5$; et $y = 2$.

8 R = nombre de voitures de Romain ;
L = nombre de voitures de Laura.

$\begin{cases} R-2=L+2 \\ R+2=2(L-2) \end{cases}$ $R = 14$; $L = 10$.

7 page 91

2 **a)** $x \leqslant 2$; **b)** $x < \frac{1}{2}$; **c)** $x \geqslant 1$; **d)** $x < 2$; **e)** $x > 3$.

3 aB bF cC dA eB fF gD hE.

4 (*A*) $x \geqslant 6$ et $x \leqslant 9$ donc $6 \leqslant x \leqslant 9$;
(*B*) $x \geqslant 2$ et $x \leqslant 5$ donc $2 \leqslant x \leqslant 5$.

5 **a)** $x \leqslant -1$; **b)** $x \geqslant -1$; **c)** $S = \{-1\}$;
d) $x < -1$ et $x > -1$: pas de solution ;
e) $x \geqslant 2$ et $x \leqslant -2$: pas de solution.

6 **a)** Si x est le nombre de livres de poche, on a :
$2x \geqslant 50$ et $\frac{x}{2} \leqslant 15$, soit $25 \leqslant x \leqslant 30$.
b) Indique que x est un multiple de 7 ; or le seul multiple de 7 dans [25 ; 30] est 28 : le nombre de livres est 28.

8 page 93

1 **a)** $\frac{x}{6} = \frac{3}{4}$ d'où $x = \frac{9}{2}$; **b)** $\frac{x}{1} = \frac{4}{1}$ d'où $x = 4$;
c) $\frac{x}{3} = \frac{3}{2}$ d'où $x = \frac{9}{2}$; **d)** $\frac{x}{2} = \frac{5}{3}$ donc $x = \frac{10}{3}$.

2 $BE^2 = AE^2 - AB^2 = 25 - 16 = 9$ donc $BE = 3$ cm ;
$\frac{CD}{BE} = \frac{AC}{AB}$ d'où $CD = \frac{21}{4}$ cm ;
$\frac{AD}{AE} = \frac{AC}{AB}$ d'où $AD = \frac{35}{4}$ cm.

3

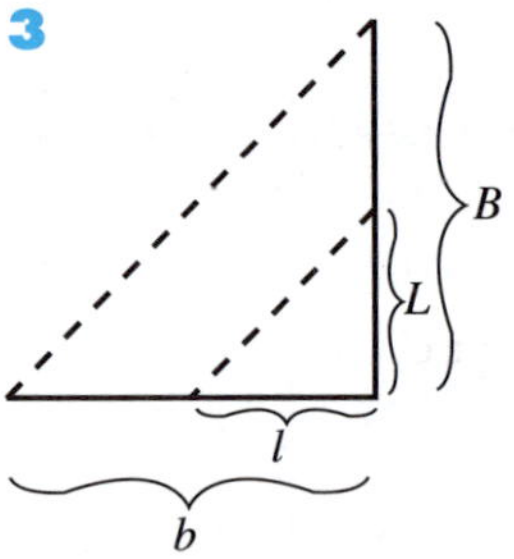

$\frac{L}{B} = \frac{l}{b}$

d'où $L = 1{,}8 \times \frac{0{,}8}{1{,}44} = 1$ m.

4 L'application de la réciproque du théorème de Thalès montre que (*AB*) // (*DC*) et (AD) // (BC), donc que ABCD est un parallélogramme… Or les côtés opposés n'ont pas la même mesure : la figure n'est pas réalisable !

5

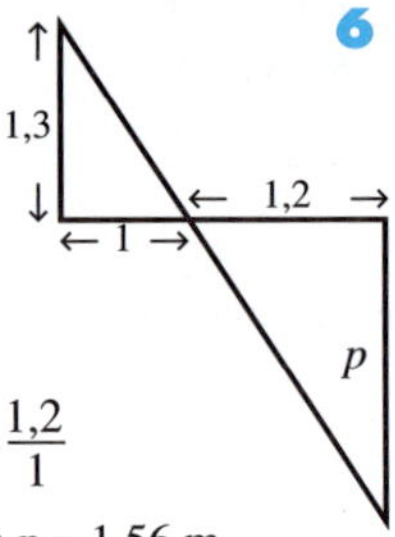

$\frac{p}{1{,}3} = \frac{1{,}2}{1}$
d'où $p = 1{,}56$ m.

6 $\frac{a}{1{,}15} = \frac{1}{3}$ d'où
$a \approx 0{,}383$ m

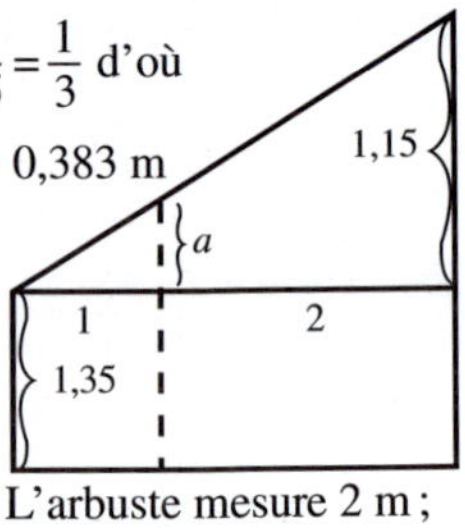

L'arbuste mesure 2 m ; or $a + 1{,}35 \approx 1{,}753$: elle ne peut pas voir le mur !

7 Dans les triangles *ABD* et *CBD*, on prouve que $AI = \frac{1}{3}AB$ et $AL = \frac{1}{3}AD$; d'où $\frac{AL}{AD} = \frac{AI}{AB}$ et (*LI*) // (*BD*) ; $\frac{CJ}{CB} = \frac{CK}{CD}$ et (*KJ*) // (*BD*). Même raisonnement pour (*IJ*) // (*AC*) et (*KL*) // (*AC*). Par suite, *IJKL* est un parallélogramme.

8 $\frac{OB}{OD} = \frac{1}{3} \neq \frac{OA}{OC} = \frac{5}{17}$: (*AB*) et (*DC*) ne sont pas parallèles.

9 page 95

1 et **2** Voir SAVOIR FAIRE, paragraphe 1.

3 Voir SAVOIR FAIRE, paragraphe 2.

4 **2.** **a)** Thalès dans ABC ; sachant $(M_1M_2) // (BC)$

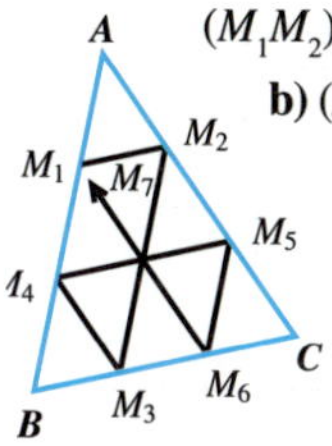

b) $(M_2M_3) // (AB)$ donc $\dfrac{CM_2}{CA} = \dfrac{CM_3}{CB}$

d'où $\dfrac{CA - AM_2}{CA} = \dfrac{CB - BM_3}{CB}$

c'est-à-dire $1 - \dfrac{AM_2}{CA} = 1 - \dfrac{BM_3}{CB}$

donc $\dfrac{AM_2}{AC} = \dfrac{BM_3}{BC}$. Donc $\dfrac{AM_1}{AB} = \dfrac{AM_2}{AC} = \dfrac{BM_3}{BC}$.

c) Même technique, grâce à :
$AM_4 = AB - BM_4$ et $AM_5 = AC - CM_5$
ainsi qu'à $BM_6 = BC - CM_6$ et $BM_7 = BA - AM_7$.

d) D'où $\boxed{\dfrac{AM_1}{AB}} = \dfrac{BM_3}{BC} = \dfrac{CM_5}{CA} = \boxed{\dfrac{AM_7}{AB}}$ donc $AM_1 = AM_7$ et $M_1 = M_7$.

3. Le raisonnement est identique.
On obtiendra encore $M_1 = M_7$.

4. Si M_1 est au milieu de $[AB]$, on obtient $M_4 = M_1$.

10 page 97

1 **a)** $\sin \widehat{A} = \dfrac{4}{6} \approx 0{,}67$; $\cos \widehat{C} = \dfrac{4}{6} \approx 0{,}67$;

b) $\tan \widehat{B} = \dfrac{5}{2} = 2{,}5$; $\tan \widehat{C} = \dfrac{2}{5} = 0{,}4$;

c) $\tan \widehat{A} = \dfrac{5}{3} \approx 1{,}67$; $\tan \widehat{B} = \dfrac{3}{5} = 0{,}6$;

d) $\cos \widehat{A} = \dfrac{3}{8} \approx 0{,}38$; $\sin \widehat{B} = \dfrac{3}{8} \approx 0{,}38$.

2 **a)** $\widehat{O} \approx 40°$ **b)** $OL \approx 7 \cos 40° \approx 5{,}4$ cm et $BL \approx 7 \sin 40° \approx 4{,}5$ cm.

3 **a)** $\cos \widehat{A} = \dfrac{AS}{AC} = 0{,}625$ d'où $\widehat{A} \approx 51°$;
d'où $\widehat{C} = 90° - A \approx 39°$; d'où $\cos \widehat{C} \approx 0{,}78$;
d'où $SC = AC \cos \widehat{C} \approx 6{,}24$ cm ;
b) $SC^2 = AC^2 - AS^2 = 39$; d'où $SC = \sqrt{39} \approx 6{,}24$ cm.

4 $\sin \widehat{A} = \dfrac{BC}{AB}$ donc $\sin^2 \widehat{A} = \dfrac{BC^2}{AB^2}$ $\Big\}$ donc
$\cos \widehat{A} = \dfrac{AC}{AB}$ donc $\cos^2 \widehat{A} = \dfrac{AC^2}{AB^2}$

$\sin^2 \widehat{A} + \cos^2 \widehat{A} = \dfrac{BC^2 + AC^2}{AB^2} = \dfrac{AB^2}{AB^2} = 1$.

5 **a)** $\widehat{A} \approx 53°$; **b)** $\widehat{B} \approx 45°$ d'où $\sin \widehat{B} \approx 0{,}707$;
c) Non ! $\sin^2 \widehat{C} + \cos^2 \widehat{C} = 1$ n'est pas vérifié ;
d) $\sin \widehat{D} = \cos \widehat{D}$ d'où $\sin^2 \widehat{D} = \cos^2 \widehat{D}$
or $\sin^2 \widehat{D} + \cos^2 \widehat{D} = 1$
d'où $\sin^2 \widehat{D} = \dfrac{1}{2}$, soit $\sin \widehat{D} = \dfrac{1}{\sqrt{2}}$ et $\widehat{D} = 45°$.

6 $AB' = BB' \tan \widehat{b}_1 \approx 1{,}456$
$B'C = BB' \tan \widehat{b}_2 \approx 3{,}356$ $\Big\}$ donc $AC \approx 4{,}8$ cm ;

$AB = \dfrac{BB'}{\cos \widehat{b}_1} \approx 4{,}26$ cm et $BC = \dfrac{BB'}{\cos \widehat{b}_2} \approx 5{,}22$ cm.

D'où périmètre $ABC \approx 14{,}28$ cm, aire $\approx 9{,}6$ cm².

11 page 99

1 **a)** $\widehat{A} = \widehat{C} = \dfrac{180° - \widehat{B}}{2} = 45°$;
b) I est le centre du cercle circonscrit à ABC.
Par suite, $\widehat{AIB} = 2\text{ACB} = 90°$ et $\widehat{BIC} = 2\widehat{BAC} = 90°$.

2 **b)** $\widehat{BOC} = 2\widehat{BAC} = 60°$. OBC est isocèle en O car $OB = OC$. De plus, $\widehat{BOC} = 60°$ indique qu'alors
$\widehat{OBC} = \widehat{OCB} = \dfrac{180° - 60°}{2} = 60°$. OBC est équilatéral ;
c) $\widehat{AOC} = 2\,\widehat{ABC} = 160°$.
$\widehat{AOB} = 360° - 160° - 60° = 140°$.

3 I est le centre du cercle circonscrit au triangle PAT.
On a : $\widehat{AMT} = \widehat{APT} = 60°$; $\widehat{AMP} = \widehat{ATP} = 60°$;
et $\widehat{PMT} = \widehat{PMA} + \widehat{AMT} = 120°$.

4 Les égalités (à justifier) sont :
$\widehat{AMC} = \dfrac{1}{2}\widehat{AOC} = \dfrac{1}{2}\widehat{BOD} = \widehat{BND}$

5 $\widehat{AMB} = \dfrac{1}{2}\widehat{AOB}$ avec $\widehat{AOB'} = 270°$;
donc $\widehat{AMB} = 135°$.

6 Les égalités (à justifier) sont :
$\widehat{MON} = 2\,\widehat{MIN} = 2\,\widehat{M'IN'} = \widehat{N'OM'}$.

7 AOB est équilatéral ; $\widehat{AOB} = \widehat{OAB} = \widehat{OBA} = 60°$.
Or $\widehat{AMB} = \dfrac{1}{2}\widehat{AOB}$ avec $\widehat{AOB} = 60°$: $\widehat{AMB} = 30°$
et $\widehat{ANB} = \dfrac{1}{2}\widehat{AOB}$ avec $\widehat{AOB} = 360° - 60° = 300°$:
$\widehat{ANB} = 150°$.

8 $\widehat{DOB} = 2\,\widehat{DCB} = 160°$; par suite, $\widehat{DAB} = \dfrac{1}{2}\widehat{DOB}$
avec $\widehat{DOB} = 360° - 160° = 200°$, donc $\widehat{DAB} = 100°$.
Un raisonnement analogue mène à $\widehat{ABC} = 110°$.

9 **b)** $\widehat{BOC} = 2\,\widehat{BAC} = 120°$; $\widehat{BMC} = \dfrac{1}{2}\widehat{BOC}$ où
$\widehat{BOC} = 360° - 120° = 240°$ donc $\widehat{BMC} = 120°$.
c) D'où $\widehat{CMD} = 180° - 120° = 60°$; or CMD est isocèle en M. Donc CMD est équilatéral.

12 page 101

1 **a)** $AB^2 = (3-1)^2 + (-1-3)^2 = 2^2 + 4^2 = 4 + 16 = 20$;
$BC^2 = 4^2 + 2^2 = 20$; $AC^2 = 6^2 + 2^2 = 40 = AB^2 + BC^2$ donc ABC est rectangle en B.
b) $AB^2 = 20$; $AD^2 = 25$; $BD^2 = 37$: ABD n'est pas rectangle.
c) ABC est rectangle isocèle en B, $AB = BC$ d'après **a)**.
d) $AC \neq BD$ donc $ACBD$ n'est pas un parallélogramme.

2 **a)** Soit y l'ordonnée de I : $TI^2 = TC^2 + CI^2$
avec $TI^2 = 13^2 + (y-3)^2$; $TC^2 = 9 + 25 = 34$; $CI^2 = 100 + (y+2)^2$ d'où $169 + y^2 - 6y + 9 = 34 + 100 + y^2 + 4y + 4$
c'est-à-dire $y = 4$.
b) Un raisonnement analogue au **a)** conduit à $x = -\dfrac{26}{3}$.

3 **a)** $CP^2 = 65$; $PM^2 = 20$; $MC^2 = 45$: donc PMC est rectangle en M ; $CO^2 = 90$; $OM^2 = MC^2 = 45$: donc OMC est rectangle en M d'où $\widehat{OMP} = \widehat{OMC} + \widehat{CMP} = 90° + 90° = 180°$: O, M, P sont alignés.

b) Même raisonnement, C,M,L alignés.
c) $(PO) = (PM)$ et $(CL) = (CM)$, or $(PM) \perp (CM)$ donc $(PO) \perp (CL)$.

4 On a $IF^2 = 104 = PI^2 + PF^2$ donc PIF est rectangle en P ; d'où périmètre $= PI + IF + FP = 4\sqrt{13} + 2\sqrt{26}$ aire $= \dfrac{PI \times PF}{2} = \dfrac{4 \times 13}{2} = 26$.

5 **b)** On lit $E(2\,;1)$; **c)** Ça marche !... **d)** On prouvera que PEF et PLE sont rectangles en E. **e)** L'aire cherchée est la somme des aires des triangles PAF et PLA, c'est-à-dire $\dfrac{PA \times FE}{2} + \dfrac{PA \times EL}{2}$ $(= 58{,}5\ \text{cm}^2)$.
a) $K(1\,;-1)$.
b) On a $KA = KL = KI = KC = KE = 2\sqrt{5}$.

13 page 103

1 $d_1 : -1\,; d_2 : \dfrac{11}{6}\,; d_3 : -\dfrac{5}{2}\,; d_4 : 2$.

2 **a) b)** oui ; **c) d)** non.

3 $A(-3\,;3)$; $B(-3\,;-9)$; $C(-1\,;3)$; $D\left(\dfrac{5}{3}\,;\,\dfrac{1}{3}\right)$.

4 Placer A et C ; tracer la droite. – Placer B et voir SAVOIR FAIRE, 2e paragraphe.

5 $(AB) : y = \dfrac{3}{2}x - \dfrac{9}{2}$; $(AC) : y = -\dfrac{5}{2}x - \dfrac{1}{2}$;
D est sur (AB) ; E n'est pas sur (AC).

6 d_1 : **e** ; d_2 : **a** ; d_3 : **b** ; d_4 : **d** ; d_5 : **c**.

14 page 105

1 $(AB) : y = -\dfrac{5}{3}x - 5$. $(CD) : y = \dfrac{5}{3}x + 5$.
$(EF) : y = -\dfrac{3}{2}x + 15$. (AB) et (CD) sont parallèles.

2 $(AB) : y = -\dfrac{3}{5}x + 3$; $(BD) : y = \dfrac{5}{3}x - \dfrac{15}{3}$;
$(AC) : y = 2x + 3$. (AB) et (BD) sont perpendiculaires.

3 parallèle : $x = k$; perpendiculaire : $y = k$.

4 **a)** $d_1 : y = 3x + 14$; **b)** $d_2 : y = -\dfrac{1}{3}x + \dfrac{2}{3}$.

5 $d_1 = (PK)$ a pour équation $y = \dfrac{1}{5}x + \dfrac{13}{5}$;
$d_2 : y = -5x - 13$.

6 $(ST) \,//\, (PU)$; leurs coefficients directeurs sont $-\dfrac{1}{4}$ et $\dfrac{b-5}{a-2}$. D'où $a + 4b = 22$.

7 R et C sont sur la médiatrice de $[TU]$. Or (TU) : $y = -4x - 3$. Cette médiatrice passe donc par le milieu $I(-\dfrac{1}{2}\,;-1)$ de $[TU]$ et a pour coefficient directeur $\dfrac{1}{4}$: son équation est $y = \dfrac{1}{4}x - \dfrac{7}{8}$. R est sur cette droite ; et I est le milieu de $[RC]$ donc $C(-\dfrac{5}{2}\,;-\dfrac{3}{2})$.

8 $d_1 \perp d'_3$; $d_2 \perp d'_1$; $d_3 \perp d'_4$; $d_4 \perp d'_2$.

9 **a)** $(AB) : y = \dfrac{5}{4}x + \dfrac{5}{4}$; $(BC) : y = -5$;
$(CA) : y = -5x + 20$. **b)** $h_A : x = 3$; $h_B : y = \dfrac{1}{5}x - 4$;
$h_C : y = -\dfrac{4}{5}x - 1$. H $(3\,; -\dfrac{17}{5})$.
c) $A'(0\,;-5)$; $B'(4\,;0)$; $C'(-1\,;0)$; $d_{A'} : x = 0$;
$d_{B'} : y = \dfrac{1}{5}x - \dfrac{4}{5}$; $d_{C'} : y = -\dfrac{4}{5}x - \dfrac{4}{5}$. $T(0\,; -\dfrac{4}{5})$.
d) $(AA') : y = \dfrac{10}{3}x - 5$; $(BB') : y = \dfrac{5}{9}x - \dfrac{20}{9}$;
$(CC') : y = -\dfrac{5}{6}x - \dfrac{5}{6}$. G $(1\,; -\dfrac{5}{3})$.
e) $(GT) : y = -\dfrac{13}{15}x - \dfrac{4}{5}$; et H appartient à (GT).

15 page 107

1 (A) équivaut à $y = -\dfrac{3}{2}x + 2$ et $y = x - 2$.
Intersection $E : \left(\dfrac{8}{5}\,;-\dfrac{2}{5}\right)$. $(B) : x = \dfrac{1}{4}\,; y = \dfrac{5}{2}$.
$(C) : x = 3$ et $y = 4$.

2 $d_1 : y = -2x + 3$ et $d_2 : y = -2x + \dfrac{7}{3}$. Elles sont parallèles. (S) n'a pas de solution.

3 **a)**

2	12	24	52	70
Tarif A : y	540	1080	2340	3150
Tarif B : y	810	1170	2010	2350

b) $y = 45x$; **c)** $y = 30x + 450$.
e) L'abscisse du point d'intersection est le nombre de séances pour lequel les deux formules coûtent le même prix. Son ordonnée est ce prix. L'achat de la carte est intéressant à partir de 30 séances.

4 **a)** $P_1 = 4C$; $P_2 = 2a + 8$. **b)** $x = 4$ et $y = 16$.
c) Les périmètres seront égaux pour $a = 4$ cm.

5 **a)** Pour la 2CV : $d = 90\,t$; pour la Ferrari : $d = 150\,(t - 2) = 150\,t - 300$. **b)** On trouve $x = 5$ et $y = 450$. **c)** D'après **b)** la Ferrari double la 2CV à 450 km de Paris : donc Paris-Lyon mesure 400 km.

16 page 109

1 $\overrightarrow{AM} + \overrightarrow{MP} = \overrightarrow{AP}$; **b)** $\overrightarrow{CN} + \overrightarrow{NK} = \overrightarrow{CK}$;
c) $\overrightarrow{AU} + \overrightarrow{UT} = \overrightarrow{AT}$; **d)** $\overrightarrow{AM} + \overrightarrow{MP} + \overrightarrow{PK} = \overrightarrow{AK}$;
e) $\overrightarrow{OE} + \overrightarrow{EU} + \overrightarrow{UZ} = \overrightarrow{OZ}$; **f)** $\overrightarrow{MP} + \overrightarrow{AM} + \overrightarrow{PR} = \overrightarrow{AR}$.

2 **a)** $\overrightarrow{DA} + \overrightarrow{DI} = \overrightarrow{DL}$; **b)** $\overrightarrow{DS} + \overrightarrow{SA} = \overrightarrow{DA}$;
c) $\overrightarrow{LI} + \overrightarrow{DI} = \overrightarrow{AD} + \overrightarrow{DI} = \overrightarrow{AI}$;
d) $\overrightarrow{SD} + \overrightarrow{SA} = \overrightarrow{LS} + \overrightarrow{SA} = \overrightarrow{LA}$; **e)** $\overrightarrow{AD} + \overrightarrow{AL} + \overrightarrow{IL} = \overrightarrow{AL}$.

3 a) d) g) h) vrai ; b) c) e) f) faux.

4

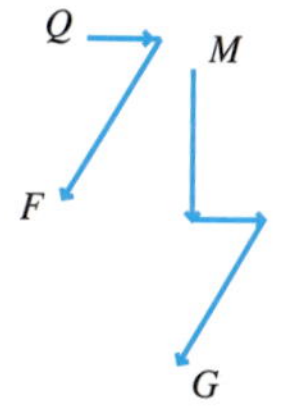

5 1) a) $\overrightarrow{SE} + \overrightarrow{KO} + \overrightarrow{RT} = \overrightarrow{OR} + \overrightarrow{KO} + \overrightarrow{RT} = \overrightarrow{KT}$; b) $\overrightarrow{LC} + \overrightarrow{OR} + \overrightarrow{LR} = \overrightarrow{OR}$ car milieu de $[CR]$; c) $\overrightarrow{OS} + \overrightarrow{CT} + \overrightarrow{ER} = \overrightarrow{CT}$ car $\overrightarrow{OS} + \overrightarrow{ER} = \overrightarrow{O}$ car *ROSE* est un parallélogramme.

2) • $\overrightarrow{SE} = \overrightarrow{OR}$ • *TROC* est un parallélogramme. • D'où $\overrightarrow{SE} = \overrightarrow{CT}$, ce qui prouve que *TESC* est un parallélogramme.

6 a)

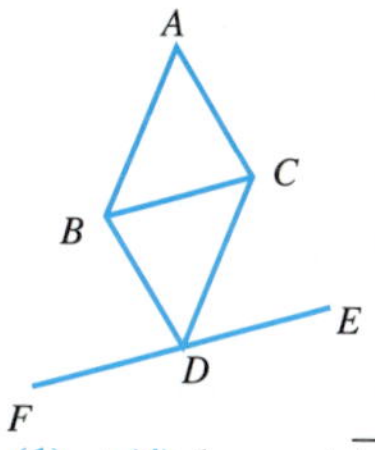

b) $\overrightarrow{AD} = \overrightarrow{AB} + \overrightarrow{AC}$ signifie que *ABCD* est un parallélogramme donc (1) $\overrightarrow{BD} = \overrightarrow{AC}$ et (2) $\overrightarrow{CD} = \overrightarrow{AB}$.

c) $\overrightarrow{DF} = \overrightarrow{CB}$ signifie que *BCDF* est un parallélogramme donc (3) $\overrightarrow{BF} = \overrightarrow{CD}$.
$\overrightarrow{DE} = \overrightarrow{BC}$ signifie que *BCED* est un parallélogramme donc (4) $\overrightarrow{CE} = \overrightarrow{BD}$

(1) et (4) donnent $\overrightarrow{AC} = \overrightarrow{CE}$ donc *C* milieu de $[AE]$.
(2) et (3) donnent $\overrightarrow{AB} = \overrightarrow{BF}$ donc *B* milieu de $[AF]$.

17 page 111

1 a) $\overrightarrow{AL}(8\,;2)$; $\overrightarrow{LI}(-2\,;-8)$; $\overrightarrow{IC}(-3\,;2)$; $\overrightarrow{CE}(-4\,;-3)$.

2 $U(3\,;3)$; $A(-3\,;4)$; $N(-3\,;2)$.

3 $\overrightarrow{RE} = \overrightarrow{AM}$ donne $E(2\,;-6)$. De même, on trouvera $T(4\,;8)$ et $C(-6\,;-2)$.

4 b) $U(7\,;1)$. c) $PL^2 = 52$; $PS^2 = 52$, *PLUS* est un losange. d) $LS^2 = PL^2 + PS^2$, *PLUS* est un carré.

5 a) $A'(3\,;-2)$; $B'(5\,;3)$; $C'(1\,;2)$.
b) $(AA') : x = 3$; $(BB') : y = x - 2$; $(CC') : y = -\frac{1}{2}x + \frac{5}{2}$.
G est le centre de gravité du triangle *ABC*.
c) $M(3\,;-5)$; $N(7\,;5)$; $P(-1\,;3)$.

6 b) $B'(1\,;-\frac{1}{2})$; $A'(0\,;\frac{5}{2})$; $C'(4\,;1)$.
c) $\overrightarrow{B'P} = \overrightarrow{BB'}$ d'où $P(-1\,;-5)$; $\overrightarrow{A'U} = \overrightarrow{AA'}$ d'où $U(-5\,;7)$; $\overrightarrow{C'L} = \overrightarrow{CC'}$ d'où $L(11\,;1)$. d) $\overrightarrow{LB}(-8\,;3)$; $\overrightarrow{BU}(-8\,;3)$; $\overrightarrow{UC}(2\,;6)$; $\overrightarrow{CP}(2\,;-6)$; $\overrightarrow{PA}(6\,;3)$; $\overrightarrow{AL}(6\,;3)$.

18 page 113

2 On construit *C* symétrique de *A* par rapport à *B'* ; puis *B* symétrique de *C* par rapport à *A'*.

3 a) Il s'agit de tracer la médiatrice de $[AA']$.
b) Tracer (BA) : elle coupe *D* en *M*. Tracer (BA') : elle coupe *D* en *N*. *B'* est l'intersection des droites (MA') et (AN). Même méthode pour *C'*.

4 b) $(F) \longrightarrow (F_2)$: symétrie centrale de centre *A* ;
$(F_1) \longrightarrow (F_3)$: symétrie centrale de centre *B*.
c) $(F_3) \longrightarrow (F_4)$: symétrie d'axe d_2 ;
$(F_3) \longrightarrow (F_5)$: translation de vecteur $2\overrightarrow{BA}$.

5 a) On obtient A_2 à partir de A_1 par la symétrie centrale de centre l'intersection des droites d_1 et d_2.
b) C'est le milieu du segment $[AA_2]$.
c) d_1 est la droite passant par *I* et le point trouvé au b) d_2 est la perpendiculaire à d_1 passant par le point trouvé au b).

6 a) b) e) vrai ; c) faux.

19 page 115

1 a) $V = \dfrac{230^2 \times 145}{3} \approx 2\,556\,833$ m³.
b) L'angle $\widehat{a}$ formé par une face de Chéops et le sol vérifie $\tan \widehat{a} = \dfrac{h}{1/2\ c}$, où *h* est la hauteur de Chéops et *c* la longueur d'un côté de sa base
donc $\tan \widehat{a} = \dfrac{145}{115} \approx 1{,}26$ et $\widehat{a} \approx 52°$.
Par suite, le demi-côté de base de Chepren est $\dfrac{136{,}5}{\tan 52°}$ d'où le côté de base mesure environ 214 m et son volume $\dfrac{214^2 \times 136{,}5}{3} \approx 2\,083\,718$ m³.
Une méthode analogue donne pour Mykérinos : $\frac{1}{2}$ côté de base ≈ 51,5 m et volume ≈ 233 986 m³.

2 $HA \approx SH \times \tan \alpha$ donc $HA \approx 2{,}9$ cm.
D'où $V = \dfrac{\pi \times HA^2 \times SH}{3} \approx 71$ cm³.

3 a) On a $\dfrac{x^2(h+2)}{3} = \dfrac{(x+2)^2 \times h}{3}$
d'où $x^2h + 2x^2 = (x^2 + 4x + 4) \times h$ soit $2x^2 = 4hx + 4h$ d'où $x^2 - 2hx - 2h = 0$; b) $x = 8$ donne $h \approx 3{,}5$ cm.

4 Hauteur du cornet ≈ 13,8 cm. Volume du cornet : $V \approx 90$ cm³. Volume d'une demi-boule de glace $V \approx 32{,}7$ cm³. Volume resté libre : 57,3 cm³ environ.

5 Volume de la partie cylindrique : ≈ 942 m³ d'où volume du toit : 53 m³.
Or, si *h* est la hauteur du toit, $l^2 = 5^2 + h^2$;
et $53 = \dfrac{\pi \times 5^2 \times h}{3}$ d'où $h \approx 2$ m et $l \approx 5{,}4$ m.

6 a) $AH = 3\sqrt{3}$ cm d'où aire $ABC = 9\sqrt{3}$ cm² ;
b) $AG = 2\sqrt{3}$ cm ; c) $SG^2 = 2\sqrt{6}$ cm ;
d) d'où $V = 54\sqrt{2}$ cm³.

7 Cube : $V = \dfrac{125}{3}$ cm³ ;
Parallélépipède : $V = 12$ cm³.

20 page 117

1 a) $BE \approx 12{,}7$ cm d'où aire $BEHC \approx 114{,}5$ cm².
La hauteur de la pyramide *ABEHC* est *AP* où *P* est le milieu de $[EB]$. $AP = \frac{1}{2}EB = \times 12{,}7 \approx 6{,}35$ cm ;
d'où $V \approx 242$ cm³.

b) On peut utiliser la même méthode qu'en **a)** ; ou : deux longueurs étant divisées par 2, le volume de *AIJKL* est divisé par 4 : il vaut donc environ 60,5 cm^3.

2 L'aire de base est $\pi \times 4^2 \approx 50$ m^2 ; la réduction des longueurs est de $\frac{2}{3}$ donc celle des aires est de $\frac{4}{9}$: il y a une surface de 22,2 m^2 de grain à l'air libre.

3 L'aire d'une face de la tente est $\frac{3 \times h}{2}$ où h est la hauteur de cette face ; $h^2 = 2^2 + 1{,}5^2$ d'où $h = 2{,}5$ m donc l'aire précédente mesure 3,75 m^2.
L'aire de la partie close de la face contenant la porte est de $3{,}75 \times \frac{1{,}2}{3} = 1{,}5$ m^2 et l'aire de l'ouverture est 3,75 – 1,5 = 2,25 m^2.

4 Hauteur du bocal : $h^2 = 60^2 - (20\sqrt{2})^2 = 2\,800$ donc h ≈ 53 cm.
Volume du bocal : $V = \frac{40^2 \times h}{3} \approx 28\,267$ cm^3.

Volume d'air dans le bocal : $v = 28\,267 \times \left(\frac{13}{53}\right)^3 \approx 417$ cm^3.

Le volume de l'eau est donc : 28 267 – 417 ≈ 27 850 cm^3 soit 27,85 litres.

5 Volume multiplié par 8 ⟶ aire multipliée par 4 : elle est donc de 312 m^2 le mardi. Les longueurs ont été multipliées par 2 : la hauteur était donc de 2 m le lundi.

6 La hauteur d'une face de Chéops mesure $\sqrt{115^2 - 45^2} \approx 185$ m.
Il s'agit donc de placer un triangle de base et hauteurs proportionnelles à 230 m et 185 m dans une feuille de format 21 cm et 29,7 cm : un triangle proportionnel de hauteur 21 cm aurait une base de $\frac{21 \times 230}{185}$ soit 26,1 cm < 29,7 cm.
La réduction est donc de $\frac{21}{18\,500}$ soit ≈ 0,1135 %.
La hauteur de la maquette est 145 × 0,1135 % m soit 16,5 cm.

21 page 119

1 1er : = 64 F/kg. 2e : ≈ 66,67 F/kg.

2 5 kg coûteraient 171,50 F environ.

3 **a) b) d)** : Faux ; **c) e) f)** : Vrai.

4 Le second.

5 af - bh - cl - dk - cg.

6

		ANCIENS PRIX			
		120	80	250	300
SOLDES	5 %	114	76	237,5	285
	10 %	108	72	225	270
	20 %	96	64	200	240
	30 %	84	56	175	210

7 **a)** 10 % ; **b)** 21 %.

8 **Temps :** Ⓐ 1 min ; Ⓑ 40 s ; Ⓒ 30 s.
Distance : Ⓐ 16,7 km ; Ⓑ 14,3 km ; Ⓒ 8,3 km.

22 page 121

1 **a) b) c) e) f)** oui ; **d)** non.

2 **a)** $f(-3) = 9$; $f(4) = -5$; $g(-3) = -6$; $g(4) = 1$.
c) $f(x) = g(x)$ équivaut à $-2x + 3 = x - 3$, c'est-à-dire à $x = 2$; c'est l'abscisse du point d'intersection de d_1 et d_2.
d) $f(x) > g(x)$ équivaut à $x \leqslant 2$: c'est-à-dire l'ensemble des valeurs de x pour lesquelles d_1 est au dessus de d_2.

3 **a)** d_3 $(x = 1{,}5)$ **b)** $d_1 : y = -\frac{1}{3}x + \frac{8}{3}$ $d_2 : y = -x + 1$ $d_4 : y = -2$.

4 **a)** $0 \leqslant x \leqslant 5{,}5$ **b)** $f(x) = \frac{3x \times 4}{2} = 6x$;
c) g $(x) = \frac{(19 - 3x) \times 4}{2} = 38x - 6x$ f et g sont affines ;
d) $f(x) = g(x)$ donne $x \approx 3{,}17$.

5 **a)** $p(x) = 12x + 50$; $k(x) = 12x + 100$;
b) $p(12) = 12 \times 12 + 50 = 194$: Fabien a 194 F.
k$(x) = 194$ équivaut à $12x + 100 = 194$,
c'est-à-dire $x \approx 7{,}8$. Ils pourront jouer 7 parties.

23 page 121

1

Âge	1	2	3	4	5	6	7	8	Total
Effectif	2	4	2	6	3	3	5	6	31
Fréquence	2/31	4/31	2/31	6/31	3/31	3/31	5/31	6/31	1
Fr. en %	6,5	12,9	6,5	19,3	9,7	9,7	16,1	19,3	100 %

Nombre de jours moyen :

$$\frac{1 \times 2 + 2 \times 4 + 3 \times 2 + \ldots + 8 \times 6}{31} \approx 5 \text{ jours}$$

2 **a)** Moyenne de la classe : 10 … oui ! **b)** Note "13" : fréquence : $\frac{3}{28} \approx 10{,}7$ % ; Note "16" : $\frac{2}{28} \approx 7{,}1$ % ;

Note "12" : $\frac{5}{28} \approx 17{,}9$ %.

c) Une note qui apparaît une seule fois a une fréquence de 3,5 %; deux fois, une fréquence de 7 %. Les seules notes n'apparaîssent qu'une fois sont : 3 ; 4 ; 5 ; 8 ; 10 ; 14 et 15. **d)** Le mode est 12.

3 La moyenne augmente de 3.

4 **a)** $m_1 = 3{,}5$; $m_2 = 3{,}1$; $m_3 = 3{,}4$.

b) $\frac{m_1 + m_2 + m_3}{3} = \frac{10}{3} \approx 3{,}33$; $M = \frac{100}{30} = \frac{10}{3} \approx 3{,}33$.

Les deux valeurs sont égales. Ce n'est pas toujours le cas.

5 **a)** Une médiane est 3 ; la moyenne est 2,75.
b) 2.2.5.5.

1 page 128

1 Potatoes D – bags D – luggage I – cheese I – suitcase D – bread I – dogs D – boys D – exercises D – food I.

2 **1.** Ø ; **2.** Ø ; **3.** is ; **4.** piece of ; **5.** a ; **6.** coffee.

3 BBC 1 : man, women ; BBC 2 : mice ; ITV : is, piece.

4 **1.** one dog, one cat, one child, one room. **2.** an interesting piece of news. **3.** one little mouse, one big sheep. **4.** a beautiful piece of furniture. **5.** one penny.

5 **1.** boxes : seul pluriel régulier. **2.** information : indénombrable. **3.** chair : seul dénombrable. **4.** room : le seul à la fois dénombrable et indénombrable.

2 page 130

1 **1.** a lot of ; many ; a few ; little ; all.

2 1 C ; 2 E ; 3 A ; 4 B ; 5 D.

3 Much : 1, 3, 7 ; every : 4, 5, 8, 10, 12 ; several : 2, 6, 9, 11 ; a few : 2, 6, 9, 11.

4 1, a few ; 2, some ; 3, several ; 4, every ; 5, plenty of ; 6, all.

5 **1.** I have got some good friends but not many. **2.** There are a few things that I want to discuss with her. **3.** I know a lot of people who would like to go there.

3 page 132

1 **1.** does (et pas do). **2.** Do you love me ? Of course I do. **3.** isn't (et pas doesn't be). **4.** do you understand ?… **5.** prefers (et pas prefer).

2 **1.** is playing, plays, is playing. **2.** do you believe…?, am not driving. **3.** do they know…? **4.** live. **5.** does she like…?, is reading. **6.** do not understand, are you trying…?

3 1. A ; 2. A ; 3. A ; 4. A ; 5. A.

4 A. 3 ; B. 1 ; C. 2 et 4.

5 He : 1 C, 2 B, 3 A ; we : 2 A, 5 B ; 1 she A, 4 she B.

4 page 134

1 Was ; did he live ; what (job) did he do ; did he put.

2 Action terminée, date précisée : 2, 5, 6 ; action passée interrompue par une autre : 1, 3, 4.

3 A : knew, was hunting, saved, illustrated, became. B : was playing, ordered, brought, became.

4 **1.** discovered. **2.** heard/was preparing. **3.** used to. **4.** decided. **5.** was doing/stole. **6.** did you meet. **7.** did you leave.

5 page 136

1 **1.** 's ; **2.** 's ; **3.** 's ; **4.** 's ; **5.** ' ; **6.** 's ; **7.** 's ; **8.** 's.

2 **1.** people's ; **2.** everybody's, nobody's ; **3.** Englishman's ; **4.** mare's ; **5.** cat's ; **6.** one's, people's ; **7.** hour's ; **8.** camel's.

3 **1.** girlfriend's sister ou sister's girlfriend. **2.** teachers' advice. **3.** mother's coats. **4.** yesterday's newspaper. **5.** bus ticket. **6.** village pub. **7.** ten minutes' break.

4 **1.** the baker's ; **2.** the doctor's ; **3.** the hairdresser's ; **4.** the chemist's ; **5.** the florist's.

5 **1.** mine ; **2.** yourself ; **3.** herself ; **4.** your, husband's ; **5.** each other.

6 page 138

1 **1.** such ; **2.** what ; **3.** so ; **4.** what ; **5.** such an ; **6.** did.

2 **1.** Charles'sister is such a pretty girl ! **2.** The skyscraper is so tall ! **3.** What a terrible nightmare I had last night ! **4.** We had such lovely weather in Ireland ! **5.** How easy these exercises are !

3 A 3 ; B 1 et 5 ; C 2 ; D **4.**

4 such ; how ; how ; so ; so ; what.

7 page 140

1 **1.** for ; **2.** since ; **3.** for ; **4.** since ; **5.** for ; **6.** since ; **7.** for ; **8.** for ; **9.** for ; **10.** since ; **11.** for.

2 **1.** have not eaten. **2.** went. **3.** have not been. **4.** did you see. **5.** has never played. **6.** have just received. **7.** gave up. **8.** began. **9.** has not come. **10.** have never heard

3 **1** : a, b, e ; **2** : c, d ; **3** : g ; **4** : f, h ; **5** : g ; **6** : f, h.

4 **1.** has been, since. **2.** have been living, for. **3.** has had, for. **4.** have been, since. **5.** has been standing, for. **6.** has been, since.

8 page 142

1 **1.** as soon as ; **2.** already ; **3.** yet ; **4.** as soon as ; **5.** again.

2 **1.** is, made ; **2.** originate ; **3.** comes ; **4.** wanted ; **5.** do you know.

3 **1.** c ; **2.** a.b ; **3.** b ; **4.** d ; **5.** d ; **6.** c.

4 1 D ; 2 C ; 3 A ; 4 B.

5 **1.** going ; **2.** flying ; **3.** still ; **4.** again ; **5.** yet.

9 page 144

1 **1.** If I b ; **2.** If I a ; **3.** If I b ; **4.** What b ; **5.** What c.

2 **1.** if ; **2.** wishes ; **3.** were ; **4.** horses ; **5.** beggars ; **5.** would ; **7.** ride.

3 **1.** he sang…, he'd become… **2.** she'd go… if she felt… **3.** he'd like it if he taught… **4.** if he spoke…, he'd find… **5.** she'd help her if she didn't… **6.** she'd do it if she could. **7.** he wouldn't go… if it hurt.

4 **1.** What would she like (to have) for her birthday ? **2.** How many children have they got ? **3.** How old are you ? **4.** What is he like ? **5.** How often do you go to the swimming-pool ? **6.** How long have they known each other ? **7.** Whose idea was it ? **8.** How far is it from here ?

10 page 146

1 1. wasn't able ; **2.** will be able ; can't ; can ; can't.

2 could give ; were able to buy ; will be able to decorate ; can paint.

3 **1.** I have never been able to walk on my hands. **2.** I am sure he can't be serious ! **3.** Can you give us a little more time to do the exercise ?

4 **1.** could swim. **2.** won't be able to phone. will be able to come. **3.** have you been able to do. **4.** couldn't do. **5.** haven't been able to find.

5 A 1 à A 5 : could ; A 8 à D 8 : able ; C 3 à C 5 : can ; C 7 à H 7 : manage.

11 page 148

1 1 a,c ; 2 b, d ; 3 a, c ; 4 b, d ; 5 a, c.

2 **1.** wear… clothing. **2.** use buttons… clothing. **3.** use them… clothing. **4.** remain… you are married. **5.** wear… dresses. **6.** wear jewelry or cosmetics.

3 **1.** mustn't. **2.** don't have to. **3.** doesn't have to. **4.** mustn't. **5.** mustn't. **6.** doesn't have to. **7.** don't have to.

4 **1.** She had to do the exercise all over again. **2.** He doesn't have to come if he doesn't want to. **3.** You'll have to be very careful when driving in Scotland. **4.** You needn't wash the plates, we've got a dishwasher. **5.** You don't have to shout, my grand father is not deaf.

5 1 c ; 2 a ; 3 d ; 4 b.

12 page 150

1 **1.** You had better listen to me instead of dreaming. **2.** Jenny might/could arrive soon. **3.** Will you give me a cup of tea ? **4.** You should/ought to listen to the news more often. **5.** Shall we go for a walk ?

2 1 b, c ; 2 d ; 3 e ; 4 a.

3 **1.** should be ; **2.** should not be ; **3.** should be ; **4.** should come.

4 **1.** It may not rain today. **2.** Shall I start reading. **3.** Shall we go to the seaside for the week-end ? **4.** You should stop smoking

5 **1.** been able ; **2.** should ; **3.** have to ; **4.** managed ; **5.** ought to ; **6.** had to ; **7.** can ; **8.** would have to.

13 page 152

1 **1.** isn't it ? **2.** doesn't it ? **3.** has it ? **4.** doesn't he ? **5.** doesn't she ? **6.** didn't it ? **7.** didn't he ? **8.** hasn't it ?

2 1 c ; 2 a ; 3 f ; 4 e ; 5 b ; 6 d ; 7 g.

3 **2.** I do ; **3.** I won't ; **4.** I don't ; **5.** I haven't ; **6.** I didn't ; **7.** I will ; **8.** I'm not ; **9.** They're not ; **10.** I can.

4 **1.** does roast goose. **2.** is roast pork. **3.** can roast duck. **4.** do roast goose and roast duck.

5 **1.** He is interested in archeology and so is his wife. **2.** Jane is never late and neither is her sister. **3.** Let's go home, shall we ? **4.** You have never been to Dublin, have you ?

14 page 154

1 **1.** to lay ; **2.** renting ; **3.** standing ; **4.** to keep ; **5.** to wear ; **6.** lose ; **7.** watching ; **8.** living ; **9.** having ; **10.** to be.

2 **2.** The teacher expexts the girls to set the oven… **3** et **4.** The teacher orders the girls to wash their hands and weigh the ingredients. **5** et **6.** The teacher wants the girls to wash the rice and grease the dish.

3 **1.** sailing ; **2.** surfing ; **3.** skiing ; **4.** horse riding ; **5.** hiking.

4 1 b ; 2 d ; 3 c ; 4 a.

5 I enjoy *swimming*. I love *sunbathing*… I can ~~to~~ go… nobody makes me ~~to~~ do… afraid of *being* late…

15 page 156

1 **1.** who ; **2.** whom ; **3.** whom ; **4.** who ; **5.** who ; **6.** whom.

2 **1.** I went to ; **2.** whose ; **3.** which ; **4.** Ø; **5.** that.

3 Who ; whose ; hers.

4 **1.** The point of view I most agree with is his. **2.** The boy she was waiting for finally arrived. **3.** « Who is the woman you are smiling at ? » his wife asked. **4.** The doctor you have called for seems to be very efficient. **5.** The glasses you have been looking for are under your nose. **6.** The movie star everybody is talking about lives next door.

5 **1.** This is Mr. Brown, who is the mayor of our village. **2.** Here is the teacher who wanted to talk to you. **3.** I've seen the film which is on at the Odeon. **4.** We go to a pub which is called the Horse Shoe.

16 page 158

1 Small, smaller, the smallest – expensive, more expensive, the most expensive – good, better, the best – difficult, more difficult, the most difficult – far, farther, the farthest – thin, thinner, the thinnest – fat, fatter, the fattest – bad, worse, the worst – heavy, heavier, the heaviest – late, later, the latest.

2 **1.** It is the strangest story I have ever heard ! **2.** I have never seen a horse asleep. **3.** This home-made apple-pie is really delicious. **4.** Copper isn't so valuable as gold.

3 **1.** TV isn't so (ou as) interesting as it used to be. **2.** Coffee is better than tea. **3.** The World Trade Center is higher than the Eiffel Tower. **4.** You are as fresh as a daisy. **5.** Boxing is more dangerous than golfing. **6.** He is as cool as a cucumber. **7.** The Thames is not so (ou as) long as the Amazon. **8.** Oxford is older than Cambridge.

4 **1.** strange-looking pumpkin. **2.** jet-black eyes. **3.** hand-made hat. **4.** snow-white hair. **5.** red-eyed witch.

5 1 E ; 2 C ; 3 A ; 4 B ; 5 D.

17 page 160

1 **2.** 40 ml milk, salt and pepper should be added to the grated cheese. **3.** the toast should be buttered and the mixture of cheese and milk should be spread… **4.** Each Welsh rarebit can be decorated… **5.** The Welsh rarebits should be replaced… and cooked… **6.** They should be served hot.

2 **1.** I was given a walkman for my birthday. **2.** We are never told the truth. **3.** She was offered a dozen roses. **4.** The records will be brought. **5.** I am always asked funny questions. **6.** He can be shown different shoes.

3 **1.** The English team has won the match. **2.** The German rider jumped a clear round. **3.** The secretary is typing the letter. **4.** The municipality held the Festival. **5.** Twenty people were following him.

4 **1.** have been received. **2.** to be tried. **3.** to be occupied. **4.** shot. **5.** seized.

18 page 162

1 **1.** When we explained, he had understood. **2.** When we arrived, the film had started. **3.** When the birds began to sing, the rain had stopped. **4.** When the storm broke out, we had got home. **5.** When they went to bed, they had had a few drinks.

2 **1.** a, d ; **2.** a ; **3.** a, d ; **4.** b ; **5.** a ; **6.** c, e.

3 **1.** He told her he didn't want to see her. **2.** She asked me if had brought my book. **3.** He said he wouldn't do it. **4.** He asked her who she was writing to. **5.** They told us we would have to take sleeping bags with us. **6.** She said there was a spider under her bed. **7.** He told me he had seen an eagle once.

4 **1.** W. Churchill said that they would never surrender. **2.** Shakespeare said that uneasy lay the head that wore a crown. **3.** G. Orwell said that all animals were equal, but some animals were… **4.** J. Steinbeck said that Texas was… that had come… people either passionately loved… hated it. **5.** J. Glenn said that they, …, had a mission… they were helping… that had kept… **6.** J.F. Kennedy said that man held…

1 page 167

1 Il s'agit de 2 caryotypes humains. Le second comporte une anomalie (47 chromosomes dont 1 chromosome sexuel *X* en trop). Le sexe de l'individu d'où provient ce caryotype est masculin (présence du chromosome *Y*) mais le chromosome *X* supplémentaire est à l'origine des troubles de l'appareil reproducteur et du retard mental.

2 Gène – homologues – différentes – gène – « saine » – maladie – « malade » – la mère.

3 Pour être atteinte de la myopathie, une fille devrait recevoir 2 fois la forme « malade » du gène, ce qui est improbable. Autres anomalies : hémophilie, daltonisme…

4 Mot manquant : CHROMOSOME.

2 page 169

1 7 chromosomes – non – cellule reproductrice : spermatozoïde – nombre caractéristique : 14 chromosomes – cette cellule est issue d'une division cellulaire appelée méiose.

2 Elles ne peuvent pas se diviser.

3

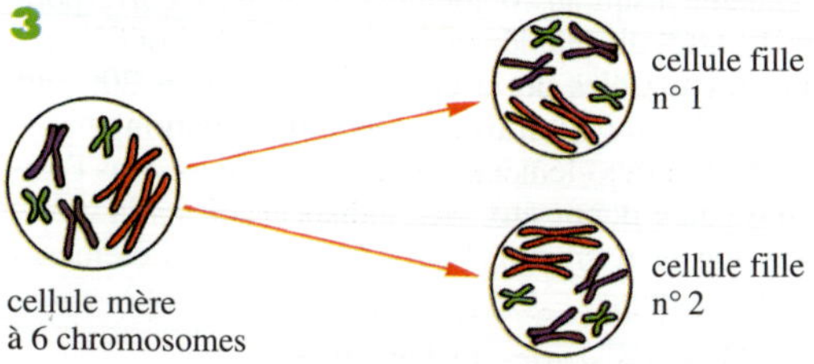

La reproduction est conforme car chacune des cellules filles possède le même nombre de chromosomes que la cellule mère.

4

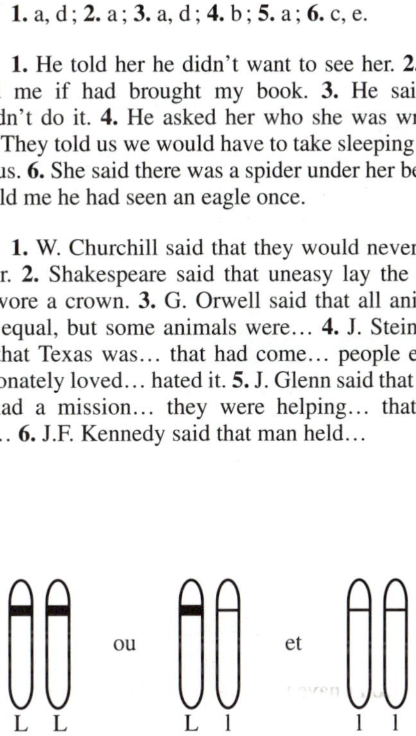

3 page 171

1 Voir schéma page suivante.

2

1. estomac	**7.** digestion
2. molécule	**8.** tube
3. eau	**9.** chyle
4. enzyme	**10.** intestin
5. foie	**11.** dents
6. nutriment	

3 salive – bile – suc pancréatique – suc intestinal.

4 2 – 1 – 3 – estomac (2) – intestin grêle (1) – colon (3).
Les aliments ne transitent pas par le foie ou le pancréas.

4 page 173

1 La vascularisation importante, observée au niveau des anses intestinales ainsi que des villosités, favorise l'absorption intestinale, permettant un passage rapide et efficace des nutriments du milieu extérieur vers le milieu intérieur.

2 Le conseil 2 est à suivre car le tissu graisseux se constitue à partir des lipides mais aussi des glucides en excès dans le sang.

3 Surface = 0,002 cm^2 × 20 = 20 m^2.
20 m^2 × 20 = 400 m^2 au total.
Oui, la grande surface favorise l'absorption intestinale.

Exercice 1 page 171

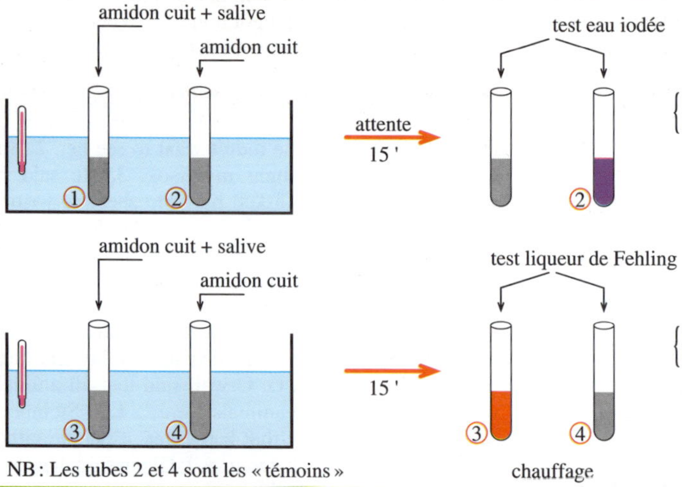

en ① : pas de réaction
en ② : précipité violet } résultats
donc l'amidon a été digéré par la salive

en ③ : précipité rouge brique
en ④ : pas de réaction } résultats
donc le produit de cette digestion est un sucre simple

4

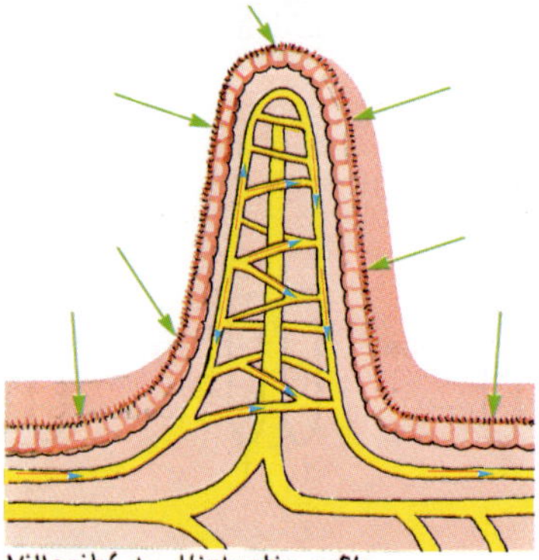

Villosité de l'intestin grêle

5 page 175

1

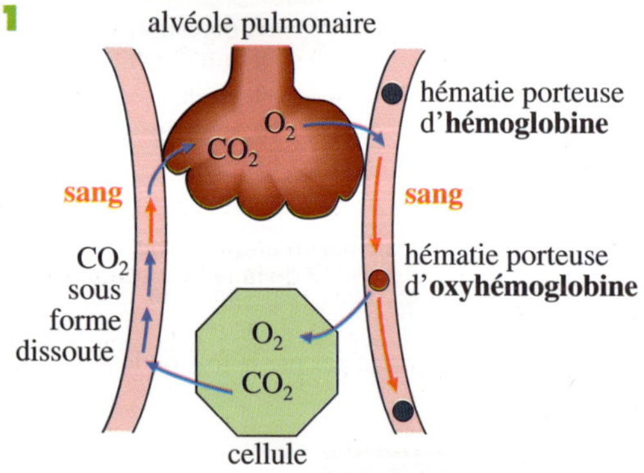

2 Dioxygène – métabolites (glucides, lipides) – CO_2 – intense – énergie.

3 C'est un témoin. Cette expérience sert de référence. On élimine le CO_2 produit par le muscle car on veut mesurer les variations du dioxygène.

- En A, le niveau du liquide coloré s'est déplacé. Ceci s'explique par une absorption de gaz par le muscle.
- Il est constitué de cellules.
- Le muscle utilise le dioxygène car ses cellules réalisent la respiration cellulaire.

4 MÉTABOLITES.

6 page 177

1 Le graphique peut être découpé en 4 parties :

- Avant l'injection de sel : le débit urinaire est stable (100 ml/h).
- Après l'injection, on note une chute du débit à 25 ml/h.
- Pendant 2 heures, le débit se stabilise à 25 ml/h.
- Le débit augmente de nouveau pour retrouver sa valeur initiale.

Conclusion : Le rein a joué son rôle de régulateur du milieu intérieur en réduisant la quantité d'urine produite et donc le volume d'eau rejeté par l'organisme, afin de compenser la trop forte concentration du sang en sel, due à l'injection intraveineuse de NaCl.

2 Régulateur.

3 • Souligner : urée – acide urique.

- Le tube de la machine remplace les tubes urinifères.
- Rôle : épurateur de déchets.
- Pour permettre une grande surface de passage des déchets, du sang vers le liquide contenu dans la machine.

4 Couleurs à placer sur le schéma : rouge pour protéines, lipides, hématies ; vert ammoniaque ; toutes les autres en bleu.

7 page 179

1 Les rats du lot ① ont une courbe de croissance ascendante jusqu'au 20e jour de l'expérience correspondant à l'arrêt du supplément de lait frais. Le lot ② présente des troubles de la croissance jusqu'au 20e jour (introduction du lait frais dans leur alimentation).
Il existe d'autres éléments que ceux contenus dans l'aliment de base donné aux rats, indispensables à la croissance. On peut émettre l'hypothèse que ces éléments sont les vitamines.

2 Glucides : caries, diabète, obésité.
Lipides : maladies cardio-vasculaires, obésité, cancer du colon.

3 **A** : cécité ; **B1** : béribéri ; **C** : scorbut ; $\mathbf{B_{12}}$: anémie ; **D** : rachitisme.

4 Peu d'activité : menu **2**.
Sportif : menu **4**.
Femme enceinte : menu **1**.
Menu **3** à éviter car trop riche en glucides et lipides.

8 page 181

1

1. veine cave supérieure	**7.** artère pulmonaire
2. valvule sigmoïde	**8.** veines pulmonaires
3. oreillette droite	**9.** oreillette gauche
4. valvule auriculo-ventriculaire	**10.** ventricule gauche
5. veine cave inférieure	**11.** ventricule droit
6. artère aorte	**12.** cloison inter-ventriculaire

2 **A.** systole auriculaire. **D.** fermeture des valvules auriculo-ventriculaires. **C.** systole ventriculaire. **B.** diastole.

4 Myocarde. C'est le nom du tissu cardiaque.

9 page 183

1 On sait que les veines contiennent des membranes appelées valvules en « nid de pigeon ». Elles empêchent le sang de repartir en arrière, facilitant son ascension vers le cœur, contre la pesanteur.
En fait, d'autres mécanismes interviennent aussi : aspiration cardiaque, muscles qui compressent les veines…

2 La veine cave, l'oreillette droite, le ventricule droit et l'artère pulmonaire sont en bleu. Le reste est en rouge.

3 L'artère a une paroi épaisse, élastique et circulaire. La veine a une paroi plus mince, non élastique et déformable.

4 $\frac{N}{2} + 1 = 7 \Rightarrow \frac{N}{2} = 6 \Rightarrow N = 12.$

10 page 185

1 Mots à souligner : chronique - pathologique.
L'hypertension est une maladie chronique. Elle se caractérise par une valeur élevée de la pression du sang dans les artères. C'est une maladie très fréquente et grave, puisqu'elle peut entraîner la mort.

2
- Certains organes voient leur débit augmenter (muscles, peau, cœur) alors que d'autres ont leur débit qui diminue (organes de l'abdomen, reins) ou qui reste inchangé (cerveau).
- Le débit sanguin total augmente pendant l'effort.
- L'organisme s'adapte à l'effort en modifiant la distribution du sang aux organes suivant leur fonction et leur besoins du moment.

3 La nicotine provoque une augmentation du rythme cardiaque. À long terme, une fatigue du cœur est à craindre ainsi qu'une hypertension artérielle.

4 SÉDENTARITÉ.

11 page 187

1 On reconnaît sur la photo 1, 2, 4 les zones correspondant respectivement à l'exploitation des messages visuels, auditifs et tactiles. La photo 3 est le témoin au repos.

2 Volontaires : 3 – 4 – 6 – Réflexes : 1 – 2 – 5 – 7.

3 SCINTIGRAPHIE.

12 page 189

1 La sensibilité au froid et au chaud n'est pas identique en tous points. Cela s'explique par l'existence de 2 types de récepteurs (au froid et au chaud) localisés à des endroits différents.

2

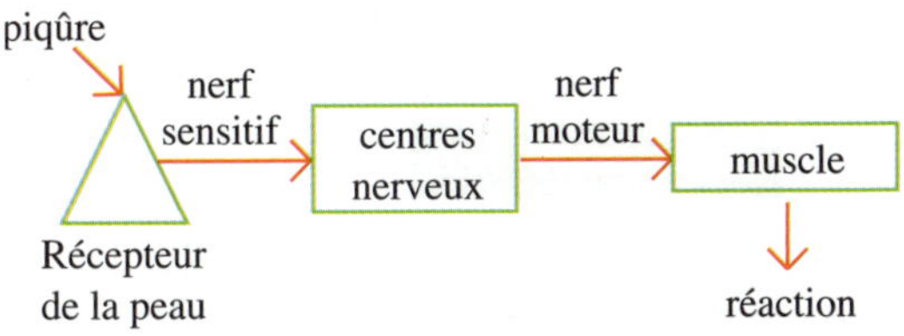

3 Fibre nerveuse. Prolongement d'un neurone.

4 **1.** Synapse. **2.** Neurone. **3.** Nerf. **4.** Récepteur.

13 page 191

2 Conséquences physiologiques	Conséquences psychologiques
Maux de tête Vomissements Coma - décès Érosions des muqueuses Lésions foie-reins et système nerveux Rougeurs Ulcération	Ivresse Hallucinations Stupeur Ébriété Modifications de la personnalité

Elles sont passées dans le sang au niveau des alvéoles pulmonaires puis ont été véhiculées par le système circulatoire jusqu'aux différents organes.

3 Appareil reproducteur : impuissance – Foie : cirrhose – Cerveau : délire. Syst. cardio-vasculaire : rougeur, hypertension, défaillance cardiaque. Reins : insuffisance rénale. Estomac : ulcère.

4 Ce graphique représente l'évolution du poids et de la taille de nouveau-nés en fonction du nombre de cigarettes consommées par la mère pendant la grossesse.
Le tabac provoque une baisse de la taille et du poids du fœtus. Il perturbe donc sa croissance.
Ces substances sont passées du sang de la mère à celui de l'enfant, via le placenta, zone d'échanges entre le fœtus et la femme.

14 page 193

1 Après prélèvement d'un organe dans un centre spécialisé, on établit le groupe sanguin et le groupe des marqueurs du soi du donneur. Ces données sont introduites dans l'ordinateur central du centre receveur qui déterminera un receveur compatible. À partir du sérum de ce dernier, on effectuera les tests de compatibilité qui permettront de prendre ou non la décision de greffe.

2 **Virus** : grippe, varicelle, rougeole. **Bactéries** : tuberculose, coqueluche, choléra, tétanos. **Champignon** : teigne. **Protozoaire** : paludisme.

3 VARICELLE.

4 **a)** antigène : toxine tétanique ; **b)** la bactérie doit produire la toxine en quantité suffisante ; **c)** c'est le fonctionnement des neurones qui va être perturbé. Les neurones transmettant les messages nerveux aux muscles, la maladie se traduira par des troubles musculaires.

15 page 195

1 L'injection de toxine tétanique provoque la mort des souris *A*.
Les souris *B* ayant reçu l'anatoxine survivent à la toxine, car elles ont fabriqué des anticorps lors de la première injection.
Les souris *C* ont reçu le sérum (et donc les anticorps) de la souris *B* et résistent donc également à la toxine tétanique.

2 **1.** attraction **2.** enveloppement **3.** digestion **A.** bactéries **B.** macrophage **a.** cytoplasme **b.** noyau **c.** membrane cellulaire **d.** pseudopode **e.** vacuole digestive.

3 • Non, l'organisme ne réagit pas de la même façon. • La réponse secondaire est plus rapide (elle apparaît juste après le contact avec l'antigène) et plus forte (taux d'anticorps plus élevé) que la réponse primaire. • La mémoire immunitaire est mise ici en évidence. • L'organisme est prêt à réagir dès le contact avec l'antigène et en produisant une grande quantité d'anticorps.

4 Mots à placer sur le schéma.
Antigène pénétrant dans l'organisme
Immunité *non spécifique*
Immunité *spécifique*
lymphocytes *T*
lymphocytes *B*
MÉMOIRE
anticorps

16 page 197

1 Voir schéma en bas de page.

2 **Paragraphe 1** (1 à 8) : Pasteur cultive les bactéries responsables du choléra et entretient avec soin ses cultures.
Paragraphe 2 (9 à 15) : Pasteur s'aperçoit que des souches « vieillies » ne déclenchent pas la maladie chez les poules.
Paragraphe 3 (16 à 22) : L'injection de bactéries actives à des poules ayant été inoculées par les microbes « vieillis » ne provoque pas leur mort alors qu'elle tue les autres poules.
Pasteur a découvert la vaccination.
L'application est l'immunisation systématique des populations contre différentes maladies (immunité acquise de façon active).

3

	Burton	Di George
Symptômes	Infections bactériennes	Mycoses et infections virales
Antigènes	Bactéries	Champignons, virus
Éléménts du syst. imm.	Lymphocytes *B*	Lymphocytes *T*

4 pollen → rhume des foins
produits chimiques → eczéma
venin d'abeille → œdème
poils de chat, acariens → asthme

17 page 199

2 Après avoir isolé le gène responsable de la production de l'hormone de croissance d'une cellule humaine, on le découpe et on l'insère dans un plasmide préalablement extrait d'une bactérie et ouvert. Le plasmide est ensuite réintroduit dans la bactérie qui va se multiplier, permettant la production de l'hormone de croissance en grande quantité.
Cette production peut être utile pour traiter des enfants dont l'organisme ne produit pas (ou pas assez) d'hormones de croissance (nains hypophysaires).

3 **1.** 1. Bactérie. 2. Levure. 3. Virus.
2. 1. 4 µ. 3. 0,17 µm.

Exercice 1 page 197

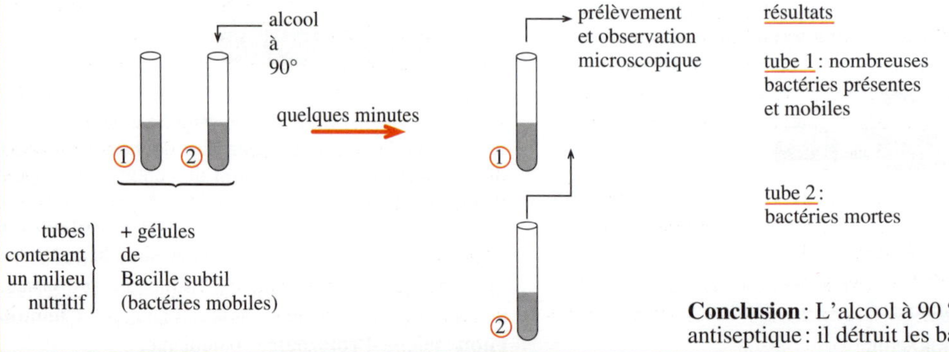

Conclusion : L'alcool à 90 °C est un antiseptique : il détruit les bactéries.

1 page 203

1 a) Finlande, Estonie, Lettonie, Lituanie, Pologne, Tchécoslovaquie, Hongrie, Yougoslavie, Autriche. **b)** Allemagne, Russie, Bulgarie, Autriche-Hongrie, Empire ottoman. **c)** Par le corridor polonais.

2 **1.** français 1915 – **2.** allemand – **3.** américain – **4.** sénégalais – **5.** russe – **6.** français 1914.

3 **Bataille de la Marne** : 6-13 sept. 1914 – **Verdun** : fév.-déc. 1916 – **Entrée en guerre des États-Unis** : 2 avril 1917 – **Traité de Brest-Litovsk** : 3 mars 1918 – **Traité de Versailles** : 28 juin 1919.

4 **Conséquences démographiques** : 10 M de morts, déficit des naissances – **économiques** : destructions matérielles, baisse de la production, économie de guerre à reconvertir – **financières** : inflation, 50 % des réserves d'or aux États-Unis – **territoriales** : l'Allemagne perd 15 % de son territoire, création de 9 États, disparition des empires, Alsace-Lorraine rendue à la France – **sociales** : émancipation des femmes – **politiques** : revendications des peuples colonisés – **morales** : perte des anciennes valeurs.

2 page 205

1 **Construction d'une économie collectivisée** : 3e puissance industrielle, priorité à l'industrie lourde, collectivisation des terres, plans quinquennaux, sovkhozes, kolkhozes, stakhanovisme – **Société nouvelle** : société sans classe, égalité des droits des hommes et des femmes, accès à l'instruction – **Totalitarisme stalinien** : terreur, parti unique, dictature, propagande, bureaucratie, goulag.

2 **1.** Nep – **2.** Kolkhoze – **3.** Armée rouge – **4.** Tcheka – **5.** Gosplan – **6.** Sovkhoze – **7.** Bolchevik – **8.** Koulak – **9.** Soviet – **10.** Goulag – **11.** Pravda – **12.** Prolétariat – **A** Nomenklatura.

3 a) Le marteau de l'ouvrier, la faucille de la kolkhozienne veulent mettre à l'honneur les héros de la construction de l'URSS.

4 Armée rouge, guerre civile, 1921, Staline, 1940, Mexique, Staline… **Trotski.** – Conseil des Commissaires du peuple, prolétariat, communisme, Nep… **Lénine.** – 1922, Trotski, 1953… **Staline.**

3 page 207

1 **Introduction** : Pour sortir de la crise, Roosevelt tente une nouvelle politique : intervention de l'État dans l'économie. **1)** Le succès de Roosevelt aux élections (nov. 32, le démocrate Roosevelt devant Hoover républicain, sur son programme « la nouvelle donne »). **2)** Les mesures (lois sur l'agriculture, l'industrie, la banque, l'administration, dévaluation, grands travaux, T.V.A.). **3)** Le bilan (la production se redresse mais le chômage demeure, Roosevelt est critiqué par les milieux d'affaires). **Conclusion** : Désormais, l'État intervient dans la vie économique et sociale.

3 • **Crise de 1929** : crise boursière et bancaire : faillites et licenciements → chômage → baisse de la consommation → baisse de la production et des prix.
• **New Deal** : investissements de l'État → création d'emplois → augmentation du revenu et de la consommation → hausse de la production → impôts.

4

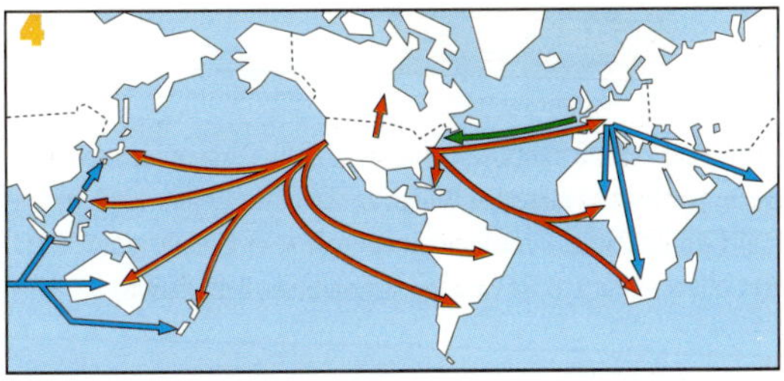

4 page 209

1 a) Ce document est la reproduction de la « une » du journal *Le Populaire* paru le 4 mai 1936. **b)** élections législatives de mai 1936. **c)** crise économique, sociale, politique. **d)** sortir le pays de la crise et lutter contre le fascisme. **e)** partis radical, communiste et SFIO. **f)** *Le Populaire* est le journal de la SFIO.

2 Renault, Michelin, Citroën.

3 Paris à New York – Maryse Bastié – Costes et Bellontes – Atlantique – Mermoz – Dakar/Rio, Citroën, Beyrouth/Pékin – Irène et Frédéric Joliot-Curie.

5 page 211

1 a) une jeune démocratie – création du NSDP – putsch manqué de Munich en 1923. **b)** la crise économique, sociale et politique favorise la montée du nazisme, succès aux élections, Hitler chancelier en 1933. **c)** dictature nazie, persécution des juifs. **d)** politique de réarmement, d'agressions et de conquêtes.

2 a) Hitler a écrit *Mein Kampf* (Mon combat) en prison après l'échec du putsch de Munich en 1923. **b)** L'État raciste est au service de la race aryenne. **c)** Éliminer les non-aryens, assurer la domination sur les autres peuples d'Europe, conquérir des territoires pour lui assurer son espace vital. À son arrivée au pouvoir, Hitler a préparé l'élimination des juifs et la guerre.

3 **Fascisme** : Duce, Parti national fasciste, OVRA, Chemises noires, Balilla, Dopolavoro.
Nazisme : Führer, Parti national-socialiste, Gestapo, SS, Jeunesses hitlériennes.

4 **Faisceaux de combat** portés par les licteurs de la Rome antique dans les triomphes, symboles de gloire et de victoire.
Croix gammée (Svastika) symbole très ancien qui représente la régénération de l'univers par l'action.

5 • **Italie** : marche sur Rome, nov. 1922 – dictature fasciste, 1925 – conquête de l'Éthiopie, 1935 – axe Rome-Berlin, 1936 – chute de Mussolini, 1943.

• **Allemagne** : République, 1918 – Hitler, chancelier en 1933 – lois de Nüremberg, 1935 – conférence de Münich, sept. 1938 – début de la guerre mondiale, 1er sept. 1939 – capitulation allemande, 8 mai 1945.

6 page 213

1 a) Défaite française en mai-juin 1940, l'Assemblée donne les pleins pouvoirs au maréchal Pétain, armistice du 17 juin 1940. **b)** Travail-Famille-Patrie, « révolution nationale ». **c)** Collaboration, STO. **d)** Collaboration avec la Gestapo, arrestations, déportations.

3 **Les nazis :**
pillent les ressources : rationnement alimentaire, pillage des industries et matières premières, réquisitions, impôts, tributs ; asservissent les hommes : STO ; dominent l'Europe : occupation, collaboration, milices, LVF ; contrôlent les esprits : propagande ; font régner la terreur : SS, Gestapo, déportations, génocide, décret « Nuit et brouillard ».

4 **Jean Moulin** → crée le CNR → unité de tous les réseaux de résistants sous l'autorité de la France libre. **Henri Frenay** → chef du réseau Combat → journal clandestin et résistance. **Maurice Schuman** → porte-parole de la France libre → émission « Les Français parlent aux Français ». **Colonel Rémy** → Deuxième bureau de la France libre → réseau de renseignements. **Emmanuel d'Astier de la Vigerie** → chef du réseau **Libération** → journal clandestin et résistance. **Général Leclerc** → FFL → participation aux actions militaires alliées. **Colonel Fabien** → FTP → réseau communiste. **Vaillant** → FFI → lutte armée pour la libération.

5 **1945 Janvier** : libération d'Auschwitz – 11 M de morts dans les camps nazis – 6 M de juifs. **Février** : Yalta – Staline, Churchill et Roosevelt décident de la fin de la guerre en Europe. **Mai** : capitulation de l'Allemagne – Berlin et l'Allemagne divisées en 4 zones d'occupation. **Juin** : conférence de San Francisco – création de l'ONU. **Août** : Hiroshima, Nagazaki, bombes atomiques. **Septembre** : capitulation du Japon. **Octobre** : procès de Nüremberg – 24 nazis jugés pour crimes contre l'humanité.

7 page 215

2 • **États-Unis** : Europe occidentale, démocraties libérales, capitalisme, OTAN, Plan Marshall, CEE.
• **URSS** : Europe de l'Est, démocraties populaires, communisme, économie collectivisée, Pacte de Varsovie, CAEM.

3 **a)** San Francisco, 1945, 51, plus de 170, Casques bleus, Bouthros Gali, New York. **b)** bleu : Conseil de sécurité, secrétariat permanent – orange : Assemblée générale des Nations unies – vert : Cour internationale de justice. **c)** États-Unis, Royaume-Uni, France, Chine, CEI. **d)** FAO : lutte contre la faim – UNICEF : éducation – OMS : santé – UNESCO : culture – FMI : finances – GATT : commerce et tarifs douaniers.

8 page 217

2

NPI	Hong Kong : 14 000 $/hab./an	Taïwan : 8670 $/hab./an.
Pétrole	Arabie Saoudite : 7 328 $/hab./an	Qatar : 19 700 $/hab./an.
PMA	Mali : 295 $/hab./an	Pakistan : 380 $/hab./an

3 **1947** → indépendance de l'Inde → partition de l'Inde et du Pakistan. **1954** → 1er novembre, insurrection de la Toussaint → début de la guerre d'Algérie. **1954** → Accords de Genève → fin de la guerre d'Indochine. **1955** → Conférence de Bandoeng → mouvement des non-alignés. **1959** → révolution cubaine → pays lié à l'URSS à proximité des États-Unis. **1967** → guerre des Six Jours → territoires occupés par Israël. **1973** → baril de pétrole → début de la crise économique mondiale.

4 **Empires des Indes** : Angleterre, Parti du Congrès, Gandhi, 1947, négociée. **Indochine française** : France, Vietminh, Hô-chi-minh, 1954, violente. **Sénégal** : France, Union progressiste sénégalaise, Senghor, 1960, négociée. **Algérie** : France, FLN, Ben Bella, 1962, violente. **Congo belge** : Belgique, Mouvement national congolais, Patrice Lumumba, 1963, violente. **Mozambique** : Portugal, Frelimo, Samora Machel, 1975, violente.

9 page 219

1 **a)** Courbe représentant la valeur en milliards de dollars du commerce mondial de 1950 à 1990. **b)** La courbe croît lentement jusqu'en 1970, rapidement jusqu'à 1980, puis elle devient irrégulière. Connaissant une chute brutale en 1987, elle semble croître à nouveau. **c)** Le libre-échange après 45 a favorisé les échanges internationaux. La crise actuelle liée aux difficultés financières rend la situation instable et la concurrence vive.

2 Automobile, téléphone, transistor, lave-linge, appareil photo, télévision, WC intérieur, salle de bains, aspirateur, moulin à café électrique, tourne-disque, réfrigérateur, brosse à dent, chauffe-eau.

3 **Club de Rome** → 1968 → a annoncé la fin de la croissance économique. **Accords de Bretton Woods** → 1944 → définition des monnaies par rapport au dollar. **Plan Marshall** → 1947 → 12 milliards de dollars pour reconstruire l'Europe. **CECA** → 1951 → Communauté économique pour le charbon et l'acier. **PAC** → 1962 → Politique agricole commune. **GATT** → 1947 → Accords pour la libéralisation du commerce mondial.

10 page 221

1 **a.** Vert : suffrage universel – bleu : président de la République, président du Conseil et gouvernement – orange : Parlement. **b.** Élection du président de la République, des députés de l'Assemblée nationale, élection indirecte des sénateurs, référendum. **c.** Le président de la République est élu par le Parlement. L'Assemblée peut faire démissionner le gouvernement après une motion de censure.

2

1944-1954	*Ordonnance du 21-4-1944* : vote et éligibilité des femmes. *Ordonnance du 4-10-1945* : Sécurité sociale. *Loi du 11-2-1950* : SMIG.
1974-1980	*Loi du 5-7-1974* : majorité à 18 ans. *Loi Veil du 17-1-1975* : autorise l'interruption volontaire de grossesse.
1981-1988	*9-10-1981. Loi d'abolition n° 81-908* de la peine de mort. *Ordonnances du 16-1-1982* : fixant à 39 heures la durée légale de la semaine de travail et instituant la 5e semaine de congés payés.

3 **Pouvoir exécutif** : président de la République, Premier ministre et gouvernement, gouverner le pays, faire exécuter les lois votées par le Parlement, diriger l'administration. **Pouvoir législatif** : le Parlement composé de l'Assemblée nationale et du Sénat, délibérer, voter les lois et le budget.

4 **De Gaulle** : Nouveau Franc, Accords d'Évian, crise de mai 1968, publicité à la TV.
Giscard : crise économique mondiale, Ariane.
Mitterrand : TGV, décentralisation, radios privées.

1 page 223

1 a) D'ouest en est : maritime, français, rhénan. **b)** au nord et à l'est.

2 Voies ferrées : 26 % ; routes : 59 % ; voies d'eau : 3,5 % ; oléoducs : 11,5 %.

3 **1.** Guadeloupe ; **2.** Martinique ; **3.** Guyane ; **4.** Réunion ; **5.** Saint-Pierre et Miquelon ; **6.** Nouvelle Calédonie ; **7.** Polynésie française ; **8.** Wallis et Futuna ; **9.** Mayotte ; **10.** Terres australes et antarctiques françaises.

2 page 225

1 Ile-de-France, Rhône-Alpes sont fortement peuplées ; Champagne-Ardennes, Limousin, Auvergne sont faiblement peuplées.

2 + 5 M : Paris ; + 1 M : Lyon, Marseille ; + 600 000 : Lille, Bordeaux, Toulouse ; + 400 000 : Nantes, Nice, Toulon, Grenoble, Strasbourg, Rouen.

3 **a)** Base élargie : natalité en hausse ; rétrécie : en baisse ; constante : stable. **b)** Sommet étroit : 3e âge peu important ; large : important. **c)** Baby-boom. **d)** Classes creuses. **e)** Surmortalité masculine. **f) Baisse de la natalité :** contraception, élévation du niveau de vie, travail féminin. – **Allongement de l'espérance de vie :** amélioration de la médecine, hygiène, alimentation. – **Vieillissement de la population :** charges plus lourdes pour la population active, retraites difficiles à payer, dynamisme moins grand du pays.

3 page 227

1 **a)** Allemagne. **b)** Europe communautaire (CEE) marché commun, Imp. : 57,9 %, Exp. : 61,1 % ; **c)** Afrique francophone, autres pays du tiers monde.

2 **Rose :** régions industrielles dynamiques. **Gris :** régions industrielles en crise. **Vert :** régions faiblement industrialisées mais attractives. **Trait violet** pour emplois dans l'industrie.

3 1955 – : 10 – engrais – × 4,5 – rendement – × 3,5 – × 2 – 5 – productive.

4 page 229

1 **a)** New York, La Nouvelle Orléans, Philadelphie, Hampton Roads, Houston, Bâton Rouge, Mobile, Tampa, Long Beach. **b)** Atlantique, golfe du Mexique. **c)** Façade atlantique : poids historique et économique du Nord-Est ; golfe du Mexique ; pétrole ; Sun Belt.

2 Vérifier avec votre manuel ou un atlas.

3 **b)** Marchandises : voie ferrée, route, oléoducs, voie fluviale, voie aérienne. Voyageurs : route, voie aérienne, voie ferrée.

5 page 231

1 **b)** Baby-boom. 1942-1965. Baisse de la natalité. **c)** La mortalité continue de baisser. Progrès de la médecine, hygiène, alimentation. **d)** Accroissement naturel : 15 ‰ ou 1,5 % en 1955, 8 ‰ ou 0,8 % en 1990 → stagnation.

2 Densité > 100 hab. : Mégalopolis de Chicago, New York, Los Angeles, San Francisco. 50 % de la population dans le quart nord-est, cela s'explique par l'histoire, les conditions géographiques, l'économie ; développement économique et migrations sur la façade pacifique. De 100 à 50 hab. : façade pacifique, est du Mississippi. < 25 hab. : les Rocheuses.

3 Vérifier avec un manuel ou un atlas. (Remarque : les flux de retraités vont vers la Floride.)

6 page 233

1 En baisse : secteur primaire (agriculture très productive) et secondaire (automatisation, robotisation). En hausse : secteur tertiaire (société post-industrielle).

2 **a)** Graphique des exportations de produits agricoles par les États-Unis et la CEE en milliards de dollars ; de 1982 à 1989. **b)** Chute de 1984 à 1986, remontée depuis 1986. **c)** Oui, car les exportations agricoles de la CEE sont en hausse constante.

3 **Marron :** ancienne région industrialisée. **Vert :** nouvelle. **T :** technopole. **Ligne rouge :** limite climat attractif. **Flèches bleues :** flux d'immigrés. **Cercles noirs :** centres. **Flèches vertes :** déplacement des industries.

7 page 235

1 **a)** 70 % de la population à l'ouest de l'Oural, foyers de peuplement en Asie centrale. **b)** Slaves : Russie, Ukraine, Biélorussie ; peuples d'Asie centrale, Caucasiens, autres peuples. **c)** Slaves : baisse de la natalité ; peuples d'Asie centrale, Caucasiens : natalité forte.

2 Froid – aridité – cultivables – inégalement répartis – l'Oural – transports – communications – agricole – industrielle – 70 % – Oural – transsibérien – avion – énergétiques – minières.

3 **b)** Armes nucléaires : Russie, Ukraine, Biélorussie, Kazakstan. – Économie indépendante : Russie, Ukraine, Biélorussie. – Économie dépendante : la plupart des autres. – Les plus riches : Russie, Biélorussie. – Les moins riches : Asie centrale. – Ressources énergétiques et minières : Azerbaïdjan, Russie, Ukraine, Asie centrale.

1 page 239

1 **a)** *élasticité* – aptitude à reprendre sa forme ;
plasticité – aptitude à garder la forme qu'on lui donne ;
dureté – aptitude à être déformé et à conserver la forme acquise ;
malléabilité – aptitude à être aplati en feuille.
b) Bijou – or – *malléabilité* ;
cloche – bronze – *dureté* ;
casserole – cuivre – *conductibilité* ;
tuyau – plomb – *plasticité* ;
ressort – acier – *élasticité* ;
avion – aluminium – *légèreté*.

2 **a)** Les déchets recyclables sont ceux que l'on peut « récupérer » après traitements : papier, carton, matières plastiques, chiffons, métaux. **b)** Les verres sont directement réutilisables. **c)** Certaines sont brûlées avec récupération de chaleur, et d'autres comme le PVC (bouteilles) sont réutilisées pour la fabrication d'objets non alimentaires (tuyaux, tubes).

3 **a)** *Caravane :* polyesters ; *toile de tente :* polyamide ; *appareil photographique :* styrénique.
b) *Vinyliques* (gaines de fils électriques) ; *styréniques* (tableau de bord) ; *polyuréthannes* (sièges) ; *polyamides* (courroies de transmission) ; *polyesters* (pare-chocs, carrosserie).
c) *Polyamide* (éléments de porte de réfrigérateur et petit électroménager) ; *polyuréthannes* (sièges, literie, décoration).

4 **a)** Les perches des sauteurs sont de plus en plus légères. **b)** Les matériaux composites sont beaucoup plus résistants que l'acier, et beaucoup plus légers.

2 page 241

1 L'échelle de la maquette sera $E = \dfrac{5 \text{ cm}}{5 \times 10^{-13}} = 10^{13}$.

a) $D_e = 10^{13} \times 10^{-13}$ cm = 1 cm. $D_a = 10^{13} \times 10^{-8}$ cm = 10^5 cm = 1000 m.
b) La maquette devrait être constituée par un « noyau » de 5 cm de diamètre autour duquel tournerait, à 500 m de distance un « électron » de 1 cm de diamètre.

2 **a)** Le nombre N_1 d'atomes sur une file de 1 cm sera :

$$N_1 = \frac{1 \text{ cm}}{0{,}1 \text{ nm}} = \frac{10^7 \text{ nm}}{10^{-1} \text{ nm}} = 10^8.$$

On les comptera en $\dfrac{10^8}{2} = 5 \times 10^7$ s. = 578 j 16 h 53 min 20 s.

b) Le nombre d'atomes de fer sera :

$$N_2 = \frac{1 \text{ g}}{9{,}27 \times 10^{-26} \text{ kg}} = \frac{10^{-3}}{9{,}27 \times 10^{-26}} = \frac{10^{23}}{9{,}27} = 10^{22}.$$

3 **a)** L'ion Fe(II) est un atome de fer qui a perdu 2 électrons : il porte donc 2 charges positives.
b) $Fe - 3e^- \rightarrow Fe^{3+}$ (3 charges positives) ; $Cu - 2e^- \rightarrow Cu^{2+}$ (2 charges positives) ; $Al - 3e^- \rightarrow Al^{3+}$ (3 charges positives) ; $Zn - 2e^- \rightarrow Zn^{2+}$ (2 charges positives).

4

5 Zinc – Zn ;
Mercure – Hg ;
Or – Au ;
Cuivre – Cu.

3 page 243

1 **a)** F ; **b)** V ; **c)** F ; **d)** V.

2 Le cuivre et l'aluminium sont moins chers que l'argent.

3

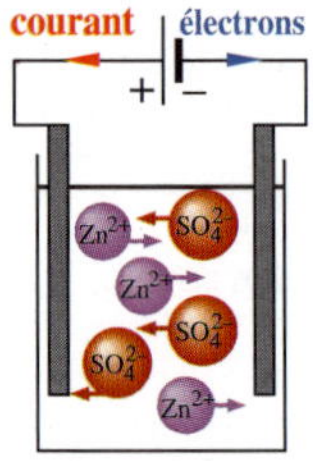

4 **a)** $v = 0{,}04$ cm.s^{-1}
$v = 0{,}4 \times 60$ mm.min^{-1}
$v = 24$ mm.min^{-1}.
b) Un électron parcourt 1 m (ou 1 000 mm) en $\dfrac{1\,000 \text{ mm}}{24 \text{ mm.min}^{-1}} = 42$ min.

5 **a)** Maison – *noyau* ; famille – *électrons* ; enfants turbulents – *électrons libres* ; village – *conducteur*.
b) Les enfants turbulents sont attirés par la fête comme les électrons libres par le pôle positif du générateur : ils se déplacent tous dans le même sens.

4 page 245

1 **a) et b) Réactifs :** carbone, hydrogène, dioxygène.
Produits : dioxyde de carbone (on vérifie avec l'eau de chaux), eau (on vérifie avec le sulfate de cuivre anhydre).
c) Bois + dioxygène → dioxyde de carbone + eau.

2 Ils contiennent tous des atomes de carbone et d'hydrogène qui apparaissent dans les produits.

3 **a)** Oxyde de fer magnétique : Fe_3O_4 (3 atomes de fer et 4 atomes d'oxygène) ; oxyde ferrique Fe_2O_3 (2 atomes de fer et 3 atomes d'oxygène). **b)** Les proportions relatives d'oxygène et de fer ne sont pas identiques avant la réaction. **c)** La combustion du soufre donne soit du dioxyde de soufre (SO_2), soit du trioxyde de soufre (SO_3).

4 La balance est équilibrée au début de l'expérience. On brûle la paille de fer, et la balance se déséquilibre en penchant du côté du fer oxydé.

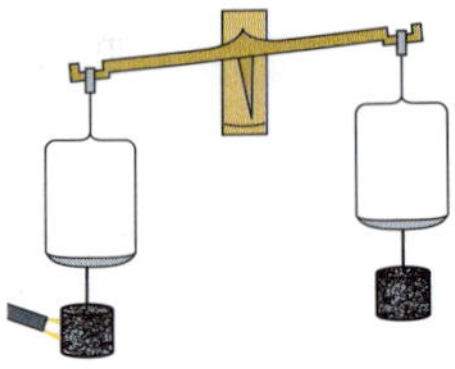

5 **a)** *Polychlorures de vinyle :* tuyau d'arrosage, bouteilles ; *polystyrènes :* emballage ; *polyamides :* fils, chemises ; *polyesters :* toitures translucides.
b) La combustion des matières plastiques produit de nombreux gaz toxiques.

5 page 247

1 **a)** *figure 1 :* les clous ne rouillent pas ; *figure 2 :* les clous rouillent légèrement ; *figure 3 :* les clous rouillent au bout de quelques jours ; *figure 4 :* les grains de fer rouillent rapidement.
b) Les paramètres pris en compte sont : présence d'air, humidité, état du fer (divisé ou non). Pour tirer une conclusion l'expérimentateur ne fait varier entre deux expériences qu'un seul paramètre. Pour les verres *3* et *4*, c'est l'état du fer qui change. **c)** La rouille se forme d'autant mieux que le fer est divisé, et en présence d'air humide.

2 cuivre + dioxygène → oxyde de cuivre (II)

$$2Cu + O_2 \rightarrow 2CuO$$

3 *Grille de jardin :* peinture ; *grillage :* peinture ou plastification ; *bassine :* zingage (ou zincage) ; *vis :* graisse ; *coque de navire :* revêtement métallique ou peinture.

4 L'acier « inox ».

5 **a)** $2C + O_2 \rightarrow 2CO$. **b)** $3CO + Fe_2O_3 \rightarrow 2Fe + 3CO_2$.

6 page 249

1 Le bon test est d'approcher une allumette enflammée ; on entend un bruit caractéristique.
a) La soucoupe permet de détecter la vapeur d'eau ; **b)** Le point incandescent, le dioxygène ; **c)** l'eau de chaux le dioxyde de carbone.

2 **a)** Placer la matière à tester dans l'acide chlorhydrique, et noter les observations. **b)** Le cuivre et les matières plastiques ne réagissent pas ; les autres matériaux produisent un dégagement de dioxyde de carbone.

3 **a)** Ion chlorure (Cl^-) ; ion hydrogène (H^+) ;
b) **Réactif de l'ion chlorure :** l'ion argent (Ag^+) qui donne un précipité blanc de chlorure d'argent. **Réactif de l'ion hydrogène :** l'ion carbonate (CO_3^{2-}) qui donne un dégagement de dioxyde de carbone.

4 **a)** aluminium + acide chlorhydrique → dihydrogène + chlorure d'aluminium ;
zinc + acide chlorhydrique → dihydrogène + chlorure de zinc ;
b) $Al + (H^+ + Cl^-) \rightarrow H_2 + (Cl^- + Al^{3+})$.
$Zn + (H^+ + Cl^-) \rightarrow H_2 + (Cl^- + Zn^{2+})$.
c) $2Al + 6H^+ + 6Cl^- \rightarrow 3H_2 + 6Cl^- 2Al^{3+}$.
$Zn + 2H^+ + 2Cl^- \rightarrow H_2 + 2Cl^- + Zn^{2+}$.

5 **a) a.** La balance est équilibrée ; **b.** On fait réagir la craie avec l'acide chlorhydrique ; **c.** On repose le flacon sur le plateau.
b) $CO_3^{2-} + 2H^+ \rightarrow CO_2 + H_2O$; **c)** Les produits ont la même masse que les réactifs ; **d)** La masse du clou rouillé est supérieure à 4 g car l'oxyde est composé à partir d'atomes d'oxygène et de fer.

7 page 251

1 **a)** Cuve à électrolyse, tige d'étain, solution contenant des ions « étain », générateur de courant continu.

b)

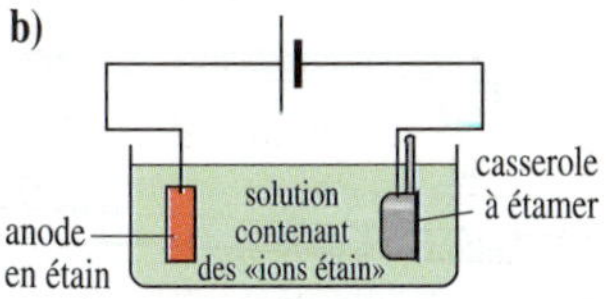

c) **A l'anode :** $Sn - 2e^- \rightarrow Sn^{2+}$; **à la cathode :** $Sn^{2+} + 2e^- \rightarrow Sn$.

2 **a)** L'ion fer (II) (Fe^{2+}) et l'ion sulfate (SO_4^{2-}) ; la poudre peut être du sulfate de fer. Elle ne contient pas d'ions chlorure.
b) $2OH^- + Fe^{2+} \rightarrow Fe(OH)_2$ et $Ba^{2+} + SO_4^{2-} \rightarrow BaSO_4$.

3 $Fe_2O_3 + 2Al \rightarrow Al_2O_3 + 2Fe$; $2CuO + C \rightarrow 2Cu + CO_2$.

4 **a) Réactifs :** fer, ions sulfate, ions cuivre(II) ; **produits :** ions fer(II), cuivre, ions sulfate.

$$Fe + Cu^{2+} + SO_4^{2-} \rightarrow Fe^{2+} + Cu + SO_4^{2-}.$$

b) Masse de fer = 875 g ; masse de cuivre = 1 142,8 g

8 page 253

1 **a)** Si le courant « tourne » comme l'indique la lettre *S* on regarde une face sud ; sinon une face nord (figure **a**).

a)

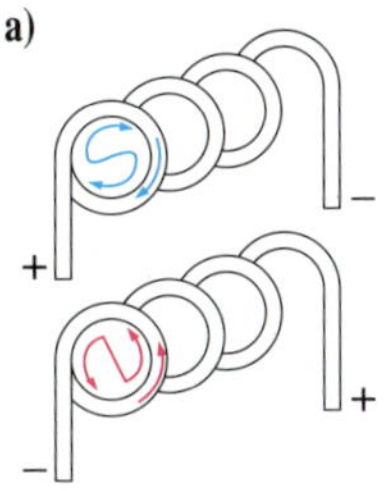

b)

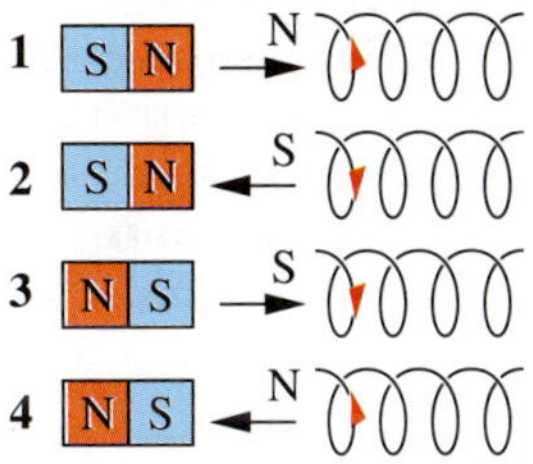

c) La face Nord s'oppose à l'approche du pôle nord de l'aimant ; la face Sud s'oppose à l'éloignement du pôle nord de l'aimant ; la face Sud s'oppose à l'approche du pôle sud de l'aimant ; la face Nord s'oppose à l'éloignement du pôle sud de l'aimant.

2 **1)** alternatif ; **2)** alternatif ; **3)** continu.

3 **a)** $U_m = 0{,}5 \times 2 = 1\,V$; $T = 10\ ms \times 6 = 60\ ms$.
b) Les diodes vont s'allumer alternativement, car le sens du courant change périodiquement.

9 page 255

1 **a)** fil rouge (fil de phase) ; fil bleu (fil neutre) ; fil vert et jaune (fil de terre). Les couleurs sont normalisées. **b)** Non.

c)

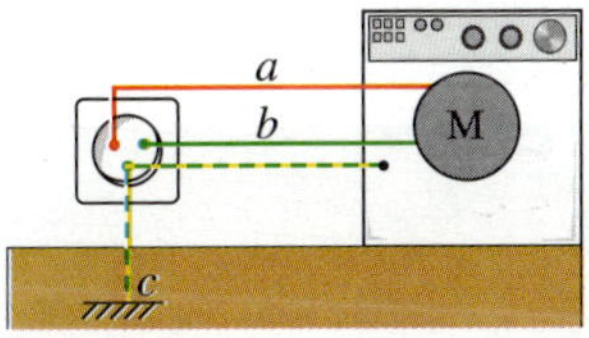

d) L'intensité qui circule dans le fil de phase est inférieure à celle qui circule dans le fil neutre, et le disjoncteur déclenche.

e) Il ne se passe rien car l'intensité est la même dans le fil de phase et le fil neutre.

2 Les oiseaux ne sont en contact qu'avec un seul fil à la fois.

3 **a)** V ; **b)** F ; **c)** F ; **d)** V ; **e)** F ; **f)** V.

4

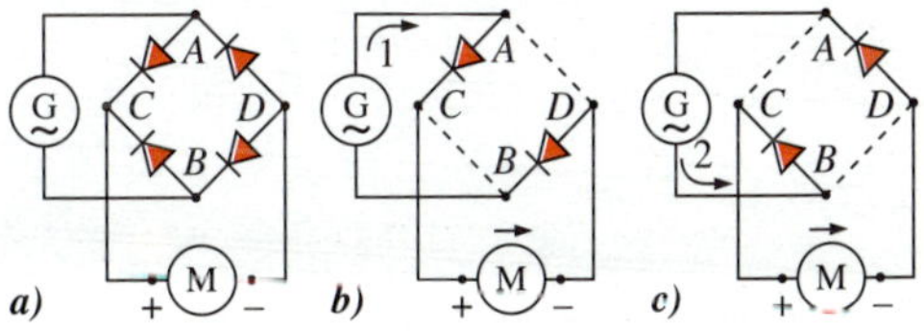

d) Le moteur tourne toujours dans le même sens car le courant est continu.

10 page 257

1 **a)**

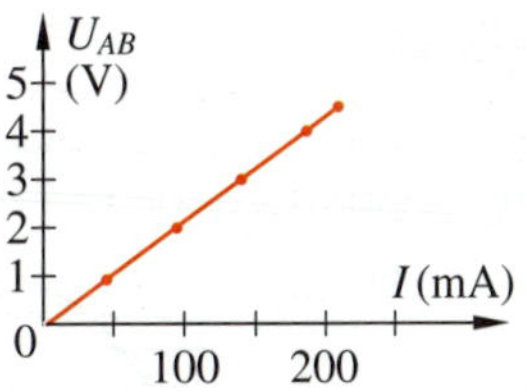

b) *R* est la pente de la droite si *I* est exprimée en A.

$$R = \frac{4}{0{,}180} = 22\ \Omega.$$

2 La consommation varie selon l'heure de la journée, et l'occupation quotidienne. Elle est la plus faible au milieu de la nuit, et devient la plus forte dans la matinée.

3 a) $E = P \times t$; E en Joule ; P en Watt et t en seconde.
Énergie consommée par le moteur (E_m) *:*
$E_m = 700 \times 40 \times 60 = 1\ 680\ 000$ J = 0,46 kWh.
Énergie consommée par la résistance (E_r) *:*
$E_r = 3\ 000 \times 55 \times 60 = 9\ 900\ 000$ J × 2,75 kWh.
Énergie électrique consommée : $E_m + E_r = 11\ 580\ 000$ J = 3,21 kWh.
b) *Prix de revient d'une lessive* : 0,60 × 3,21 = 1,92 F.

4 a) La puissance dissipée par le résistor sera au maximum $R \times I_m^{\ 2}$; donc $330 \times (0{,}015)^2 = 0{,}07$ W. Le résistor marqué $\frac{1}{4}$ W sera donc suffisant.
b) La puissance maximale dissipée par le résistor sera :
$15 \times (0{,}15)^2 = 0{,}337$ W; il faut choisir le résistor marqué $\frac{1}{2}$ W.

11 page 259

1 a) $v_1 = 122{,}4$ km.h⁻¹ ; $v_2 = 108\ 000$ km.h⁻¹ ;
$v_3 = 1\ 674$ km.h⁻¹ ; $v_4 = 0{,}000\ 36$ km.h⁻¹.
b) Temps en secondes : (13 × 60) + 2,75 = 782,75 s.
$v = \dfrac{5\ 000}{282{,}75} = 17{,}68$ ms.⁻¹.
c) En une seconde, le point parcourt autant de fois la circonférence de la roue que celle-ci effectue de tours ; donc $V = 2\pi R\omega$.
Application : la grande aiguille fait 24 tours en une journée ; sa pointe parcourt donc $2\pi \times 15 \times 24 = 2\ 260{,}8$ cm = 22,6 m.

2 a)

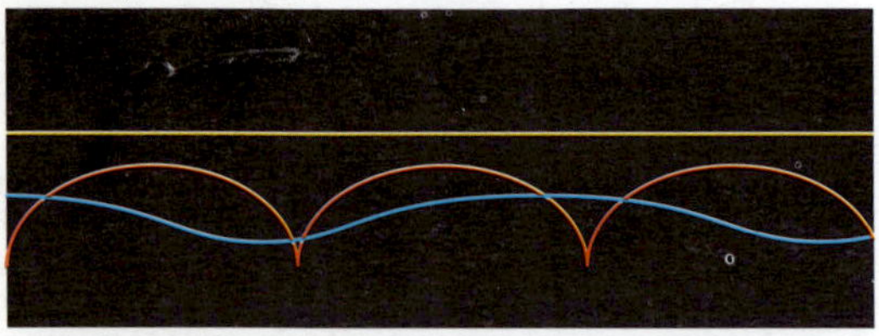

b)

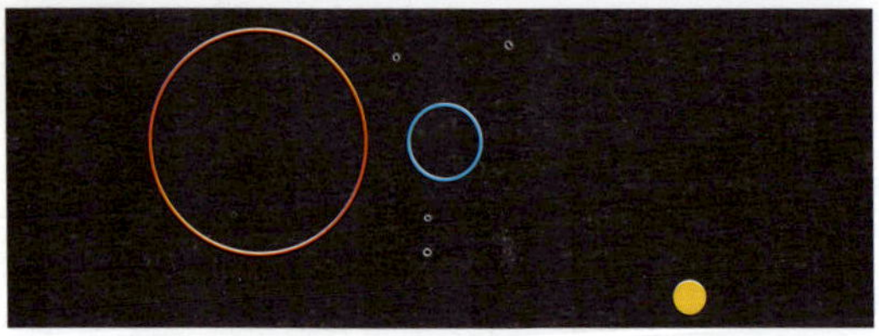

3 a) Elle est sur une marche de l'escalier avec un ami.
b) Elle marche sur l'escalier mécanique.
c) Elle descend l'escalier mécanique qui monte.

4 a) $V = 2\pi R\omega_R = 2\pi \times 0{,}75 \times 1{,}6 = 7{,}5$ m.s⁻¹.
b) $\omega_r = \dfrac{V}{2\pi r} = \dfrac{7{,}5}{2\pi \times 0{,}15} = 7{,}9$ tr.s⁻¹

12 page 261

1 Christine, le marin, la raquette, le marteau exercent les actions ; Julie, l'ancre, la balle de tennis et le clou les reçoivent.

2 a) Les allongements successifs sont :
14 − 12 = 2 cm ;
16 − 12 = 4 cm ;
18 − 12 = 6 cm ;
20 − 12 = 8 cm ;
21,5 − 12 = 9,5 cm ;
22 − 12 = 10 cm.

b)

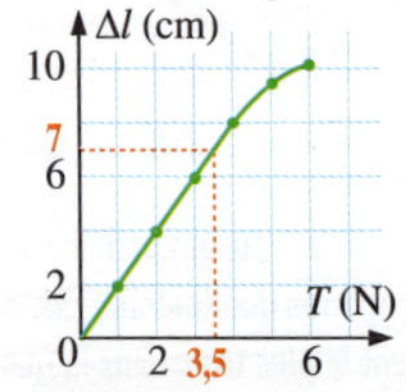

c) $T = 3{,}5$ N.

3 a) Force du vent ; résistance de l'eau ; attraction de la Terre ; poussée d'Archimède.

b)

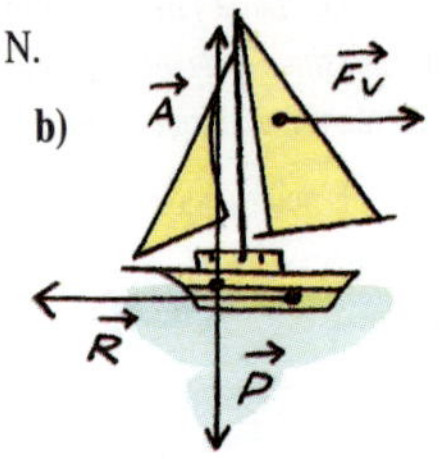

4 a)

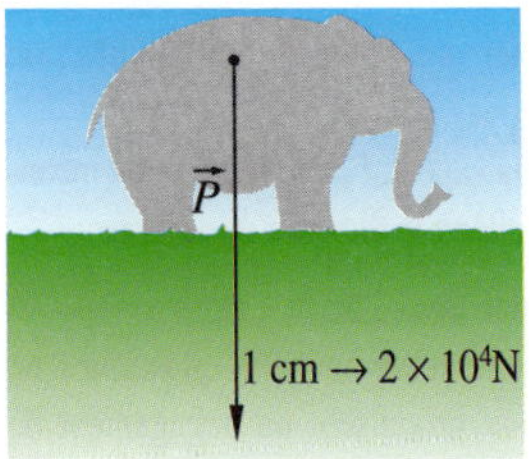

b) L'attraction Terre-Soleil, les poids s'exercent à distance ; les poussées s'exercent par contact.

5

1 cm → 5N

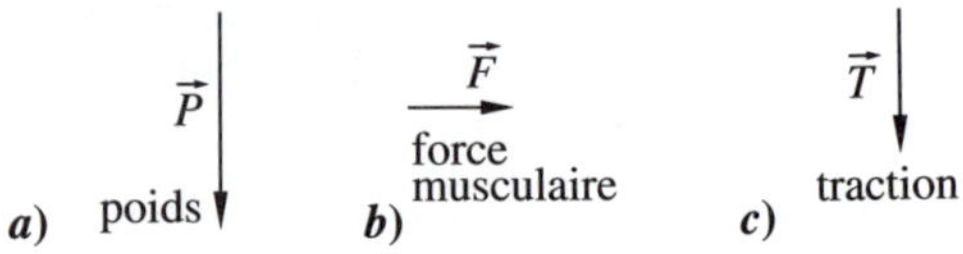

6 1 daN = 10 N ; $P = 10 \times m = 10 \times 1 = 10$ N = 1 daN.
C'est le même nombre qui exprime la masse en kg et le poids en daN.

13 page 263

1 a)

b) Le sol devrait nécessairement posséder une très grande propriété d'adhérence.

2 Les forces de frottement sont dues à l'air ou à l'eau. Elles ont la direction du mouvement mais sont de sens contraire.

3

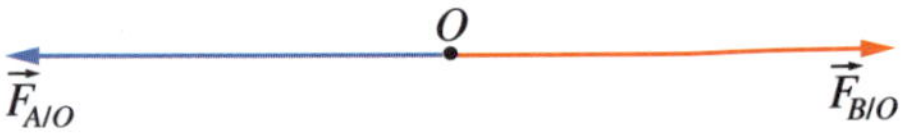

4 a)
A 50 km/h (ou 13,8 m/s), $D = \dfrac{0{,}05 \times 13{,}8 \times 13{,}8}{0{,}9} = 10{,}58$ m.

A 90 km/h (ou 25 m/s), $D = \dfrac{0{,}05 \times 256 \times 25}{0{,}9} = 34{,}7$ m.

b) La distance d'arrêt n'est pas proportionnelle à la vitesse, mais à son carré.
Sur goudron sec : $D = 35{,}2$ m ;
Sur macadam mouillé : $D = 82{,}14$ m ;
Sur pavé mouillé : $D = 123{,}21$ m.

5 a)

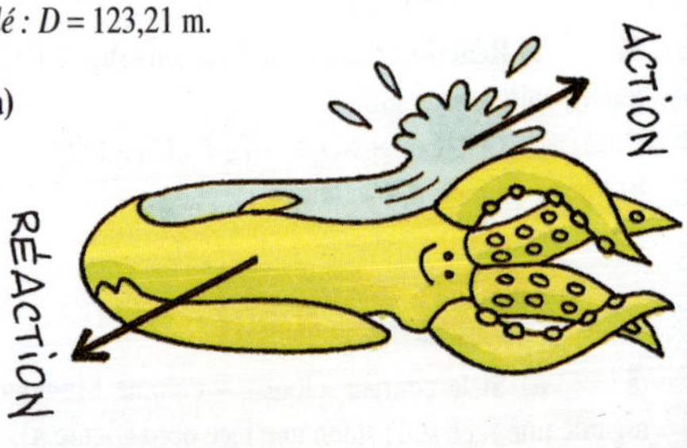

b) La seiche se déplace par réaction ; l'eau étant évacuée vers l'avant, l'animal recule.

Dépôt légal 1re édition : 2e trimestre 1993 - Dépôt légal : Novembre 1997
Imprimé en France par I.M.E. - 25110 Baume-les-Dames - N° impression· 11944